PERIODIZZAZIONE TATTICA

UN METODO DI ALLENAMENTO VINCENTE

SCRITTO DA

DOTT. JUAN L. D. BORDONAU **DOTT. JOSÉ A. M. VILLANUEV**

PUBBLICATO DA

PERIODIZZAZIONE TATTICA

UN METODO DI ALLENAMENTO VINCENTE

Prima edizione pubblicata da SoccerTutor.com in inglese: Luglio 2018
Pubblicato da Soccer Tutor in lingua italiana: Gennaio 2019

info@soccertutor.com | www.SoccerTutor.com

UK: 0208 1234 007 | **US:** (305) 767 4443 | **ROTW:** +44 208 1234 007
ISBN: 978-1-910491-28-7

Copyright: SoccerTutor.com Limited © 2019. Tutti i diritti riservati.

Tutti i diritti riservati. Nessuna parte di questa pubblicazione può essere riprodotta, memorizzata in un sistema esterno, o trasmessa in qualsiasi forma e con qualsiasi mezzo, elettronico, meccanico, in fotocopia, registrazione o altro, senza previa autorizzazione scritta del titolare del copyright. Né può essere fatta circolare in qualsiasi forma di rilegatura o copertina diversa da quella in cui è pubblicato e senza alcuna condizione simile, tra cui questa condizione, può essere imposto ad un successivo acquirente.

Autori:
Dott. Juan Luis Delgado Bordonau and Dott. José Alberto Mendez Villanueva © 2018

Tradotto da:
Luca Bertolini - allenatore UEFA B
Creatore del sito lucamistercalcio.com / email: lucamistercalcio@gmail.com

A cura di:
Alex Fitzgerald - SoccerTutor.com

Copertina ideata da:
Alex Macrides, Think Out Of The Box Ltd. Email: design@thinkootb.com Tel: +44 (0) 208 144 3550

Immagini:
Immagini create da SoccerTutor.com. Tutte le immagini di questo libro sono state create con SoccerTutor.com Tactics Manager Software disponibile su **www.SoccerTutor.com**

Nota: Sebbene sia stato fatto ogni sforzo per assicurare l'accuratezza tecnica del contenuto di questo libro, né l'autore, né gli editori possono accettare alcuna responsabilità per eventuali danni o perdite subite a seguito dell'utilizzo di questo materiale.

SOMMARIO

Informazioni sull'allenatore: Dott. Juan Luis Delgado Bordonau 9
Informazioni sull'allenatore: Dott. José Alberto Mendez Villanueva 10
Vitor Frade: "Il Padre della Periodizzazione Tattica" 11
Cosa dicono gli allenatori di questo libro 12
Cos'è la Periodizzazione Tattica? 13
Introduzione 14

CAPITOLO 1: IL CALCIO E LA COMPLESSITÀ 15

Il calcio e la complessità: introduzione 16
Il paradigma della complessità: comprendere la filosofia della realtà 17
Il gioco e la sua natura complessa 18
Comprendere le dinamiche del gioco attraverso l'applicazione di una visione sistemica e ragionata 20
Rappresentazione grafica delle parti che compongono il sistema complesso del calcio 21
La dimensione tattica del calcio 22
La dimensione strategica del calcio 24

CAPITOLO 2: L'ALLENAMENTO NEL CALCIO E GLI APPROCCI "PERIODIZZATI" 25

L'allenamento nel calcio e gli approcci "periodizzati" (3 metodologie di allenamento) 26
1. Approccio Analitico: la preparazione fisica nella ricerca della "Top Performance" per la competizione 27
2. Approccio Integrato: l'allenamento specifico per lo sport 28
3. L'approccio della Periodizzazione Tattica: il "Modello di Gioco" diventa guida del metodo 29
I metodi di allenamento "periodizzati" 30
I metodi di allenamento "periodizzati": Precursori, Tradizione e Contemporaneità 31

I METODI "PERIODIZZATI" TRADIZIONALI 32

Il metodo Matveiev: il padre del moderno allenamento sportivo "periodizzato" 33
Il metodo Pendolo (Aroseiev): l'allenamento a ritmo differenziato per il mantenimento del livello della performance . 34
Il metodo dei carichi di lavoro elevati (Tschiene): l'allenamento ad alta intensità continua 35

I METODI "PERIODIZZATI" CONTEMPORANEI 36

I metodi "periodizzati" contemporanei 37
Il metodo "a blocchi di allenamento" (Verkhoschansky): volume di lavoro ristretto, aumento di intensità dell'allenamento specifico 38
Il metodo integratore (Bondarchuk): combinare le fasi di sviluppo, mantenimento e recupero 39
Il metodo A.t.r. (Kaverin And Issurin): accumulo, trasformazione e realizzazione 40
Il metodo della "performance estesa" (Bompa): l'allenamento progressivo per raggiungere la "top performance" 41
Il metodo cognitivo di Seirul-lo e l'importanza delle interazioni 42
Il metodo cognitivo di Seirul-lo: i principi più importanti 43
I carichi di allenamento con diversi tipi di proposte 44
Le tipologie di micro-ciclo (allenamento settimanale) 45
Il metodo "periodizzato" in 6 settimane (Verheijen): mantenimento e aumento della velocità di gioco 46

La "Periodizzazione Tattica" (Vitor Frade): ottimizzare l'allenamento per riprodurre il massimo sforzo nella performance, evitando i sovraccarichi 49

CAPITOLO 3: I METODI E I PRINCIPI DELLA PERIODIZZAZIONE TATTICA 51

INTRODUZIONE ALLA FRATTALITÀ 52
Cos'è il principio della frattalita'? 53
Frattalità: scomporre l'allenamento rappresentando la totalità del modello di gioco 54

I PRINCIPI METODOLOGICI DELLA PERIODIZZAZIONE TATTICA 56
I principi metodologici della Periodizzazione Tattica 57

1. PRINCIPIO DELLA SPECIFICITÀ 58
Cos'è il principio della specificità?: l'interattività tra esercitazione, giocatori e allenatore 59
Il principio della specificità e il modello di gioco 60
Il principio della specificità: tutto l'allenamento è pervaso dai nostri principi di gioco 61

2. PRINCIPIO DELLA PROPENSIONE 63
Cos'è il principio della propensione? 64
Principio della propensione: rendere operativi i principi di gioco 65
Configurazione strutturale e funzionale di un'esercitazione in allenamento 66
Principi di gioco: un esempio di esercitazione 67
Periodizzazione Tattica: "Unicità del processo" 68
Esempio di esercitazione tattica specifica: 6 (+portiere) contro 5 per costruire gioco dal basso ... 69
I 3 momenti per l'intervento dell'allenatore 70
Strutturare un questionario di qualità 72

3. PRINCIPIO DELLA RIPETIZIONE SISTEMATICA 73
Cos'è il principio della ripetizione sistematica? 74
La mente cosciente e il subconscio 75
Il metodo incorporato per la creazione di nuove abitudini: facilitare il cambiamento attraverso nuove connessioni mentali 76
Principio della ripetizione sistematica: allenare la mente a prendere decisioni rapidamente 77
La funzione di controllo del cervello 79
La necessità della ripetizione sistematica di esercitazioni specifiche 80

4. PRINCIPIO DELLA PROGRESSIVITÀ COMPLESSA 82
Cos'è il principio della progressività complessa? 83
Principio della progressività complessa: ordinare i principi di gioco per importanza 84
Esempio di scomposizione di un principio di gioco 85
Principio della progressività complessa: la stagione, la settimana e la sessione di allenamento .. 86

5. PRINCIPIO DELLA FATICA TATTICA E DELLA CONCENTRAZIONE 88
Cos'è il principio della fatica tattica e della concentrazione? 89
Principio della fatica tattica e della concentrazione (intensità massima relativa) 90
Settimana di allenamento: bilanciare concentrazione, complessità, intensità e recupero 91
La fatica tattica e il livello di concentrazione durante la settimana di allenamenti 92
L'intensità massima relativa della concentrazione 93
Gli elementi per gestire la complessità delle proposte e delle sessioni di allenamento 94

Capacità fisica, intermittenza, complessità, carico emotivo e recupero 95

6. PRINCIPIO DEL CONSOLIDAMENTO DELLA PERFORMANCE 96
Cos'è il principio del consolidamento della performance? 97
L'alternanza orizzontale nella specificità: l'importanza degli aspetti fisici 98
Principio del consolidamento della performance (alternanza orizzontale nella specificità) 99
Consolidamento della performance: allenamenti settimanali coerenti 101
La performance stagionale, non solo "picchi" di prestazioni 102

CREARE UNA CULTURA DEL GIOCO 103
Creare una cultura del gioco attraverso un metodo di allenamento specifico 104

CAPITOLO 4: IL MODELLO DI GIOCO 105
Il modello di gioco: introduzione 106
Le quattro fasi del gioco 107
Combinare le quattro fasi di gioco e dominare le partite con il "Calcio Totale" 108
Organizzazione strutturale (sistema di gioco) 109
Le linee di passaggio offensive nei differenti sistemi di gioco 110
I livelli dell'organizzazione strutturale 111
Organizzazione funzionale 115
I principi di gioco e il modello di gioco 116
I principi di gioco generali e specifici 117
La compatibilità tra i principi e le fasi di gioco 118
Il ruolo dei giocatori all'interno del modello 119
La struttura del club e gli obiettivi 120
La cultura calcistica della nazione e del club 120
Il modello di gioco dovrebbe sempre evolversi 121
Considerazioni finali 121

CAPITOLO 5: L'ORGANIZZAZIONE TATTICA NELLE 4 FASI DEL GIOCO 122

FASE OFFENSIVA 123
Fase offensiva 124
Principi per la fase offensiva 126
Un'esempio di fase offensiva di José Mourinho: cambiare gioco verso il lato debole 127

TRANSIZIONE NEGATIVA 129
Transizione negativa 130
La riorganizzazione e il posizionamento in blocchi difensivi 131
1. La riorganizzazione in blocchi difensivi nell'ultimo terzo di campo 132
2. La riorganizzazione in blocchi difensivi a centrocampo 133
3. La riorganizzazione in blocchi difensivi nel primo terzo di campo 134
I principi per la fase di transizione negativa 135
Un'esempio di transizione negativa di José Mourinho: pressione immediata dopo la perdita del possesso 136

FASE DIFENSIVA 137
Fase difensiva: difesa a zona 138
I principi difensivi fondamentali 139

Forzare il gioco avversario verso direzioni preordinate difensivamente (interno o esterno) 140
Pressione collettiva 142
I sotto-principi della pressione collettiva 143
1. Compattezza 143
2. Muoversi collettivamente verso la posizione della palla 144
3. Zone di difesa attiva e passiva 146
4. Coperture difensive 147
I principi per la fase difensiva 148
Un'esempio di fase difensiva di José Mourinho: pressione collettiva e direzionamento degli avversari 149

TRANSIZIONE POSITIVA 151

Transizione positiva 152
Transizione positiva nel primo terzo di campo (blocchi difensivi in profondità) 153
Transizione positiva a centrocampo (blocchi difensivi al centro) 154
Transizione positiva nell'ultimo terzo di campo (blocchi difensivi avanzati) 155
I principi per la fase di transizione positiva 156
Un'esempio di transizione positiva di José Mourinho: contrattacco 157

CAPITOLO 6: ANALIZZARE LA PRESTAZIONE NELLA PARTITA PRECEDENTE E L'AVVERSARIO SUCCESSIVO 158

Analizzare la prestazione nella partita precedente e l'avversario successivo 159

ANALIZZARE LA PRESTAZIONE NELLA PARTITA PRECEDENTE 160

Analisi della prestazione nella partita precedente: fase offensiva 161
Analisi della prestazione nella partita precedente: transizione negativa 162
Analisi della prestazione nella partita precedente: fase difensiva 163
Analisi della prestazione nella partita precedente: transizione positiva 164

ANALIZZARE L'AVVERSARIO SUCCESSIVO 165

Analisi dell'avversario successivo: fase offensiva 166
Analisi dell'avversario successivo: transizione negativa 167
Analisi dell'avversario successivo: fase difensiva 168
Analisi dell'avversario successivo: transizione positiva 169

CAPITOLO 7: GLI OBIETTIVI DEGLI ALLENAMENTI SETTIMANALI 170

Gli obiettivi degli allenamenti settimanali: fase offensiva 171
Gli obiettivi degli allenamenti settimanali: transizione negativa 172
Gli obiettivi degli allenamenti settimanali: fase difensiva 173
Gli obiettivi degli allenamenti settimanali: transizione positiva 174
La connessione tra il modello di gioco e gli obiettivi degli allenamenti settimanali 175

CAPITOLO 8: LO SCHEMA STANDARD DEGLI ALLENAMENTI SETTIMANALI 176

Lo schema standard degli allenamenti settimanali (1 partita) 177
Domenica: giorno della partita 178
Lunedì: recupero passivo / riposo 179
Martedì: recupero attivo (allenamento tattico / strategico) 180

Mercoledì: focus cognitivo medio sul modello di gioco ("Forza tecnica") 182
Giovedì: focus cognitivo massimo o principale sul modello di gioco (resistenza) 183
Venerdì: focus cognitivo basso sul modello di gioco (velocità di gioco) 184
Sabato: attivazione pre-partita (allenamento tattico / strategico) 185
La settimana tipo di José Mourinho 186

CAPITOLO 9: LE SESSIONI DI ALLENAMENTO (1 PARTITA SETTIMANALE) 188

Un esempio di obiettivi tattici (1 partita settimanale) 189
Indicazioni utili 190
Organizzazione delle esercitazioni 190

MARTEDÌ: RECUPERO ATTIVO (ALLENAMENTO TATTICO / STRATEGICO) 191

Esercitazione 1 (settoriale): 11 c 4 per costruzione dal basso attraverso flussi di trasmissioni palla e movimenti 192
Esercitazione 2 (inter-settoriale): 11 c 8 per costruzione dal basso attraverso flussi di trasmissioni palla e movimenti. 193
Esercitazione 3 (inter-settoriale): gioco a 3 zone per costruzione, sviluppo posizionale e compattezza difensiva........... 194

MERCOLEDÌ: FOCUS COGNITIVO MEDIO SUL MODELLO DI GIOCO (FORZA TECNICA)...................... 195

Esercitazione 1 (settoriale): transizioni per creazione di zone di pressione e chiusura delle linee di passaggio in avanti........ 196
Esercitazione 2 (settoriale): gioco di transizioni a 3 squadre per pressione collettiva e contrattacco................... 198
Esercitazione 3 (inter-settoriale): conquistare e giocare palla in ampiezza, verso gli esterni alti, per contrattaccare 4 c 2 199

GIOVEDÌ: FOCUS COGNITIVO MASSIMO O PRINCIPALE SUL MODELLO DI GIOCO (RESISTENZA).........200

Esercitazione 1: possesso 3 c 3 (+ 3) per circolazione della palla e cambio di gioco................................. 201
Esercitazione 2 (collettiva): possesso a 2 gruppi paralleli per circolazione della palla e cambio di gioco............. 202
Esercitazione 3 (collettiva): costruire gioco dal basso e creare superiorità contro uno schieramento 4-4 compatto ... 203
Esercitazione 4 (collettiva): costruire gioco dal basso e creare superiorità contro uno schieramento 3-4-1 204

VENERDÌ: FOCUS COGNITIVO BASSO SUL MODELLO DI GIOCO (VELOCITÀ DI GIOCO) 205

Esercitazione 1 (settoriale): 3 (+portiere) c 5 per ripiegamento e contrasto al gioco fra le linee dell'avversario 206
Esercitazione 2 (settoriale): 5 (+portiere) c 5 per ripiegamento e contrasto al gioco fra le linee dell'avversario 207
Esercitazione 3 (inter-settoriale): gioco di posizione per ripiegamento, compattezza e contrattacco con cambio di lato.... 208

SABATO: ATTIVAZIONE PRE-PARTITA (ALLENAMENTO TATTICO / STRATEGICO) 209

Esercitazione 1 (collettiva): esercitazione a transizioni per possesso specifico 8 c 6 e smarcamento rapido nel 3 c 2 .. 210
Esercitazione 2 (collettiva): gioco di posizione a zone 8 c 8 (+ 3) per creazione di superiorità 2 c 1 in ampiezza....... 211
Esercitazione 3 (collettiva): esercitazione specifica a 2 zone per difendere contro i calci piazzati e contrattaccare........... 212

CAPITOLO 10: LE SESSIONI DI ALLENAMENTO (2 PARTITE SETTIMANALI)...................... 213

Un esempio di analisi dei 2 avversari successivi e come migliorare dopo l'ultima gara 214
Lo schema standard degli allenamenti settimanali (2 partite) 216
Un esempio di obiettivi tattici (2 partite settimanali) 217

LUNEDÌ: RECUPERO ATTIVO (ALLENAMENTO TATTICO / STRATEGICO) 218

Esercitazione 1 (settoriale): gioco specifico a 4 zone per organizzazione difensiva contro il 3-5-2 219
Esercitazione 2 (settoriale): gioco specifico a 4 zone per i movimenti in copertura dei centrali difensivi 220
Esercitazione 3 (inter-settoriale): gioco di posizione per indirizzare il possesso avversario e provocare errori......... 221

MARTEDÌ: ATTIVAZIONE PRE-PARTITA (ALLENAMENTO TATTICO / STRATEGICO)......222

Esercitazione 1 (collettiva): gioco di posizione specifico per costruzione e rapide transizioni negative 223
Esercitazione 2 (collettiva): costruire gioco e creare superiorità contro il 3-5-2 e rapide transizioni negative.........224
Esercitazione 3 (collettiva): gioco a transizioni 7 c 7 (+4) per difendere i cross laterali e conquistare le seconde palle 225

GIOVEDÌ: RECUPERO ATTIVO (ALLENAMENTO TATTICO / STRATEGICO)......226

Esercitazione 1 (settoriale): esercitazione specifica a zone per cambio di gioco sul lato debole 227
Esercitazione 2 (inter-settoriale): esercitazione specifica per costruire gioco contro uno schieramento 4-2 (dal 4-4-2) e rapide transizioni negative 228
Esercitazione 3 (inter-settoriale): gioco a zone specifico 9 c 9 per costruire gioco e creare superiorità.................229

VENERDÌ: FOCUS COGNITIVO BASSO SUL MODELLO DI GIOCO (VELOCITÀ DI GIOCO)......230

Esercitazione 1 (settoriale): esercitazione specifica per difendere contro il gioco diretto verso 2 attaccanti e conquistare le seconde palle 231
Esercitazione 2 (settoriale): esercitazione 7 c 7 per difendere contro il gioco diretto verso 2 attaccanti e conquistare le seconde palle 232
Esercitazione 3 (inter-settoriale): gioco in spazi ridotti 5 (+4) c 5 (+4) per fase offensiva e transizioni negative........233

SABATO: ATTIVAZIONE PRE-PARTITA (ALLENAMENTO TATTICO / STRATEGICO)......234

Esercitazione 1 (collettiva): gioco di posizione a zone 11 c 7 per attaccare con il 3° uomo 235
Esercitazione 2 (collettiva): gioco specifico 10 c 9 per pressione collettiva contro il 4-4-2...........................236
Esercitazione 3 (collettiva): gioco specifico 10 c 11 per pressione collettiva contro il 4-4-2.......................237

Bibliografia 241

INFORMAZIONI SULL'ALLENATORE:
Dott. Juan Luis Delgado Bordonau

Juan Luis Delgado Bordonau PhD

Email:
juanluisdelgado@hotmail.com

REFERENZE:

- **Allenatore con licenza UEFA PRO** (Federazione spagnola)

- **Dottorato in Scienze dello Sport** (Università di Valencia)

- **Laurea magistrale in Psicologia dell'attività sportiva** (Università autonoma di Madrid e Comitato Olimpico spagnolo)

- **Diploma postlaurea in management del calcio** (Università di Georgetown)

- **Laurea in Scienze dell'educazione fisica e sportiva - Specializzazione nel calcio** (Università di Valencia)

- **Diploma per l'insegnamento dell'educazione fisica** (Jaume I Università di Castellon)

- **Premier Diploma NSCAA** (Associazione americana degli allenatori di calcio)

- **Licenza da allenatore internazionale** (Federazione olandese)

CURRICULUM VITAE:

- **ASPIRE Academy -Qatar** (2007 - attuale)
  - Coordinatore Scouting Elite (2013 - attuale)
  - Allenatore / Coordinatore Camps Elite (2007 - 2013)

- **Valencia CF** (2006 - 2007)
  - Direttore Tecnico Academy

- **Villarreal CF** (1999 - 2006)
  - Allenatore Academy e Direttore Tecnico (da U7 a U14)

INFORMAZIONI SULL'ALLENATORE:
Dott. José Alberto Mendez Villanueva

José Alberto Mendez Villanueva PhD

Email:
amendezvillanueva@yahoo.com

REFERENZE:

- **Dottorato in Scienze dello Sport** (Università di Oviedo, Spagna)

- **Laurea magistrale in Fisiologia** (Università Western Australia)

- **Laurea in Scienze dell'educazione fisica e sportiva** (Università di Las Palmas de Gran Canaria, Spagna)

- **Diploma per l'insegnamento dell'educazione fisica** (Università di Oviedo, Spagna)

CURRICULUM VITAE:

- **Qatar Football Association** (2011 - attuale)
  Dipartimento di Scienze della Performance
  - Responsabile preparazione atletica
  - Preparatore atletico
  - Preparatore atletico per la riabilitazione

- **ASPIRE Academy Qatar** (2007 - attuale)
  - Responsabile Dipartimento di Fisiologia
  - Responsabile preparazione atletica e della forza
  - Preparatore atletico
  - Fisiologo / Ricercatore in scienze dello sport

- **Bulgarian Football Union** (2011 - 2013)
  - Consulente in scienze dello sport

  - **PCF Litex Lovech (Bulgaria)** (2010 - 2011)
  - Consulente in scienze dello sport

- **CSKA Sofia (Bulgaria)** (2009 - 2010)
  - Consulente in scienze dello sport

Vitor Frade "Il Padre della Periodizzazione Tattica"

Manuel da Costa (Vitor) Frade è il padre della Periodizzazione Tattica. In Portogallo, Brasile e Spagna è considerato come uno dei più grandi pensatori ed esperti del mondo, in materia di metodologie calcistiche.

Vitor Frade è stato Professore di Teoria e Metodologia dell'allenamento del calcio alla Facoltà dello Sport presso l'Università di Porto per 35 anni e le sue idee hanno influenzato l'intero mondo del calcio (vedere pagina 14 per i dettagli).

Vitor Frade ha rivoluzionato il concetto di allenamento nel calcio, combinando tutte le fasi del gioco, assicurando alla dimensione tattica un'importanza primaria in ogni sessione di allenamento, e considerando non strettamente necessari tutti i tipi di allenamento con obiettivi prettamente specifici (fisico, tattico o tecnico).

Il "Modello di Gioco" guida l'intero processo di allenamento.

Questa filosofia è basata sul convincere i giocatori a pensare, imparare e sviluppare, prendere le giuste decisioni, in base allo stile di gioco dell'allenatore, per ottenere il consolidamento della performance, durante tutta la stagione.

Vítor Frade è stato assistente allenatore per diversi club della Primeira Liga portoghese:

- Boavista F.C. (6 stagioni) per cui è stato anche primo allenatore per un breve periodo
- Rio Ave FC (3 stagioni)
- FC Felgueiras (1 stagione)

Infine, ha lavorato per l'**FC Porto,** dov'è rimasto per oltre 20 anni. Ha collaborato con la prima squadra dal 1993 fino al 2000. Attualmente è consulente tecnico del consiglio di amministrazione del club.

Come assistente, Vitor Frade ha lavorato con molti allenatori: Henrique Calisto, Mário Wilson, João Alves, José Torres, José Macia (Pepe), Augusto Inácio, Vieira Nunes, Tomislav Ivić, Bobby Robson, Jorge Jesus, Carlos Brito and Fernando Santos.

Palmares:

- 3 Primeira Liga
- 4 Coppe Nazionali Portoghesi (Taça de Portugal)
- 4 Supercoppe
- Semifinalista UEFA Champions League e Coppa UEFA

COSA DICONO GLI ALLENATORI DI QUESTO LIBRO

 **Duarte Correia, Caniço, Portogallo**

"Sono un allenatore portoghese ed un insegnante laureato nella stessa Università nella quale il professore Vitor Frade teneva il corso sulla Periodizzazione Tattica; ho frequentato le sue lezioni insieme a Rui Faria (assistente di Mourinho). Siamo cresciuti con questa filosofia di allenamento: il libro è ben fatto e indaga tutto ciò che è necessario sapere sulla Periodizzazione Tattica. Congratulazioni!".

 **Humberto Urrunaga, Barcellona, Spagna**

"Libro fantastico per ampliare le proprie conoscenze. Fino ad oggi, ogni libro che ho acquistato su SoccerTutor.com è stato un investimento senza prezzo, per la qualità dei contenuti, che portano nuove conoscenze incomparabili, e che rendono più facile il lavoro di ogni allenatore, studente o chiunque voglia informarsi sul calcio.

Questo libro elimina ogni dubbio sull'argomento, porta il lettore al suo massimo livello di concentrazione. La verità è che lo consiglio vivamente; non ci si pente di averlo comprato".

 **Bob Maltman, Regina, Canada**

"Ogni allenatore di calcio, che cerchi di migliorare la propria metodologia di allenamento e di proporre sessioni chiare e mirate ai propri giocatori, dovrebbe leggere questo libro". Ottimo layout e dettagli facili da comprendere".

 **David Lea, Cornwall, Regno Unito**

"Questo libro è un'approfondita esplorazione dell'allenamento della tattica calcistica, che fornisce le basi dei principi del gioco, scomponendoli e fornendo sessioni di allenamento da condividere con i propri giocatori. Descrive in modo completo la preparazione della partita, l'analisi del giocatore, l'allenamento fisico e i suoi effetti. Un "must have" nella biblioteca di un allenatore!".

COS'È LA PERIODIZZAZIONE TATTICA?

Cos'è Periodizzazione Tattica?

La Periodizzazione Tattica è un metodo di allenamento vincente per il gioco del calcio, in cui tutti processi sono guidati dall'idea tattica, permettendo all'allenatore di migliorare contemporaneamente gli altri aspetti (tecnici, atletici e decisionali), all'interno di ogni singola esercitazione.

Questo libro aiuta a capire come utilizzare il metodo per allenare i giocatori alla giusta intensità, ogni giorno della settimana, assicurandosi che siano sempre preparati tatticamente, mentalmente e fisicamente, per le partite. I giocatori, e la squadra, reagiranno più velocemente, saranno più pericolosi e prenderanno decisioni migliori, in tutte le situazioni di gioco.

La Periodizzazione Tattica aiuta a comprendere più velocemente, e in modo efficiente, il ruolo e le responsabilità che derivano dalla posizione in campo; migliora, nella pratica, le prestazioni della squadra, dal punto di vista tattico.

Quali sono le caratteristiche fondamentali?

- La struttura logica del gioco ruota attorno a quattro fasi (attacco, difesa, transizione negativa e transizione positiva).

- Queste quattro fasi devono essere allenate in ogni singola esercitazione, seguendo il **Principio della Specificità**.

- Ogni esercitazione, di ogni allenamento, è direttamente riferita ai principi e alla struttura globale: il **Modello di Gioco**.

- Il modello di gioco e i suoi principi guidano il processo di allenamento fin dall'inizio.

- La Periodizzazione Tattica indica come l'allenamento debba "modellare" il gioco attraverso esercitazioni specifiche, che includano tutti i principi rilevanti per l'allenatore.

- Questa periodizzazione è detta "tattica" perché, secondo Vitor Frade (padre della Periodizzazione Tattica), "il gioco è un'espressione tattica: il modo in cui vogliamo giocare e il modo in cui giochiamo".

- Ogni azione di gioco, indipendentemente da quale sia la fase in cui ci si trova coinvolti, comporta:

- Una decisione (**dimensione tattica**)
- Un'azione o un'abilità motoria (**dimensione tecnica**)
- Un movimento particolare (**dimensione fisiologica**)
- Un indirizzo del processo decisionale e dello stato psicologico del momento (**dimensione psicologica**)

- Un buon giocatore di calcio è, prima di tutto, un individuo in grado di prendere la decisione più appropriata, per rispondere ai diversi scenari di gioco; queste azioni sono sempre determinate da un contesto tattico.

- Di conseguenza, è la dimensione tattica che porta i giocatori a raggiungere gli obiettivi prefissati.

Quali sono i termini chiave?

Modello di gioco:

Una serie di flussi di gioco (principi specifici), che l'allenatore crea per la squadra, perché siano messi un pratica in una qualsiasi delle quattro fasi. In parole semplici, come l'allenatore vuole che la sua squadra si comporti in campo; la "concezione del gioco".

Principi metodologici:

Per rendere operativo un modello di gioco, nella Periodizzazione Tattica, vengono definiti e sviluppati dei principi metodologici, unici e specifici, che verranno pienamente analizzati, più avanti, nel libro.

Principio della specificità:

La specificità è indiscutibilmente il principio più importante della Periodizzazione Tattica; è una relazione permanente tra tutte le dimensioni del gioco (tattica, tecnica, fisica e mentale) e le sessioni di allenamento devono ricalcare, in modo peculiare, il modello desiderato; in questo modo si crea lo stile di gioco.

INTRODUZIONE

Cosa include questo libro?

In primo luogo, questo libro fornisce una panoramica delle radici teoriche della Periodizzazione Tattica, per consentire ai lettori di comprendere come i principi metodologici siano stati sviluppati e perfezionati nel tempo.

In secondo luogo, quest'opera informa, dettagliatamente e approfonditamente, chi legge, sui principi metodologici, sul modello di gioco e sull'organizzazione tattica nelle 4 fasi. Infine, vengono presentati esempi pratici, sotto forma di micro-cicli settimanali di allenamento, come applicazioni reali.

Probabilmente, questo libro è il quadro più completo sulla Periodizzazione Tattica, ad oggi disponibile. Senza mancare di rispetto agli altri scritti, ma sicuramente lo crediamo!

Come proporre la Periodizzazione Tattica?

La Periodizzazione Tattica fornisce gli strumenti per organizzare l'intero processo di allenamento; dalla programmazione dell'intera stagione alla pianificazione di una specifica esercitazione.

Come può, la Periodizzazione Tattica, aiutare gli allenatori?

Questa metodologia offre il quadro più completo possibile, per integrare lo stile di gioco del club, e dell'allenatore, con l'effettiva pianificazione fisica.

La Periodizzazione Tattica invita l'allenatore a pensare, definire e organizzare con cura i contenuti degli allenamenti, in modo da migliorare i giocatori da un punto di vista olistico, convincendoli che le sessioni di allenamento, la programmazione settimanale e l'intera stagione sono interconnesse e costantemente riferite allo stile e al modello di gioco della squadra.

Non volendo ampliare troppo il discorso, è possibile dire che la Periodizzazione Tattica è un metodo per approcciare la tematica dell'allenamento nel calcio. Crediamo che sia il migliore, pur esistendo molti altri metodi utilizzabili. In realtà, con tutti questi modelli è possibile raggiungere il successo oppure fallire!

La Periodizzazione Tattica, però, fornisce un quadro esaustivo su cui possono essere organizzati esercitazioni, micro-cicli settimanali, equilibrati i carichi di allenamento e creati quei "comportamenti" e quelle azioni che gli allenatori vogliono vedere, in campo, durante le partite.

Quali allenatori utilizzano la Periodizzazione Tattica?

Durante l'ultimo decennio, il metodo è stato applicato da un gruppo di allenatori di fama, come José Mourinho (Porto, Chelsea, Inter, Real Madrid e Manchester Utd), che ne è stato il rappresentante più influente e di successo.

Oltre a José, anche altri, qui di seguito menzionati, utilizzano i principi della Periodizzazione Tattica nell'allenamento delle loro squadre:

Vitor Pereira (Porto, Fenerbahçe e Monaco 1860)

Leonardo Jardim (Braga, Olympiacos, Sporting CP e Monaco)

Brendan Rodgers (Watford, Reading, Swansea City, Liverpool e Celtic)

Marco Silva (Estoril, Sporting CP, Olympiacos, Hull City, Watford ed Everton)

Nuno Espírito Santo (Rio Ave, Valencia CF, Porto e Wolverhampton Wanderers)

André Villas-Boas (Porto, Chelsea, Tottenham Hotspur e Zenit San Pietroburgo)

Altri allenatori, tra cui **Pep Guardiola**, hanno adottato alcuni dettami della Periodizzazione Tattica, costruendo il loro metodo di allenamento attorno allo sviluppo di un modello di gioco e dei suoi principi e guardando alla dimensione tattica come guida delle altre dimensioni del loro calcio (tecnica, fisica e mentale).

CAPITOLO I
IL CALCIO E LA COMPLESSITÀ

IL CALCIO E LA COMPLESSITÀ: INTRODUZIONE

"A prima vista, le azioni di un'orchestra sinfonica, di una squadra di calcio, di un gruppo di ricerca scientifica e di una nazione sembrano incomparabilmente diverse."
(Damasio, 2006)

Ma veramente sono così differenti?

Ad uno sguardo generale, la ricerca della migliore performance è sempre presente, nonostante le diverse caratteristiche. Crediamo che questa domanda troverà risposte nella definizione di un sistema complesso.

Un sistema complesso

Un **sistema complesso** è composto da parti interconnesse che, nel loro insieme, mostrano una o più proprietà (l'azione è compresa tra le possibili proprietà), non evidenti nelle singole parti (Chu, D. 2011).

Una squadra di calcio è una comunità formata da individui; la squadra è il tutto, ma questo insieme è costituito da parti individuali, tutte diverse, ma essenziali.

Più si conoscono le parti, le loro qualità e le azioni individuali, meglio si comprende il sistema totale. Allo stesso modo, più si è informati sul "tutto", meglio se ne comprendono le parti.

La relazione tra questi termini consente di capire i limiti e le trasformazioni che riguardano sia l'intero, che le sue componenti (Fortin, 2005).

La complessità come parte fondamentale della Periodizzazione Tattica?

Gli studi sulla complessità offrono una serie di principi, concetti e strumenti metodologici, che possono favorire progressi significativi nello studio e nella comprensione del calcio, come sistema complesso.

E' possibile adattare le nostre sessioni di allenamento all'influenza dell'insieme dei vincoli, che si verificano nelle partite. Una struttura gerarchica dei comportamenti, con cui un giocatore, un gruppo di giocatori, o una squadra, esplorano diverse soluzioni tattiche, può essere identificata nelle proposte di allenamento, come, per esempio, nella superiorità e inferiorità numeriche dei giochi in spazi ridotti, o nella limitazione stessa dello spazio.

Per la corretta gestione di questi vincoli, l'allenatore deve definire delle strutture dinamiche di comportamento, più regolari e stabili possibili, oppure più variabili e/o flessibili, secondo gli obiettivi ricercati.

L'approccio della Periodizzazione Tattica offre la possibilità di modellare questi comportamenti, collegandoli direttamente alle idee dell'allenatore e allo stile di gioco desiderato.

IL PARADIGMA DELLA COMPLESSITÀ: COMPRENDERE LA FILOSOFIA DELLA REALTÀ

Il paradigma di Thomas Kuhn

Thomas Kuhn, filosofo della scienza, diede al paradigma il suo significato contemporaneo nel 1962, riferendosi all'insieme delle pratiche che definiscono una disciplina scientifica, in ogni particolare periodo di tempo. Nel suo libro "The Structure of Scientific Revolutions", Kuhn definisce un paradigma scientifico come:

- **Cosa deve essere osservato e indagato**
- **Il tipo di domande che dovrebbero essere poste ed esplorate dalle risposte, in relazione a questo argomento**
- **Come sono strutturate queste domande**
- **Come dovrebbero essere interpretati i risultati della ricerca scientifica**

Un aspetto importante dei paradigmi di Kuhn è che non hanno basi, misure o standard di confronto comuni.

Ciò significa che due paradigmi non possono essere conciliati l'uno con l'altro, perché non possono essere soggetti allo stesso standard di confronto comune. Per questa ragione, il paradigma, come concetto della filosofia della scienza, potrebbe essere definito in modo più significativo, come un modello esplicativo autosufficiente o un quadro concettuale. Da questo punto di vista, un nuovo paradigma, che sostituisce uno vecchio, non è necessariamente migliore, perché i criteri di giudizio sono determinati dal paradigma stesso, così come dalla struttura concettuale, che definisce il paradigma e lo spiega.

Pensare fuori dagli schemi

Un'analogia semplificata, per un paradigma, è un'abitudine al ragionamento. Prendiamo, ad esempio, una frase, comunemente usata, come "pensare fuori dagli schemi". Pensare all'interno degli schemi si riferisce alla scienza "accettata", mentre "pensare fuori dagli schemi" è ciò che Kuhn chiama "scienza rivoluzionaria", che, di solito, è infruttuosa e raramente porta a nuovi paradigmi. Tuttavia, quando produce risultati, porta a cambiamenti su larga scala, nel pensiero scientifico.

Una volta che un cambiamento su larga scala è accettato e assunto dalla maggioranza degli scienziati, diventa quindi "lo schema" e la scienza progredisce al suo interno. Tutti noi percepiamo il mondo che ci circonda come molto complesso, che si tratti di strutture biologiche, strutture anatomiche o particelle elementari; troviamo la complessità ovunque (Prigogine, 2002).

Complessità

In generale, la complessità tende ad essere usata per descrivere qualcosa con molte parti, in una disposizione intricata. Le definizioni sono spesso legate al concetto di "sistema", un insieme di parti, o elementi, che hanno relazioni reciproche.

Molte definizioni tendono a sostenere, o presumere, che la complessità descriva una situazione in cui vi sono numerosi elementi in un sistema, con innumerevoli relazioni tra gli elementi stessi.

Warren Weaver (1949) avanzò l'idea che la complessità di un particolare sistema sia, piuttosto, il grado di difficoltà nel predirne le proprietà. Il lavoro di Weaver ha influenzato il pensiero contemporaneo, riguardo questa materia, sostenendo che la complessità si presenti in due forme:

1. Complessità disorganizzata

La complessità disorganizzata si verifica quando un particolare sistema ha un numero molto elevato di parti, un milione o più, ad esempio. Sebbene le interazioni di queste parti possano sembrare, in gran parte, casuali, le proprietà dell'intero sistema possono essere comprese usando metodi probabilistici e statistici.

2. Complessità organizzata

La complessità organizzata, invece, non coinvolge nient'altro che le interazioni non casuali, o correlate, tra le parti. Queste relazioni creano una struttura diversa che può, come sistema, interagire con altri sistemi. Il sistema coordinato produce proprietà che non sono in dotazione, e nemmeno dettate dalle singole parti.

IL GIOCO E LA SUA NATURA COMPLESSA

La natura competitiva, complessa e casuale del calcio

Il calcio è uno sport collettivo, in cui i giocatori sono raggruppati in due squadre avversarie, che combattono costantemente per il possesso, nel rispetto delle regole. L'obiettivo di ogni squadra è segnare il maggior numero possibile di reti, evitando, contemporaneamente, che gli avversari facciano lo stesso (Teodorescu, 1984). Ci sono proprietà particolari, attualmente in fase di studio approfondito, per esplorare la specificità delle componenti del gioco. Una relazione profondamente competitiva si sviluppa tra gli elementi delle due squadre, mentre esiste una relazione cooperativa tra gli elementi della stessa squadra; queste relazioni si verificano in modo casuale e riflettono l'essenza del gioco (Garganta, 2002).

Pertanto, il calcio ha certamente una natura casuale, con un'alta probabilità che le situazioni accadano al di là dell'equilibrio (quando lo sono le forze avversarie). Garganta (1997) aggiunge che il calcio dipende dalle scelte tattiche e dai processi decisionali dei giocatori, mentre seguono una serie di vincoli e diverse possibilità. Il calcio è inteso come un sistema aperto, in cui una squadra è organizzata da diversi elementi, che si comportano dinamicamente in modo interrelato e sovrapposto (Gaiteiro, 2006).

Oliveira (2004) sostiene che la complessità risiede nel gioco stesso. In altre parole, le interazioni tra le due squadre e i giocatori della stessa squadra, la prevedibilità e l'imprevedibilità degli eventi, e la qualità del gioco e dei giocatori, creano un ambiente complesso e caotico, difficile da comprendere totalmente.

Di conseguenza, i processi di allenamento devono riconoscere questa imprevedibilità e incorporarla, piuttosto che ignorarla. Cunha (1995) sostiene l'importanza dell'"elemento comunicativo-relazionale", che funziona solo in un quadro che vada oltre gli schemi isolati. Pertanto, l'ideazione di nuove soluzioni tattiche, nel calcio, consente anche la creazione di processi proficui di insegnamento e di allenamento, coerenti ed efficaci, se utilizzano modelli appropriati alla complessità del gioco (Garganta, 1996).

Il sistema specifico del calcio

Infatti, una volta riconosciuta la natura sistemica del calcio, il nostro approccio all'allenamento dovrebbe quindi concentrarsi sui processi che inducono i giocatori a conoscere le azioni di gioco, per renderle più efficienti ed efficaci, in una particolare situazione di partita.

Bertrand e Guillemet (1988) sostengono che l'approccio sistemico implica l'analisi, la progettazione e il coordinamento delle risorse umane e fisiche, al fine di raggiungere gli obiettivi dell'organizzazione o del sistema, che si tratti di una famiglia, di un partito politico o di una squadra di calcio. Secondo Bertrand e Guillemet, questo approccio include quattro elementi che caratterizzano ogni organizzazione:

1. **Obiettivi / traguardi:** nel calcio sono lo scopo specifico dei giocatori, dello staff, della squadra e del club.
2. **Cultura:** in una squadra di calcio influenza lo stile e i principi di gioco adottati. La combinazione di questi elementi con le abilità dei giocatori forma l'identità di squadra.
3. **Risorse Umane:** i vari elementi che compongono la squadra, come giocatori, personale tecnico, amministratori, membri del consiglio di amministrazione e sostenitori.
4. **Conoscenza:** le competenze specifiche calcistiche.

È quindi necessario integrare tutti questi elementi nella pianificazione e nella gestione, così da poter modificare l'organizzazione del sistema (Frade, 2006; Guilherme Oliveira, 2006; Ilharco & Lawrence, 2007; Olafson, 1995).

Viceversa, quando un sistema viene suddiviso in elementi isolati, tutte le proprietà emergenti vengono perse, perché sono proprietà dell'intero e nessun elemento particolare le possiede da solo (Capra, 1996). Possiamo quindi dire che il tutto non è uguale alla somma delle sue parti, perché le proprietà di un sistema vivente appartengono al tutto (Capra, 1996). Queste proprietà si basano principalmente sulle proprietà di ciascun elemento, ma l'interazione tra i vari elementi promuove l'emergere di alcune caratteristiche che non appartengono a nessuno in particolare.

Il concetto di "Emergenza"

Un altro concetto importante, da capire quando si utilizza questo approccio, è quello dell'emergenza, utilizzato fin dai tempi di Aristotele. Goldstein definisce l'emergenza come "il sorgere di strutture, modelli e proprietà nuovi e coerenti, durante il processo di auto-organizzazione dei sistemi complessi" (Corning, 2002).

Capitolo 1: Il Calcio E La Complessità

La definizione di Goldstein può essere ulteriormente compresa attraverso l'esempio di Corning (2002): "Il gioco degli scacchi illustra precisamente perché le leggi e le regole dell'emergenza e dell'evoluzione sono insufficienti. Anche in una partita a scacchi, non è possibile utilizzare le regole per prevedere la "storia", vale a dire il corso degli eventi di una determinata partita; infatti non è nemmeno possibile prevedere, in modo affidabile, la mossa successiva. Perché? Perché il sistema coinvolge più elementi delle sole regole del gioco. Comprende anche i giocatori e le loro decisioni, momento per momento, tra un numero molto grande di opzioni disponibili, ogni volta che una di queste decisioni deve essere presa. Non è semplicemente un processo auto-ordinato; implica un'azione organizzata e mirata."

Ad esempio, è essenziale, per un allenatore di calcio, conoscere le migliori caratteristiche di ciascun giocatore. Tuttavia, l'azione di ciascun giocatore deve sempre essere contestualizzata dalle idee di chi lo allena, riguardo al gioco, e il risultato che ne consegue è l'evoluzione in qualcosa di più grande: la squadra. Pertanto, possiamo dire che le caratteristiche del collettivo dimostrano che una squadra di calcio non corrisponde necessariamente alla somma delle caratteristiche e delle capacità dei suoi singoli giocatori, ma piuttosto all'insieme di tutte le relazioni e interazioni tra gli elementi che la compongono. In una partita, ciò che rende il calcio un'attività collettiva sono le relazioni e le interazioni tra i giocatori (Cunha, 1999), stabilite durante il gioco, ed espresse attraverso azioni individuali.

Pertanto, tutti gli elementi che costituiscono un sistema dovrebbero essere considerati come parti di un insieme, che non possono essere affrontate isolatamente.
Ad esempio, possiamo vedere un calciatore come sottosistema dell'intera squadra. Il gioco è quindi una combinazione di interi che creano un insieme molto più grande.

Come organizzare i singoli elementi per creare una squadra di successo?

Quando ci si approccia all'allenamento con un metodo sistemico, è necessario analizzare il gioco nel suo complesso e cercare di capire le interazioni al suo interno. E' necessario sapere come organizzare gli elementi, dare loro un obiettivo e migliorarli, in modo che sia possibile comprenderne le dinamiche e le complessità (Oliveira, 2004). A questo proposito, Gréhaigne e Garganta (1999) affermano che una squadra di calcio può essere definita come un sistema aperto, perché interagisce permanentemente con il mezzo specifico e si adatta ai cambiamenti, attraverso uno scambio di informazioni. L'obiettivo è creare azioni più produttive ed efficaci.

Il gioco sembra implicare una moltitudine di rapporti, sia cooperativi (tra i giocatori della stessa squadra) che competitivi (tra i giocatori delle squadre avversarie). Questa moltitudine di relazioni consente, ad ogni squadra, la creazione di una particolare organizzazione.

Garganta (1997) rafforza questa idea, dicendo che le squadre di calcio agiscono come sistemi, in cui i componenti sono organizzati secondo una particolare logica, in termini di principi e requisiti per la cooperazione e la contrapposizione. Questa organizzazione stabilisce le interazioni all'interno della squadra, che a loro volta, portano a determinate dinamiche che la identificano attraverso lo stile di gioco.

Secondo Durand (1979), l'organizzazione dei sistemi comprende due aspetti distinti:

1. Strutturale

Di conseguenza, Morin (1982) afferma che il lato strutturale del sistema è il più solido. È possibile trasferire questa idea al calcio, perché questo lato strutturale corrisponde al sistema di gioco consolidato, che "scagliona" una squadra sul campo.

2. Funzionale

Tuttavia, c'è anche il lato funzionale. Quando ci si riferisce ad un particolare modo di giocare, non è possibile concentrarsi esclusivamente sulla struttura (sistema di gioco), in quanto il concetto di organizzazione diventerebbe troppo restrittivo. Sembra quindi cruciale considerare anche il lato funzionale, attraverso il quale è possibile includere l'intera rete di relazioni e interazioni nel sistema.

Il concetto di organizzazione supera chiaramente la dimensione strutturale statica, soprattutto quando si fa riferimento alla dimensione funzionale dinamica. Pertanto, parlando di un sistema, è essenziale includere, nel contesto, entrambe le parti (funzionale e strutturale), al fine di stabilire l'insieme completo delle relazioni presenti (Capra, 1996).

COMPRENDERE LE DINAMICHE DEL GIOCO ATTRAVERSO L'APPLICAZIONE DI UNA VISIONE SISTEMICA E RAGIONATA

Come già accennato, il gioco del calcio è caratterizzato da molti elementi imprevedibili e casuali, così come la relazione competitiva tra le due squadre (Gréhaine & Godbout, 1995). Una squadra (sistema complesso) interagisce direttamente con un'altra squadra (un altro sistema complesso), e all'interno di questa interazione, c'è la necessità di seguire una serie di regole.

In questo contesto, l'ambiente ha un'enorme influenza sulle prestazioni e sulle azioni di una squadra di calcio e dei suoi giocatori, a causa dei vincoli (Garganta, 2006). Questo è visto come un livello di macro-complessità, dato che due sistemi dinamici (le squadre) interagiscono. Ogni sistema ha i suoi sottosistemi, che si relazionano, l'uno con l'altro, come collettivo, sia a livello inter-settoriale (ad esempio, interazione tra difesa e centrocampo) sia a livello settoriale (interazioni tra giocatori dello stesso reparto). Ogni giocatore è anche un sottosistema dinamico e complesso, da questa prospettiva (Oliveira, 2004). Le dinamiche del sistema sono guidate dal modello e dai principi di gioco.

Organizzazione e interazione

Ogni squadra di calcio cerca di vincere le partite e avere successo, quindi l'attenzione, nel contesto, viene posta sulla capacità di una squadra di segnare e non concedere reti, utilizzando vie e strategie diverse.

Secondo Guillemet e Bertrand (1988), la nozione di sinergia è strettamente legata alle caratteristiche dell'organizzazione e alle interazioni tra gli elementi (i giocatori). Ciò si traduce in un effetto maggiore rispetto alla somma degli effetti dei singoli elementi; quindi una squadra può segnare reti che nessun giocatore sarebbe in grado di realizzare individualmente.

Comunicazione

Il flusso di informazioni è un'altra caratteristica rilevante del sistema, perché permette la comunicazione, definita come processo di scambio di queste informazioni, causando cambiamenti agli elementi partecipanti, in un dato momento, spazio e contesto. Questo è quello che succede in una squadra di calcio; l'allenatore esprime le sue idee di gioco (cioè modello e principi) e i giocatori prendono le informazioni, che consentono loro, in seguito, di comunicare con i propri compagni di squadra, in un dato momento e situazione, tenendo conto delle direttive generali dell'allenatore. Pertanto, i canali di comunicazione rappresentano una chiave di accesso ad ogni sistema (Guillemet e Bertrand, 1988).

Feedback, regolazione e controllo

Infine, le caratteristiche di feedback, regolazione e controllo devono essere combinate, data la reciproca relazione tra loro. Come ogni sistema, una squadra di calcio ha bisogno di un'unità di controllo, per regolare il proprio funzionamento. L'allenatore è il responsabile delle decisioni strategiche e stabilisce obiettivi e traguardi.

A questo proposito, Bertrand e Guillemet (1988) affermano che "il regolamento e il controllo presuppongono che le azioni siano intraprese in conformità con il piano originale e che le deviazioni vengano corrette".

Queste correzioni presuppongono l'esistenza di un meccanismo di feedback, molto importante per il modello di gioco, perché consente all'allenatore di raccogliere informazioni su ciò che sta accadendo all'interno della squadra e di regolare il suo intervento.

Secondo Queiroz (1986), se una squadra è considerata un sistema, l'approccio sistemico sembra essere il modo migliore per creare lo stile di gioco che, in questo modo, sarà sempre considerato nel suo insieme e conserverà le proprie caratteristiche funzionali.

Capitolo 1: Il Calcio E La Complessità

RAPPRESENTAZIONE GRAFICA DELLE PARTI CHE COMPONGONO IL SISTEMA COMPLESSO DEL CALCIO

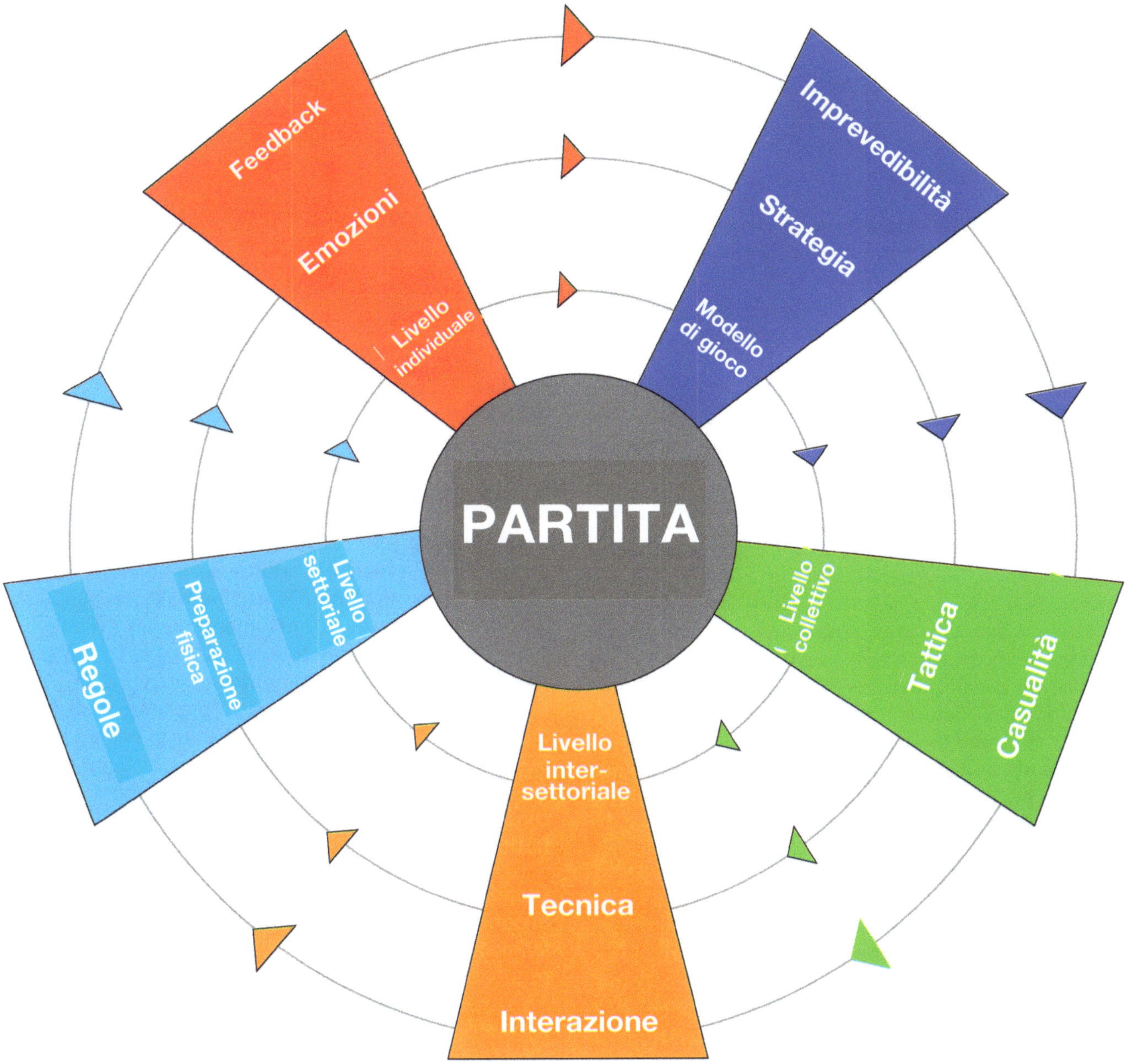

Capitolo 1: Il Calcio E La Complessità

LA DIMENSIONE TATTICA DEL CALCIO

"Nel calcio, la tattica è tutto. E' la cosa più importante, l'essenza più vera di uno sport di squadra."

(**José Mourinho**, 2005)

Il calcio, come gli altri sport di squadra, si basa su abilità a tempo indeterminato, perché il coinvolgimento in situazioni imprevedibili è inevitabile. L'interpretazione e l'implementazione delle opportunità, per i partecipanti, in un particolare momento e situazione, fanno parte di ogni momento del gioco (Graça, 1994).

Il processo decisionale

Il calcio è prevalentemente un gioco di valutazioni e decisioni (Hughes, 1994). Richiede una capacità decisionale appropriata ai partecipanti, preceduta dalla capacità di lettura del gioco, qualità indispensabile per una partita di calcio, perché il tempo medio in cui un giocatore si trova in possesso palla, nei novanta minuti, è inferiore a due. Nel tempo rimanente, il giocatore deve valutare, giudicare e decidere. La padronanza di tecniche specifiche e la capacità di prendere decisioni corrette dipendono dall'adeguatezza del giocatore alla situazione di gioco. **Un buon giocatore è in grado di utilizzare le tecniche più appropriate, sempre determinate da un contesto tattico, per rispondere alle ripetute richieste del gioco** (Garganta e Pinto, 1998).

L'allenamento fisico

La costante richiesta di aumento delle prestazioni atletiche delle squadre ha portato allo sviluppo di diverse metodologie e concetti per l'allenamento. Come affermato da Pinto (1996), "Le prestazioni calcistiche vengono e sono state valutate secondo diversi fattori, nel corso del tempo: prima gli aspetti tecnici e poi quelli condizionali hanno, da sempre, un peso molto significativo nell'efficacia del gioco".

I primi approcci si sono concentrati sulla separazione delle parti che, sebbene sia necessaria per una migliore comprensione, ostacola il loro "trasferimento pratico" alla competizione. Rendere il gioco oggetto di studio è fondamentale per ampliare l'apprendimento della sua logica e dei suoi principi, data la loro importanza per l'allenamento e per le prestazioni del giocatore e della squadra.

Pertanto, il livello di prestazione di un giocatore è fortemente condizionato dal modo in cui concepisce e mette in pratica il gioco; le sue decisioni sono condizionate dalla percezione e dalla comprensione delle informazioni e dei meccanismi di risposta motoria (Garganta, 1998).

L'allenamento tattico

Oggi sembra esserci consenso sul fatto che la dimensione tattica abbia un ruolo importante nel raggiungimento delle migliori prestazioni. Come afferma Pinto (1996), "La dimensione tattica sta assumendo sempre più un ruolo centrale e coordinatore, tra i diversi fattori della prestazione; quindi l'allenamento tattico gioca un ruolo decisivo nella formazione dei giocatori di calcio. L'incremento degli approcci tattici aiuta lo sviluppo dell'attitudine a decidere rapidamente, che dipende dalla capacità di creare soluzioni; significa che l'aumento delle capacità decisionali richiede lo sviluppo di conoscenze tattiche ".

Quindi, seguendo Frade (1998) e Faria (1999), l'obiettivo di ogni allenamento tattico dovrebbe essere quello di far giocare la squadra nel modo in cui l'allenatore vuole, seguendo, cioè, il modello.

Da queste diverse interpretazioni dell'allenamento tattico, sembrano esserci due distinte linee di comprensione. Da una parte, possiamo accettare l'esistenza di una dimensione tattica, come concetto astratto e globale. D'altra parte, esiste un'interpretazione che utilizza il modello di gioco specifico come nucleo dell'intero processo.

Paradossalmente, i fattori tattici sono ancora scarsamente studiati, a causa della difficoltà nell'indagine da un punto di vista scientifico (Garganta, 2002). Indipendentemente

Capitolo 1: Il Calcio E La Complessità

da questo fatto, gli esperti hanno cercato di migliorare e ampliare le conoscenze; le molteplici linee di ricerca utilizzano diversi processi metodologici, per cercare di comprendere la logica che governa il gioco del calcio. Diventa importante pensare all'aspetto tattico "come dimensione che coordina il gioco" (Frade, 2006).

Oliveira (2004) afferma che "qualsiasi azione di gioco è condizionata da un'interpretazione, che implica una decisione (dimensione tattica), un'azione o abilità motorie (dimensione tecnica), che richiedono, a loro volta, un particolare movimento (dimensione fisiologica); tutto questo processo viene diretto da aspetti volitivi, cognitivi e stati emotivi (dimensione psicologica).

In realtà, la dimensione tattica non esiste da sola; ha senso solo quando si manifesta attraverso le interazioni delle altre tre dimensioni: tecnica, fisica e psicologica."

Allo stesso modo, Frade (citato da Rocha, 2000) aggiunge che il fattore fisico non è tattico, tecnico, psicologico o strategico, ma ha bisogno che tutti e quattro compaiano, per esistere. Secondo l'autore, e visti i vincoli che il gioco sempre richiede, l'aspetto tattico dovrebbe essere la componente dominante dell'allenamento.

Creare un processo per l'allenamento tattico

Dal punto di vista di José Mourinho, le idee tattiche sono qualcosa di molto concreto: le azioni che i giocatori producono sul campo, volute dall'allenatore, l'insieme dei principi che danno forma al modello di gioco e a una cultura comportamentale specifica, che deve essere appresa nel corso del tempo (Amieiro et al., 2006).

Oliveira (2004) aggiunge che il processo di allenamento è come una costruzione. È necessario dare coerenza e significato a questa costruzione, definendo una serie di linee guida, sia collettive che individuali. In altre parole, la formazione di uno stile, cioè di un modello di gioco, si basa su un insieme ben definito di idee dell'allenatore; costituisce, quindi, un quadro che promuove l'apprendimento di tutto ciò che viene sviluppato.

Oliveira (2004) distingue tra due concetti che sono spesso confusi con la dimensione tattica:

1. La **Struttura organizzativa** (il modulo o lo scaglionamento della squadra in campo).

2. Il **Sistema di gioco**.

Il primo punto si riferisce alle posizioni iniziali dei giocatori, mentre il secondo si riferisce all'intera organizzazione dinamica, strutturale e funzionale, che include funzioni specifiche, individuali e collettive, che danno significato al modo di giocare.

Pertanto, la costruzione di una squadra ha bisogno che i giocatori uniscano le loro azioni, che reagiscano allo stesso modo, in una determinata situazione, e che producano le stesse risposte (Pereira, 2005). Possiamo quindi dire che una squadra deve costruire una specifica cultura organizzativa, che la distingua dalle altre, e che funzioni come fattore unificante per i singoli elementi.

Oliveira (1991) conferma questo punto di vista dicendo: "Chi avrà più possibilità di vincere una partita di calcio? Chi può saltare più a lungo? Chi può correre più veloce? Oppure chi, di solito, gioca meglio e segna più gol?".

LA DIMENSIONE STRATEGICA DEL CALCIO

Per Gréhaigne (1992), Hernandez Moreno (1994) e Riera (1995), la strategia rappresenta ciò che è pianificato in anticipo, mentre le soluzioni tattiche sono l'adattamento momentaneo della strategia a diversi scenari e varianti di gioco, come la posizione e il movimento della palla, dei compagni di squadra e dei giocatori avversari. Le azioni e gli schemi comportamentali dei giocatori e della squadra sono la conseguenza di un ordine e di un'auto-organizzazione. La strategia non dovrebbe causare limitazioni individuali o collettive, ma piuttosto promuovere azioni creative, volte a raggiungere gli standard desiderati (Oliveira, 2003).

Secondo Bayer (1994), la cooperazione è una caratteristica specifica di uno sport di squadra. Ciò significa che qualsiasi giocatore, all'interno della squadra, dovrebbe aiutare e comunicare con i compagni, seguendo l'obiettivo comune predeterminato. Per comunicare è necessario parlare la stessa lingua o, in questo caso, avere un sistema di riferimento comune. Significa seguire gli stessi principi e usare un linguaggio comune, che consenta la comprensione reciproca. Conformandosi a questi principi operativi, i giocatori devono costantemente comprendere e anticipare le situazioni in cui sono coinvolti e agire in modo tale da ottenere vantaggi per la squadra. Questo è possibile solo quando tutti i membri agiscono su una base significativa simile.

Di conseguenza, Teodorescu (1984) sostiene che negli sport di squadra, la strategia contribuisce attivamente nel creare consapevolezza, sia durante il gioco, sia durante la preparazione alla competizione. Lo stesso autore si riferisce all'importanza della tattica nel raggiungimento della vittoria. Secondo Teodorescu (1984) e Riera (1995), la tattica individuale è la base della tattica collettiva, in quanto via per trovare le soluzioni per superare la squadra avversaria, sia in fase offensiva, sia in fase difensiva, secondo il piano strategico del gioco. Per Garganta e Oliveira (1996), la costruzione delle capacità tattiche e lo sviluppo delle possibili scelte dei giocatori, dipendono, ovviamente, dalla conoscenza che hanno del gioco.

Il calcio è caratterizzato da numerose azioni imprevedibili e non è possibile calcolare in anticipo la frequenza, la durata o il tempo di queste azioni. Nell'imprevedibilità di una partita di calcio, l'allenatore e i giocatori cercano di creare prevedibilità, attraverso la preparazione, la pianificazione e l'allenamento. Ciò consente loro di interagire positivamente con l'imprevedibilità del gioco.

Strategia e tattica sono due concetti usati nello sport per spiegare la logica di ogni attività. La strategia agisce da guida e la tattica evolve per giocare in modo appropriato e raggiungere gli obiettivi (Tavares, 1993). Secondo Garganta (1997), la strategia è il processo che fornisce un insieme di dati, definisce gli scenari, individua i metodi e stabilisce la gestione, le regole e i principi d'azione. Richiede abilità e iniziativa, combinando un insieme di decisioni e scelte.

Un simile approccio strategico dipende ovviamente dalla conoscenza che l'allenatore e i giocatori hanno del gioco. Pertanto, le dimensioni strategica e tattica emergono come qualcosa che dà significato al ruolo dei partecipanti, nel corso del gioco. Secondo Arda (1998), la logica dei fattori strategici e tattici può essere spiegata dai due fondamenti seguenti:

- L'insieme delle possibili azioni e decisioni che la squadra può mostrare e realizzare durante il corso del gioco.
- Le azioni messe in atto dai giocatori per trovare soluzioni a una certa situazione di gioco.

Differenze tra strategia e tattica
(Adattato da Garganta & Oliveira, 1996)

STRATEGIA	TATTICA
▷ Allenatore	▷ Giocatore
▷ Prima della partita	▷ Partita in corso
▷ Fattori esterni	▷ Fattori intrinseci
▷ Pensieri/Riflessioni	▷ Azioni
▷ Astuzia	▷ Intelligenza
▷ Pianificazione partita	▷ Sviluppo della partita

CAPITOLO 2

L'ALLENAMENTO NEL CALCIO E GLI APPROCCI "PERIODIZZATI"

Capitolo 2: L'allenamento Nel Calcio E Gli Approcci "periodizzati"

L'ALLENAMENTO NEL CALCIO E GLI APPROCCI "PERIODIZZATI" (3 METODOLOGIE DI ALLENAMENTO)

1. Approccio Analitico
Focus sulla preparazione fisica per raggiungere "la top performance" in partita

▶ Tendenza tipica dell'Europa orientale e caratterizzata dalla divisione della stagione in periodi.

▶ Mirava a raggiungere "il top della performance" in occasioni di alcune competizioni importanti.

▶ La priorità era la preparazione fisica, in particolare modo quella generale, non collegata al modello di gioco.

▶ I processi erano basati su fattori di prestazione isolati (preparazione fisica, tecnico, tattico, psicologico).

▶ Gli allenamenti erano correlati attraverso approcci analitici, in cui il processo decisionale svolgeva un ruolo secondario.

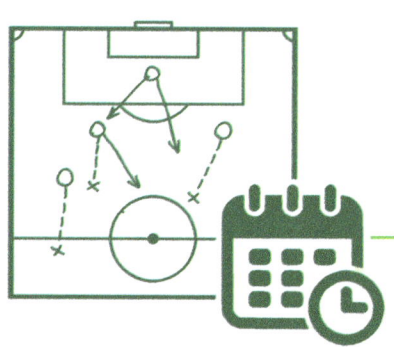

2. Approccio integrato
Allenamento specifico per lo sport

▶ Creato come una reazione all'approccio analitico. Gli aspetti fisici, tecnici e tattici sono sviluppati insieme.

▶ Maggiore somiglianza con le esigenze della competizione, maggiore importanza al gioco e alla sua specificità.

▶ Tuttavia, il livello di specificità è legato solo allo sport, non a un certo stile o modello di gioco.

3. Periodizzazione Tattica
"Modello di gioco" guida del processo

▶ Un nuovo modo di affrontare l'allenamento nel calcio, noto come "Periodizzazione Tattica", nato in Portogallo e in Spagna.

▶ Il modello del gioco e i suoi principi guidano tutto il processo fin dall'inizio.

▶ L'allenamento deve "modellare" il gioco, attraverso proposte specifiche, che includano tutti i principi tattici di gioco pensati dall'allenatore.

Capitolo 2: L'allenamento Nel Calcio E Gli Approcci "periodizzati"

1. Approccio Analitico: la preparazione fisica nella ricerca della "Top Performance" per la competizione

Nel tentativo di semplificare la complessità, le metodologie di allenamento sportivo hanno adottato un modo di pensare "analitico". Di conseguenza questi processi hanno sofferto di una separazione tra le loro varie dimensioni (fisica, tecnica, tattica e psicologica). Nel caso del calcio, il gioco è stato sezionato, isolando le varie fasi (attacco, difesa, fasi di transizione e calci piazzati), senza considerare il principio dell'"integrità ininterrotta", come invece proposto da Frade (1990). Analizzando le metodologie storiche di allenamento per gli sport di squadra, Filipe Martins (2003) ha identificato tre principali tendenze:

1. **Approccio Analitico**
2. **Approccio Integrato**
3. **"Periodizzazione Tattica"**

L'approccio analitico proveniva dai paesi dell'Europa orientale ed era caratterizzato dalla divisione della stagione in periodi. Questa periodizzazione mirava a raggiungere i "picchi di prestazione" in alcuni importanti momenti, a livello di competizioni. Il modello dava priorità alla variabile fisica, concentrandosi sulla preparazione generale, non direttamente collegata al modo di giocare. Si basava su fattori di prestazione isolati (fisico, tecnico, tattico, psicologico) e su allenamenti correlati all'approccio stesso, in cui il processo decisionale giocava un ruolo secondario. Lev Matvéiev, inizialmente, sviluppò questa teoria per gli sport individuali e successivamente la propose anche per gli sport di squadra. Nel corso del tempo, vari successi sportivi sono stati attribuiti a questa teoria, quindi il sistema di allenamento utilizzato da Matvéiev è stato poi preso come modello per la preparazione sportiva in tutto il mondo. Secondo il parere di Matvéiev (1981), l'allenamento sportivo comprende diverse componenti (fisiche, tecniche, tattiche, morali, volitive e teoriche), con il concetto di prestazione strettamente correlato a una serie di cambiamenti biologici di adattamento, che si verificano nel corpo (funzionale, forma e struttura degli organismi). È facile vedere l'influenza dei concetti riduzionisti (semplificare un'idea complessa, isolando e analizzando i meccanismi più semplici e basilari), perché le realtà sono trasformate in fattori di prestazione, in tutto il mondo. Questi fattori vengono prima allenati separatamente e successivamente applicati, combinandoli, durante la competizione. I fattori tecnico-tattici sono allenati in modo isolato (approccio analitico), osservando il loro sviluppo individuale, per ricercare l'atteso miglioramento delle prestazioni collettive. A questo proposito, José Mourinho (Lourenço e Ilharco, 2007) commenta: "Chi è l'uomo più veloce del mondo? Supponiamo che sia Francis Obikwelu, che impiega meno di 10" per correre 100 m. Non conosco nessun giocatore di calcio che possa batterlo sui 100 m; tuttavia, in una partita di calcio di una squadra allenata da me, Bolt sarebbe il più lento. Lasciatemi fare un altro esempio: il caso di Deco, un giocatore certamente lento. Se lo mettessimo a fare una corsa di 100 m contro atleti professionisti della disciplina, sembrerebbe lento, quasi in modo ridicolo, anche a causa del suo stile di corsa scoordinato, che certamente non porta alla massima velocità, dato che i suoi muscoli sono carichi di fibre a contrazione lenta. Tuttavia, su un campo di calcio, è uno dei giocatori più veloci che conosca, perché la velocità pura non ha un rapporto diretto con la velocità calcistica che, invece, è legata alla capacità di analizzare situazioni di gioco, alla reazione a stimoli specifici e alla capacità di dare risposte adeguate". Come seguace della Periodizzazione Tattica, José Mourinho promuove un approccio con un'idea diversa, in cui la velocità assume una nuova dimensione e una prospettiva specifica; in questo modo, un giocatore lento, da un punto di vista meccanico, può essere un giocatore veloce da una prospettiva più complessa, perché con il giusto tempismo, può muoversi dove l'avversario meno se lo aspetta, ed essere dove il compagno di squadra, con la palla, ha bisogno che lui sia (Lourenço & Ilharco, 2007). In questo contesto, il "giocare con o senza velocità" è legato al processo e all'efficienza decisionale, alle esperienze precedenti e alla cultura tattica di ciascun giocatore e della squadra nel suo insieme (Araújo, 2004). Pertanto, la velocità da sviluppare, nel processo di allenamento, è specificatamente correlata al modo di giocare.

"Per me, le cose sono molto chiare. C'è un allenamento tradizionale-analitico, c'è il sistema di allenamento integrato, che viene svolto con la palla, ma dove i focus fondamentali non sono molto diversi dalle esercitazioni tradizionali, e c'è il mio modo di allenare, chiamato 'Periodizzazione Tattica', che non ha niente a che fare con gli altri due. L'unica differenza tra allenamento tradizionale e allenamento integrato è che, in quest'ultimo, i giocatori sono mentalmente ingannati dalla palla, ma i risultati dell'allenamento sono esattamente gli stessi."

José Mourinho (Bruno et al., 2006)

2. Approccio Integrato: l'allenamento specifico per lo sport

In contrapposizione all'analitico, l'approccio chiamato "integrato" appariva come una reazione alla prima tendenza. In questa proposta, gli aspetti fisici, tecnici e tattici venivano sviluppati congiuntamente. Questo approccio ha cercato una maggiore somiglianza con le esigenze della competizione, attribuendo maggiore importanza al gioco e alla sua specificità (Martins, 2003).

Tuttavia, anche una cosiddetta 'esercitazione integrata' non si svolge nell'ambiente e con le caratteristiche specifiche di tutti gli elementi del gioco. Il suo livello di specificità è legato solo allo sport, ma non a un certo stile o modello di gioco.

Come evidenziato da Guilherme Oliveira (2004), l'approccio integrato non utilizza la dimensione tattica per guidare l'intero processo di allenamento, quindi il modello di gioco non viene inteso come linea guida. L'approccio "integrato" è quindi meno specifico rispetto alla Periodizzazione Tattica, perché le decisioni prese dai giocatori, in momenti diversi, non sono regolate e coordinate da un linguaggio tattico comune. Questo non incoraggia i giocatori a pensare in armonia e a compiere azioni collettive in modo ottimale, che invece sono necessarie in ogni momento.

Infine, è possibile considerare la dichiarazione di Carvalhal (Amieiro, 2005): "Ci sono due tipi di lavoro con la palla: integrato e sistemico (Periodizzazione Tattica). Nel primo tipo, quello integrato, la palla è presente, ma non è un supporto al modello di gioco; sosteniamo invece il tipo sistemico, in cui la palla è presente dal primo giorno (collettivamente e individualmente), per creare un modello di gioco.

Pertanto, la squadra è organizzata per giocare dal primo giorno e, allo stesso tempo, le prestazioni sono curate a tutti i livelli: fisico, tecnico e psicologico. Prestiamo attenzione a tutte le dimensioni, ma ciò che le coordina, è il lavoro tattico".

Queste metodologie si sono certamente evolute e sono migliorate notevolmente nel tempo, ma continuano ad affrontare i diversi aspetti del gioco analiticamente, in modo decontestualizzato (Tamarit, 2007).

*"Alleniamo il nostro modello di gioco, i nostri principi e sotto-principi, adattiamo le idee ai nostri giocatori e viceversa, al fine di stabilire un linguaggio d'azione comune. Tuttavia, apprendimento e creazione di abitudini sono più che il risultato di una ripetizione sistematica; sono una scoperta guidata, che non avviene perché ho detto loro: **"andremo da questa parte"**. Voglio che scoprano se in questo modo ottengono non solo un "know-how" (che deriva dalla ripetizione sistematica), ma anche una **"conoscenza del know-how"**, una scoperta attraverso la loro autocoscienza, perché credano che sia il modo migliore per avere successo. Voglio, cioè, che si sentano bene, quando giocano in questo modo, perché dà loro piacere e reazioni emotive positive, con tutti i vantaggi che ciò comporta"*

José Mourinho (Lourenço, 2003)

3. L'approccio della Periodizzazione Tattica: Il "Modello di Gioco" diventa guida del metodo

Negli ultimi anni, insieme alle mutevoli esigenze del calcio, si è verificata una rottura con i precedenti concetti e metodologie di allenamento; forse, il più grande cambiamento è avvenuto in Portogallo e in Spagna. I modelli di periodizzazione convenzionali ideati da Matvéiev negli anni '60 e '70 sono stati ripensati da alcuni teorici dell'allenamento del calcio. Vítor Frade è stato spesso indicato come il principale motore di questa trasformazione concettuale, perché ha proposto un nuovo metodo di approccio all'allenamento del calcio, noto come "Periodizzazione Tattica".

Per la Periodizzazione Tattica, la dimensione tattica non si riduce a un sistema di gioco o di squadra (organizzazione spaziale). Come affermato da Mourinho (2002), "La tattica è intesa come un insieme ben definito di principi di gioco, per la fase offensiva, per quella difensiva e per le transizioni; viene quindi idealizzato il modello di gioco desiderato dall'allenatore. L'obiettivo finale è creare un ordine partendo dal caos".

La periodizzazione è tattica perché, secondo Frade (2004), "l'espressione del gioco è tattica: il modo in cui vogliamo giocare e il modo in cui giochiamo. Lo scopo è creare un modello di gioco operativo, che abbia la funzione di elemento causale del futuro".

Il modello di gioco e i suoi principi guidano, quindi, il processo, sin dall'inizio. La Periodizzazione Tattica intende l'allenamento come mezzo per "modellare" il gioco, attraverso esercitazioni specifiche, che includono tutti i principi ideati dall'allenatore. Come sottolinea Gomes (2006), la specificità delle esercitazioni non dovrebbe riguardare solo la configurazione strutturale e gli eventi funzionali; l'allenatore dovrebbe anche indirizzare l'attenzione dei giocatori su quelle azioni che desidera sviluppare. Pertanto, la Periodizzazione Tattica afferma che la specificità deve essere contestualizzata, non solo per quanto riguarda la progettazione dell'esercitazione, ma anche per quanto concerne l'intervento dell'allenatore.

I giocatori, in allenamento, si trovano all'interno di un modello di gioco, di un'organizzazione volta a sviluppare un'identità collettiva e individuale. Questa identità collettiva può essere verificata attraverso le interazioni tra gli elementi del sistema, che dovrebbero essere regolari e mostrare una costante comportamentale. Come afferma Frade (1998), "il gioco è un fenomeno in corso e la sua costruzione è creata dalle abitudini che vogliamo realizzare e che vengono acquisite attraverso le azioni".

Secondo Gomes (2006), il metodo della Periodizzazione Tattica contestualizza tutte le situazioni, indipendentemente dalla complessità, seguendo un riferimento globale, cioè il modello di gioco. Sviluppa un linguaggio significativo comune, in cui i giocatori, con i loro diversi ruoli, vincolano le "proprietà del tutto". La funzione di un giocatore, all'interno della squadra, si traduce in riferimenti collettivi, un insieme dei riferimenti e dei principi guida, quindi, un'idea collettiva di gioco, che dovrebbe essere allenata a tutti i livelli di complessità. I giocatori possono infine sviluppare strategie che consentono alla squadra il mantenimento della propria identità (la regolarità delle interazioni nel sistema).

Secondo Mourinho (Barreto, 2003), è necessario prestare attenzione a tutti i fattori. L'aspetto fisico è ancora importante, ma ciò che coordina l'intero processo (gli aspetti fisici, tecnici e psicologici) è l'organizzazione (la dimensione tattica). Qualsiasi esercitazione deve essere correlata alle idee di gioco, motivo per cui questo approccio differisce dall'allenamento integrato, che usa sì la palla, ma spesso dimentica il "modo" di giocare (stile di gioco).

Capitolo 2: L'allenamento Nel Calcio E Gli Approcci "periodizzati"

I METODI DI ALLENAMENTO "PERIODIZZATI"

E' possibile migliorare le prestazioni potenziali di un atleta, o di una squadra, solo attraverso la corretta applicazione dei metodi, dei contenuti e del carico di allenamento; questi fattori dovrebbero essere inquadrati nei modelli di Periodizzazione Tattica, che combinano contributi provenienti da diversi campi della conoscenza, come la scienza applicata allo sport e le opinioni dei teorici dell'allenamento sportivo più influenti. Questi piani sistemici sono determinati da diversi fattori, come il tipo specifico di sport, il livello di competizione, lo stato funzionale dell'atleta, la logica interna allo sport, il calendario delle competizioni e così via.

Un metodo di allenamento "periodizzato" è un piano teorico che riguarda un sistema reale complesso. È costruito per facilitare l'approccio, sia da un punto di vista teorico che pratico (Manso et al., 1996).

Negli sport di squadra, questo argomento è stato ampiamente ignorato (Woodman e Pyke, 1991), con i ricercatori che indirizzavano la loro attenzione allo sviluppo di componenti fisiche, all'interno di un macrociclo (Jenkins, 1995; Stapff, 1996). E' pertanto chiaro un conflitto tra le esigenze del calcio, come la dimensione tattica e le gare settimanali, e i modelli proposti. A questo proposito, Rowbottom (2003) ritiene straordinario che i giocatori di una squadra debbano competere al massimo delle prestazioni ogni fine settimana, o anche a distanza di pochi giorni.

Dawson (1996) sottolinea come la necessità di ottenere picchi di prestazioni minimi, ogni fine settimana, sia uno dei maggiori problemi nel calcio. Questo significa dover unificare le sessioni di recupero post-partita, con l'allenamento e la preparazione in vista della successiva in soli 2 o, al massimo, 6 giorni (tra una partita e l'altra). Rowbottom (2003) afferma che per ottimizzare le prestazioni degli atleti, sarebbe necessario che le partite fossero più distribuite nel tempo, cosa ovviamente non possibile nel calendario del calcio attuale.

Tuttavia, la comunità scientifica è incerta su quale, dei diversi modelli, fornisca valide argomentazioni, che portino allo sviluppo di partite a livello di "arte del gioco". A nostro avviso, questo significa che i modelli attuali dovrebbero essere rivisti, per porre un'attenzione speciale alla componente tattica. In questo senso, c'è interesse per la quantità di ricerche esistenti sulla periodizzazione dell'allenamento calcistico.

Nel corso della storia dello sport, l'allenamento è stato sviluppato e messo in pratica attraverso una grande varietà di metodi periodizzati, che si sono evoluti e modificati, in base al corpus delle conoscenze disponibili al momento. Se l'aspetto metodologico è il criterio principale, possiamo identificare tre fasi nello sviluppo storico dei metodi di periodizzazione:

- **1a fase:** dalle origini al 1950 (la fase iniziale degli allenamenti sistemici)
- **2a fase:** dal 1950 al 1970, quando i modelli cosiddetti classici sono stati rivisti e sono apparsi nuovi metodi
- **3a fase:** dal 1970 ad oggi, un'epoca di grandi rivoluzioni nella conoscenza di queste materie

Seguendo gli sviluppi storici, suggeriamo questa classificazione:

- **Precursori dell'allenamento "periodizzato"**
- **I metodi periodizzati tradizionali**
- **I metodi periodizzati contemporanei**

All'interno di ciascun gruppo, abbiamo evidenziato quelli che hanno maggiormente influenzato la periodizzazione dell'allenamento calcistico e li abbiamo descritti nei capitoli successivi.

I METODI DI ALLENAMENTO "PERIODIZZATI":
Precursori, Tradizione e Contemporaneità

Precursori dell'allenamento "periodizzato"

Gomes (2002) elenca alcuni ricercatori come Kraevki (1902), Tausmev (1902), Olshanik (1905), Skotar (1906), Shtliest (1908) e Murphy (1913), che hanno contribuito al concetto di periodizzazione sportiva. Murphy e Kotov (1900-1920) divisero i contenuti dell'allenamento in fasi, per migliorare, in progressione, la forma fisica degli atleti (Fox, 2002). Kotov (1916) ha ideato il concetto di formazione continua diviso in tre livelli: generale, preparazione e allenamento specifico (Smith, 1998; López et al., 2000; Gomes, 2002). Nel 1922, Gorinevski scrisse il primo libro su questo argomento, intitolato "Basis of Sport Training" (Gomes, 2002).

Pihkala propose, nel 1930, che i carichi di allenamento settimanali, mensili e annuali dovessero avere una natura ondulatoria, alternando lavoro e recupero; diminuire il carico di allenamento, in termini di volume, aumentandolo in termini di intensità (Gomes, 2002), durante i lunghi periodi di allenamento. Intraprendere poi un periodo di allenamento specifico, dopo un ampio lavoro di miglioramento fisico generale (Lopez et al., 2000; Gomes, 2002).

Grantyn (1939) propose di classificare i contenuti e i principi generali dell'allenamento e di mantenere un legame tra specializzazione e preparazione generale (Gomes, 2002). Ha sviluppato la divisione della stagione in cicli (preparazione, periodo principale e di transizione), con la durata nel tempo e gli obiettivi determinati dalle caratteristiche dello sport (Silva, 1998).

Nel 1949, Ozolin propose che il periodo di allenamento dovesse avere due fasi, una generale e una speciale. Il periodo competitivo era invece diviso in sei fasi:

1. **Periodo iniziale**
2. **Periodo competitivo**
3. **Periodo di scarico**
4. **Periodo della preparazione immediata**
5. **Periodo conclusivo**
6. **Periodo competitivo principale**

Sosteneva che il riposo completo dovesse essere proposto solo in casi speciali, per un periodo limitato (5-7 giorni), dato che le tappe della stagione avevano la stessa lunghezza per tutti gli sport, ma con una diversa distribuzione dei contenuti di allenamento.

Nel 1950, Letonov ha criticato i modelli di pianificazione, in particolare per la mancanza di basi fisiologiche e di individualizzazione nei processi. Nella sua proposta, ha incorporato le conoscenze sull'adattamento biologico ai metodi di allenamento e ha suddiviso la stagione in periodi di allenamento generale e specifico, in un periodo competitivo e un altro per la riduzione del livello di preparazione fisica (Silva, 1998; López et al., 2000; Gomes, 2002).

I metodi "periodizzati" tradizionali

Questi metodi sono datati, come ideazione, ma alcuni allenatori li utilizzano ancora. I più significativi e compiutamente descritti nel prossimo capitolo, sono:

- **Il metodo Matveiev**
- **Il metodo Pendolo** (Aroseiev)
- **Il metodo dei carichi di lavoro elevati** (Tschiene)

I metodi "periodizzati" contemporanei

I metodi contemporanei si sono allontanati dalle rigide strutture precedenti, verso teorie più aperte. I seguenti sono quelli che andremo ad analizzare:

- **Il metodo a blocchi di allenamento** (Verkhoschansky)
- **Il metodo integratore** (Bondarchuk)
- **Il metodo A.T.R.** (Kaverin and Issurin)
- **Il metodo della performance estesa** (Bompa)
- **Il metodo cognitivo** (Seirul-lo)
- **Il metodo "periodizzato" in 6 settimane** (Verheijen)

I METODI "PERIODIZZATI" TRADIZIONALI

IL METODO MATVEIEV: il padre del moderno allenamento sportivo "periodizzato"

Unità di specificità e allenamento generale

Incorporare l'allenamento specifico (specificità del gioco) in quello generale

▶ Il volume di allenamento specifico del gioco precedente al metodo di Matveev era relativamente piccolo, quindi non era sufficiente per ottenere uno sviluppo complessivo dell'atleta.

▶ Unire il concetto di specificità alle proposte generali crea ed esprime il potenziale allenante per uno sport in particolare.

▶ Anche se generale e specifico sono molto diversi, i processi di allenamento dovrebbero includerli entrambi.

Variazione dei carichi di allenamento

I carichi di allenamento variano giorno per giorno, settimana dopo settimana, per raggiungere il massimo della performance per la competizione

▶ La struttura dell'allenamento deve sempre contenere una variazione dinamica, in tutte le sue componenti. Matveiev evidenzia 3 varianti di base:

1. Minime variazioni nel micro-ciclo (settimana).
2. Numero medio di variazioni (risultato di molte piccole variazioni), espressione della tendenza generale dei carichi di molteplici micro-cicli.
3. Numero alto di variazioni nel corso della stagione, riproducendo il trend dei carichi utilizzati nelle variazioni medie.

Metodo Matveiev

Combinazione sistematica di carico e recupero

Lavoro strutturato e intervalli di riposo per un pieno recupero

▶ Tutte le sessioni di allenamento devono essere correlate alle precedenti e alle successive, per creare condizioni positive e per ottenere risultati stabili e progressivi, alternando lavoro e recupero ad intervalli.

▶ Qualsiasi carico di allenamento deve essere proposto, preferibilmente, dopo un completo recupero dal carico precedente, per evitare un eccesso di allenamento.

Divisione in cicli della stagione

Micro-ciclo: settimana
Meso-ciclo: mese
Macro-ciclo: stagione

▶ I cicli di allenamento sono strutture in successione, che vengono ripetute periodicamente (sessioni di allenamento, micro-cicli, meso-cicli e macro-cicli).

▶ Alcuni dei contenuti e dei metodi impiegati vengono comunque parzialmente modificati.

Progressività degli sforzi in allenamento

Aumento dei carichi di allenamento

▶ Il sovraccarico massimo raggiunge i limiti della funzione del corpo senza superare la barriera di adattamento.

▶ Qualsiasi carico massimo è relativo, perché dopo un certo tempo, i processi di adattamento lo trasformano in un carico sub-massimale.

▶ Il volume e l'intensità sono i parametri di base di un carico di allenamento, inseparabili, ma contemporaneamente opposti.

Capitolo 2: L'allenamento Nel Calcio E Gli Approcci "periodizzati"

IL METODO PENDOLO (AROSEIEV):
l'allenamento a ritmo differenziato, per il mantenimento del livello della performance

Aroseiev (1971) propose un metodo di pianificazione non tradizionale per gli allenamenti, a livello di stagione, che chiamò "Sistema di allenamento per la preparazione speciale". Di seguito analizziamo il suo 'metodo a pendolo':

Fasi di accumulo e realizzazione
Combinare capacità tecniche e fisiche con l'allenamento a carichi elevati

▶ 2 fasi differenti (accumulo e realizzazione) costantemente sviluppate e alternate.

▶ Vengono eseguiti alternativamente 2 tipi di micro-cicli di allenamento settimanali: il micro-ciclo principale e il micro-ciclo di regolazione.

▶ **Fase di accumulo:** mira a esprimere le capacità fisiche e tecniche utilizzando elevati volumi e carichi di allenamento.

▶ **Fase di realizzazione:** l'allenamento specifico viene aumentato per stabilizzare i livelli di prestazione tecnica e tattica.

Alternanza dei micro-cicli principale e di regolazione
Capacità di recupero e aumento del livello di preparazione fisica

▶ I micro-cicli di regolazione consentono il recupero della capacità muscolare e aumentano la preparazione fisica generale.

▶ Nel frattempo, i principali micro-cicli mirano a soddisfare le esigenze delle capacità speciali.

▶ L'alternanza dei micro-cicli è determinata dalla durata del processo di allenamento, considerando che il numero minimo di micro-cicli associati, necessari per ottenere l'effetto "Pendolo" (vedi sotto), dovrebbe essere compreso tra 3 e 5.

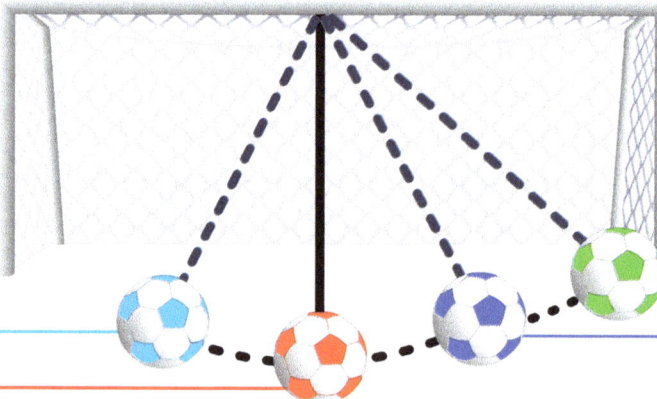

Il 'recupero attivo'

▶ L'"effetto pendolo" si basa su due concetti: il 'recupero attivo' e i 'bioritmi'.

▶ Il fenomeno del **'recupero attivo'** (Sechenov), dimostra che la capacità di lavoro è massima durante l'attività fisica, non durante il riposo passivo.

Bioritmi
La forma fisica del corpo "oscilla come un pendolo", rendendo il recupero più efficace

▶ Tutto è legato alla realtà della vita su questo pianeta, che è soggetta a una sequenza di ritmi diversi.

▶ La sequenza dei micro-cicli principali (di base) e di regolazione fa oscillare la forma fisica del corpo come un pendolo, garantendo un recupero più efficace e creando aumenti e diminuzioni ritmici delle capacità generali e specifiche.

"Quanto maggiore è il numero di oscillazioni, tanto maggiore è la possibilità di sostenere le prestazioni sportive" (Forteza de la Rosa, 1999)

Capitolo 2: L'allenamento Nel Calcio E Gli Approcci "periodizzati"

IL METODO DEI CARICHI DI LAVORO ELEVATI (TSCHIENE): l'allenamento ad alta intensità continua

Nella ricerca del mantenimento di alti livelli di prestazione per tutta la stagione, Peter Tschiene ha concepito il 'Metodo dei carichi di lavoro elevati', che mantiene alto sia il volume di allenamento, sia l'intensità, durante tutta la stagione.

Questo modello si basa sul rigoroso controllo delle capacità funzionali di un atleta, per raggiungere i livelli di prestazione attesi nelle competizioni. Durante l'intera durata dell'allenamento, l'attenzione si concentra sulla ricerca di metodi di esecuzione che possano essere adattati alla competizione stessa, utilizzando attrezzature specializzate.

Contenuti specifici per l'allenamento alla competizione

Preparazione (allenamento)

▶ Preparazione alle partite attraverso continui allenamenti ad alte qualità e intensità.

Utilizzo continuo dell'alta intensità

▶ Utilizzo continuo dell'alta intensità (oltre l'80% del massimale).

METODO DEI CARICHI DI LAVORO ELEVATI

Fasi brevi e continue

▶ Variazioni dei carichi con frequenti cambiamenti nella quantità e nella qualità dell'allenamento. Sessioni pianificate in fasi brevi e continue.

Differenza minima, nei carichi, tra allenamenti e partite

▶ Differenza minima nel volume del carico tra l'allenamento (80%) e le partite (100%).

PERIODIZZAZIONE TATTICA

I METODI "PERIODIZZATI" CONTEMPORANEI

I METODI "PERIODIZZATI" CONTEMPORANEI

I progressi dei metodi tradizionali hanno contribuito allo sviluppo successivo di nuove proposte, comprese quelle specifiche per ogni sport. La durata di ogni periodo della stagione è stata, e continua a essere, una questione di notevole dibattito.

D'altra parte, vi è un crescente movimento, distante dalle rigide strutture precedenti (cioè la pianificazione non individualizzata), e aperto a nuove proposte metodologiche, vista l'influenza della teoria dei sistemi e delle scoperte sull'adattamento biologico.

Tra i modelli periodizzati contemporanei, analizziamo i seguenti:

- **Il metodo "a blocchi di allenamento"** (Verkhoschansky): volume di lavoro ristretto, aumento di intensità dell'allenamento specifico

- **Il metodo integratore** (Bondarchuk): combinare le fasi di sviluppo, mantenimento e recupero

- **Il metodo A.t.r.** (Kaverin And Issurin): accumulo, trasformazione e realizzazione

- **Il metodo della "performance estesa"** (Bompa): l'allenamento progressivo per raggiungere la "top performance"

- **Il metodo cognitivo** (Seirul-lo): l'importanza delle interazioni e degli elementi di talento dell'atleta

- **Il metodo "periodizzato" in 6 settimane** (Verheijen): esercitazioni specifiche per il calcio e per il miglioramento della condizione fisica

- **La Periodizzazione Tattica** (Vitor Frade): ottimizzare l'allenamento per riprodurre il massimo sforzo nella performance, evitando i sovraccarichi

Capitolo 2: L'allenamento Nel Calcio E Gli Approcci "periodizzati"

IL METODO "A BLOCCHI DI ALLENAMENTO" (VERKHOSCHANSKY):
volume di lavoro ristretto, aumento di intensità dell'allenamento specifico

Il Dott. Yury Verkhoshansky, scienziato e allenatore russo di atletica leggera olimpica, è conosciuto per il suo lavoro sulla pliometria, che ha suscitato molto interesse. Secondo Verkhoshansky, le leggi specifiche che caratterizzano e determinano le prestazioni sportive sono basate su processi di adattamento a lungo termine nel corpo dell'atleta. Questi processi dipendono dall'intenso lavoro muscolare e dall'organizzazione dei carichi di allenamento, con diversi orientamenti fisiologici, volumi e durate.

Allenamento a carichi di intensità specifica

▶ Questo metodo è chiamato **"concetto di preparazione"** e afferma la necessità di intensificare i carichi specifici, dato che gli atleti d'élite hanno livelli estremamente alti di allenamento.

▶ Gli atleti dovrebbero sostenere allenamenti specifici per il proprio sport e allenarsi ad alta intensità, perché siano preparati bene per le competizioni.

Effetti positivi degli allenamenti a lungo temine

▶ Il 'metodo a blocchi' crea la capacità specifica di prestazione, mediante elevati carichi di allenamento. Comporta un iniziale calo dei livelli di prestazione, coerentemente alla concentrazione dei carichi stessi.

▶ Maggiore è la diminuzione dei livelli di preparazione specifica (entro limiti ragionevoli), maggiore sarà il successivo aumento delle prestazioni.

Rapidità di movimento

▶ I risultati sportivi dipendono spesso dalla rapidità con cui vengono eseguiti i movimenti o dalla capacità dell'atleta di aumentare la velocità; per uno sportivo di alto livello, il movimento deve anche essere abbinato alla precisione tecnica.

Carichi di allenamento concentrati

▶ Per massimizzare l'adattamento dell'atleta, è necessario implementare i carichi concentrati in un periodo sufficientemente lungo (fino a 20 settimane); durante questo periodo vengono applicati i seguenti principi:

▶ Ogni blocco è diviso in due fasi:
1. Ampio volume di allenamento specifico.
2. Minore volume, ma maggiore intensità, dei carichi specifici.

(Il concetto di "carichi di allenamento concentrati" caratterizza entrambe le fasi)

▶ Il volume di allenamento aumenta e diminuisce più rapidamente rispetto ai modelli tradizionali, portando all'aumento dell'intensità.

▶ I carichi, in allenamento e nelle competizioni, non sono in conflitto. Vengono combinati per ottenere prima un adattamento funzionale (sviluppo), migliorato, in seguito, nel processo fisiologico, attraverso carichi di allenamento intensi.

IL METODO INTEGRATORE (BONDARCHUK):
combinare le fasi di sviluppo, mantenimento e recupero

Adattamenti individuali, di ogni atleta, attraverso variazioni

01

Mantenimento dello sviluppo attraverso periodi di recupero

02

03

Fasi di sviluppo e riposo

Per Bondarchuk (1988), il processo di sviluppo delle prestazioni sportive è caratterizzato da tre fasi. Queste fasi sequenziali, ovvero sviluppo, mantenimento e riposo, sono di supporto alle fasi classiche di apprendimento, mantenimento e perdita di prestazioni, a seconda del modello di pianificazione e delle caratteristiche dell'atleta.

L'adattamento individuale di ogni atleta

Il "metodo integratore" considera l'insieme delle caratteristiche di adattamento individuali di ciascun atleta. Mette in primo piano il fatto che l'adattamento venga raggiunto in un periodo che va da due a otto mesi, secondo età, anni di abitudine all'allenamento, livello e caratteristiche dell'atleta.

L'aspetto innovativo di questo metodo è il modo in cui i periodi di sviluppo e di mantenimento sono combinati con i periodi di recupero.

La conoscenza delle risposte di adattamento individuali di un atleta può determinare con precisione le fasi competitive che possono essere raggiunte in una stagione, consentendo quindi di raggiungere livelli più elevati di prestazioni. L'adattamento dell'atleta si ottiene attraverso l'applicazione, in parallelo, di carichi di allenamento con orientamenti diversi lungo l'intero macro-ciclo (stagione intera), tenendo conto solo se questi carichi possono innescare una risposta organica (fisica) adeguata.

IL METODO A.T.R. (KAVERIN AND ISSURIN): accumulo, trasformazione e realizzazione

Concentrazione dei carichi sulle capacità specifiche

Concentrazione dei carichi sulle capacità specifiche o su obiettivi specifici dell'allenamento.

Blocchi di allenamenti specifici

▶ Sviluppo in sequenza di determinate capacità, o di obiettivi, attraverso blocchi di allenamenti specifici, nel corso dei meso-cicli.

Effetti residui degli allenamenti

Meso-ciclo concentrato:
1. Accumulo
2. Trasformazione
3. Realizzazione

▶ Sequenza dei meso-cicli basata sugli **effetti residui degli allenamenti**.

▶ L'allenamento aerobico della resistenza e la forza massimale hanno il maggior effetto residuo; quindi questi tipi di allenamento dovrebbero fungere da base per gli allenamenti.

1. **Accumulo:** l'allenamento dovrebbe iniziare a sviluppare le capacità che generano il più importante effetto residuo.

2. **Trasformazione:** la fase successiva dovrebbe quindi mirare a sviluppare capacità con effetti residui moderati, come resistenza alla forza e resistenza alla velocità.

3. **Realizzazione:** infine, la pianificazione del meso-ciclo dovrebbe provvedere allo sviluppo di capacità con effetti residui minimi (velocità di reazione, agilità e coordinazione).

▶ I differenti macro-cicli vengono gestiti attraverso tutta la stagione con una struttura a 3 fasi:

1. **Accumulo:** miglioramento delle capacità tecniche e motorie. Alti volumi di allenamento a intensità moderata. Concentrazione maggiore su forza, capacità aerobica, abilità tecniche di base e correzione degli errori.

2. **Trasformazione:** il trasferimento delle abilità motorie di base precedentemente apprese nelle esercitazioni più specifiche. Grande enfasi sulla resistenza alla fatica e sulla stabilizzazione delle abilità specifiche dello sport. Il volume e l'intensità dell'allenamento sono alti.

3. **Realizzazione:** ottimizzazione delle **prestazioni** per arrivare ai migliori risultati possibili, in base al momento della stagione. I contenuti degli allenamenti perfezionano la performance durante la competizione, con esercizi specifici, ad alte intensità e con lunghi periodi di recupero.

4. La durata di un meso-ciclo dipende dal numero di fasi (cioè, macro-cicli) della stagione, dal livello di forma fisica dell'atleta e dalla specificità dello sport..

IL METODO DELLA "PERFORMANCE ESTESA" (BOMPA):
l'allenamento progressivo per raggiungere la "top performance"

Nel 1983, Tudor Bompa, dopo aver considerato l'allenamento come un processo complesso, che doveva essere organizzato e pianificato in fasi sequenziali, propose il suo modello di periodizzazione. Secondo Bompa, attraverso le fasi di allenamento e competizione, un atleta, o una squadra, possono e devono raggiungere determinati livelli di prestazione, descritti di seguito:

ⓘ Adattamento alla realtà degli sport di squadra
Adattare gli allenamenti ai lunghi periodi di competizione

▶ Bompa ha adattato questa proposta alla realtà degli sport con lunghi periodi di competizione, solitamente quelli di squadra.

▶ Proponendo un periodo di allenamento generale, quando gli atleti raggiungono alti livelli, ma non il top, di prestazioni, questa forma deve essere mantenuta per tutta la stagione, e ottenere il massimo delle prestazioni quando il calendario lo richiede.

Livello 2 di preparazione: forma fisica
Livello di performance vicino al top

▶ Durante questa fase, le proposte vengono applicate a situazioni reali che coinvolgono avversari e/o compagni di squadra, tuttavia senza eccessive difficoltà.

Livello 1 di preparazione: gradi di allenamento
Fattori condizionali e allenamento per le richieste specifiche dello sport

▶ Il primo livello di forma fisica è quello delle prestazioni sportive generali, con un grado molto alto di preparazione, per le esigenze specifiche dello sport praticato.

▶ L'elevato livello di prestazioni raggiunto supporterà le fasi successive. Se le prestazioni sono di basso livello, le altre fasi saranno influenzate negativamente, riducendo significativamente il potenziale.

▶ Le proposte analitiche sono utilizzate ma trasferite alla necessità della partita e al gioco.

Livello 3 di preparazione: il massimale
Raggiungere il massimo della performance

▶ Lo stato di massima prestazione atletica, purtroppo, non può essere mantenuto a lungo, essendo sistematico il rapido ritorno al livello di forma precedente.

▶ Le proposte sono equivalenti ai requisiti delle partite, in termini di complessità.

▶ Tuttavia, anche se gli aspetti tattici e tecnici sono presi in considerazione, l'enfasi maggiore è ancora sulla parte fisica di ogni azione.

Capitolo 2: L'allenamento Nel Calcio E Gli Approcci "periodizzati"

IL METODO COGNITIVO DI SEIRUL-LO E L'IMPORTANZA DELLE INTERAZIONI

Questo metodo è più applicabile agli sport in cui la situazione competitiva è instabile e con ampie possibilità di interazione. È dominato da motivazioni intrinseche, come la soddisfazione personale per un lavoro ben fatto, l'entusiasmo nel ricercare l'autostima e così via. Le relazioni allenatore-atleta ottimizzano quest'ultimo, non il modello di competizione. Gli atleti si organizzano in una particolare specificità e seguono i propri interessi personali. Questo metodo raggruppa i fattori che determinano le capacità del giocatore (**elementi di talento dell'atleta**) come segue:

I FATTORI DI TALENTO DELL'ATLETA

Capacità volitivo-emozionali
▶ La capacità di identificare il proprio ruolo all'interno del gruppo

Capacità socio-emozionali
▶ La capacità di interazione personale

Fattori Cognitivi
▶ La capacità di processare le informazioni

Fattori Condizionali
▶ Valori fisici, quali volume e intensità

Fattori coordinativi
▶ La capacità di implementare i gesti tecnici richiesti

Capacità creative ed espressive
▶ La proiezione del se, dentro e fuori dal campo

Capitolo 2: L'allenamento Nel Calcio E Gli Approcci "periodizzati"

IL METODO COGNITIVO DI SEIRUL-LO: I PRINCIPI PIÙ IMPORTANTI

Francisco Seirul-lo, professore dell'Istituto Nazionale di Educazione Fisica (Università di Barcellona) e **preparatore atletico presso l'FC Barcelona per più di vent'anni**, ha "svelato" questo metodo di pianificazione nel 1996. Il nome deriva dalla sua base teorica, il "cognitivismo", un metodo costruttivo, basato sul processo di apprendimento costante. Il modello cognitivo di Seirul-lo si basa sulla critica al modello d'azione tradizionalmente utilizzato negli sport individuali e spesso trasferito agli allenamenti degli sport di squadra. La posizione dei teorici "dell'azionismo" è che solo la condotta osservabile dovrebbe essere presa in considerazione, concentrandosi sugli stimoli e sulle risposte e ignorando completamente i sentimenti, le immagini, i desideri e persino i pensieri del soggetto osservato. Seirul-lo considera troppo riduttivo e non adatto alla complessa realtà degli sport di squadra. Dal suo punto di vista, dato che comprendiamo la realtà attraverso modelli costruiti da esseri umani, questi stessi modelli sono sempre soggetti a cambiamenti e miglioramenti.

METODO COGNITIVO

- Provvedere a tutte le necessità dell'atleta
- Concentrarsi sull'analisi dell'atleta, dell'ambiente, sulla situazione specifica e sulle condizioni delle competizioni
- Apprendimento basato sulla capacità dell'atleta di analisi e di interpretazione dei segnali e di compiere la scelta migliore, adatta a bisogni e interessi
- Cambiare la struttura e le regole delle situazioni tattiche, per incoraggiare l'atleta a sviluppare nuove azioni, usando le proprie interpretazioni
- Migliorare la capacità dell'atleta di interpretare le situazioni e incoraggiare le risposte corrette
- Migliorare le capacità motorie, applicabili a diverse situazioni, per evitare modelli di azione "chiusi"

I CARICHI DI ALLENAMENTO CON DIVERSI TIPI DI PROPOSTE

L'orientamento dei carichi di allenamento è soggetto alla struttura condizionale, coordinativa e cognitiva dell'allenamento. Non è possibile ottimizzare le qualità condizionali, indipendentemente dalla coordinazione e dalle abilità cognitive, perché queste si verificano sempre simultaneamente, durante l'esecuzione di qualsiasi azione. **L'ORIENTAMENTO DEL CARICO** si articola su quattro livelli (da generale a specifico), indipendentemente dagli obiettivi condizionali, cognitivi o coordinativi, e corrisponde ai reali bisogni delle competizioni. Viene applicato secondo i seguenti standard, durante l'ideazione delle esercitazioni:

Esercitazioni generali

▶ Queste proposte rendono la specificità dello sport approssimativa e più simile ad un'abilità di base (per esempio forza, velocità o resistenza).

▶ Hanno poca relazione con il contesto dello sport specifico e l'obiettivo è fornire agli atleti un livello base adeguato per partecipare.

▶ Nessun processo decisionale viene coinvolto.

Esercitazioni specifiche

Il gioco stesso viene utilizzato come elemento principale ed è obiettivo dell'allenamento; carico simile alle partite e processo decisionale specifico del gioco.

▶ Questo approccio consente di ottimizzare i livelli tecnico-tattici di ciascun giocatore.

▶ Un esempio di esercitazione può essere un 4 contro 4 con 3 giocatori neutrali.

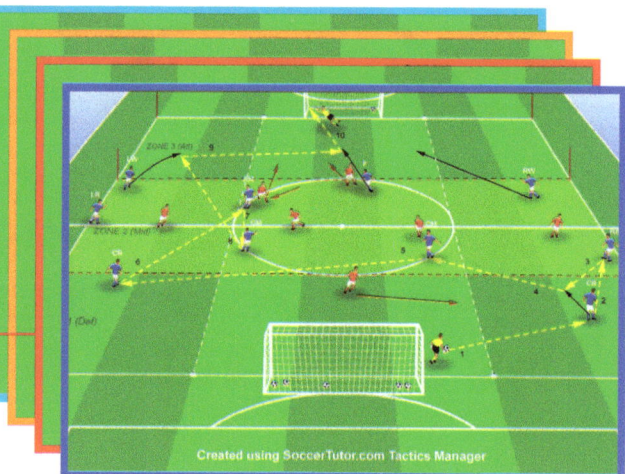

Esercitazioni Dirette

▶ Si concentrano su aspetti necessari allo sviluppo di posizioni specifiche, in relazione ai movimenti strutturali di uno sport.

▶ Il carico di allenamento è simile al carico partita e include lavoro coordinativo specifico e processo decisionale non specifico.

▶ Un esempio di esercitazione è un circuito tecnico che combina la palla con elementi di forza fisica, come il salto, la resistenza, la corsa o il tiro in porta.

Esercitazioni competitive

▶ Tentativo di superare o eguagliare (almeno parzialmente) la qualità delle situazioni che si verificano nelle partite.

▶ Esempi di esercitazioni sono 8 c 8 (+ portieri) oppure 11 c 8 con principi tattici, posizioni e ruoli specifici.

Capitolo 2: L'allenamento Nel Calcio E Gli Approcci "periodizzati"

LE TIPOLOGIE DI MICRO-CICLO (ALLENAMENTO SETTIMANALE)

L'unità principale della pianificazione è il cosiddetto micro-ciclo strutturato. La settimana di allenamento varia a seconda degli obiettivi e della fase della stagione. Di seguito vengono delineati cinque diversi tipi di micro-cicli:

Micro-ciclo di preparazione

Riposo e inizio del pre-campionato

▶ Normalmente applicato durante la fase rigenerativa (il periodo di riposo tra due stagioni).

▶ È caratterizzato da esercitazioni generali, ma quando inizia il periodo pre-campionato, le sessioni generali e dirette vengono alternate e combinate con alcune proposte specifiche.

▶ Esercizi puramente generici, come corsa o nuoto, sono completamente ignorati.

Micro-ciclo di trasformazione diretta

Inizio seconda settimana pre-campionato

Esercitazioni dirette e specifiche dalla seconda settimana di pre-campionato, fino al micro-ciclo finale, antecedente alla prima settimana di stagione.

▶ Pochi adattamenti muscolari e fisiologici vengono persi nei professionisti di alto livello. Pertanto, non è necessario proporre troppe sessioni generali, oppure utilizzare metodi generici, difficili da trasferire al calcio (ad esempio forza massima, resistenza continua, ecc.).

▶ E' necessario raggiungere buoni livelli di forma fisica, il più rapidamente possibile e cercare di mantenerli per tutta la stagione.

▶ Utilizzato strategicamente attraverso micro-cicli per attività meno competitive.

Micro-ciclo di trasformazione specifica

Durante le fasi di competizione

▶ Sessioni specifiche e dirette sono dominanti.

▶ Questo micro-ciclo è prevalente per tutta la fase competitiva.

Micro-ciclo di mantenimento

Durante le fasi di competizione

▶ Le sessioni specifiche e dirette sono bilanciate da sessioni competitive.

▶ Questo micro-ciclo è sempre presente durante la fase competitiva.

Micro-ciclo competitivo

Partite importanti oppure molte gare ravvicinate

▶ Le sessioni specifiche e competitive sono le più importanti.

▶ Vengono utilizzate quando una squadra deve affrontare impegni imminenti molto importanti o molte gare durante la settimana (per esempio, tre partite).

IL METODO "PERIODIZZATO" IN 6 SETTIMANE (VERHEIJEN): mantenimento e aumento della velocità di gioco

Nel 2003, Raymond Verheijen ha presentato il suo modello di periodizzazione (il metodo "periodizzato" in 6 settimane), specificatamente sviluppato per soddisfare le esigenze del calcio. Il modello si basa su un ciclo di sei settimane, che viene ripetuto a intervalli regolari, e sul principio secondo cui le sessioni tattiche possono diventare fisiche, quando l'intensità viene aumentata in modo appropriato. Questo metodo utilizza solo esercitazioni specifiche per il calcio, al fine di migliorare la forma fisica dei giocatori; il ruolo dell'allenatore è cruciale nel controllare l'intensità dell'allenamento, che non può diminuire, perché non ci sarebbe sovraccarico durante lo svolgimento. L'allenatore deve assicurarsi che tutti i giocatori facciano esattamente quello che devono, seguendo lo stile di gioco della squadra, richiamando la concentrazione sui loro compiti, specialmente verso la fine dell'allenamento, quando sono stanchi. Quando le sessioni hanno un obiettivo principalmente fisico, l'intensità deve essere mantenuta alta; pertanto, sebbene le esercitazioni siano le stesse delle sessioni a carattere tattico, non ci sono interruzioni nel gioco. Di conseguenza, le sessioni di allenamento tattico diventano sessioni di allenamento fisico. I giocatori vengono istruiti tatticamente durante la continuità del gioco, con periodi di recupero, tra le proposte, che hanno anche scopi di "apprendimento". Verheijen afferma che esiste una gerarchia definita nel calcio. In primo luogo, un allenatore si affida ai giocatori disponibili; successivamente, l'allenatore deve creare uno stile di gioco adatto a questi giocatori, sia dal punto di vista tattico, che tecnico. All'interno di questa gerarchia "calcistica", la forma fisica svolge solo un ruolo di supporto.

I due principali obiettivi, in questo approccio, sono:

1. **Mantenimento della velocità di gioco:** sostenere il ritmo partita, mantenendo rapidità nel recupero ed esplosività.
2. **Aumento della velocità di gioco:** aumentare la velocità del gioco massimizzando il "recupero rapido" e "l'esplosività".

Se uno di questi elementi migliora, ad esempio il mantenimento di rapidità nel recupero, gli altri non migliorano automaticamente. Esistono metodi di allenamento specifici per tutte le componenti.

1. Mantenimento della velocità di gioco

Un obiettivo importante, in termini di miglioramento della forma fisica, è aumentare la capacità dei giocatori di mantenere il ritmo partita. Grazie ai loro livelli di forma fisica, i giocatori professionisti sono solitamente in grado di portare pressione sugli avversari all'inizio di una partita. Tuttavia, nella seconda metà, l'intensità del gioco diminuisce drasticamente, così come la quantità e la qualità delle azioni, soprattutto nelle ultime fasi di una partita. Con giocatori poco in grado di correre, in modo esplosivo e frequente, la velocità di gioco diminuisce inevitabilmente. Per mantenere il ritmo partita, i giocatori dovrebbero essere in grado di eseguire azioni frequenti (recuperando rapidamente tra le azioni) ed esplosive ("esplosività" di esecuzione), anche nella seconda metà di una partita. In termini fisiologici, nel secondo tempo, è molto difficile mantenere rapidità di recupero tra le azioni, specialmente negli ultimi 30 minuti. I giocatori hanno semplicemente bisogno di più tempo per recuperare, rispetto alla prima metà. È anche difficile mantenere l'esplosività delle azioni. La capacità di mantenere il ritmo partita, durante queste ultime fasi, è particolarmente importante, nel caso di una gara di coppa, che preveda, per esempio, i tempi supplementari.

Le metodologie di allenamento per mantenere "rapidità di recupero"

L'obiettivo di questo tipo di allenamento è aumentare la velocità di recupero tra le azioni.

Esempio di allenamento estensivo della resistenza:
- 3–9 serie di 11 c 11 da 10'
- 2' di recupero tra le serie

Esempio di allenamento intensivo della resistenza:
- 5–9 serie di 7 c 7 da 8'
- 2' di recupero tra le serie

Le metodologie di allenamento per mantenere "l'esplosività"

L'obiettivo di questo tipo di allenamento è aumentare l'esplosività delle azioni.

Esempio di ripetitività di scatti brevi:
- 2–4 serie da 6–10 ripetizioni di sprint da 15 m, con avversario e conclusione in porta
- 10" di recupero tra dopo ogni sprint
- 4' di recupero tra le serie

Capitolo 2: L'allenamento Nel Calcio E Gli Approcci "periodizzati"

2. Incremento della velocità di gioco

Quando i giocatori sono in grado di correre in modo esplosivo e frequente, la velocità di gioco aumenta.

Da un punto di vista fisiologico, una maggiore velocità di gioco significa giocatori in grado di recuperare ancora più rapidamente tra le azioni. In altre parole, dopo azioni di corsa esplosive, sono in grado di "riprendere fiato" più rapidamente. Una maggiore velocità di gioco significa anche giocatori in grado di eseguire azioni di corsa con un livello ancora più alto di esplosività.

Per aumentare la velocità della partita, i giocatori dovrebbero essere in grado di compiere azioni sempre più frequenti (con capacità di recupero più rapida tra le azioni) e sempre più "esplosive".

Il metodo di allenamento per massimizzare "la rapidità nel recupero"

Esempio di Interval Training estensivo:

- 2 serie da 6–10 mini-partite 3 c 3 (3' ciascuna)
- 1'–3' di recupero tra le partite
- 4' di recupero tra le serie

Il metodo di allenamento per massimizzare "l'esplosività"

Esempio di allenamento della velocità:

- 2–4 serie da 8–10 sprint sui 5 m con avversario e conclusione in porta
- 30" di recupero tra gli scatti
- 4' di recupero tra le serie

Maggiore livello di velocità di gioco = Maggiore qualità d'azione

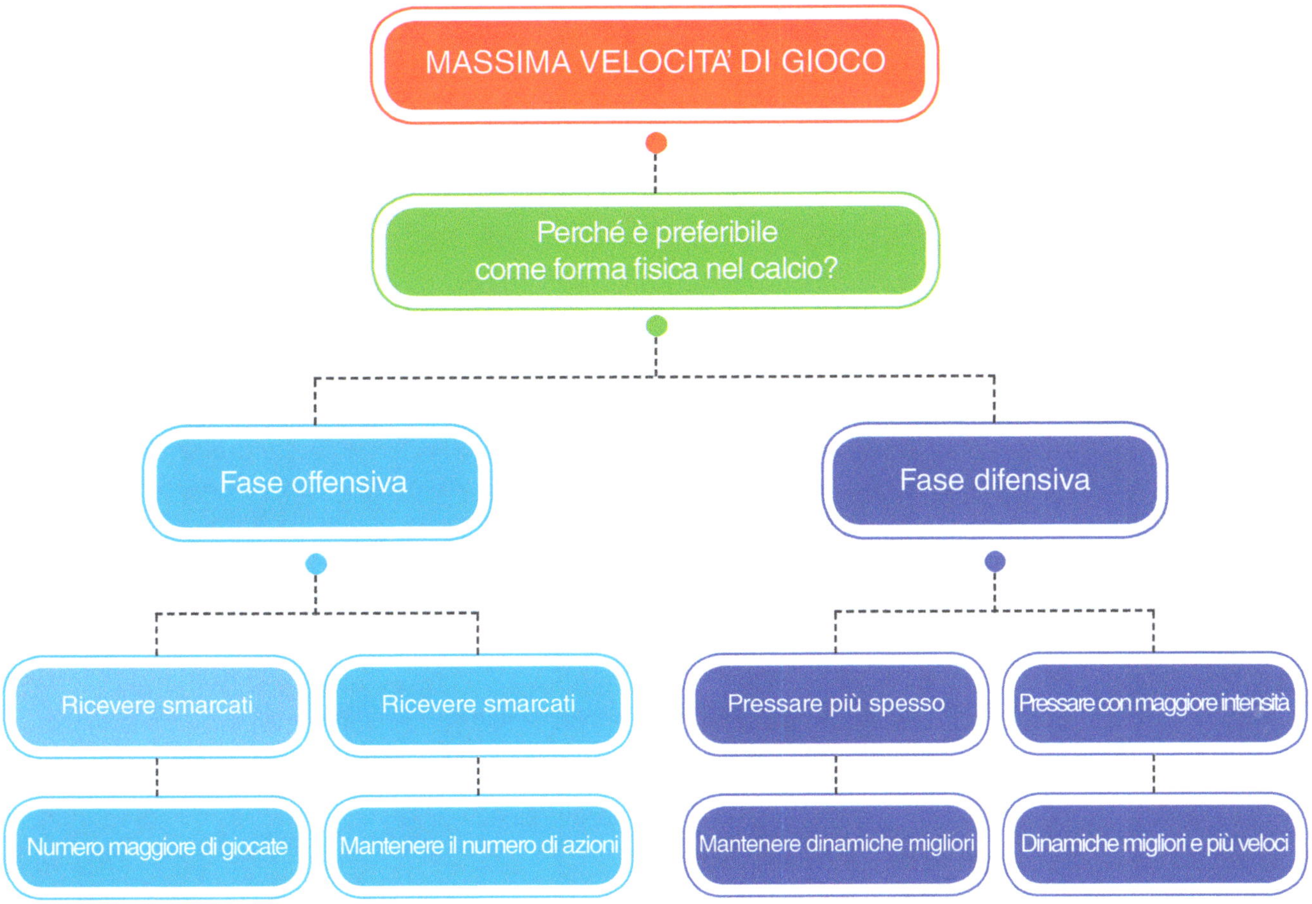

```
                    MASSIMA VELOCITÀ DI GIOCO
                              |
                    Perché è preferibile
                    come forma fisica nel calcio?
                         /            \
                Fase offensiva        Fase difensiva
                   /      \              /       \
          Ricevere    Ricevere    Pressare    Pressare con
          smarcati    smarcati    più spesso  maggiore intensità
             |           |            |            |
          Numero      Mantenere    Mantenere    Dinamiche
          maggiore    il numero    dinamiche    migliori e
          di giocate  di azioni    migliori     più veloci
```

47

PERIODIZZAZIONE TATTICA

Capitolo 2: L'allenamento Nel Calcio E Gli Approcci "periodizzati"

Come migliorare la condizione fisica nel calcio (massimizzare e mantenere i tempi di recupero e l'esplosività)

```
                COME MIGLIORARE LA
            CONDIZIONE FISICA NEL CALCIO?

   Massimizzare        Mantenere         Massimizzare        Mantenere
 i tempi di recupero  i tempi di recupero  l'esplosività      l'esplosività

 Potenza del recupero  Capacità di recupero  Forza esplosiva  Mantenimento del livello
                                                              attraverso ripetizioni

 Ripristinare i fosfati*  Alto livello di ossigeno  Quantità maggiore di ATP*  Incrementare i fosfati*
                          nei muscoli

 Allenamento a lunghi    Allenamento della        Capacità di accelerazione   Capacità di ripetizione
 intervalli (4 c 4, 3 c 3) resistenza (11 c 11, 8 c 8)  (15-40 m / 1' recupero)   di scatti brevi (10 m)

                         Allenamento intensivo della  Accelerazioni
                         resistenza (7 c 7, 6 c 6)    (5-10 m / 30" recupero)

 Supercompensazione*    Supercompensazione*      Supercompensazione*        Supercompensazione*
      72h                    72h                      72h                        72h
```

* **Il Fosfato** è un minerale essenziale, basilare per l'energia biochimica nel corpo. La mancanza di fosfato può causare debolezza e affaticamento. L'allenamento (vedi sopra) può aiutare a ripristinare e ad aumentare i livelli di fosfato, incrementando così forza e forma fisica.

* **L'adenosina trifosfato (ATP)** è la fonte di energia che viene utilizzata per alimentare il movimento della contrazione muscolare.

* **Supercompensazione** è il tempo necessario (dopo il periodo di recupero) per raggiungere una maggiore capacità di prestazione, rispetto al periodo precedente gli allenamenti. Come nell'esempio dello schema, si acquisisce dopo un periodo di recupero di 72 ore.

- **Il ciclo di allenamento in 6 settimane:** come accennato prima, questo modello si basa su un ciclo di sei settimane, che viene ripetuto a intervalli regolari; quindi il periodo di pre-campionato dovrebbe idealmente durare, appunto, sei settimane.

Quando il pre-campionato è più breve, il ciclo di preparazione può essere continuato nel corso della stagione. Allo stesso modo, se non è possibile raggiungere gli obiettivi, dal punto di vista fisico, in una determinata settimana (ad esempio a causa delle partite infrasettimanali), la soluzione è spostare la settimana indietro, rispetto al ciclo di allenamenti. Ad esempio, se non è possibile proporre la terza settimana del ciclo, questa viene svolta in quella successiva.

Gli effetti dell'allenamento dovrebbero essere documentati ogni sei settimane, quindi è necessario lavorare su ogni elemento condizionante per il calcio, (attraverso i sovraccarichi) in ogni ciclo. Da questa prospettiva, una stagione calcistica è quindi costruita attorno a blocchi e cicli sempre costanti.

LA PERIODIZZAZIONE TATTICA (VITOR FRADE):
ottimizzare l'allenamento per riprodurre il massimo sforzo nella performance, evitando i sovraccarichi

Dal nostro punto di vista, le precedenti proposte di divisione della stagione, non corrispondono pienamente alle esigenze competitive del calcio moderno. Secondo gli autori di cui sopra, gli atleti hanno bisogno di regolari periodi di recupero per tutta la stagione, perché chi pratica calcio, soprattutto, deve essere costantemente vicino al massimo delle prestazioni, per essere efficace, sia negli allenamenti, ma ancor più nelle partite. Trovare i giusti tempi e metodi per il recupero, adatti alle attuali esigenze del calcio, sembra essere un problema complesso.

L'uso corretto dei tempi di recupero può cambiare i parametri che influenzano direttamente la qualità del gioco di squadra. Una delle sfide, in qualsiasi programma di allenamento, consiste nell'ottimizzare lo stimolo allenante, per ottenere il massimo guadagno in termini di prestazioni, evitando il sovraccarico sul giocatore (Rowbottom et al., 1998). Siamo d'accordo con quest'idea e aggiungiamo che è particolarmente rilevante nel calcio, a causa della concentrazione delle gare. Riteniamo inoltre che la Periodizzazione Tattica abbia il potenziale per aiutare l'atleta, in questo senso. Alcune domande rimangono senza risposta, tuttavia, come, ad esempio, il punto preciso in cui il carico di allenamento dovrebbe essere sospeso o ridotto e il recupero, invece, enfatizzato (Mujika et al., 1995).

Combinare tutti gli elementi del calcio nell'allenamento

Vitor Frade (in Martins, 2003) afferma che è necessario un nuovo modo di pensare le metodologie di allenamento del calcio, perché quelle attuali non si adattano alle esigenze di questo sport. Frade, pioniere e padre della Periodizzazione Tattica, difende la necessità di enfatizzare la dimensione tattica a scapito dei fattori condizionanti isolati, perché solo le azioni intenzionali sono educative (Martins, 2003).

Faria (1999) crede che esista una relazione diretta tra il concetto di Periodizzazione Tattica e il modello di gioco dell'allenatore (lo stile di gioco). Considera essenziale definire, innanzitutto, il modello di gioco, prima di iniziare qualsiasi periodizzazione. Da una prospettiva simile, Carvalhal (2002) sottolinea la necessità di considerare l'allenamento, nel calcio, come un "tutto", evitando l'isolamento delle singole componenti (tattica, tecnica, condizionale, psicologica), come invece sostenuto da precedenti modelli di periodizzazione, non adatti alla natura complessa del calcio. Carvalhal (2002) nota anche che nella Periodizzazione Tattica, la componente tattica funge da coordinatore per il modello di gioco adottato e i suoi principi, in un processo di pianificazione e periodizzazione dinamiche. I componenti rimanenti appaiono sotto l'egida della componente tattica, senza la necessità di essere massimizzati separatamente. Il recupero è anch'esso un elemento integrato nel processo di allenamento.

Le qualità e le capacità richieste in una partita sono indivisibili, non appaiono mai separatamente, quindi dovrebbero essere unificate anche nelle esercitazioni degli allenamenti.

Carico e intensità dell'allenamento

Secondo Forteza (2001), Matvéiev è ancora il fondatore di una valida teoria scientifica sulla strutturazione e pianificazione dell'allenamento sportivo, anche con ampie modifiche. Molti autori (Bompa, 1983; Gambetta, 1990) hanno criticato Matvéiev per aver difeso l'uso di carichi generali ed alti volumi di lavoro, nelle fasi fondamentali dell'allenamento. Questo è un problema innegabile, che non può essere ignorato, perché i contenuti generali dipendono dai contenuti specifici e viceversa. Altre critiche sono riferite ad alcune delle grandi domande che insorgono riguardo la periodizzazione dell'allenamento. Indipendentemente da queste, le seguenti questioni sono certamente da prendere in considerazione:

- **Quanto carico di allenamento dobbiamo proporre durante i diversi periodi della stagione?**
- **Qual'è la relazione tra carico e intensità, durante i diversi periodi della stagione?**
- **Quando e come proporre preparazioni specifiche?**
- **La preparazione generale è meno importante di quella specifica?**

A questo proposito, Carvalhal (2002) sostiene che il carico di allenamento dovrebbe essere subordinato all'intensità nel calcio. Tuttavia, quando ci si allena con intensità elevata, deve esserci sempre il recupero tra le proposte, per mantenere la stessa intensità in ogni serie.

D'altra parte, la Periodizzazione Tattica mette in discussione la logica della divisione stagionale in periodi generali e specifici, come invece proposta nei modelli tradizionali. Alla domanda su come strutturare una stagione calcistica, Frade (In Viera, 1993) risponde di non dividere la stagione usando l'approccio tradizionale (macro-ciclo, meso-ciclo e micro-ciclo) e difende l'importanza di lavorare senza alti e bassi durante la stagione. Ritiene inoltre che sia necessario modificare la logica della periodizzazione tradizionale, in cui gli allenamenti specifici (qualitativi) vengono proposti solo dopo numerosi allenamenti generali (quantitativi).

Specificità

Quando ci si avvicina all'allenamento del calcio, la specificità deve essere considerata un fattore cruciale, quindi le proposte dovrebbero essere il più possibile specifiche, per migliorare le prestazioni della squadra, e del giocatore, durante le partite.

Per quanto riguarda il periodo di preparazione, Frade (in Vieira, 1993) afferma che il lavoro deve essere basato su ciò che deve essere svolto durante il periodo di competizioni. Tuttavia, l'autore afferma anche che qualsiasi cosa fatta durante questo periodo non è mai responsabile di ciò che può accadere, per esempio, cinque mesi dopo.

Per quanto riguarda il periodo di competizioni, Frade (in Vieira, 1993) afferma che è quello fondamentale, sottolinea l'importanza di creare un modello di lavoro dinamico e di stabilire un micro-ciclo schematizzato. La distribuzione dei contenuti dell'allenamento viene quindi organizzata e stabilizzata, così come i carichi di allenamento specifico.

Frade crede che il calcio sia principalmente un processo tattico, quindi la visione tradizionale della relazione tra preparazione generale e specifica deve essere rivista. Difende nel profondo la necessità di allenarsi con specificità e secondo lo stile di gioco, fin dall'inizio, dato che aiuta i giocatori ad adattarsi alle esigenze del "gioco della squadra".

Performance

Per quanto riguarda la performance, Frade (in Vieira, 1993) ritiene che "derivi da continue prove di regolarità della squadra, che ne definiscono anche l'identità". Può essere divisa in tre fasi:

1. **Sviluppo**
2. **Mantenimento**
3. **Perdita**

Tuttavia, dal punto di vista della Periodizzazione Tattica, la stabilità delle prestazioni si ottiene distribuendo in modo unitario i contenuti selezionati degli allenamenti in un modello settimanale.

I concetti di cui sopra verranno analizzati in modo più approfondito nei seguenti capitoli.

CAPITOLO 3

I METODI E I PRINCIPI DELLA PERIODIZZAZIONE TATTICA

INTRODUZIONE ALLA FRATTALITÀ

COS'È IL PRINCIPIO DELLA FRATTALITÀ?

La 'FRATTALITÀ' viene introdotta come nuova visione e modo di pensare al comportamento collettivo, di molte unità di base, durante un'interazione; in questo caso, le unità sono i giocatori di calcio. Il totale è sempre maggiore della somma delle sue parti.

La frattalità in relazione al calcio, consiste nell'abbattere tutte le parti del processo di allenamento, almeno approssimativamente, creando "copie in miniatura" del modello di gioco del club e dell'allenatore.

La frattalità si verifica quando c'è un insieme di fondamenti comportamentali (azioni e processi decisionali corretti) che pervadono totalmente un collettivo, a livello settoriale, inter-settoriale e individuale (Tavares, 2003; Oliveira, 2004).

Ecco perché Oliveira (2004) crede che i processi di insegnamento, apprendimento e allenamento, nel gioco del calcio, dovrebbero essere parte di un'organizzazione frattale a quattro livelli (vedere la figura sotto).

I quattro livelli del sistema frattale nel calcio

4. ESERCITAZIONI
- OBIETTIVI e FEEDBACK
- STRUTTURA
- DINAMICHE FUNZIONALI

3. SPECIFICITA'

1. FASI DI GIOCO
- OFFENSIVA
- DIFENSIVA
- TRANSIZIONI

2. MODELLO DI GIOCO
- PRINCIPI FONDAMENTALI
- SOTTO-PRINCIPI
- SOTTO-SOTTO-PRINCIPI

FRATTALITÀ: SCOMPORRE L'ALLENAMENTO RAPPRESENTANDO LA TOTALITÀ DEL MODELLO DI GIOCO

"La partita è lo specchio dell'allenamento, quindi allenarsi non può essere altro che giocare."
(Guilherme Oliveira, 1991)

Un frattale è una forma geometrica approssimativa, o frammentata, che può essere divisa in parti, che sono copie in miniatura dell'originale. I frattali approssimativi sono comuni in natura, attraverso organismi che mostrano strutture simili a se stesse con un intervallo di scala esteso, ma definito. Alcuni esempi possono essere le nuvole, le reti fluviali, le linee di faglia, i fiocchi di neve, i cristalli e le onde oceaniche. Il Dna e i battiti del cuore possono anche essere analizzati come frattali.

Nel contesto del calcio, e dal punto di vista di Guilherme Oliveira (2004), l'organizzazione frattale di un allenamento è una necessità metodologica, perché la frammentazione permette agli interventi dell'allenatore di essere più efficaci; è quindi fondamentale che le esercitazioni rappresentino il modo in cui si vuole giocare e, data questa linea di pensiero, casualità e imprevedibilità devono sempre essere presenti nel gioco, quando si pianificano le proposte. **Ciò significa che ogni esercitazione deve includere qualcosa che i giocatori non controllano**; se il gioco non è lineare, le proposte di allenamento, anche se meno complesse, devono essere non lineari e prevenire qualsiasi relazione diretta causa-effetto.

Le interazioni tra le sub-unità di un sistema frattale determinano le proprietà delle unità più grandi, che però non possono essere ridotte a sub-unità. Un livello di organizzazione determina il livello superiore ad esso e quel livello determina quindi le caratteristiche di quello maggiore. Questo accade quando c'è un insieme di basi comportamentali che esiste, invariabilmente, a livello collettivo, settoriale, inter-settoriale o individuale (Tavares, 2003; Oliveira, 2004). Ecco perché Oliveira (2004) crede che i processi di insegnamento, allenamento e apprendimento del gioco del calcio dovrebbero rientrare in un'organizzazione frattale a quattro livelli.

I QUATTRO LIVELLI DELL'ORGANIZZAZIONE FRATTALE

1. **Fasi di gioco**: fase offensiva, fase difensiva, transizioni positive, transizioni negative e calci piazzati.

   Il primo livello di frattalità è legato alla suddivisione del gioco nelle sue diverse fasi, anche se vale la pena ricordare che, dal nostro punto di vista, il gioco è un fenomeno in continuo divenire e che le azioni compiute dai giocatori, durante queste fasi, si svolgono a livello collettivo, inter-settoriale, settoriale e individuale. Le esercitazioni e gli allenamenti dovrebbero quindi promuovere l'azione in queste quattro diverse fasi del gioco, sotto determinati vincoli, con un'idea collettiva, corrispondente a un certo stile di gioco.

2. **Modello di gioco**: i principi fondamentali, sotto-principi e sotto-sotto-principi di gioco.

   Il secondo livello di frattalità si riferisce allo stile di gioco specifico (il modello). Guilherme Oliveira (2004) dice: "I principi di gioco possono essere considerati caratteristiche che la squadra mostra durante le diverse fasi, modelli comportamentali (tattici e tecnici), che possono assumere varie forme, ma che sono sempre rappresentazione dello stile. Da questo punto di vista, i principi hanno una configurazione e organizzazione frattali, poiché mostrano inevitabilmente lo stile, indipendentemente dalla forma con cui vengono messi in pratica. I principi o i flussi di gioco possono essere suddivisi ulteriormente in sotto-principi, fino a raggiungere anche una scala minima che può essere solo frattale; i sotto-principi o sotto-sotto principi secondari devono sempre rappresentare il modello di riferimento. Solo in questo modo è possibile uno sviluppo di conoscenze specifiche e il miglioramento massimo possibile, nelle prestazioni di un giocatore".

3. **Specificità**: metodi specifici che devono guidare sia la pianificazione, sia i processi di allenamento.

   Il terzo livello di frattalità riguarda il concetto di specificità. Guilherme Oliveira (2004) afferma: "Il concetto di specificità dovrebbe anche comprendere un'organizzazione frattale, indipendentemente da un certo principio o sotto-principio (che sia più o meno complesso) e dall'intervento dell'allenatore (che sia più generale o più dettagliato). La specificità dovrebbe sempre essere presente e rappresentare lo stile di gioco (il modello), invariabilmente e costantemente a tutti i livelli possibili".

4. **Esercitazioni**: "riflettere e replicare" lo stile di gioco desiderato.

   Il quarto livello della frattalità riguarda la creazione delle esercitazioni, che deve essere basata sui tre principi precedenti, dato che la pianificazione dei processi di allenamento è strettamente legata allo stile (o modello), alla specificità e alle differenti fasi di gioco. La configurazione strutturale e funzionale delle esercitazioni deve quindi essere riferita ai giocatori, che compiono azioni specifiche rappresentative delle dinamiche del gioco, dal punto di vista tattico collettivo (il modello). Inoltre, l'allenatore deve intervenire, in modo specifico, per incoraggiare le giocate appropriate e prevenire quelle inappropriate (Guilherme Oliveira, 2004). Gli interventi devono quindi essere specifici e fatti nei giusti modi.

Principi tattici collettivi

Il gioco deve essere scomposto, attraverso il processo di allenamento, senza riduzione della qualità (Frade, 2006). In questo contesto, l'approccio frattale consente la costruzione di una cultura tattica (Frade, 2006), che permette ai giocatori di apprendere conoscenze specifiche, che consentono loro di gestire in modo efficiente le situazioni, prendere decisioni appropriate e agire secondo stile e principi. Infine, i giocatori raggiungono una comunicazione collettiva efficace, costruendo un linguaggio comportamentale comune (Frade, 2006). La condizione frattale delle proposte d'allenamento si riferisce quindi all'esigenza di una comprensione globale degli aspetti tattici collettivi; le esercitazioni devono aiutare lo sviluppo del corretto processo decisionale, che tenga conto dei principi, dei sotto-principi e dei sotto-sotto principi dello stile di gioco (Frade, 2006). In questo senso, l'allenatore deve essere in grado di favorire la loro comprensione da parte dei giocatori, guidandoli verso una forma di pensiero comune, in cui le singole interpretazioni sono abbinate all'idea collettiva del gioco. Pertanto, l'organizzazione frattale delle esercitazioni deriva da una logica, anch'essa frattale, che il processo dovrebbe seguire, indipendentemente da ciò che si vuole insegnare o allenare, sia che si tratti di un principio o di un sotto-principio di gioco.

Allenamento d'esempio 1

Immaginiamo, per esempio, che uno dei principi della squadra sia la circolazione della palla attraverso i diversi "terzi del campo" e la creazione di linee di passaggio:

- Un sotto-principio potrebbe essere il posizionamento e i movimenti coordinati di vari giocatori.

- Un sotto-sotto principio potrebbe essere il tipo di trasmissioni palla e le relazioni che si sviluppano sistematicamente durante la partita.

In questo senso, se si vuole eseguire un passaggio, muoversi e supportare l'azione, l'esercitazione, dovrebbe tenere conto del tipo di trasmissione, di eventuali relazioni, della direzione di giocata preferita e del posizionamento previsto per i diversi giocatori. In caso contrario, non sarà rappresentativo dell'intero modello di gioco, quindi il principio della frattalità non viene seguito e le azioni di gioco desiderate non vengono apprese.

Allenamento d'esempio 2

Come ulteriore esempio, immaginiamo che uno dei principi di gioco sia la difesa a zona e il secondo obiettivo sia allenare la circolazione della palla; l'allenatore propone un possesso 6 c 6 e chiede alla squadra di muovere palla tra tutti i giocatori, attraverso lo spazio disponibile. La squadra difendente contrasta il possesso degli avversari, attraverso marcature a uomo. Sebbene uno dei principi da migliorare sia il possesso palla, la squadra difendente si sta allenando in modo contrario al modello di gioco. Pertanto, gli accorgimenti adottati non riflettono quanto previsto e compromettono il miglioramento dei giocatori, secondo il modello di gioco ricercato.

Allenamento d'esempio 3

Immaginiamo che l'allenatore voglia lavorare sulla difesa della profondità, specialmente con i difensori centrali, dati i problemi di copertura reciproca, quando la palla viene giocata alle loro spalle. Come principio di gioco, egli decide di difendere a zona, indipendentemente da come agisce l'avversario e crea un'esercitazione che favorisce trasmissioni palla in profondità, per invitare i difensori centrali ad adattarsi e a lavorare sul posizionamento. Tuttavia, per una fase difensiva più efficace, decide che uno di loro deve sempre marcare l'avversario in avanti, mentre l'altro deve coprire la profondità e il compagno di squadra. Questa è un'indicazione inappropriata, perché nessuno regola la propria posizione in base a quella della palla. Se c'è un giocatore sempre responsabile della marcatura dell'attaccante e un altro che copre solamente, allora questa esercitazione non segue il principio di difesa a zona, per i due centrali.

Conclusioni

I tre esempi sottolineano l'idea che sia importante garantire sempre una relazione con lo stile di gioco specifico e i suoi principi. Se correttamente costruita, applicata e corretta, un'esercitazione aiuta a raggiungere alti livelli di prestazioni; per questo dovrebbe contenere un certo grado di complessità (in termini di casualità e imprevedibilità), avvicinandosi il più possibile alla realtà della partita. La Periodizzazione Tattica ha definito e sviluppato principi metodologici propri e unici, per rendere operativo il modello di gioco. **(vedere il prossimo capitolo).**

I PRINCIPI METODOLOGICI DELLA PERIODIZZAZIONE TATTICA

I PRINCIPI METODOLOGICI DELLA PERIODIZZAZIONE TATTICA

2. Rendere operativi i principi (propensione)

▶ Garantire che determinate dinamiche e azioni del giocatore appaiano più spesso di altre, durante una specifica esercitazione

1. Specificità

▶ Le sessioni di allenamento devono sempre essere ideate in modo da consentire il trasferimento diretto dei principi di gioco alle partite

3. Ripetizione sistematica

▶ Esercitazioni metodiche e ripetitive per promuovere l'apprendimento delle "abitudini", legate alle prestazioni in una partita

4. Progressività complessa

▶ Dare priorità ai principi fondamentali per il modello di gioco previsto, e aumentare la complessità delle proposte che devono essere ben integrate (riducendo lo spazio, aumentando le difficoltà con la presenza di avversari)

5. Fatica tattica e concentrazione

▶ Capacità dei giocatori di concentrarsi sulle azioni, che caratterizzano lo stile di gioco della squadra, per tutti i 90' delle partite

6. Consolidamento della performance

▶ Mantenere livelli di prestazioni ottimali, attraverso l'organizzazione e i carichi di allenamento, che seguono un modello settimanale strutturato e regolare

▶ Rispetto dei tempi di allenamento e recupero

I. PRINCIPIO DELLA SPECIFICITÀ

COS'È IL PRINCIPIO DELLA SPECIFICITÀ?

PRINCIPIO DELLA SPECIFICITÀ: l'allenamento deve essere il più specifico possibile, al fine di migliorare le prestazioni della squadra e del giocatore, durante le partite. Una relazione permanente tra tutte le dimensioni del gioco e le proposte di allenamento dovrebbe essere sempre presente, in quanto specificatamente rappresentative del modello di gioco ricercato (stile).

"L'adempimento" al principio di specificità sarà veramente raggiunto solo se i giocatori comprendono gli scopi e gli obiettivi di ogni esercitazione, se mantengono alti livelli di concentrazione e gli interventi dell'allenatore vengono intesi (Oliveira, 2008). Il principio di specificità dovrebbe anche portare all'interattività tra esercitazione, giocatori e allenatore (vedi foto di seguito).

L'interattività tra esercitazione, giocatori e allenatore

SPIEGARE L'ESERCITAZIONE
(comprensione della relazione con il modello di gioco)

SPECIFICITÀ
(tutte le dimensioni sono rappresentate e guidate da quella tattica)

ATTENZIONE DEI GIOCATORI
(concentrazione massima)

FEEDBACK DELL'ALLENATORE
(indirizzare e rinforzare i giusti comportamenti e azioni)

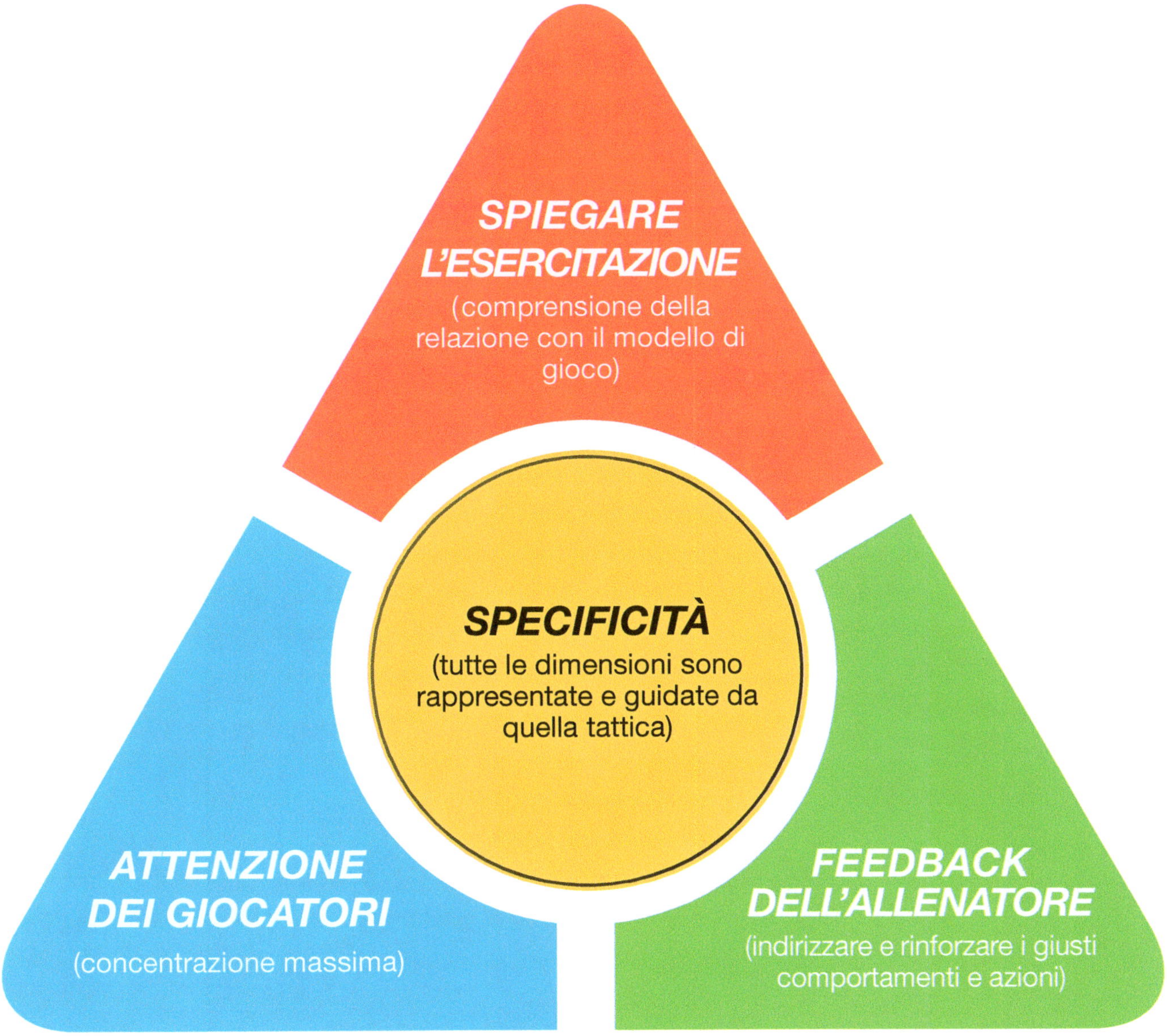

IL PRINCIPIO DI SPECIFICITÀ E IL MODELLO DI GIOCO

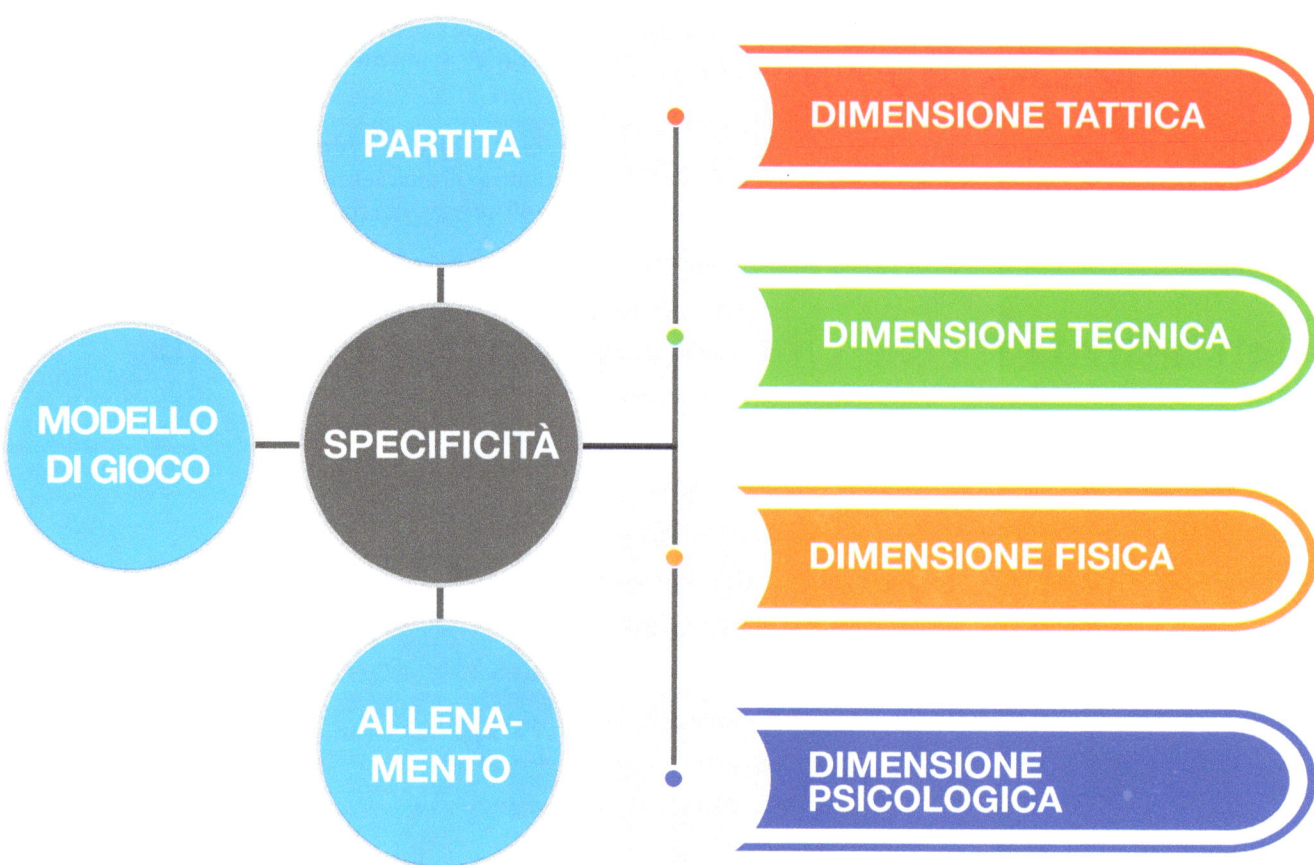

Frade (2006) considera la specificità come il principio sovrano, il più importante nell'allenamento del calcio.

La specificità è la chiave della Periodizzazione Tattica e i principi di gioco dell'allenatore sono presenti in tutte le sue parti: **modello di gioco**, **sessioni di allenamento** e **partite**.

Secondo Guilherme Oliveira (1991), il principio di specificità dovrebbe creare le situazioni tattiche richieste dal modello di gioco della squadra, comprendendo e realizzando tutte le dimensioni del modello stesso:

- **DIMENSIONE TATTICA**
- **DIMENSIONE TECNICA**
- **DIMENSIONE FISICA**
- **DIMENSIONE PSICOLOGICA**

Per Frade (2002), ciò che determina la specificità, è il modello di gioco della squadra; questo concetto è riferito all'idea che le sessioni di allenamento pianificate debbano essere basate sulla struttura del modello stesso.

PRINCIPIO DI SPECIFICITÀ: TUTTO L'ALLENAMENTO È PERVASO DAI NOSTRI PRINCIPI DI GIOCO

"Per me, fare allenamento significa lavorare in specificità, creare esercitazioni che mi permettano di migliorare i principi di gioco."

(**José Mourinho**, in Oliveira et al., 2006)

Cos'è la specificità?

Dal punto di vista della Periodizzazione Tattica, il principio di specificità dovrebbe dirigere tutto il processo di allenamento; è, indiscutibilmente, il principio più importante. La specificità sorge nel caso di una relazione permanente tra tutte le dimensioni del gioco (tattica, tecnica, fisica e psicologica) e tutte le esercitazioni di allenamento, che sono rappresentative del modello (stile di gioco).

Pertanto, **il concetto di specificità sottende e guida l'intero processo di allenamento**. A questo proposito, Vitor Frade (in Silva, 1998) afferma che, a prescindere dalle caratteristiche (ad esempio più o meno giocatori, spazi più grandi o più piccoli, e così via), un'esercitazione dovrebbe sempre essere ideata in modo tale da consentire ai principi di gioco di essere appresi e poi trasferiti in partita.

Applicare la specificità nelle sessioni di allenamento

Tuttavia, nessuna esercitazione può essere solo "potenzialmente specifica". Il principio di specificità sarà veramente raggiunto solo se durante l'allenamento i giocatori comprendono gli scopi e gli obiettivi dell'esercitazione e mantengono alti livelli di concentrazione, con l'intervento, sempre appropriato, dell'allenatore. La specificità è quindi correlata alla capacità di rendere operativi i principi di gioco e i loro rispettivi sotto-principi; secondo la Periodizzazione Tattica, il principio di specificità dovrebbe anche essere guida delle interazioni tra esercitazione, giocatori e allenatore.

La specificità impone allo staff tecnico di progettare esercitazioni il più attentamente possibile, per soddisfare questa richiesta, in modo che si possano ricreare le dinamiche che devono avvenire durante le partite, all'interno degli allenamenti. *La via per rendere operativo lo stile di gioco passa attraverso esercitazioni specifiche,* il mezzo più efficace per creare una forte relazione tra informazione e comportamento, in modo che i giocatori possano assimilare le conoscenze tattiche essenziali per il modello di gioco.

Pertanto, il processo di allenamento dovrebbe migliorare le soluzioni ai problemi relativi alla gestione del tempo e dello spazio, il "qui e ora" (Frade, 2006; Garganta, 2006). Inoltre, Carvalhal (2000) afferma che le esercitazioni, nel calcio, devono simulare "momenti competitivi" senza fraintendere la "realtà competitiva". Ogni esercitazione deve possedere le "componenti" del gioco nel loro totale significato.

Secondo Oliveira (2004), le situazioni di allenamento sono veramente specifiche quando c'è una relazione permanente e costante tra tutte le componenti individuali e collettive (tattiche, tecniche, fisiche, coordinative e cognitive) e una relazione permanente con lo stile di gioco e i principi tattici.

Come ammette Carvalhal (Tavares, 2003), un allenatore dovrebbe capire che avere un'idea, ben congegnata, sul modo in cui si desidera giocare è più facile che renderla operativa. Uno dei motivi principali, addotti da Rocha (2000), che causa questo problema, è la differenza metodologica tra gli elementi dello staff tecnico, insieme alle difficoltà di relazione.

"Per noi è una questione di ideazione, ma ancor di più, è una questione di operatività. Non è utile avere buone idee, dicendo di credere in questa o quella metodologia, se il processo di allenamento non utilizza quelle stesse idee."

José Mourinho (2005)

In questo senso, la preoccupazione principale è creare principi che determinino il futuro stile di gioco (Frade, 2004). Allenamenti ed esercitazioni devono avere obiettivi e creare nuove sfide, per il miglioramento individuale e collettivo. Questo approccio comporta lo sviluppo di determinati istinti comportamentali, riguardo cui, Faria (2003), crede che ripetizione e automazione rendano le cose inconsce. Aggiunge che è vitale, per i giocatori, capire lo scopo delle esercitazioni che stanno eseguendo, pensando prima a quello che stanno facendo e, una volta abituati, acquisendo una certa dimestichezza naturale con le proposte.

Esercitazioni specifiche, combinate con lo scopo definito dall'allenatore, sono uno strumento essenziale per costruire nuove dinamiche e immagini mentali; tuttavia, data la complessità del gioco, la principale difficoltà, che l'allenatore deve affrontare, è rendere operativa la sua intenzione.

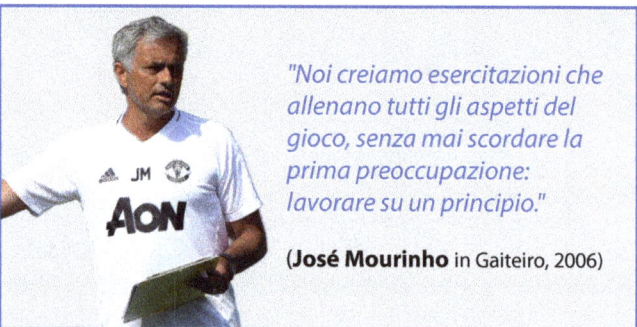

"Noi creiamo esercitazioni che allenano tutti gli aspetti del gioco, senza mai scordare la prima preoccupazione: lavorare su un principio."

(**José Mourinho** in Gaiteiro, 2006)

Questi principi di gioco dovrebbero far emergere una serie specifica di azioni, rendendo le esercitazioni un mezzo per creare adattamenti individuali e collettivi. Guilherme Oliveira (1991) rafforza la necessità di creare una serie di situazioni specifiche, che permettano ai giocatori di mostrare tali comportamenti e rendersi conto di come tali azioni possano portare beneficio a loro stessi e alla squadra (autocoscienza).

Pertanto, per migliorare determinate dinamiche e farle compiere regolarmente ed efficacemente nelle partite, diventa necessario creare una serie adeguata di situazioni in allenamento, da un punto di vista collettivo, di gruppo e individuale, consentendo all'esercitazione di riprodurre esattamente ciò che si ricerca (Tavares, 2003).

La relazione permanente tra tutte le dimensioni del gioco

Seguendo quanto detto sopra, Carvalhal (2001) sostiene che per raggiungere un certo "modo di giocare", è necessario progettare esercitazioni specifiche perché, come sostenuto da Manno (1990), l'adattamento è un fenomeno che porta al miglioramento delle prestazioni, ma è legato alla specificità delle proposte, che compare nel caso di una relazione permanente tra tutte le dimensioni del gioco. Allenarsi in base alla somma delle differenti dimensioni farebbe acquisire ai giocatori comportamenti diversi da quelli richiesti dal gioco (Ferreira e Queiroz, 1982, Faria, 1999).

Quindi, per raggiungere questa specificità, gli obiettivi e il contenuto delle esercitazioni, indipendentemente dalla loro complessità, dovrebbero rappresentare in modo preciso lo stile di gioco.

Deve quindi esistere una relazione interdipendente tra l'allenamento e la competizione. Per avere successo, i giocatori devono allenarsi in modo appropriato, perché possano rispondere efficacemente alle situazioni che dovranno affrontare nelle partite (Faria, 1999).

A questo proposito, Mourinho e il suo assistente affermano che "allenarsi significa migliorare la comprensione del gioco, avere un modello (stile) chiaramente definito e principi che siano guida di ciò che accade quotidianamente. La nostra preoccupazione è l'interazione tra tutti i fattori (dimensioni). Quindi la specificità è legata alla capacità di rendere operativi questi principi e i loro rispettivi sotto-principi."

2. PRINCIPIO DELLA PROPENSIONE

COS'È IL PRINCIPIO DELLA PROPENSIONE?

I principi di gioco devono essere resi operativi attraverso esercitazioni condizionate, che si riferiscono direttamente al modello di gioco. Il **principio della propensione** sottolinea la necessità di creare proposte in cui i comportamenti e le azioni desiderate dall'allenatore compaiano frequentemente.

Le **dinamiche desiderate** e relative ad un dato principio di gioco, devono apparire molto più frequentemente in allenamento, che durante le partite, per creare, ai giocatori, più immagini mentali dell'obiettivo possibili.

L'organizzazione (es. dimensioni dell'area di gioco, numero di giocatori, regole, obiettivi, ecc.) deve agevolare la comparsa dell'aspetto del comportamento richiesto; così le **esercitazioni** diventano **condizionate**.

Il principio della propensione: livello operativo, tattico strategico

LIVELLO STRATEGICO
Modello / Stile di gioco

LIVELLO TATTICO
Principi di gioco: comportamenti e dinamiche, che costituiscono l'identità di squadra, gli schemi e le azioni, gli adattamenti specifici e le conoscenze tattiche.

LIVELLO OPERATIVO
Allenamento: i principi di gioco devono apparire molto più frequentemente in allenamento che in partita

- Rappresentare il modo in cui si vuole giocare, la casualità e l'imprevedibilità del gioco.
- Integrare tutte le dimensioni del gioco (tattica, fisica, tecnica e mentale).
- Indirizzare i comportamenti attraverso l'intervento dell'allenatore.
- Ottimizzare la struttura e la funzionalità dell'organizzazione delle proposte.
- Creare comportamenti inconsci e funzionali.

PRINCIPIO DELLA PROPENSIONE: RENDERE OPERATIVI I PRINCIPI DI GIOCO

"Una delle domande più difficili è come rendere operativo il nostro stile di gioco, creando esercitazioni in cui siamo in grado di includere tutti gli aspetti (dimensioni), senza mai dimenticare la nostra prima preoccupazione: migliorare un determinato principio del nostro modello di gioco."

(**José Mourinho** in Gaiteiro, 2006)

Esercitazioni condizionate

Come spiegato in precedenza, quando l'obiettivo è insegnare o migliorare un particolare principio o sotto-principio, il modo migliore è creare specifiche esercitazioni allenanti. Seguendo Goleman et al. (2002), è necessario creare uno spazio in cui le vecchie abitudini possano essere eliminate (se questo è il nostro obiettivo) e nuove azioni possano essere testate. Quindi, se siamo interessati a determinate azioni relative ad un certo principio, dovremmo farle apparire più spesso di altre.

La configurazione delle esercitazioni deve essere sviluppata in modo da consentire la frequente comparsa di determinate azioni; queste proposte sono ciò che Carvalhal (2001) chiama "esercitazioni condizionate". Ad esempio, una proposta in cui una squadra si trova in inferiorità numerica in zona difensiva e costantemente in difesa, crea i presupposti per cui le azioni relative all'organizzazione difensiva emergano in modo progressivo e le opportunità per lavorare su questi aspetti della fase di non possesso siano molteplici.

Creare allenamenti per replicare lo stile di gioco e le condizioni della partita

Osservando una squadra, si scopre che tende ad essere caratterizzata da una costante dinamica che costituisce la sua identità, attraverso un flusso di azioni. Per trasformare queste sequenze in esercitazioni, ogni proposta di allenamento deve essere strettamente correlata allo stile di gioco (modello) e al concetto di specificità; questa somiglianza dovrebbe essere sempre presente nel lavoro quotidiano, per facilitare adattamenti e comportamenti tattici. Se un'esercitazione viene ideata senza considerare lo stile di gioco, gli adattamenti che ne conseguono possono avere effetti negativi e interferire con l'apprendimento del principio specifico desiderato dai giocatori.

E' fondamentale rappresentare il modo in cui vogliamo giocare e includere la casualità e l'imprevedibilità all'interno delle proposte; quest'ultima condizione significa che ogni esercitazione deve avere un elemento che i giocatori non possono controllare. Il gioco è complicato, quindi anche l'allenamento dovrebbe esserlo, escludendo le relazioni dirette causa-effetto. L'intervento dell'allenatore gioca un ruolo chiave nel condurre con successo un'esercitazione, perché può accentuare la specificità in modo positivo o negativo.

Inoltre, la configurazione strutturale e funzionale delle proposte deve essere conforme alla specificità e alla frattalità del gioco; ciò significa che alcune esercitazioni promuovono la funzionalità (ad esempio, l'acquisizione di azioni subconsce) grazie alla loro struttura. Al contrario, altre mirano allo stesso obiettivo, con lo stesso numero di giocatori e lo stesso spazio di gioco, ma con uno scaglionamento sul campo (struttura), che differisce dai requisiti del gioco o dal ruolo. Comportamenti inconsci e conoscenze tattiche sbagliati, possono, di conseguenza, emergere.

Probabilità

Per prevenire cause ed effetti semplici, è invece necessario concentrarsi sulla descrizione di modelli comportamentali (Stacey, 1995), usando la nozione di probabilità. Maggiore è la probabilità di un evento, maggiore è la certezza che l'evento si verifichi. Quindi, la probabilità è una misura di verifica di un evento casuale. Le situazioni aperte, come le partite di calcio, sono imprevedibili; tuttavia, la conoscenza preventiva dell'avversario consente la creazione di un allenamento basato sulle tendenze della squadra che si deve affrontare, secondo dinamiche particolari.

Ad esempio, in seguito ad un'analisi, si scopre che l'avversario, dopo la riconquista della palla, molto probabilmente, aumenta la rapidità della fase di transizione positiva, attraverso palle lunghe in verticale (gioco diretto), verso i giocatori avanzati. Per poter contrastare queste giocate, i centrocampisti cercano la conquista delle seconde palle. Queste situazioni vanno quindi allenate per scaglionare i giocatori nelle corrette posizioni, utili a portare pressione, come richiesto dallo stile di gioco, per avere la possibilità di conquistare le seconde palle (in risposta all'avversario).

CONFIGURAZIONE STRUTTURALE E FUNZIONALE DI UN'ESERCITAZIONE IN ALLENAMENTO

La configurazione strutturale e funzionale di un'esercitazione è fondamentale per rispettare la specificità e la frattalità del gioco. Ciò significa che alcune di esse inducono comportamenti e conoscenze subcoscienti appropriati, perché le loro strutture facilitano l'aspetto funzionale.

Allo stesso modo, anche proposte con lo stesso obiettivo e numero di giocatori, ma con una diversa struttura, scaglionamento di chi vi prende parte, o un differente spazio di gioco, inducono comportamenti e conoscenze subcoscienti; tuttavia, con risultati diversi.

Prendiamo ad esempio una squadra che gioca con il 4-4-2, e centrocampisti posizionati a rombo. L'allenatore crea una proposta di possesso palla tra due squadre di 4 giocatori, con 2 giocatori neutrali, a supporto dall'esterno. Di seguito vengono mostrati lo scaglionamento corretto ed errato.

4 c 4 (+2) centrocampo a "rombo" (scaglionamento corretto)

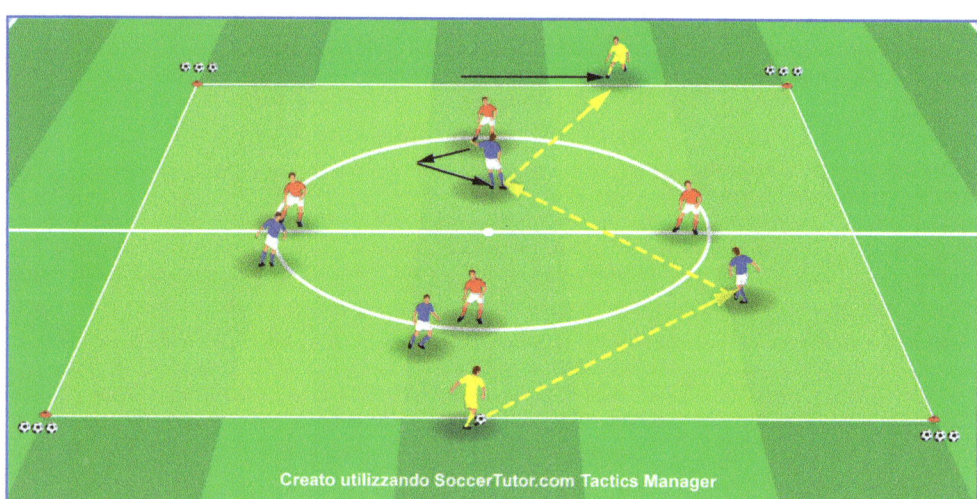

Lo scopo è che i giocatori facciano circolare la palla tra loro, all'interno di uno spazio, e trasmettano poi verso un giocatore giallo, che agisce a supporto dall'esterno.

Se i giocatori sono posizionati a forma di rombo, nell'area specifica del campo, come richiesto in partita, gli adattamenti e le azioni saranno quelli desiderati.

4 c 4 (+2) centrocampo a "quadrato" (scaglionamento errato)

Se i giocatori si scaglionano in forma quadrata, possono sì essere apprese alcune dinamiche, ma portano anche ad azioni e adattamenti non voluti.

Questo esempio vuole chiarire quanto struttura e funzionalità siano essenziali per l'esercitazione e che quest'ultima deve sempre essere ideata con attenzione, perché induce determinate azioni, adattamenti e interazioni tra i giocatori; è necessario evitare che siano controproducenti.

PRINCIPI DI GIOCO: UN'ESEMPIO DI ESERCITAZIONE

Immaginiamo che l'allenatore di una squadra voglia lavorare sulla costruzione di gioco dal basso, perché i difensori centrali non riescono a condurre palla verso il centrocampo attraverso gli spazi centrali. La proposta è una partita 5 c 5 con 2 porticine ad ogni estremità.

Se lo scaglionamento, i ruoli e le posizioni specifiche dei giocatori non vengono ben definiti, la proposta non avrà effetti sulle dinamiche che l'allenatore desidererebbe vedere in partita.

Se la squadra si schiera in campo con il sistema 4-3-3, con 1 centrocampista difensivo, l'allenatore può preparare una struttura di dimensioni ristrette, che rappresenta una parte di ciò che vuole in partita. In questo caso, sarebbe utile uno schieramento 2-1-2 (2 difensori centrali, 1 centrocampista difensivo e gli altri 2 centrocampisti centrali). Definendo la struttura e i rispettivi ruoli dei giocatori, vengono indotti adattamenti e conoscenze specifiche, appropriate allo stile di gioco che si desidera implementare. In questa semplice proposta 5 c 5, l'allenatore inizia la sequenza trasmettendo palla verso uno dei difensori centrali blu. L'obiettivo è costruire gioco attraverso la struttura 2-1-2 (dal 4-3-3), utilizzando il centrocampista difensivo per trasmettere palla

5 c 5 per costruire gioco con uno scaglionamento 2-1-2 (dal 4-3-3)

verso un centrocampista offensivo e quindi segnare in una delle 2 porticine. Se la squadra rossa conquista palla, deve cercare di concludere rapidamente in una delle 2 porticine nella parte opposta. L'esercitazione contiene riferimenti posizionali e ruoli definiti per i movimenti desiderati e relativi al principio di gioco ricercato (la costruzione di gioco con i centrocampisti), molto più frequentemente che durante una partita. La configurazione dell'esercitazione (per esempio, dimensioni dell'area di gioco, numero di giocatori, regole, obiettivi, ecc.) è ideale per sviluppare gli aspetti comportamentali e le azioni richieste; questa proposta è quindi ben "condizionata". Se i giocatori non hanno ruoli chiari, alcuni aspetti ricercati possono comparire, ma non abbastanza spesso. Inoltre, potrebbero emergere alcuni flussi di gioco indesiderati, creando incompatibilità con lo stile e il modello di gioco.

Un concetto che riassume le considerazioni delle pagine precedenti è ciò che la Periodizzazione Tattica definisce **"l'unicità del processo"**. Questa è l'idea che ogni esercitazione deve essere fatta in stretta relazione con il **concetto di specificità** e lo **stile di gioco** (o modello di gioco).

PERIODIZZAZIONE TATTICA: "UNICITÀ DEL PROCESSO"

La capacità decisionale

Ogni modello di gioco è unico, perché i fattori che lo determinano sono specifici per ogni squadra e questa relazione dovrebbe essere presente nel lavoro quotidiano, per favorire adattamenti specifici e conoscenze tattiche. Come accennato prima, un'esercitazione può essere adatta per una squadra, perché ordina sistematicamente le azioni vitali per il modello di gioco previsto e quindi induce gli adattamenti più importanti tra i giocatori e la squadra.

Possiamo quindi affermare che l'intervento del mister, in allenamento, deve essere focalizzato sulla preparazione dei giocatori a prendere decisioni corrette durante la partita, data la pochissima influenza su di essi e sulla squadra, in occasione delle gare, durante le quali, i problemi devono essere risolti attraverso l'auto-organizzazione.

Pertanto, secondo Oliveira, "la competizione è estremamente importante, in quanto occasione perfetta per imparare e anche momento migliore per valutare l'intero processo di apprendimento. La gente spesso pensa che la competizione sia il culmine, un qualcosa "oltre" l'allenamento. Per me non lo è! La competizione è un momento molto importante del processo e deve essere trattato come tale". (Guilherme Oliveira, 2006)

Principio della propensione

Il principio di propensione enfatizza la necessità di creare esercitazioni in cui i flussi di gioco desiderati vengano realizzati frequentemente; in questo modo, una determinata azione viene ricercata molto più spesso rispetto alla partita, consentendo ai giocatori di creare "immagini mentali" sull'obiettivo desiderato.

In conclusione, il principio di propensione si riferisce alla necessità di inserire i contenuti dell'allenamento nel loro contesto appropriato, in modo da favorire le dinamiche desiderate; quest'idea può essere applicata a un determinato principio di gioco o a una serie di principi, sempre guidati da uno stile che è, inizialmente, "una configurazione mentale. Il processo stesso è gestito da un intervento che determinerà il suo compimento" (Campos, 2007). Oliveira dice: "Per raggiungere il concetto di specificità durante l'allenamento, non è sufficiente fare solo esercitazioni che siano potenzialmente specifiche, è necessario l'intervento interattivo dell'allenatore per realizzarlo" (Guilherme Oliveira, 2004).

Esercitazioni specifiche compatibili con lo stile di gioco

Anche quando un'esercitazione è adeguatamente strutturata in base allo stile dell'allenatore e ai suoi principi specifici, solo l'intervento appropriato da parte sua può renderla veramente specifica. Pertanto, l'allenatore dovrebbe indirizzare l'attenzione dei giocatori su ciò che vuole veramente migliorare. Faria (2002) sottolinea anche l'importanza degli interventi, affermando che un allenatore può solo stabilire le linee di pensiero comune, progettando situazioni (esercitazioni specifiche) in cui sono enfatizzate determinate regole e principi di gioco. In questo modo, vengono stabilite connessioni mentali, che consentono ai giocatori di apprendere veramente queste idee e, attraverso la ripetizione, trasferirle in una situazione di competizione.

Pertanto, secondo l'assistente a lungo termine di José Mourinho, Rui Faria, "Non possiamo semplicemente aspettare che le cose accadano, eseguendo un'esercitazione, dobbiamo guidare i giocatori verso ciò che vogliamo far accadere nell'esercitazione e, più avanti, in partita". Come affermato da Guilherme Oliveira (2006), è necessario creare situazioni di allenamento in cui i giocatori acquisiscano le azioni che vogliamo vengano apprese, e sviluppino un'organizzazione gerarchica (ordine per importanza) dei principi e dei sotto-principi di gioco; a questo punto è **necessario orientare l'attenzione dei giocatori verso le dinamiche principali**.

Oliveira porta anche il seguente esempio, che spiega come sviluppare i sotto-principi della transizione positiva: "Creo situazioni in cui appaiono molte transizioni, cerco di dirigere e condizionare le scelte dei giocatori per farli muovere come vogliamo. Se identificano il principio della transizione attraverso l'allenamento, faranno lo stesso anche in una situazione di gara. I giocatori possono scegliere di effettuare una transizione in sicurezza (assicurandosi il possesso palla) o di effettuare una transizione in profondità (attacco diretto), ma vengono guidati verso le transizioni sicure più spesso rispetto alle soluzioni in profondità, perché preferiamo mantenere il possesso dopo la riconquista della palla".

Ciò significa che è possibile orientare le scelte dei giocatori verso lo stile di gioco ricercato. Rafforzando questa logica, Faria (2002) afferma che l'obiettivo fondamentale dell'allenamento è sviluppare i principi relativi a ciascuna fase di gioco (attacco, difesa e transizione), attraverso esercitazioni specifiche. In questo modo, una squadra sviluppa una certa identità in termini di stile di gioco, che viene poi mostrato regolarmente.

ESEMPIO DI ESERCITAZIONE TATTICA SPECIFICA:
6 (+ portiere) contro 5 per costruire gioco dal basso

Per **José Mourinho** (2004), l'adattamento è specifico, perché ogni esercitazione viene pensata per realizzare la dinamica di gioco che l'allenatore vuole vedere. **Aggiunge:** "Questo non significa che tutte le proposte di possesso palla siano utili; creiamo solo le situazioni veramente importanti, per consentire ai giocatori un adeguato adattamento alle diverse variabili del nostro stile di gioco".

La specificità può essere raggiunta solo con l'intervento dell'allenatore prima, durante e dopo l'esecuzione di un'esercitazione (Guilherme Oliveira, 2004). In questo senso, **Oliveira afferma:** "A volte le proposte sono abbastanza appropriate per lo stile di gioco previsto ma, a causa di un inadeguato intervento da parte dell'allenatore, possono diventare poco funzionali." **Frade** (2004) sottolinea che è una cosa essere un allenatore che fornisce tutte le soluzioni, ma è completamente diverso creare situazioni in cui i giocatori hanno bisogno di trovare soluzioni, attraverso le dinamiche della proposta.

L'allenatore, durante un'esercitazione, dovrebbe essere un catalizzatore, che orienta l'attenzione dei giocatori. Pertanto, anche quando le esercitazioni sono perfettamente adatte al modello di gioco, un intervento inadeguato può renderle poco funzionali. Per esempio, consideriamo che un sotto-principio del modello di gioco sia "**costruire gioco dal basso**", in cui il portiere o un difensore è in possesso palla nel primo terzo di campo. La proposta potrebbe essere la seguente: una squadra (blu in figura) è composta da 1 portiere e 4 difensori, supportati da 2 centrocampisti centrali, contro 3 attaccanti e 2 centrocampisti centrali della squadra rossa. Una volta che il portiere o l'allenatore giocano verso uno

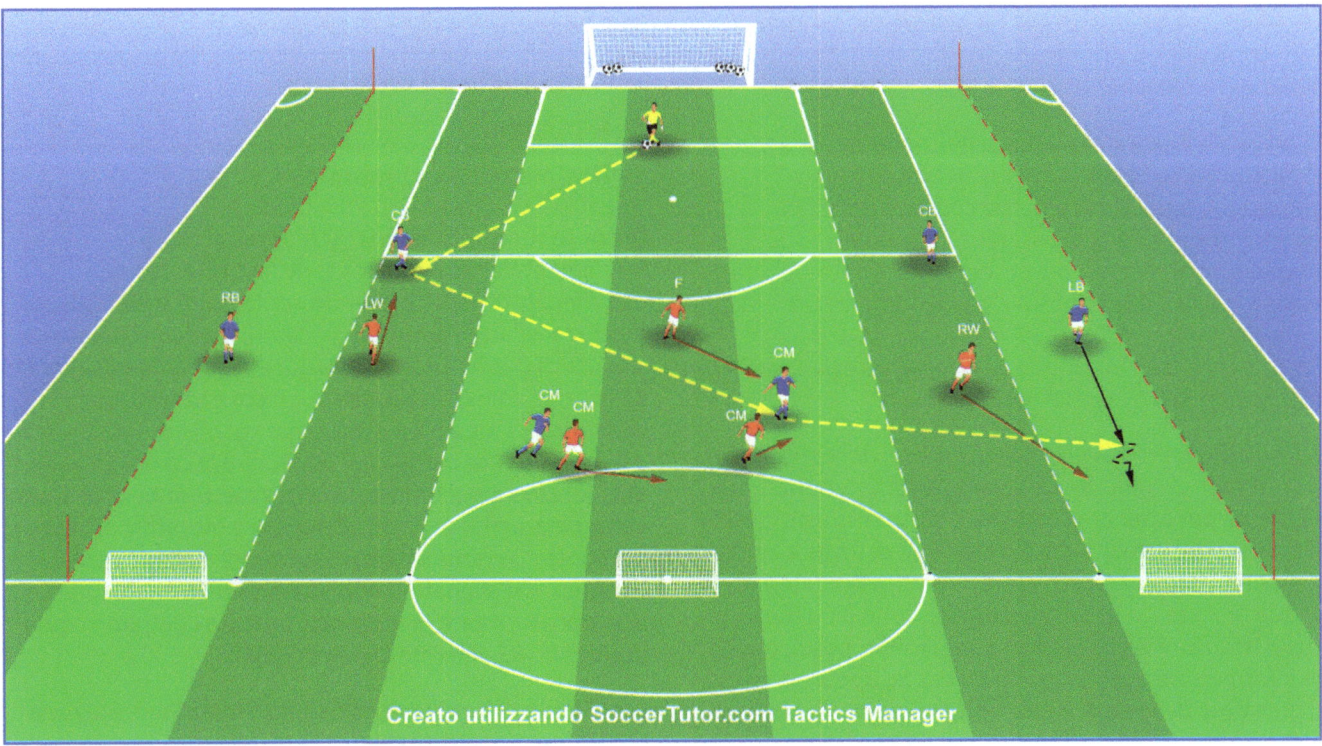

dei difensori, la squadra in possesso coordina i movimenti con l'obiettivo di muovere palla in avanti, verso uno dei centrocampisti, tramite un passaggio in diagonale o attraverso un laterale basso che avanza. La squadra difendente rossa porta pressione e cerca di impedire che i centrocampisti blu entrino in possesso. Questa esercitazione induce relazioni tra i diversi giocatori, per creare le dinamiche desiderate dall'allenatore, ma è solo potenzialmente appropriata; il suo intervento determina se sia specifica o meno. Immaginando che il portiere trasmetta palla verso il laterale basso destro che, sotto pressione, sceglie di rinviare palla, piuttosto che giocare con un compagno di squadra che potrebbe ricevere. Se l'allenatore non interviene per correggere questa giocata, l'esercitazione non promuove la specificità desiderata, ma permette una soluzione che contraddice il modello di gioco e che, se ripetuta in modo continuo, diventa un'abitudine dannosa.

I 3 MOMENTI PER L'INTERVENTO DELL'ALLENATORE

1. Prima

L'allenatore dovrebbe spiegare la proposta in modo che i giocatori possano capire gli obiettivi, le dinamiche che si stanno cercando, e il perché siano importanti per lo sviluppo di una comprensione individuale e collettiva dello stile di gioco; come l'allenatore trasmette queste informazioni determina il successo dell'intervento (Hotz, 1999), in quanto influenza considerevolmente il modo in cui i giocatori interpretano ed eseguono l'esercitazione. Il "parlato" deve essere semplice e chiaro, l'allenatore si deve esprimere lentamente e con il minor numero possibile di parole, prestando attenzione alle reazioni dei giocatori, attraverso le loro espressioni facciali (Mesquita, 1998).

Oliveira dice: "Quando spiego un'esercitazione, dico ai giocatori qual'è lo scopo principale e quali sono i principi che voglio allenare. Cerco di focalizzare la loro attenzione, indirizzandoli verso certe giocate".
(Guilherme Oliveira, 2007)

E' possibile integrare questa spiegazione con una dimostrazione, ma alcune considerazioni vanno comunque fatte. Una credenza comune è che le dimostrazioni siano cruciali per spiegare nel modo migliore, ai giocatori, come eseguire una determinata azione. Sebbene le dimostrazioni possano essere efficaci, nella maggior parte dei casi, non lo sono più delle istruzioni verbali, in quanto possono essere dannose e inculcare nuovi "modelli" motori.

Come affermato da Williams (2003), una dimostrazione è più efficace quando mette chiaramente in luce la strategia richiesta, per ottenere prestazioni di successo, attraverso il movimento, l'abilità e la motivazione di un giocatore, elementi necessari per mettere in pratica la strategia in modo efficace. Le dimostrazioni non sono più efficaci delle istruzioni verbali o della semplice proposta, quando le informazioni trasmesse sono limitate, oppure quando il giocatore deve compiere un movimento precostituito o sviluppare una "sensazione del movimento stesso".

Un potenziale svantaggio, quando si dimostra una giocata o un movimento, all'inizio della proposta, è l'imposizione di un modello di movimento non ideale per un giocatore. E' opportuno dare la possibilità di provare il movimento da compiere, prima della dimostrazione. Una spiegazione chiara dell'obiettivo dell'attività può essere sufficiente per consentire ai giocatori di immergersi nella scoperta guidata e per creare competenze più flessibili e adattabili a lungo termine. Le dimostrazioni possono quindi essere utilizzate in modo selettivo, come ulteriori fonti di orientamento (Williams, 2003).

2. Durante

L'allenatore deve agire da catalizzatore delle azioni positive, associandole a emozioni o segnali fisici ugualmente positivi. D'altra parte, il mister non dovrebbe inibire nessuna dinamica desiderata, perché farebbe in modo che il giocatore associ questa situazione ad emozioni o segnali fisici negativi. Pertanto, il feedback successivo ad un particolare movimento deve essere uno strumento per arricchire il processo di apprendimento.

Gli interventi dell'allenatore, attraverso il feedback esterno, sono fondamentali per raggiungere il risultato desiderato. Williams (citato da Fonte, 2006) rafforza questo concetto, affermando che senza feedback, l'apprendimento è quasi inesistente. Indubbiamente, per cambiare le azioni motorie, i giocatori devono capire la direzione da seguire. Secondo lo stesso autore, il feedback ha tre scopi:

a. **Correggere gli errori**
b. **Motivare**
c. **Rinforzare o richiamare**

Di conseguenza, quando ci si riferisce al ruolo fondamentale del feedback specifico, gli interventi dell'allenatore, dove e quando vuole, sono essenziali per focalizzare l'attenzione dei giocatori; fondamentalmente, si tratta di guidarli nella risoluzione dei problemi, secondo il progetto collettivo (lo stile di gioco) e lo sviluppo individuale. Questo è il motivo per cui gli interventi sono particolarmente cruciali nel migliorare la comprensione dei giocatori e nel rinforzare certi aspetti, inibendone altri; sono, cioè, un dialogo tra allenatore e giocatori, all'interno del contesto comune fatto di proposte e allenamenti. Pertanto, se l'allenatore non interagisce in modo appropriato, molte giocate non saranno compiute come desiderato (Guilherme Oliveira, 2004).

L'assistente di lungo periodo di José Mourinho, Rui Faria (2007) fornisce alcuni chiarimenti: "Durante l'esecuzione di una proposta, l'intervento deve essere basato sulla relazione tra esercitazione, giocatore e allenatore; significa che, a volte, dovremo modificare alcuni aspetti, per ottenere quanto voluto. Questo tipo di intervento è possibile solo se si è informati molto bene sulla situazione in cui si trova la squadra e su dove la si vuole portare; richiede cioè una conoscenza molto profonda dello stile (il nostro modello di gioco), che permette di regolare l'intervento sempre e solo verso l'obiettivo specifico".

Questo significa che l'allenatore deve sapere esattamente quale tipo di azioni vuole migliorare e correggerle durante l'esercitazione, in particolare, nel momento i cui accadono o stanno per succedere.

Hotz (1999) afferma, chiarendo questo concetto, che la qualità nella trasmissione delle informazioni dipende dalla tempistica, quindi l'allenatore deve essere paziente e avere sufficienti capacità di valutazione e "diagnosi", per identificare le giocate indicative e ottimizzare i suoi interventi. L'"intervento ottimale" deve anche tenere conto della frequenza del feedback, come affermato da Williams (2003); la tendenza, di solito, è fornirne di dettagliati e continui.

Sebbene il feedback sia essenziale per acquisire competenze, in particolare all'inizio del processo di apprendimento, la ricerca suggerisce che i giocatori dovrebbero essere incoraggiati a fare affidamento sui propri processi di feedback intrinseco, piuttosto che su una grande quantità di feedback esterni. Gli allenatori dovrebbero quindi resistere alla tentazione di fornirne eccessivamente, e incoraggiare progressivamente i giocatori a sviluppare i propri processi di individuazione e correzione, attraverso prove ed errori. Quando viene ridotta la frequenza e aumenta la precisione del feedback, le prestazioni durante le sessioni di allenamento, a breve termine, diventeranno inizialmente meno efficienti. Apprendimento e prestazioni a lungo termine ne beneficeranno, invece.

3. Dopo

Il feedback successivo all'esercitazione sottolinea gli aspetti positivi e negativi di ciò che è stato fatto, promuove la discussione, la comprensione e la "scoperta guidata" (Mourinho, in Oliveira et al., 2006), che conseguentemente portano alla conoscenza specifica di ciò che si sta sviluppando. Si noti che questo momento serve come riflessione finale su ciò che è stato appreso e che ha una notevole influenza sulla costruzione dello stile di gioco idealizzato e sull'integrazione dei suoi principi.

Uno strumento chiave è la capacità di porre domande significative, che aumentano la consapevolezza dei giocatori e incoraggiano il feedback interno, rendendoli indipendenti e offrendo loro l'opportunità di assumersi la responsabilità delle proprie interpretazioni, comprensione e capacità di prendere decisioni.

Quando l'allenatore fa domande e dà ai giocatori la possibilità di trovare una soluzione, in genere, cercano di trovarla, a livello "personale", prendendone possesso e ricordandola. Capiranno meglio i concetti e saranno in grado di applicare la soluzione in modo più efficace, rispetto ad una semplice risposta. La capacità di ascolto delle risposte dei giocatori e sapere come reindirizzarli sono elementi chiave per un colloquio efficace; chiedere o sondare risposte migliori o più complete è sempre importante. Quanto meglio un allenatore comprende il suo modello di gioco, tanto più facile sarà esplorarlo in modo approfondito.

Nella pagina seguente, la figura mostra come "**strutturare un questionario di qualità**", con importanti considerazioni sul processo di domanda-risposta.

Capitolo 3: I Metodi E I Principi Della Periodizzazione Tattica

STRUTTURARE UN QUESTIONARIO DI QUALITÀ
(Adattamento da Walsh, J. Saties, B. 2005)

Sottolineiamo che l'allenamento dovrebbe essere un processo che coinvolge comunicazione e interazione tra giocatori e allenatori, al fine di costruire un modo specifico di giocare a calcio insieme. L'allenamento fornisce l'ambiente ottimale per le soluzioni motorie che emergono attraverso la scoperta del sé. Il modello suggerisce che lo sviluppo è determinato dai vincoli dell'esercitazione stessa, dalle caratteristiche del giocatore e dall'intervento dell'allenatore, che può manipolare questi fattori, per assicurare che l'azione desiderata emerga da un processo di scoperta guidata, piuttosto che da un processo predeterminato (Williams, 2003). Questo processo sfida gli allenatori a essere creativi nell'ideazione delle proposte, nel feedback e nelle domande, per consentire l'emergere di determinati comportamenti, nei giocatori.

FASE 1 — PREPARAZIONE DELLA DOMANDA
1. Identificare l'obiettivo
2. Determinare il contenuto su cui focalizzarsi (secondo le necessità dei giocatori)
3. Capire i livelli cognitivi, fisici, sociali ed emotivi dei giocatori
4. Formulare la domanda secondo il livello dei giocatori

FASE 2 — FORMULARE LA DOMANDA
1. Indicare come possono rispondere i giocatori (non tutti contemporaneamente per esempio); è molto importante che i giocatori ascoltino sia l'allenatore, sia i propri compagni
2. Formulare la domanda, 'fare un passo indietro' e lasciare ai giocatori la risposta
3. Selezionare un giocatore o i giocatori per dare la risposta

FASE 3 — INCORAGGIARE I GIOCATORI A RISPONDERE
1. Prendere tempo, per capire la necessità di incoraggiare le risposte, per selezionare un giocatore, oppure per aprire la domanda al gruppo
2. Aiutare i giocatori nella risposta (se necessario)
3. Utilizzare gli spunti dei giocatori per incoraggiare le risposte

FASE 4 — INTERPRETARE LE RISPOSTE DEI GIOCATORI
1. Ascoltare con attenzione e fare una pausa dopo la risposte dei giocatori
2. Dare un feedback appropriato alle risposte, in modo positivo
3. Sviluppare le risposte
4. Incoraggiare reazioni e domande dei giocatori

FASE 5 — RIFLETTERE SUL PROCESSO DOMANDA/RISPOSTA
1. Analizzare la domanda
2. Riflettere su chi, tra i giocatori, e come, ha risposto
3. Valutare gli schemi di risposta dei giocatori
4. Esaminare le reazioni dei giocatori e dell'allenatore

3. PRINCIPIO DELLA RIPETIZIONE SISTEMATICA

Capitolo 3: I Metodi E I Principi Della Periodizzazione Tattica

COS'È IL PRINCIPIO DELLA RIPETIZIONE SISTEMATICA?

MEMORIE VISUALI

▶ Recupero delle memorie apprese: dipendenti da stato, tempo e contesto.

▶ Le esercitazioni devono svolgersi in un ambiente "significativo", con riferimenti visivi (un'area del campo, posizionamento famigliare di compagni di squadra e avversari, linee del campo, ecc.).

RIPETIZIONE DEI PRINCIPI E DEGLI SCHEMI DI GIOCO

▶ Ripetizione sistematica significa comprendere alcuni principi di gioco e creare determinati modelli comportamentali.

▶ Determinati comportamenti e schemi di gioco emergono e diventano automatici, se si permette alla squadra, e ai suoi giocatori, di sperimentare frequentemente vari principi di gioco, durante l'allenamento.

PROCESSI DEL SUBCONSCIO

▶ Coinvolgono il subconscio della mente e giocano un ruolo attivo e totale.

▶ Le abilità sensoriali e motorie possono essere acquisite ed esercitate senza l'utilizzo di processi coscienti, consentendo di svolgere le attività in modo efficiente.

LA MENTE COSCIENTE E IL SUBCONSCIO

MENTE COSCIENTE 12%

1. Analizzare
2. Pensare e pianificare
3. Memoria a breve termine

MENTE CRITICA

88% MENTE SUBCONSCIA

1. Memoria a lungo termine
2. Emozioni e sentimenti
3. Abitudini, schemi relazionali, dipendenze
4. Funzioni corporali involontarie
5. Creatività
6. Fasi di sviluppo
7. Connessione spirituale
8. Intuizione

Teoria della mente Dr. Kappas (semplificata)

* Mente critica: *il pensiero critico consiste nel giudicare in maniera ragionata e logica. Informazioni e prove devono essere messe in discussione, non accettando solo determinate argomentazioni.*

IL METODO INCORPORATO™ PER LA CREAZIONE DI NUOVE ABITUDINI: facilitare il cambiamento attraverso nuove connessioni mentali

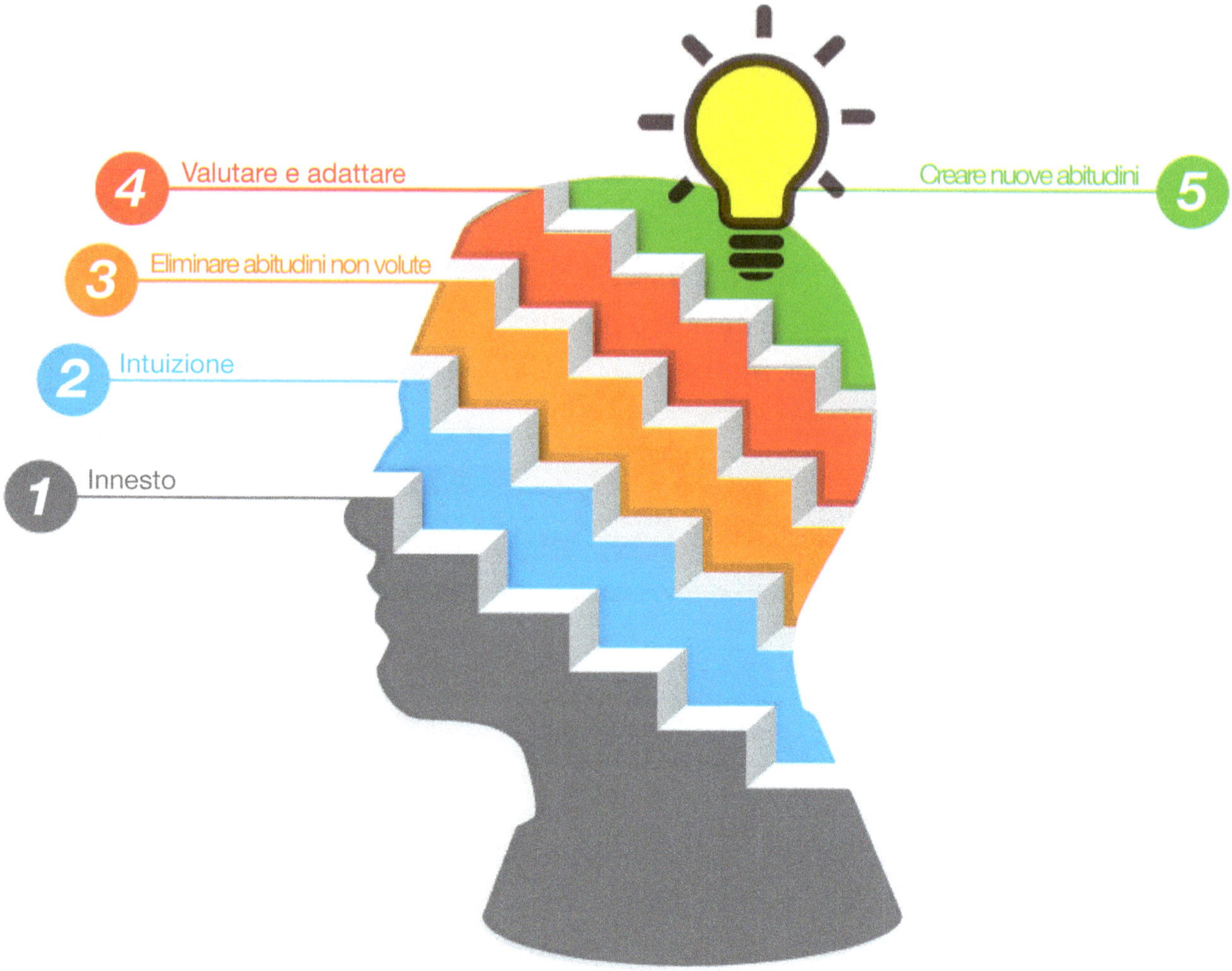

1. Valutare e adattare
2. Eliminare abitudini non volute
3. Intuizione
4. Innesto
5. Creare nuove abitudini

(Nota: la numerazione nell'illustrazione è: 1 Innesto, 2 Intuizione, 3 Eliminare abitudini non volute, 4 Valutare e adattare, 5 Creare nuove abitudini)

1. **Innesto**: lo stato di "innesto" pone le basi per riflettere su ciò che si sta portando avanti, creando nuove connessioni e trovando soluzioni ai problemi.

2. **Portare all'intuito**: aiutare le persone a sentire quei silenziosi segnali chiamati "a-ha", fulcro dell'apprendimento personale e dell'innovazione. Questo stato d'animo crea uno spazio in cui i blocchi della mente sono chiaramente portati alla luce (consapevolezza) e le soluzioni dall'inconscio diventano accessibili (intuizione). Le intuizioni creano cambiamenti neuronali permanenti nel cervello e restano in memoria molto più della risoluzione lineare dei problemi; inoltre sono necessarie per affrontare le complesse barriere al cambiamento.

3. **Eliminare le abitudini indesiderate**: le intuizioni non sono molto utili se non si intraprende un'azione che le segua, perché portano alla creazione di nuovi percorsi neuronali nel cervello e al consolidamento necessario per i cambiamenti nelle risposte emotive, nel pensiero e nel comportamento.

4. **Valutare e adattare**: i continui follow-up per identificare e riconoscere l'apprendimento derivante dalle azioni sono essenziali per monitorare i progressi e assicurarne lo sviluppo. Una nuova azione, che segue l'intuizione, offre opportunità di apprendimento, di ulteriori riflessioni e approfondimenti. Questo ciclo di apprendimento porta a livelli di coinvolgimento più profondi e ad azioni precise, focalizzate sul nuovo modo di pensare e sul comportamento, che supportano il raggiungimento degli obiettivi.

5. **Creare nuove abitudini**: le nuove abitudini comportamentali necessitano di rinforzo perché si verifichi un cambiamento sostenibile. Quando un allenatore rinforza nuove abitudini, l'attenzione viene mantenuta e nuovi percorsi vengono sviluppati e ampliati nel cervello.

IL PRINCIPIO DELLA RIPETIZIONE SISTEMATICA: ALLENARE LA MENTE A PRENDERE DECISIONI RAPIDAMENTE

"Concedo ai giocatori il giorno libero dopo la partita, e propongo una sessione di recupero per il primo giorno di lavoro (Martedì, se la partita è stata giocata Domenica). Da Mercoledì, iniziamo a lavorare sugli aspetti generali, che sono rimasti immutati nel mio stile di gioco. Concludiamo la settimana lavorando di più sui dettagli tattici e posizionali, tenendo conto del lato strategico. Gli aspetti generali si riferiscono ai miei principi e ai sotto-principi più importanti che li costituiscono. Questi non cambiano mai, quindi li alleno ogni settimana (ripetizione sistematica), per modellare giocate che favoriscano le abitudini peculiari del modello di gioco."

(**José Mourinho** in Gaiteiro, 2006)

L'importanza delle emozioni nell'apprendere uno stile di gioco

"Prendere decisioni basandosi sulle emozioni non è un eccezione; è la regola." (Jensen, 2002)

Damasio (2003) spiega: "Nonostante il passato biologico e culturale che influenza le nostre decisioni, e che quasi inevitabilmente ci porta a determinate scelte, abbiamo comunque un margine di manovra, un certo grado di libero arbitrio". Supponendo di chiedere ad un centrale difensivo, che ha militato per molte stagioni in una squadra in cui giocava velocemente con palle lunghe, senza mai rischiare trasmissioni corte in zona difensiva, di apprendere, invece, i principi relativi alla costruzione del gioco dal basso, attraverso possesso e circolazione palla:

- Probabilmente avrebbe difficoltà nel correre il rischio di mantenere e muovere palla, perché sperimenterebbe una sensazione emotiva "costrittiva", cioè la paura di perdere il possesso nella propria metà campo.

- Anche se tende a rifiutarsi di correre questo rischio (una sorta di meccanismo di sopravvivenza culturale, appresa nella sua ex squadra), il difensore può adattare gradualmente la propria mente al nuovo modo di giocare, con un lavoro specifico sul cambiamento dell'abitudine (cioè attivando la corteccia prefrontale), per creare nuovi standard di connessione mentale e di ripetizione sistematica.

- L'allenamento è necessario per invertire lo stato in cui si trova il corpo del giocatore, in modo che possa essere a proprio agio sulla palla.

Pertanto, quando le risposte emotive sono già modellate dai nuovi valori (i principi del gioco) della squadra, il processo decisionale, sia in allenamento che in partita, diventa più rapido ed efficiente.

Creare nuove abitudini, attraverso emozioni positive

Sperimentare determinate azioni, definite dai principi e dai sotto-principi di gioco, crea un insieme di emozioni e sentimenti nei giocatori. Quando questi giocatori affrontano successivamente una situazione simile, in partita, emozioni e sentimenti li aiuteranno a decifrare le informazioni e a prendere decisioni, "snellendo" il processo di ragionamento e consentendo loro di anticipare la risposta.

Il processo di allenamento dovrebbe migliorare la creazione di emozioni positive, in modo che i giocatori possano prendere decisioni più facilmente durante le partite, poiché stimolati da situazioni legate a quelle stesse emozioni. Quando i giocatori sperimentano queste situazioni specifiche durante le esercitazioni, troveranno successivamente utile anticipare le risposte in partita, e saranno inclini a compiere azioni attraverso cui hanno già avuto successo in precedenza, nel risolvere problemi simili. E' molto chiaro, da quanto scritto in precedenza, che sistemare i principi di gioco per un particolare modello, in modo organizzato, porta i giocatori a familiarizzare con la logica operativa e a formare ricordi, collegati a stimoli piacevoli o spiacevoli, che dirigono, anche inconsciamente, le scelte durante il gioco. Tuttavia, questa natura inconscia non esclude la necessità di coinvolgimento e concentrazione consapevoli da parte del giocatore, perché, come afferma Oliveira (2006), "c'è bisogno che siano pienamente ed emotivamente coinvolti nel progetto di costruzione di un modello di gioco."

Come accennato in precedenza, tutti i principi di gioco appresi da un determinato giocatore costituiscono il suo bagaglio di conoscenze specifiche del collettivo. Per capire il processo estremamente complesso che conduce a questa potenziale comprensione, è necessario definire alcuni concetti chiave: conoscenza, memoria e apprendimento.

Secondo Eysennk e Keane (1994), la conoscenza può essere considerata come un'informazione rappresentata mentalmente in un formato specifico, strutturata, oppure organizzata, in un certo modo. Per Damasio (2000), una determinata rappresentazione della realtà consiste in uno "standard costantemente correlato a qualcosa", con uno scopo specifico, come un principio del gioco. Questa rappresentazione esiste nel cervello come "un insieme di attività neuronali, che formano l'attività potenziale, poi resa reale prima di una determinata situazione, in modo cosciente o inconsciamente, e che può o non può coinvolgere immagini mentali".

L'immagine mentale descrive qualcosa che è costruito dal cervello, un modello di connessioni create attraverso i sensi, per essere rappresentate nella mente; ad oggi questo schema è accettato come il più appropriato per individuare il significato di conoscenza (Damasio, 2000). La mente, secondo lo stesso autore, è essenzialmente un processo, un flusso continuo di immagini, che possono essere ordinate e manipolate durante un pensiero. In sintesi, ogni immagine mentale, creata da un determinato soggetto (il giocatore), ha qualcosa di sé in essa, e quindi il modello di gioco proposto dall'allenatore è soggetto alle interpretazioni dei giocatori (Guilherme Oliveira, 2004), che, a loro volta, dipendono da esperienze precedenti, capacità cognitive, prospettive, sentimenti ed emozioni (Damasio, 1994). Questo ci dà un'idea della natura estremamente complessa del processo di allenamento, in cui più di 20 giocatori devono interpretare in modo molto simile il modello di gioco previsto, rispettando i principi che lo supportano, indipendentemente dal personaggio, dalle idee e dalle esperienze passate di ogni giocatore.

Nuove abitudini, nuove intenzioni e un nuovo modo di giocare

Il processo di apprendimento spesso implica un duplice compito: eliminazione abitudini indesiderate e sostituzione con altre di maggior valore. Questo accade perché, come detto prima, ogni giocatore vive della propria storia. (Goleman et al., 2002). Da questa prospettiva, il processo di apprendimento si basa sull'acquisizione di nuove abitudini, ma questo complesso processo, che coinvolge il "funzionamento" del corpo e della mente dei giocatori, non è sempre così semplice come sembra.

Secondo Goleman et al. (2002), la corteccia prefrontale, cioè quella parte del cervello che regola il funzionamento cognitivo, emotivo e comportamentale, diventa particolarmente attiva quando una persona ha bisogno di prepararsi ad evitare una risposta abituale. Quando stimolata, la corteccia prefrontale rafforza il "focus" del cervello (concentrazione) su ciò che sta accadendo (Goleman et al., 2002). In questo brevissimo periodo (0,2"), un giocatore può evitare un'azione se non è conforme alle intenzioni precedenti (Coricelli et al., 2005). Goleman (et al. - 2002) sottolinea che maggiore è questa "pre-attivazione" (cioè, la formazione di una memoria esplicita, o intenzione preventiva, sull'azione desiderata), migliore sarà il risultato del compito eseguito. Questa visione è supportata da Santos (2003), che afferma: "Affinché un giocatore sia adeguatamente concentrato durante l'allenamento, deve essere consapevole che, eseguendo una data esercitazione, migliorerà un certo aspetto del gioco." In altre parole, un giocatore deve sapere qual è l'obiettivo in rapporto al modello di gioco; inoltre, il feedback dell'allenatore, o dei compagni di squadra, sono altri fattori essenziali. Secondo Goleman et al. (2002), "Ci vogliono dedizione e promemoria costanti, per rimanere concentrati sull'inversione di queste abitudini".

Quindi, per acquisire nuove abitudini o cambiare quelle esistenti, è fondamentale trovare la strada giusta. Per Goleman et al. (2002), "Quando le persone cercano di cambiare i propri pensieri o abitudini, devono invertire decenni di apprendimento che risiede all'interno di circuiti neuronali molto usati". Egli osserva inoltre: "L'apprendimento di nuove abitudini rafforza determinati percorsi tra i neuroni e può persino stimolare la neurogenesi, un processo mediante il quale i neuroni sono generati dalle cellule staminali e progenitrici neurali (vedi la figura alla pagina successiva). Un nuovo modo di pensare, sentire o agire sembra innaturale in un primo momento, come se stessimo costringendo il cervello a seguire un percorso di viaggio minore (Goleman et al., 2002). Tuttavia, Goleman afferma anche che "E' possibile migliorare attraverso tre passaggi: essere consapevoli delle cattive abitudini, mettere in pratica deliberatamente delle alternative più appropriate, e ripetere la nuova azione, ad ogni occasione, per dominarla completamente".

Mourinho (2004) parla del suo processo di allenamento: "Tutto ruota intorno alle dinamiche, creiamo abitudini per mantenere le prestazioni della nostra squadra, che spesso si traducono in buoni livelli di gioco". In altre parole, sostiene che collegando l'esercitazione alla qualità e allo stile di gioco, sarà più facile, per i giocatori, identificare le dinamiche e agire di conseguenza nelle partite ufficiali. Anche Damasio (2000) supporta questa posizione, affermando che più sperimentiamo situazioni relative a un certo oggetto (ad esempio, un principio di gioco), più facilmente possiamo agire, perché il nostro cervello ha un accesso più immediato all'immagine di quello stesso oggetto. In breve, il processo di inversione/acquisizione delle abitudini ha a che fare con un certo stile di gioco, quindi ha bisogno di allenatori e giocatori molto sistemici, nella costruzione di un modo di giocare e nel suo mantenimento. Di conseguenza, una volta apprese nuove dinamiche, queste vanno continuamente esercitate, per evitare di tornare alle vecchie abitudini (Goleman et al., 2002). Conservare la gamma di abitudini che forma il modello di gioco, porta al mantenimento delle prestazioni di cui parla Mourinho (2005).

LA FUNZIONE DI CONTROLLO DEL CERVELLO

Lobo frontale

▶ Capacità di concentrazione e partecipazione, elaborazione del pensiero, apprendimento e comportamento. Compresi l'intelletto, il ragionamento astratto, la risoluzione dei problemi, il giudizio, la sequenzialità, la pianificazione e la concentrazione.

▶ Controlla le risposte emotive, il linguaggio espressivo, le associazioni di parole e la memoria, per abitudini e attività motorie.

Lobo parietale

▶ Posizione per attenzione visiva, percezione tattile, movimento volontario diretto verso l'obiettivo e manipolazione di oggetti.

▶ Integrazione di diversi sensi per comprendere un singolo concetto.

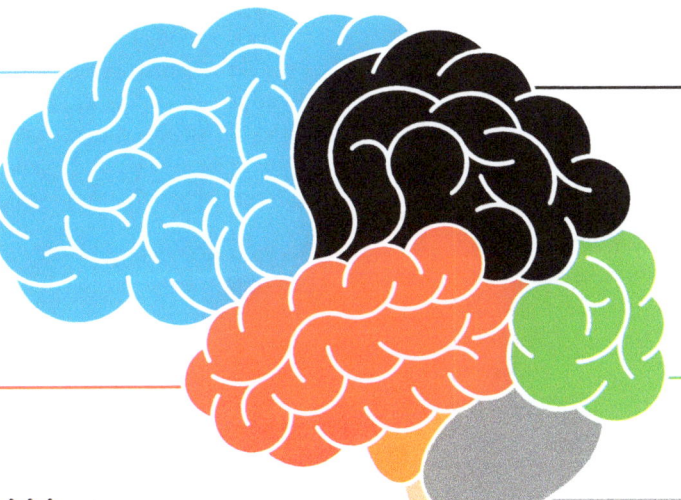

Lobo occipitale

▶ Area di ricezione visiva primaria.

Lobo temporale

▶ Capacità uditiva, acquisizione della memoria, alcune percezioni visive e memoria visiva.

▶ Categorizzazione di oggetti, intelletto.

▶ Senso di identità, comportamento ed emozioni, inclusa la paura.

▶ Memoria a lungo termine.

Cervelletto

▶ Regolazione e coordinazione di movimento, postura ed equilibrio.

▶ Parte della memoria per azioni riflesse e motorie.

Tronco cerebrale

▶ Respirazione, battito cardiaco, deglutizione, riflessi per vista e udito, reazioni. Controlla la sudorazione, la pressione sanguigna, la digestione e la temperatura.

▶ Influisce sul livello di vigilanza, sul sonno e sul senso dell'equilibrio.

LA NECESSITÀ DELLA RIPETIZIONE SISTEMATICA DI ESERCITAZIONI SPECIFICHE

Mente e abitudini

È essenziale che il processo di allenamento determini una relazione definita tra mente e abitudine. Il calcio è un tipo di know-how; è un'abitudine acquisita durante l'azione (Carvalhal, 2001). Il ruolo dell'allenatore è promuovere adattamenti, in base al modo specifico in cui i giocatori devono agire; l'elaborazione di queste azioni, durante l'allenamento, li aiuta nell'applicazione in partita. È pertanto necessario creare abitudini, che rendano tali azioni risposte automatiche (Gomes, 2006).

L'automazione ha anche un grande valore per eseguire, con successo, risposte motorie tecnicamente complesse. Per esempio, parte della tecnica di un virtuoso musicista può rimanere inconscia, permettendo la concentrazione verso aspetti "superiori" di un particolare pezzo e di essere più capace di esprimere la propria creatività. Lo stesso concetto può essere applicato ad un atleta (Damasio, 2000).

Pertanto, le esercitazioni devono essere pianificate, condotte e valutate in base al modello di gioco, utilizzando metodi che implicano una specificità intensiva e sistematica, che consenta ai giocatori e alla squadra di trovare un'organizzazione e una regolamentazione comune. Questo farà sì che alcune dinamiche compaiano automaticamente nel gioco, la maggior parte delle quali provenienti dal subconscio (Resende, 2002).

Se la ripetizione è attiva e specifica per il modo di giocare, si tradurrà in apprendimento e nuovo know-how. D'altra parte, se questa ripetizione non viene contestualizzata, le azioni esistenti possono anche rimanere, ma non inducono nessun ulteriore sviluppo.

Dal punto di vista dell'operatività di un principio di gioco, gli adattamenti, nei giocatori e nella squadra, derivano da ripetizioni sistematiche e specifiche, limitando le proposte e facendo sì che determinate azioni si verifichino più spesso. Le abitudini che si desidera creare devono essere sempre intenzionali, in linea, e connesse, in modo solido, al modello di gioco.

Frade (citata da Resende, 2002) sottolinea la necessità di aumentare l'importanza della dimensione tattica, che dovrebbe guidare l'intero processo, dotando di intenzioni ogni esercitazione, "direzionandola" verso le azioni desiderate.

Se l'allenamento deve essere basato sull'apprendimento di nuovi principi, anche il mantenimento di quelli già conosciuti è cruciale, perché non vengano dimenticati.

Pertanto, le esercitazioni specifiche devono essere ideate, create e applicate, a intervalli adeguati, per stabilizzare le capacità acquisite e svilupparle nel tempo. Solo la ripetizione sistematica di queste esercitazioni permetterà il consolidamento dei principi del modello di gioco (Oliveira et al., 2006).

Allenamento specifico e ripetizione sistematica

La specificità di una proposta di allenamento è completa quando si riferisce ad una particolare situazione di gioco, all'interno del modello; collegare un'esercitazione ad una qualsiasi azione di gioco non è sufficiente (Guilherme Oliveira, 1991). Oliveira aggiunge anche che le esercitazioni specifiche non sono semplicemente situazionali, ma assolutamente connesse al modello di gioco e ai suoi principi. È importante che i giocatori siano consapevoli di ciò che stanno facendo, capiscano le dinamiche dell'esercitazione e il loro rapporto con ciò che l'allenatore vuole per la squadra.

Per quanto riguarda il recupero, con successo, delle capacità memorizzate, Jensen (2002) afferma che dipende in gran parte dal loro stato, dal tempo e dal contesto. Ogni tipo di apprendimento è associato a dati sensoriali, come vista, olfatto, luoghi e così via; pertanto, una proposta deve essere messa in pratica all'interno di un "ambiente significativo" (un'area specifica del campo, posizionamento familiare di compagni di squadra e avversari, linee del campo ecc.) e non solo in "uno spazio", perché i giocatori hanno bisogno di riferimenti significativi (visuali, in questo caso).

Secondo Frade (2004), quando si considera la prospettiva qui presentata, la ripetizione sistematica delle azioni è un elemento chiave per raggiungere gli obiettivi. Come affermato da Guilherme Oliveira (1991), i cambiamenti prodotti nei giocatori sono il risultato di ciò che fa l'allenatore, piuttosto che di ciò che desidera o sogna. È quindi importante che i giocatori si abituino a ripetere azioni che si verificheranno nelle partite, durante le esercitazioni.

Secondo Frade (in Tavares, 2003), il movimento è "educativo" solo se ha un'intenzione dietro di sé. È pertanto necessario promuovere determinate intenzioni nelle azioni dei giocatori; *l'apprendimento richiede più della semplice ripetizione. Richiede un processo di formazione intenzionale, coerente e strutturato, che si traduca in effetti di apprendimento visibili, forti e duraturi.* Guilherme Oliveira (1991) afferma che quando il corpo è sottoposto a un determinato compito, deve eseguire un'azione specifica, come risposta ad uno stimolo.

Il corpo è quindi preparato per dare una risposta particolare e, conseguentemente, per ottenere "coscienza dell'azione". Se questa azione viene richiesta o incoraggiata spesso, esso tende all'adattamento e alla creazione di una nuova consapevolezza dell'azione, e ne trae pieno vantaggio.

La ripetizione sistematica è quindi intesa non come semplice automazione di una determinata azione, ma piuttosto come un tentativo di comprendere alcuni principi del gioco e di creare determinati modelli comportamentali (Batista, 2006).

Secondo Frade (in Carvalhal, 2001), la ripetizione sistematica è il modo migliore per rendere operativo un principio di gioco e migliorarlo, perché dà l'opportunità di emergere e apparire più spesso, permettendone l'apprendimento. In altre parole, la ripetizione sistematica consente alla squadra e ai suoi giocatori una frequente sperimentazione dei vari principi di gioco, durante l'allenamento, permettendo l'emergere di determinati schemi e azioni. Il risultato è una dinamica collettiva, un certo tipo di meccanismo "non puramente meccanico", dato che non è separabile dalla natura intrinsecamente casuale di una situazione aperta (Oliveira et al., 2006).

Questo principio consente l'automazione delle azioni e invita il subconscio ad un ruolo attivo e integrale. Per quanto riguarda l'attività subconscia, Damasio (2000), McCrone (2002) e Jacob e Lafargue (2005) riportano che il cervello può attivare risposte senza interferenze coscienti.

Damasio (2000) afferma che le abilità sensoriali e motorie possono essere acquisite ed esercitate senza l'uso di processi coscienti, svolgendo le attività in modo comunque efficiente. Secondo lo stesso autore, l'automazione rappresenta un grande valore anche per le abilità motorie complesse. Se una parte delle abilità tecniche rimane subconscia, il soggetto può concentrarsi su aspetti più complessi e creare soluzioni a nuovi problemi; il corpo si automatizza, nel senso di "meccanismo non meccanico", con il cervello cosciente che viene liberato, per risolvere problemi strategici, attraverso le decisioni.

L'obiettivo principale di questa funzione cerebrale è il risparmio di tempo, ma funziona solo quando il cervello ha vissuto una situazione identica o simile, e l'ha registrata come un'abitudine automatica (McCrone, 2002).

La ripetizione sistematica dei principi di gioco dirige i processi di adattamento dei giocatori verso il modo in cui si vuole giocare (Frade, 2004). Il processo di allenamento influenza, quindi, le abitudini dei giocatori e ne modella le azioni.

Quando Mourinho parla della stabilizzazione delle prestazioni, si riferisce anche alla ripetizione sistematica, importante per la ripresa delle abitudini e per la necessità di sperimentare un senso collettivo.

"Quello che alleniamo sono le connessioni quotidiane tra i principi e i sotto-principi riguardanti l'organizzazione offensiva e difensiva, così come le transizioni, dopo aver perso e conquistato palla, sempre in coerenza con il nostro modello di gioco."

(**José Mourinho** in Gaiteiro, 2006)

Pertanto, il lato strategico (preparazione del gioco) non è soggetto a ripetizioni sistematiche. In termini di modello di gioco, l'aspetto tattico è orientato verso l'apprendimento di principi e di sotto-principi invariabili; i sotto-principi mutevoli, invece, promuovono il coordinamento e la configurazione del lato strategico (Frade, 2006).

4. PRINCIPIO DELLA PROGRESSIVITÀ COMPLESSA

Capitolo 3: I Metodi E I Principi Della Periodizzazione Tattica

COS'È IL PRINCIPIO DELLA PROGRESSIVITÀ COMPLESSA?

PROGRESSIVITÀ COMPLESSA

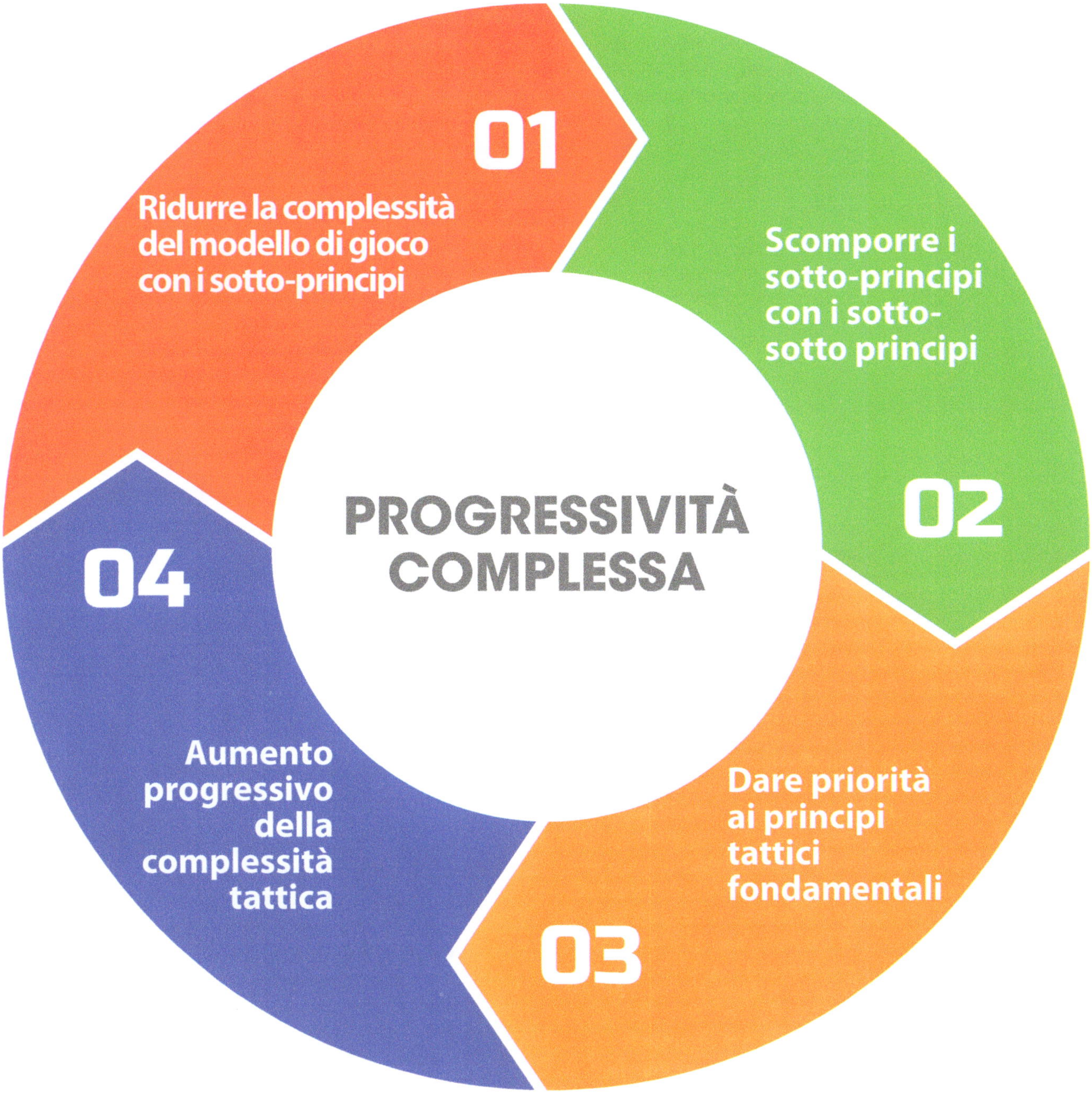

- **01** Ridurre la complessità del modello di gioco con i sotto-principi
- **02** Scomporre i sotto-principi con i sotto-sotto principi
- **03** Dare priorità ai principi tattici fondamentali
- **04** Aumento progressivo della complessità tattica

Il **principio della progressività complessa**, secondo la Periodizzazione Tattica, è costruito attorno all'apprendimento di un certo modo di giocare. Si basa sulla necessità di dare priorità ai principi fondamentali per il modello di gioco. E' necessario sviluppare una strategia per scomporre e ricostruire questi principi, attraverso i sotto-principi, in modo da evitare qualsiasi interferenza tra loro. Questa progressione è fatta da tre diversi livelli di complessità: **STAGIONALE**, il modello di gioco previsto, **SETTIMANALE**, prendendo in considerazione le partite precedenti e successive e, infine, da ciascuna **SESSIONE DI ALLENAMENTO**, con le singole esercitazioni. Diventa quindi una progressione complessa, in cui ogni livello è **correlato agli altri**.

PRINCIPIO DELLA PROGRESSIVITÀ COMPLESSA: ORDINARE I PRINCIPI DI GIOCO PER IMPORTANZA

"Ho scritto un documento che non verrà mai pubblicato. È il mio dossier di allenamento, in cui custodisco tutte le linee guida sull'allenamento. Cioè, tutti i miei obiettivi e il modo per raggiungerli, attraverso i principi metodologici, per migliorare anche quelli assodati e le esercitazioni. Se dovessi dare un nome a questo documento, il suo titolo sarebbe: L'evoluzione dei miei concetti di allenamento." (**José Mourinho** in Lourenço, L. and Ilharco, 2007)

Vítor Frade afferma che capire come si vuole che la squadra giochi è un imperativo, da cui è possibile collegare i principi tra loro e organizzarli per importanza gerarchica (in Gomes, 2006). Come affermato da **José Mourinho**, *"fin dall'inizio, i principi e i sotto-principi del nostro modello di gioco sono resi primari attraverso un insieme di esercitazioni. Ma il modo migliore per trasmettere le nostre idee è abbassare la complessità attraverso proposte guidate"* (in Fernandes, 2003).

Ad esempio, una squadra con giocatori di basso livello tecnico, ma che può schierare attaccanti veloci, dovrebbe prevedere difesa della profondità e transizioni positive rapide, cercando di attaccare alle spalle dell'avversario, come idea di organizzazione più appropriata. Un principio molto importante per questo tipo di squadra, ma che potrebbe esserlo meno per un'altra, con caratteristiche diverse. Ecco perché è necessaria una corretta gerarchia, per importanza, dei principi di gioco.

Considerando i principi di gioco come concetti molto complicati, poiché coinvolgono diverse variabili, in relazione costante e diretta, secondo la Periodizzazione Tattica, è necessaria una scomposizione per ridurne la complessità. I principi devono essere resi più comprensibili, per fare in modo che i giocatori si adattino più rapidamente e li mettano in pratica in modo migliore. Questo processo di riduzione deve essere compiuto con molta attenzione, rispettando sempre lo stile e il modello di gioco.

Ogni principio specifico del modello è direttamente correlato ad una delle quattro fasi di gioco (*vedere la figura "Esempio di scomposizione di un principio di gioco" nella pagina successiva*). I principi di gioco non hanno uguale valore, quindi esiste un'organizzazione gerarchica. L'importanza di ciascuno di essi, durante il processo di allenamento, è direttamente correlata al modello di gioco; ma alcuni principi sono più importanti di altri. La capacità dell'allenatore di articolare tutti i principi che compongono il suo modello, determinerà il DNA della squadra, cioè la concezione di gioco dell'allenatore stesso (Tamarit, 2007).

Ad esempio, un allenatore chiede ai giocatori di portare una forte pressione durante la fase difensiva; questo diventa il principio fondamentale per questa fase. Immaginando che lo stesso allenatore firmi un contratto con una nuova squadra, nel suo primo giorno spiega le proprie intenzioni; ma molti giocatori non comprendono bene di questo tipo di gioco e lo stesso succede nei momenti antecedenti alla prima partita. Chiaramente, la squadra non sarà efficace, in quanto è innanzitutto fondamentale costruire e comprendere i percorsi che portano all'obiettivo della pressione in fase difensiva. Gli obiettivi parziali di questo principio, sono contenuti nei sotto-principi e nei sotto-sotto-principi. Scomporre i principi fondamentali del gioco, per ridurne la complessità, aiuta i giocatori ad apprendere e, di conseguenza, a raggiungere gli obiettivi. Questa scomposizione non deve però "vuotare" il modello di gioco; l'obiettivo è separare i principi più importanti nei loro sotto-principi per poi integrarli nuovamente.

A questo proposito, Tamarit (2007) afferma: *"La Periodizzazione Tattica consente la frammentazione dei principi, dei sotto-principi e la loro articolazione, senza dover isolare le diverse componenti e i momenti che compongono il gioco. Questa riduzione senza limitazioni si ottiene creando esercitazioni in spazi più piccoli e con un minor numero di giocatori, semplificando la complessità del gioco, senza separazione dal tutto"*.

Il principio della progressività complessa è quindi correlato all'organizzazione gerarchica e all'ordine per importanza dei principi e dei sotto-principi di gioco. Non ha nulla a che fare con una progressione da generale a specifica, dal volume all'intensità, o altro. Per la Periodizzazione Tattica, il concetto di progressione è costruito attorno all'apprendimento di un certo modo di giocare e si basa sulla necessità di dare la priorità ai principi più importanti per il modello previsto. E' assolutamente necessario ideare una strategia di costruzione di questi principi, basati sui loro sotto-principi, evitando qualsiasi interferenza tra loro.

Questa progressione è fatta di tre diversi livelli di complessità: **STAGIONALE**, il modello di gioco previsto, **SETTIMANALE**, prendendo in considerazione le partite precedenti e successive e, infine, da ciascuna **SESSIONE DI ALLENAMENTO**, con le singole esercitazioni. Diventa quindi una progressione complessa, in cui ogni livello è correlato agli altri, come dimostra la figura nella pagina successiva.

ESEMPIO DI SCOMPOSIZIONE DI UN PRINCIPIO DI GIOCO

(Adattamento da Gomes, M. 2006)

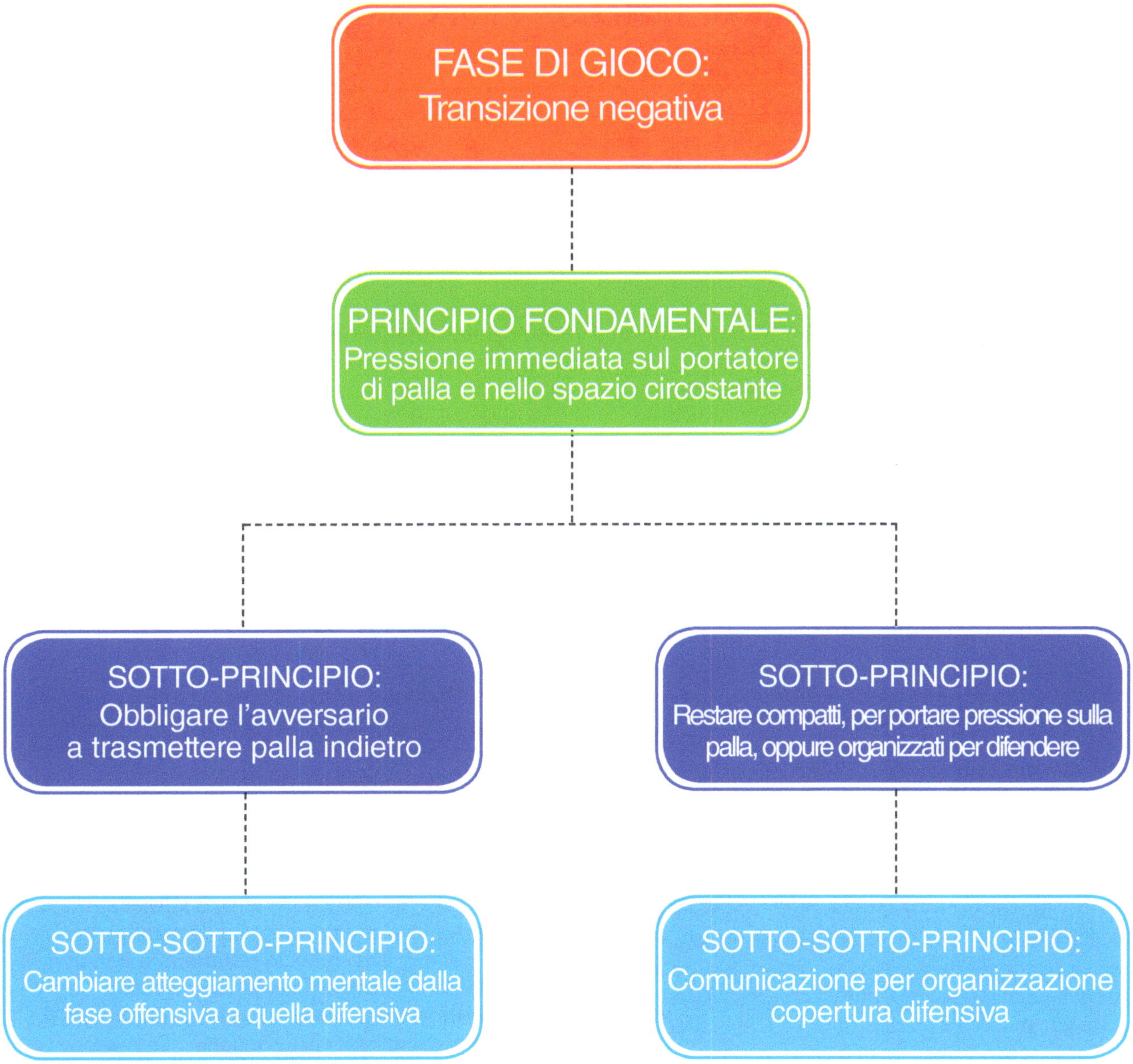

FASE DI GIOCO: Transizione negativa

PRINCIPIO FONDAMENTALE: Pressione immediata sul portatore di palla e nello spazio circostante

SOTTO-PRINCIPIO: Obbligare l'avversario a trasmettere palla indietro

SOTTO-PRINCIPIO: Restare compatti, per portare pressione sulla palla, oppure organizzati per difendere

SOTTO-SOTTO-PRINCIPIO: Cambiare atteggiamento mentale dalla fase offensiva a quella difensiva

SOTTO-SOTTO-PRINCIPIO: Comunicazione per organizzazione copertura difensiva

PRINCIPIO DELLA PROGRESSIVITÀ COMPLESSA:
LA STAGIONE, LA SETTIMANA E LA SESSIONE DI ALLENAMENTO

Pianificazione della stagione

Secondo Frade (2004), durante le prime fasi della stagione di allenamenti, devono essere introdotti i principi generali legati alle quattro fasi di gioco:

1. **Fase difensiva**
2. **Fase offensiva**
3. **Transizione positiva**
4. **Transizione negativa**

Se i giocatori conoscono e possono spiegare quando applicare i principi relativi a ciascuna fase, sarà più semplice, per loro, apprendere i principi specifici del modello di gioco, sui cui è necessario lavorare in una seconda fase.

A questo punto è possibile distinguere tra le fasi, concentrandosi inizialmente sulla fase difensiva, dato che l'equilibrio in fase di non possesso consente alla squadra l'acquisizione di confidenza e consistenza. È di conseguenza possibile sviluppare altre situazioni di gioco come, ad esempio, "difendere bene per attaccare ancora meglio". Dato che è "più facile" difendere che attaccare, è anche possibile dedicare meno tempo ai principi difensivi del modello. Successivamente, ci si può dedicare al lavoro sulle fasi di gioco più complesse, come quella offensiva, per esempio. Tuttavia, dato che nulla è scolpito nella pietra, l'allenatore deve sempre analizzare la squadra e decidere le priorità per gli allenamenti.

Le fasi di transizione sono un aspetto chiave nel calcio moderno e la transizione difensiva è strettamente legata alla fase offensiva; pertanto, durante le esercitazioni per quest'ultima fase, le transizioni negative devono sempre essere presenti. È importante notare che sebbene sia stato seguito un ordine metodologico, l'ideazione dello stile di gioco non può che passare attraverso una corretta interazione tra queste quattro fasi, tutte collegate tra loro. Solitamente si lavora su tutti i principi, all'interno di queste fasi, ma alcuni possono anche essere enfatizzati più di altri, secondo l'obiettivo dell'esercitazione.

Il chiaro riferimento è alla "costruzione" e alla "scomposizione" dei principi e sotto-principi e alla relativa gerarchia, per ordine di importanza, all'interno del piano settimanale e di diverse settimane, in base all'evoluzione dei giocatori e della squadra. Questo principio metodologico ha due livelli di pianificazione, che interagiscono tra loro:

- **Breve termine** (partita per partita)
- **Medio/Lungo termine** (stile o modello di gioco)

Pianificazione settimanale

Questa complessa evoluzione si ottiene dando la priorità ai principi del gioco e cambiando i livelli di fatica (carichi di allenamento) per tutta la settimana. Pertanto, accanto allo stile di desiderato, c'è sempre attenzione ai diversi schemi di carico e recupero alternati, durante tutta la settimana.

Frade (2007) afferma che ciò che viene allenato ogni giorno è diverso, con una maggiore o minore complessità, con determinate conseguenze per il tipo di gioco ricercato. E' possibile affermare che c'è un "assemblaggio" e uno "smontaggio" dei principi e della loro gerarchia per ordine di importanza, all'interno di ogni piano settimanale e nel corso delle settimane, in accordo con lo sviluppo dei giocatori e della squadra (Frade, 2007).

Come accennato in precedenza, la struttura gerarchica dei principi del gioco consente la specificità dello sviluppo della dimensione fisiologica, che deve seguire il modello desiderato.

Pertanto, Mourinho utilizza la dimensione fisica per calcolare il carico di allenamento, ma afferma che le preoccupazioni quotidiane sono dirette a rendere operativo il suo modello di gioco.

I principi di gioco sono proposti in progressione complessa, per sviluppare al meglio lo stile. Questo "montaggio" e "smontaggio" dei diversi livelli di organizzazione e l'insegnamento di principi e sotto-principi, durante il *micro-ciclo settimanale* standard ("Schema del Morfociclo"), tiene sempre conto dell'evoluzione della squadra. In altre parole, c'è un aumento di complessità per ogni principio o azione, appena viene appreso. Questa struttura settimanale viene quindi mantenuta per soddisfare il *principio di stabilizzazione* in combinazione con il *principio della progressività complessa,* e per gestire stanchezza mentale e fisica, e il recupero, in modo conveniente.

Pianificazione delle sessione di allenamento

In caso di complessità minima di un'esercitazione, si rischia di perdere specificità; i principi di gioco trattati devono quindi essere collegati a quelli di una diversa e precedente proposta, favorendo l'integrazione di queste azioni nell'idea collettiva. Tuttavia, la struttura della sessione di allenamento e i contenuti quotidiani dipendono, non solo dagli obiettivi tattici, ma anche dalla capacità fisica del momento (Mourinho, in Oliveira et al., 2006).

Dall'inizio della stagione, i principi e i sotto-principi vengono allenati attraverso una serie di esercitazioni specifiche per il modello; un certo principio può essere inizialmente introdotto attraverso una situazione di 11 contro 0, per lavorare sulle relazioni posizionali e sulle dinamiche, fornendo una panoramica di ciò che si vuole proporre. Il modo migliore per trasmettere le idee in modo più veloce è ridurne la complessità, utilizzando proposte semplici, come questa descritta.

Tuttavia i focus si complicano man mano che si progredisce; ad esempio, dopo i principi più importanti, è la volta di altri sotto-principi non ancora allenati. Vale la pena ricordare come sia possibile sfidare mentalmente i nostri giocatori, manipolando il grado di difficoltà e i vincoli di un'esercitazione.

Ad esempio, Mourinho (in Freitas, 2004) spiega come utilizzare la variabile della "difficoltà" nell'allenamento, per combattere la "mancanza di sfida", durante una settimana trascorsa in preparazione di una partita contro un avversario teoricamente più debole: "Creiamo situazioni di allenamento molto difficili per i nostri giocatori, che sperimentano il fallimento e vengono messi sotto pressione; ad esempio, se solitamente un'esercitazione, a cui sono abituati, si svolge in un quadrato 20 x 20 m, durante queste settimane viene delimitata un'area di 14 x 14 m, per ridurre l'efficacia delle loro giocate. Rendere più impegnative e più difficili le proposte, e richiedere maggiori sforzi per uno svolgimento efficace, fa sì che i giocatori affronteranno la partita con una migliore preparazione mentale".

Le interazioni tra i fattori che abbiamo spiegato sono essenziali per progettare proposte efficaci; tuttavia, per ottenere il massimo è necessario soddisfare alcuni principi metodologici.

Faria (2007) e Oliveira (2007) convalidano l'idea che il principio della "progressività complessa" non sia solo una progressione dal più semplice al difficile; è invece un regolatore del processo di allenamento. Se un'esercitazione diventa "facile", deve essere ristrutturata, perché l'apprendimento dei giocatori sia in costante sviluppo.

Dopo la scomposizione dei principi e dei sotto-principi dello stile di gioco (modello), diventa necessaria la loro reintegrazione dinamica e gerarchica (Oliveira et al., 2006). Il principio della progressività complessa deve essere collegato al principio del consolidamento della performance (alternanza orizzontale nella specificità - *vedere pagine 97-99*), per comprendere l'intera struttura logica dello schema settimanale standard. Stiamo quindi parlando di una progressione rispetto all'ordinamento dei nostri principi per importanza, con il cambiamento dei livelli di sforzo fisico e mentale, nel corso della settimana (Oliveira et al., 2006).

5. PRINCIPIO DELLA FATICA TATTICA E DELLA CONCENTRAZIONE

Capitolo 3: I Metodi E I Principi Della Periodizzazione Tattica

COS'È IL PRINCIPIO DELLA FATICA TATTICA E DELLA CONCENTRAZIONE?

Principio della fatica tattica e delle concentrazione: la fatica tattica è la capacità di concentrazione, dei giocatori, sulle azioni che caratterizzano lo stile di gioco della squadra. Il gioco è composto da situazioni complesse e da azioni ad alta intensità, che richiedono livelli importanti di concentrazione; quindi l'allenamento a bassa intensità non è utile, e deve invece essere svolto alla massima intensità relativa ai livelli di fatica quotidiana.

Carico e recupero
▶ Rapporto ottimale tra carico e recupero (mentale e fisico) = Dinamiche di qualità superiore

Variazione degli allenamenti
▶ Più si propongono variazioni, e diverse informazioni da analizzare per i giocatori, durante l'allenamento, più la sessione diventa impegnativa e intensa

Concentrazione massima
▶ La massima concentrazione, dal primo all'ultimo minuto di una sessione di allenamento, o di una gara, permette un alto grado di apprendimento

Intensità massima relativa
▶ L'intensità è sempre massima in termini di concentrazione, ma il carico di allenamento e la complessità devono essere regolati diversamente giorno per giorno

▶ L'allenamento deve sempre essere relativo al tempo di recupero dei giocatori e alle loro possibilità di allenarsi

Pensiero tattico
▶ I picchi di prestazione dei giocatori di calcio richiedono costante concentrazione e pensiero tattico (pensare e decidere velocemente)

Principi di gioco
▶ L'Intensità è direttamente correlata ai principi e ai sotto-principi di gioco, allenati attraverso esercitazioni ben ideate, che formano le sessioni

PRINCIPIO DELLA FATICA TATTICA E DELLA CONCENTRAZIONE (INTENSITÀ MASSIMA RELATIVA)

"La concentrazione deve essere allenata, anche secondo una filosofia specifica. Non riesco a dissociare l'intensità dell'allenamento dal concetto di concentrazione. Quando dico che il calcio è composto da azioni ad alta intensità, faccio anche riferimento alla necessità di una concentrazione permanente; è parte integrante del gioco."

(**José Mourinho,** in Oliveira et al., 2006)

Il concetto di concentrazione

Prima di tutto, è necessario capire il concetto di concentrazione. Silverio e Srebro (2002) sostengono che la definizione di concentrazione ha due dimensioni:

1. Capacità di rivolgere l'attenzione a ciò che è importante, ignorando informazioni irrilevanti e di disturbo.
2. Capacità di mantenere questa concentrazione sul lungo periodo.

Per i giocatori di calcio, le informazioni pertinenti sono collegate alle loro funzioni sul campo, come le posizioni o i movimenti della palla o dei loro compagni di squadra e avversari. Informazioni irrilevanti, che potrebbero disturbare, sono il rumore dei tifosi, i fotografi, i giornalisti e i loro pensieri negativi o le insicurezze.

La concentrazione si riferisce quindi a meccanismi di attenzione selettiva, interni o esterni. L'efficienza delle azioni dipende, in larga misura, dalla capacità di concentrarsi e affrontare gli stimoli considerevoli che i giocatori affrontano durante l'allenamento o una situazione di gioco. In questo senso, Mourinho (2002) aggiunge che ciò che rende le sue sessioni di allenamento più intense è la richiesta di concentrazione, associata all'emotività (Fernandes, 2003).

Fatica tattica e concentrazione tattica

Quando si riconosce l'importanza della stanchezza che deriva dalla concentrazione sul gioco, c'è bisogno di una diversa comprensione del concetto tradizionale di recupero. E' quindi emerso il concetto di "fatica tattica"

(Frade, 2004), che si riferisce alla capacità dei giocatori di concentrarsi sulle azioni che caratterizzano lo stile di gioco della loro squadra. Mourinho, a questo proposito, dice: "Ritengo che la concentrazione richiesta renda l'allenamento più intenso. Ad esempio, la corsa richiede energia, ma la complessità di questa situazione è pari a zero, così come la fatica emotiva tende ad essere nulla. Viceversa, il gioco è costituito da situazioni complesse, in cui i partecipanti sono esposti a tensioni tecniche, tattiche e psicologiche. Si esige, da loro, un più alto grado di concentrazione".(**José Mourinho**, in Oliveira et al., 2006)

Il calcio è caratterizzato da azioni ad alta intensità, in cui un giocatore deve essere preparato a gestire qualsiasi tipo di situazione. Pertanto non ha senso allenarsi a bassa intensità; bensì la necessità è il lavoro ad intensità massima, almeno relativa. Come definiamo il termine "intensità"? L'assistente a lungo termine di José Mourinho, **Rui Faria**, commenta: "Quando parliamo di intensità, ci riferiamo all'intensità della concentrazione e per quanto riguarda il volume, parliamo del volume di intensità della concentrazione; quindi le nozioni di questi concetti sfuggono a quelle tradizionali. Parliamo di concentrazione perché essere nel gioco vuol dire essere in grado di pensare e prendere decisioni; quindi è richiesta concentrazione su ciò che è fondamentale per lo stile".

José Guilherme Oliveira (2004) sottolinea l'importanza di essere pazienti durante la fase offensiva, mantenendo il possesso palla, per trovare spazio da sfruttare all'interno dell'organizzazione difensiva avversaria. Egli afferma che quando una squadra trascorre molto tempo senza palla, anche se ben organizzata difensivamente, raggiunge, prima o poi, un momento di crisi nella concentrazione, e, a questo punto, di solito, si creano gli spazi; è quindi importante avere grande pazienza quando si muove palla. Questa cosiddetta "crisi di concentrazione", in realtà, altro non è che "fatica tattica". Non è misurabile nei test e non può essere quantificata, quindi è molto più difficile da gestire, rispetto all'affaticamento periferico (muscolare). Tuttavia, è importante e deve essere allenata costantemente.

José Mourinho (in Oliveira et al., 2006) sostiene che è molto importante gestire la "**fatica centrale**" (fatica mentale), perché la ritiene causa della non concentrazione dei giocatori e della conseguente diminuzione della loro capacità decisionale (Gomes, 2006).

Capitolo 3: I Metodi E I Principi Della Periodizzazione Tattica

SETTIMANA DI ALLENAMENTO: BILANCIARE CONCENTRAZIONE, COMPLESSITÀ, INTENSITÀ E RECUPERO

Raggiungere le massime prestazioni, richiede, ai giocatori di calcio, un costante pensiero tattico, sia nelle partite che negli allenamenti; essi devono sempre agire stando concentrati. Lo sviluppo di atteggiamenti tattici porta alla capacità di prendere decisioni rapidamente, ma dipende dalla capacità di ideare soluzioni. La padronanza di tecniche specifiche e le scelte tattiche dipendono dall'adeguatezza del giocatore alla situazione di gioco.

Alti livelli di concentrazione sono essenziali, dal primo all'ultimo minuto di una partita. L'intensità non è quindi un concetto intangibile, perché è direttamente correlata ai principi e ai sotto-principi di gioco; quando viene allenata attraverso esercitazioni ben ideate, guida le azioni e i pensieri futuri dei giocatori. Più sono le variabili da analizzare durante l'esecuzione delle proposte, più la situazione sarà impegnativa e intensa (Frade, 2003).

Pertanto, l'intensità sarà sempre massima ma relativa, poiché dipende dalle azioni eseguite durante una determinata sessione di allenamento e dalla relazione tra fattori di recupero e complessità. E' sempre diversa di giorno in giorno, perché la difficoltà delle sessioni di allenamento varia, incorporando le altre dimensioni del gioco (*vedere la figura sotto: Schema di allenamento settimanale standard*).

SCHEMA DI ALLENAMENTO SETTIMANALE STANDARD
(Adattamento da Oliveira, G. 2007)

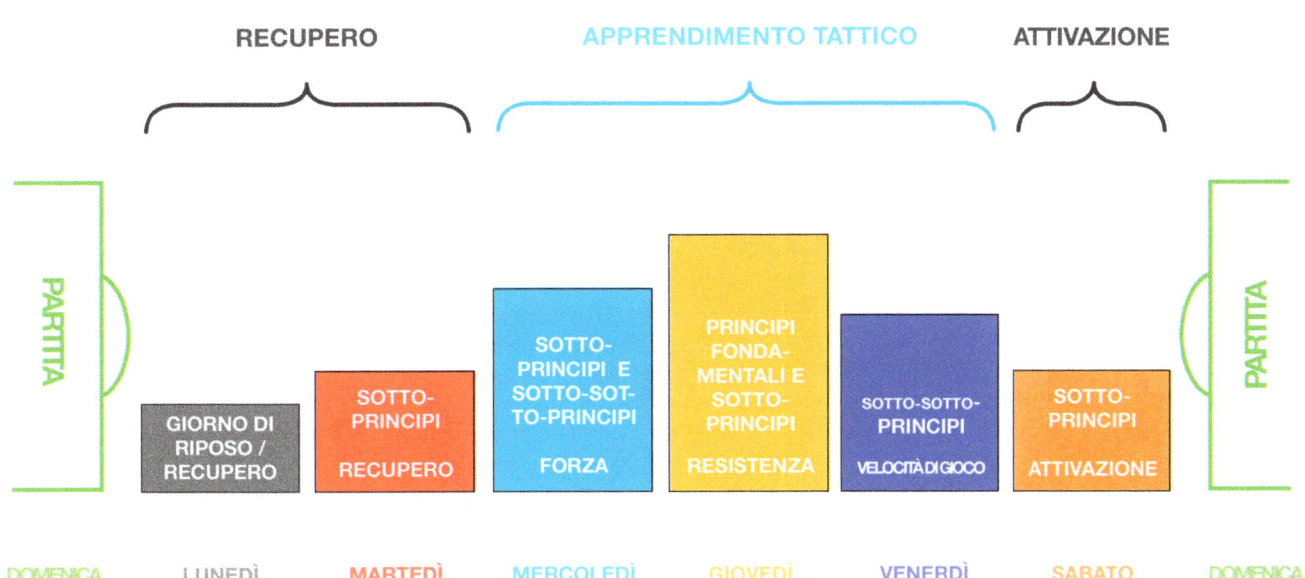

LA FATICA TATTICA E IL LIVELLO DI CONCENTRAZIONE DURANTE LA SETTIMANA DI ALLENAMENTI

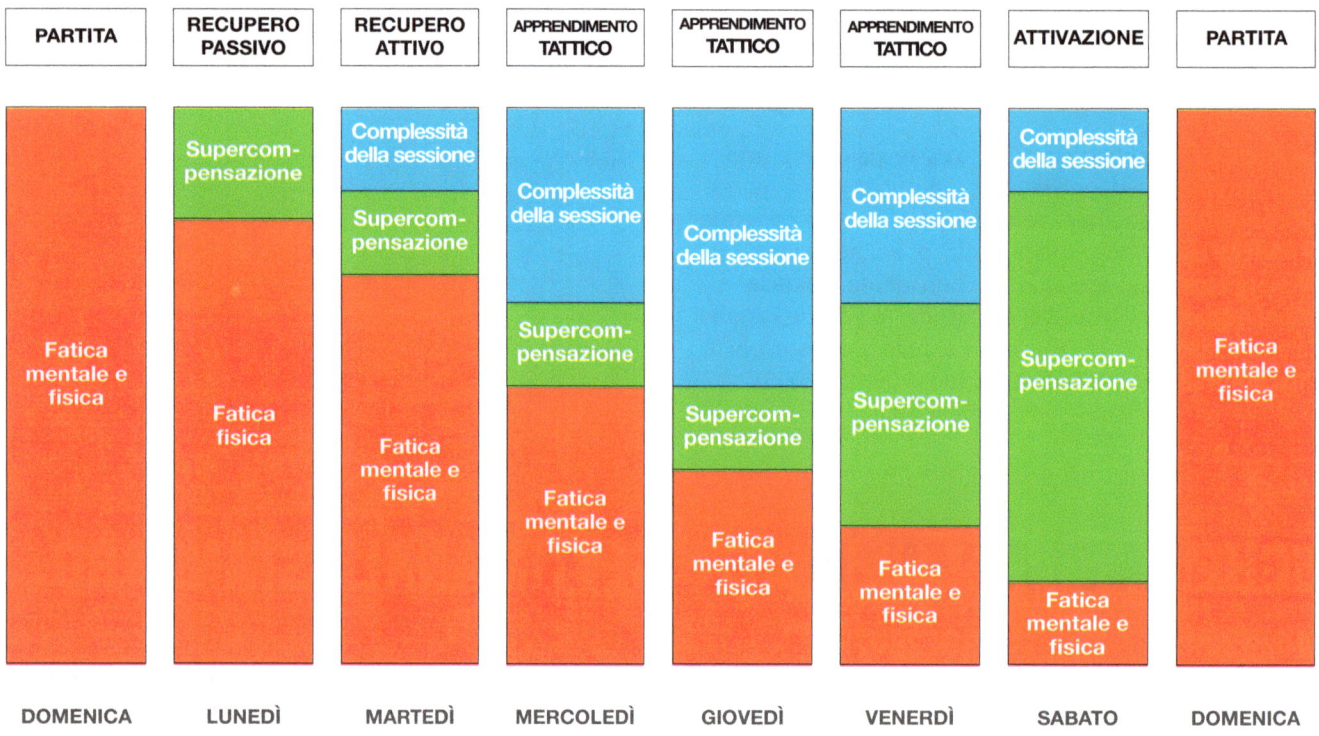

L'immagine mostra come aumentare la complessità dell'allenamento, e quindi **la fatica tattica,** tenendo conto che l'affaticamento mentale e fisico dei giocatori si riducono dopo una partita; il picco massimo di complessità viene raggiunto il Giovedì, con l'allenamento dei principi di gioco fondamentali, per poi essere nuovamente ridotto in preparazione del prossimo incontro.

* Supercompensazione: nella teoria della scienza dello sport, la supercompensazione è il periodo post-allenamento, in cui funzioni e parametri dei giocatori hanno una capacità di prestazione superiore rispetto al periodo precedente gli allenamenti. Come mostrato nello schema, si punta a raggiungere questo picco poco prima della partita della Domenica.

L'INTENSITÀ MASSIMA RELATIVA DELLA CONCENTRAZIONE

E' possibile spiegare il concetto di intensità massima relativa attraverso i seguenti esempi:

- Se un giocatore è impegnato la Domenica, non può recuperare pienamente (fisicamente o mentalmente) per Lunedì o Martedì.

- Per poter rispondere alle potenziali richieste della seduta del Martedì, il giocatore dovrebbe essere attivo al massimo delle proprie capacità di intensità e concentrazione

- E comunque, la stessa massima intensità non sarebbe abbastanza per rispondere all'incremento di complessità (e di intensità) che gli allenamenti del Mercoledì e del Giovedì richiedono, solo perché il giocatore ha recuperato maggiormente. Tuttavia il livello di complessità può essere aumentato, se il giocatore recupera nel corso della settimana.

- **Per questo motivo, nella Periodizzazione Tattica, l'intensità è sempre massima, in termini di concentrazione, mentre può essere relativa allo stato di recupero o alle possibilità di allenamento di un giocatore.**

- I più alti livelli di concentrazione durante lo svolgimento di un'esercitazione significano minori possibilità di commettere errori.

- Un alto livello di concentrazione è di supporto all'apprendimento. Di conseguenza, la massima concentrazione deve sempre essere ricercata nelle sessioni di allenamento.

"La concentrazione deve essere allenata seguendo una filosofia specifica. Quando sono arrivato al Benfica, la squadra era pessima nelle azioni di transizione: dopo la perdita del possesso, non c'era ricerca del recupero palla immediato. In caso di riconquista del possesso, non c'erano né cambi di ritmo, né velocità di gioco. Cosa ho fatto? Ho definito un insieme di principi, per queste situazioni e ho progettato molte esercitazioni allenanti. La concentrazione si allena. Ciò che intendo per intensità ha un significato completamente diverso da quello che solitamente viene attribuito; non riesco a dissociare l'intensità dal concetto di concentrazione. Quando dico che il calcio è fatto di azioni ad alta intensità, mi riferisco anche alla necessità di una concentrazione permanente e integrante"(José Mourinho, 2001).

Pertanto, l'intensità non è un concetto astratto, ma è direttamente correlato ai principi e ai sotto-principi di gioco, che, se allenati attraverso esercitazioni ben ideate, guideranno le azioni e i pensieri futuri dei giocatori. L'accumulo di stimoli specifici e il conseguente adattamento consentono di scegliere tra le azioni possibili e l'intensità varia secondo lo sforzo da compiere, per mantenere alti livelli di concentrazione.

Faria (in Fernandes, 2003) riporta un'idea simile: "C'è bisogno di evolvere costantemente, variando gli allenamenti, per evitare che la routine causi demotivazione". Un aspetto fondamentale è la variazione nella complessità e la presentazione di nuove proposte, perché il giocatore si senta "rinnovato" di giorno in giorno, grazie a qualcosa di sconosciuto a cui pensare".

GLI ELEMENTI PER GESTIRE LA COMPLESSITÀ DELLE PROPOSTE E DELLE SESSIONI DI ALLENAMENTO

Il processo di pianificazione e progettazione delle sessioni di allenamento è unico e specifico per ogni allenatore. La capacità di impostazione e applicazione quotidiana sono fondamentali; chiunque può raggiungere il proprio stile di gioco in modi diversi. Ogni intervento di un allenatore verso i propri giocatori è irripetibile, quindi le proposte devono essere effettivamente compatibili con le sue idee, essendo il modo migliore per raggiungere l'obiettivo principale: creare una cultura tattica. Pertanto, **ci dovrebbero essere relazioni precise e dirette tra esercitazioni e obiettivi; struttura e contenuto determinano un effetto preciso** (Queiroz, 1986).

Resende (2002) sottolinea inoltre che l'operatività dei giocatori dipende dal livello di concentrazione richiesto dalle specifiche esercitazioni. Quando l'allenatore dà una certa direzione ad una proposta, attraverso regole o vincoli, crea uno svolgimento più efficace di determinati principi di gioco. Queste regole consentono di modificare la funzionalità e gli obiettivi, in base ad uno stile di gioco particolare (Resende, 2002).

Durante la seduta, **l'allenatore deve essere in grado di proporre esercitazioni con vari gradi di complessità.** Secondo Queiroz (1986), le proposte possono essere ideate in modo che le richieste specifiche siano superiori o inferiori alle esigenze del gioco, manipolando vincoli come spazio, tempo, numero di giocatori, regole e così via. Lo stesso autore sottolinea che la complessità può essere manipolata aggiustando le variabili, così come le relazioni tra di esse (le regole), per alzarne o diminuirne il livello:

Spazio

Può essere modificato in base alle dimensioni, all'organizzazione e alla forma geometrica, nonché alle attrezzature utilizzate (coni, ad esempio) e agli obiettivi.

Tempo

Durata totale, numero di ripetizioni (attacco o difesa), frequenza delle azioni, velocità di esecuzione, ritmo, durata delle azioni e percentuali di successo nella realizzazione.

Numero di giocatori

Il numero dei giocatori coinvolti nelle attività, i compiti (cioè attaccare o difendere) o le posizioni/ruoli (portieri, difensori, centrocampisti, attaccanti o giocatori neutrali).

Regole

L'insieme di leggi che regolano la complessità dell'esercitazione e che derivano dalla connessione stabilita tra la struttura e il contenuto dell'esercitazione.

Alcuni esempi possono essere situazioni di gioco, con 2 porte e senza avversari, oppure con avversari attivi, semi-attivi o magari passivi, con alcune regole, come con o senza fuorigioco, con 2 tocchi, oppure con conclusioni di testa.

Combinando queste possibilità, la proposta può essere concepita e strutturata tenendo conto dei flussi di gioco specifici desiderati. In realtà, l'obiettivo più importante è far accadere la situazione ricercata il più possibile (***principio della propensione - pagine 64-65***), considerando sempre i vari fattori:

Le proposte quindi fungono da guida per determinati obiettivi specifici, favorendo lo sviluppo naturale di determinate azioni nei giocatori. L'allenatore deve anche assicurarsi che i giocatori abbiano capito il perché stiano svolgendo una data esercitazione e che intuiscano la relazione con lo stile di gioco della squadra.

Nell'ideare proposte in base allo stile di gioco di una squadra, l'allenatore deve scomporre i principi e dare loro forma in azioni complesse, concentrandosi sulle relazioni e sulle abitudini che desidera creare (Carvalhal, 2000). Pertanto, la complessità del gioco deve essere il primo fattore da considerare, senza ridurre o modificare le proprietà (Carvalhal, 2000).

CAPACITÀ FISICA, INTERMITTENZA, COMPLESSITÀ, CARICO EMOTIVO E RECUPERO

Capacità fisica

Si riferisce al tipo di "contrazione muscolare" (per esempio, forza, durata e velocità) e alla bioenergia associata (trasformazione di energia), a cui dare priorità.

Livelli di intermittenza

La relazione (e la proporzione) tra i tempi di lavoro e di recupero per ogni proposta.

Complessità e rapporto del carico emotivo con il recupero

Le massime prestazioni dei giocatori di calcio richiedono un costante pensiero tattico, sia nelle competizioni che negli allenamenti. I giocatori devono essere sempre concentrati.

Lo sviluppo di un atteggiamento tattico richiede attitudine a pensare e decidere rapidamente. Alti livelli di concentrazione dal primo all'ultimo minuto di gioco sono un requisito essenziale.

Pertanto, "l'intensità" non è un concetto intangibile, è invece direttamente correlata ai principi e ai sotto-principi di gioco, che vanno allenati mediante proposte ben ideate e che siano guida delle azioni e dei pensieri futuri del giocatore.

Più variabili vengono proposte durante l'esecuzione, più esigente e intensa sarà la situazione per i giocatori (Frade, 2003).

L'intensità dovrebbe essere sempre massima, ma in relazione alle azioni eseguite, in una determinata sessione di allenamento, e diversa da un giorno all'altro, dato che la complessità delle sedute varia, trascinando sempre con sé le dimensioni del gioco.

6. PRINCIPIO DEL CONSOLIDAMENTO DELLA PERFORMANCE

COS'È IL PRINCIPIO DI CONSOLIDAMENTO DELLA PERFORMANCE?

Combinare sempre, in allenamento, i principi tattici e le componenti fisiche

Schema fisso degli allenamenti settimanali regolari, con carichi e complessità alternati, per far fronte alle necessità di recupero

Gestire le componenti fisiche e la complessità tattica, per garantire il corretto recupero dalle sessioni precedenti

Relazione e interazione dei principi fondamentali, sotto-principi e sotto-sotto-principi del gioco

Esercitazioni ideate per migliorare una componente condizionante specifica (forza, resistenza, velocità)

L'ALTERNANZA ORIZZONTALE NELLA SPECIFICITÀ: L'IMPORTANZA DEGLI ASPETTI FISICI

Orizzontale (nel corso della settimana...)

▶ L'alternanza è il corso settimanale (un giorno di allenamento ad alta complessità non è seguito da un altro dello stesso tipo), del processo di recupero, organizzato in base alla partita precedente e a quella successiva.

▶ L'intenzione è di evitare lunghi periodi con elevate esigenze fisiologiche, dando al corpo il tempo di riprendersi ed evitare il fenomeno dell'overtraining.

Alternanza

▶ Alternanza dello schema dominante la contrazione muscolare.

▶ E' sempre relativa a forza, durata, velocità e livello di complessità tra le sessioni di allenamento.

Specificità

▶ Tutto si svolge seguendo lo stile di gioco (modello) della squadra.

Il principio dell'**alternanza orizzontale nella specificità** evidenzia l'importanza e la rilevanza che la dimensione fisica gioca nell'approccio della Periodizzazione Tattica, evitando l'idea, sbagliata, che venga dimenticata e non allenata.

Tradizionalmente, come sappiamo, la dimensione fisica è stata la massima priorità nel calcio, così come le prestazioni fisiche sono state la base e l'obiettivo di ogni programmazione. Tutte queste credenze derivano dall'idea dell'effetto ritardato dei carichi di allenamento, con l'obiettivo di raggiungere picchi di prestazione in un certo periodo della stagione e ottenere un vantaggio significativo rispetto all'avversario. Questa pianificazione inizia nel periodo pre-campionato, in previsione di semifinali e finali varie, dimenticando le diverse partite che una squadra deve giocare durante la stagione.

A questo proposito, la periodizzazione di Mourinho descrive uno schema operativo nel tempo. Da un lato, questo modello dimostra il focus costante sullo stile di gioco strutturato in una logica sempre più complessa. Dall'altro, questo approccio viene poi potenziato alternando contrazioni muscolari dominanti, come

la variazione di forza, durata e velocità, sviluppate in sessioni di allenamento più o meno discontinue. La specificità dei principi di gioco è presente dal primo all'ultimo giorno di lavoro.

Questa alternanza è molto importante per l'intero processo di allenamento, poiché implica il passaggio dallo schema dominante della contrazione muscolare al livello di complessità dei principi di gioco, tra le sessioni. E' quindi un'alternanza settimanale e non tra le esercitazioni di ogni sessione di allenamento; per questo la squadra può allenarsi in modo specifico, evitando l'overtraining.

Questo principio sostiene la necessità di un'alternanza orizzontale, nel corso dei giorni della settimana, per i tipi dominanti di contrazione muscolare, in base alle differenze di forza, durata e velocità, senza mai dimenticare lo stile di gioco specifico della squadra.

Di conseguenza, non ci sono due giorni nella settimana con le stesse richieste, per dare il tempo alle strutture appena allenate di rigenerarsi (Tamarit, 2007).

PRINCIPIO DEL CONSOLIDAMENTO DELLA PERFORMANCE (ALTERNANZA ORIZZONTALE NELLA SPECIFICITÀ)

"Non voglio che la mia squadra abbia picchi oppure oscillazioni nelle sue prestazioni; voglio che il livello sia mantenuto sempre alto. Questo perché per me non ci sono periodi o partite più importanti di altri; dobbiamo vincere sempre. Al Benfica, Leiria, Porto e al Chelsea. Come farlo? Dopo la seconda settimana (micro-ciclo) della stagione, tutti i micro-cicli sono praticamente gli stessi fino a fine stagione, in termini di principi, di obiettivi, tatticamente, tecnicamente e anche dal punto di vista fisico."

José Mourinho (Resende et al., 2006)

Il concetto di performance, da un punto di vista convenzionale, è normalmente basato su un insieme di criteri quantitativi, che considerano la dimensione fisiologica come guida. La pianificazione e la periodizzazione nel calcio devono invece attribuire un'importanza vitale al concetto di **"consolidamento della performance"**, per soddisfare le esigenze del lungo periodo di competizioni. Da questo punto di vista, essere in forma, significa giocare bene e giocare bene significa svolgere i compiti sul campo, in conformità al modello di gioco previsto. Alla base di questo concetto di prestazioni collettive e individuali c'è l'organizzazione di squadra, l'obiettivo fondamentale. Pertanto, ciò che conta davvero è che una squadra dimostri regolarmente un gioco di qualità, a parte piccole oscillazioni, per garantire risultati costanti.

Il consolidamento delle prestazioni a livelli ottimali si ottiene implementando e mantenendo il piano settimanale standard *(vedere la figura "Interazione tra l'alternanza orizzontale e i principi di consolidamento della performance" nella pagina successiva)*.

I tre livelli dell'alternanza orizzontale

1. Relazione tra principi fondamentali, sotto-principi e sotto-sotto-principi di gioco

2. Alternanza delle componenti condizionali (forza, resistenza, velocità di gioco)

3. Schema dinamico di carico e recupero

MANTENERE LA DINAMICITA' DEL CARICO DURANTE LE SETTIMANE

Capitolo 3: I Metodi E I Principi Della Periodizzazione Tattica

INTERAZIONE TRA L'ALTERNANZA ORIZZONTALE E I PRINCIPI DI CONSOLIDAMENTO DELLA PERFORMANCE (ADATTAMENTO DA OLIVEIRA, G. 2007)

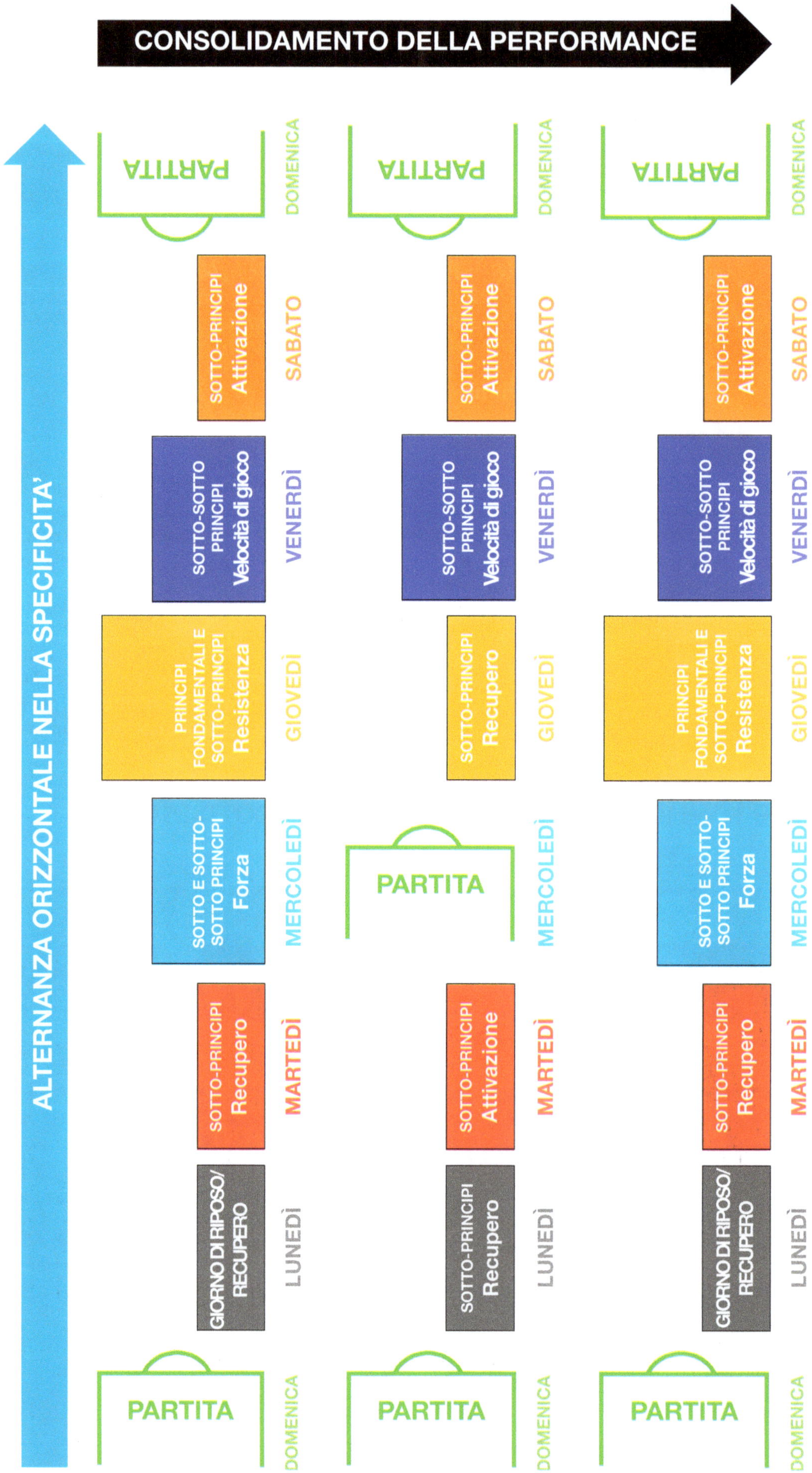

CONSOLIDAMENTO DELLA PERFORMANCE →

ALTERNANZA ORIZZONTALE NELLA SPECIFICITÀ

Giorno	Settimana 1	Settimana 2	Settimana 3
DOMENICA	PARTITA	PARTITA	PARTITA
LUNEDÌ	GIORNO DI RIPOSO/RECUPERO	SOTTO-PRINCIPI Recupero	GIORNO DI RIPOSO/RECUPERO
MARTEDÌ	SOTTO-PRINCIPI Recupero	SOTTO-PRINCIPI Attivazione	SOTTO-PRINCIPI Recupero
MERCOLEDÌ	SOTTO E SOTTO-SOTTO PRINCIPI Forza	PARTITA	SOTTO E SOTTO-SOTTO PRINCIPI Forza
GIOVEDÌ	PRINCIPI FONDAMENTALI E SOTTO-PRINCIPI Resistenza	SOTTO-PRINCIPI Recupero	PRINCIPI FONDAMENTALI E SOTTO-PRINCIPI Resistenza
VENERDÌ	SOTTO-SOTTO PRINCIPI Velocità di gioco	SOTTO-SOTTO PRINCIPI Velocità di gioco	SOTTO-SOTTO PRINCIPI Velocità di gioco
SABATO	SOTTO-PRINCIPI Attivazione	SOTTO-PRINCIPI Attivazione	SOTTO-PRINCIPI Attivazione
DOMENICA	PARTITA	PARTITA	PARTITA

PERIODIZZAZIONE TATTICA

CONSOLIDAMENTO DELLA PERFORMANCE: ALLENAMENTI SETTIMANALI COERENTI

Seguendo il piano delle sessioni di allenamento, dinamiche, contenuti settimanali, tempi di recupero, numero e durata delle sessioni rimangono quasi invariati, durante la stagione. Le prestazioni e l'allenamento non possono essere separati dalla competizione e dal gioco, ma devono essere "tradotti", attraverso un approccio qualitativo piuttosto che quantitativo, lavorando sempre su fasi offensive e difensive e sulle dinamiche che ne consentono la connessione.

"La struttura del nostro piano settimanale, e ciò che facciamo ogni giorno, non è solo legata agli obiettivi tattici, ma anche alla capacità fisica a cui vogliamo dare priorità, tenendo conto di aspetti come il recupero, in particolare in prossimità della partita successiva, e come il carico della precedente. Quindi in un dato giorno (normalmente il Martedì) il lavoro tattico e tecnico si concentra maggiormente sul recupero dall'ultima partita. Il seguente (Mercoledì) è il giorno di quella che chiamo "forza tecnica", e così via."

(**José Mourinho**, citato da Oliveira et al., 2006)

Operando in questo modo, viene rispettato il *principio metodologico del consolidamento*.

Questo principio è fondamentale nell'approccio della Periodizzazione Tattica; funziona come guida per costruire gerarchicamente stile e principi di gioco. E' una necessità assoluta per il mantenimento di un modello settimanale regolare, che rispetta le esigenze di alternanza tra allenamento e recupero (Oliveira et al., 2006).

Questo ci porta nel campo delle dinamiche del carico, riguardo cui Bondarchuk (1988) supporta l'idea di una percentuale importante di esercitazioni specifiche, ad alta intensità e a volume costante, durante l'intera stagione. Seguendo questa opinione, Court (1992) sottolinea che le esercitazioni specifiche producono risultati positivi solo se applicate ad alta intensità durante l'intera stagione. Inoltre, Oliveira et al. (2006) riporta che si può parlare di recupero solo cambiando lo schema dominante della contrazione muscolare e rendendo le sessioni di allenamento più o meno discontinue, durante la settimana (alternanza orizzontale), ma seguendo sempre il principio di specificità.

Questi autori concludono che per ottimizzare la distribuzione dei contenuti, tra le diverse unità di allenamento, sia necessario seguire *i principi della progressività complessa e dell'alternanza orizzontale nella specificità*, considerando sempre recupero fisico, mentale, ed emozionale. **Il termine "orizzontale" è usato in quanto l'alternanza riguarda tutta la settimana, piuttosto che la singola sessione.** Rendere lo stile di gioco operativo è sempre l'obiettivo principale, ma cambia l'approccio.

José Mourinho utilizza la dimensione fisica, all'interno del suo schema settimanale, per calibrare il rapporto tra carico e recupero. Tuttavia, afferma, "Le preoccupazioni quotidiane sono rivolte a rendere operativo il nostro modello di gioco, anche se la struttura della sessione di allenamento e i contenuti sono legati sia agli obiettivi tattici, sia al regime fisico da seguire". (**José Mourinho**, 2006, cit. Di Oliveira et al., 2006: 108)

Oltre a dare priorità ai diversi principi dello stile di gioco, deve essere mantenuta una relazione ottimale con l'alternanza dei diversi schemi di prestazione e recupero. La struttura settimanale è progettata per rispettare il principio di consolidamento della performance (alternanza orizzontale nella specificità) e il principio della progressività complessa, con l'obiettivo generale di gestire le prestazioni mentali, emotive, fisiche e il recupero, in modo opportuno.

LA PERFORMANCE STAGIONALE, NON SOLO "PICCHI" DI PRESTAZIONI

Il concetto di prestazione negli sport di squadra è legato al modello di gioco e ai suoi principi, ad una struttura particolare e specifica, e quindi deriva dall'espressione continua di azioni regolari, che la squadra mette in pratica per esprimere e mostrare le proprie qualità e identità (Faria, 1999).

Secondo Silva (in Faria, 1999), la pianificazione e la periodizzazione negli sport di squadra è di vitale importanza per il concetto di consolidamento delle prestazioni, visti i lunghi periodi di competizione. Come visto in precedenza, Mourinho respinge il concetto isolato di preparazione alla prestazione; per lui è possibile giocare bene solo seguendo il modello previsto. La base delle prestazioni collettive e individuali è l'organizzazione di squadra; questo è l'obiettivo fondamentale da perseguire. La stabilizzazione su un livello di prestazione ottimale, si ottiene e mantiene solo attraverso un piano settimanale standard. Pertanto le dinamiche dei contenuti degli allenamenti rimangono stabili nel tempo, in termini di gestione del recupero, del numero e della durata delle sessioni di allenamento. In questo modo, viene rispettato il principio metodologico del consolidamento.

Come accennato, da un punto di vista convenzionale, il concetto di prestazione sportiva è normalmente basato su un insieme di criteri quantitativi, che dipendono da fattori fisici. In questi approcci, il processo di esecuzione è caratterizzato da tre fasi principali (Matvéiev, 1986):

1. **Apprendimento**
2. **Conservazione**
3. **Decadimento temporaneo**

La performance stagionale (nessun 'picco di prestazione')

La Periodizzazione Tattica, ideata sulla base della competizione, ripensa completamente questo concetto, perché nel calcio la competizione si svolge nell'arco di nove mesi.

Se il successo dipende dai buoni risultati, ogni partita è importante per una squadra con alte prestazioni, quindi è difficile dare priorità ad alcune gare rispetto ad altre. Il calendario delle competizioni richiede prestazioni costanti per una squadra che vuole vincere sempre, quindi parlare di "picchi di prestazioni" è un errore metodologico. Come spiegato in precedenza, Mourinho (2007) ritiene che il punto chiave sia "il consolidamento della performance", e che sia tutto direttamente correlato alla regolare organizzazione della squadra.

"Crediamo nell'allenamento ad alta intensità dal primo all'ultimo giorno e non ai picchi di performance."

Pertanto, ciò che conta davvero è che la squadra dimostri regolarmente una buona qualità di gioco, a parte poche oscillazioni, e garantisca risultati costanti.

José Mourinho aggiunge: "Cambiamo i contenuti per tendere al miglioramento, solo a livello tattico e tecnico, sempre in base alle difficoltà incontrate nella partita precedente e a ciò che ci aspettiamo di affrontare nella prossima. Ma quando si parla della dimensione fisica, più associata alla periodizzazione convenzionale, gli obiettivi sono gli stessi dal secondo all'ultimo micro-ciclo.

Il primo micro-ciclo è ciò che chiamiamo adattivo; miriamo solo alla ripresa delle specifiche richieste del gioco; dalla seconda settimana pianifichiamo cicli che si ripetono ogni sette giorni e hanno sempre e solo una base settimanale. In termini di dimensione fisica, le richieste sono le stesse nel corso dei mesi; modifichiamo questi schemi settimanali in base al numero di partite che abbiamo durante la settimana (una o due).

Lo "schema settimanale standard" è sempre simile; non sono copie ma piuttosto riflessi, da una settimana all'altra, con sottili differenze in termini di obiettivi tattici. Quindi i "morfocicli", termine specifico della Periodizzazione Tattica, sono virtualmente identici, in termini di struttura e obiettivi, ma modificati in termini di contenuti tattici; emergono quindi i concetti di stabilità e standardizzazione del processo di pianificazione, che consentono il consolidamento delle prestazioni".

Quando Mourinho parla del concetto di consolidamento, si riferisce anche al **principio della ripetizione sistematica** e all'importanza di apprendere nuove abitudini, per creare una comprensione collettiva. Come già visto, le prestazioni calcistiche devono essere traducibili in termini di gioco, qualità invece di quantità, lavorando sempre sulle azioni offensive e difensive e sulle dinamiche che consentono a queste due fasi di connettersi.

CREARE UNA CULTURA DEL GIOCO

CREARE UNA CULTURA DEL GIOCO ATTRAVERSO UN METODO DI ALLENAMENTO SPECIFICO

La cultura non è fisica; non è formata da cose, persone, azioni o emozioni; è, piuttosto, un modo di organizzare tutti questi fattori. È la forma delle cose, che le persone hanno nelle loro menti; i modelli di percezione, di relazione e di interpretazione sono cultura (Goodenough, W. 1957)

Quando i giocatori di una squadra padroneggiano costantemente un determinato insieme di abitudini, che supportano un particolare modo di giocare, possiamo dire che hanno una cultura del gioco, un'identità.

Creare la cultura per uno specifico modo di giocare

È possibile ricapitolare alcuni contenuti dei capitoli precedenti, mostrando quelle abitudini utili e cruciali che i giocatori devono apprendere per creare, di conseguenza, una cultura relativa al modo di giocare specifico:

- Deve esistere uno "spazio" dove creare le azioni desiderate (esercitazioni condizionate e specifiche).

- I soggetti coinvolti nel processo di apprendimento (i giocatori) devono essere consapevoli delle azioni che compongono le situazioni (esercitazioni), per focalizzare le loro menti e regolare le loro emozioni.

- Fin quando queste azioni non vengono apprese, diventando comportamenti, devono essere sistematicamente ripetute, per un certo numero di volte.

- Più è alta la qualità di questa sistematicità, in accordo con l'organizzazione gerarchica (per importanza) dei principi di gioco, più il processo è efficiente.

- I "processi inconsci" (incluse le emozioni) permettono ai giocatori, quando plasmati da ripetizioni sistematiche, di prendere decisioni efficaci più velocemente.

- Le emozioni giocano un ruolo cruciale nella capacità di concentrazione, durante il processo di apprendimento di un giocatore, a causa dei marcatori fisici e favoriscono la creazione di processi inconsci, fortemente legati al processo decisionale.

- Quando un principio di gioco può considerarsi appreso, deve essere mantenuto per evitare che venga dimenticato.

Cultura tattica

Secondo Faria (cit. Per Resende, 2002), per creare con successo una cultura tattica, è necessario avere un linguaggio comune, con regole e principi, una cultura del calcio o un modello. È essenziale capire che questo può essere fatto solo attraverso il gioco.

Le situazioni di allenamento devono permettere ai giocatori di identificarsi nel modo in cui vogliamo che si comportino in partita; è possibile arrivare a questo risultato solo attraverso un allenamento specifico, che segua modello di gioco.

CAPITOLO 4

IL MODELLO DI GIOCO

IL MODELLO DI GIOCO: INTRODUZIONE

Fattori da considerare per ideare un modello di gioco (Adattamento da Oliveira, G. 2007)

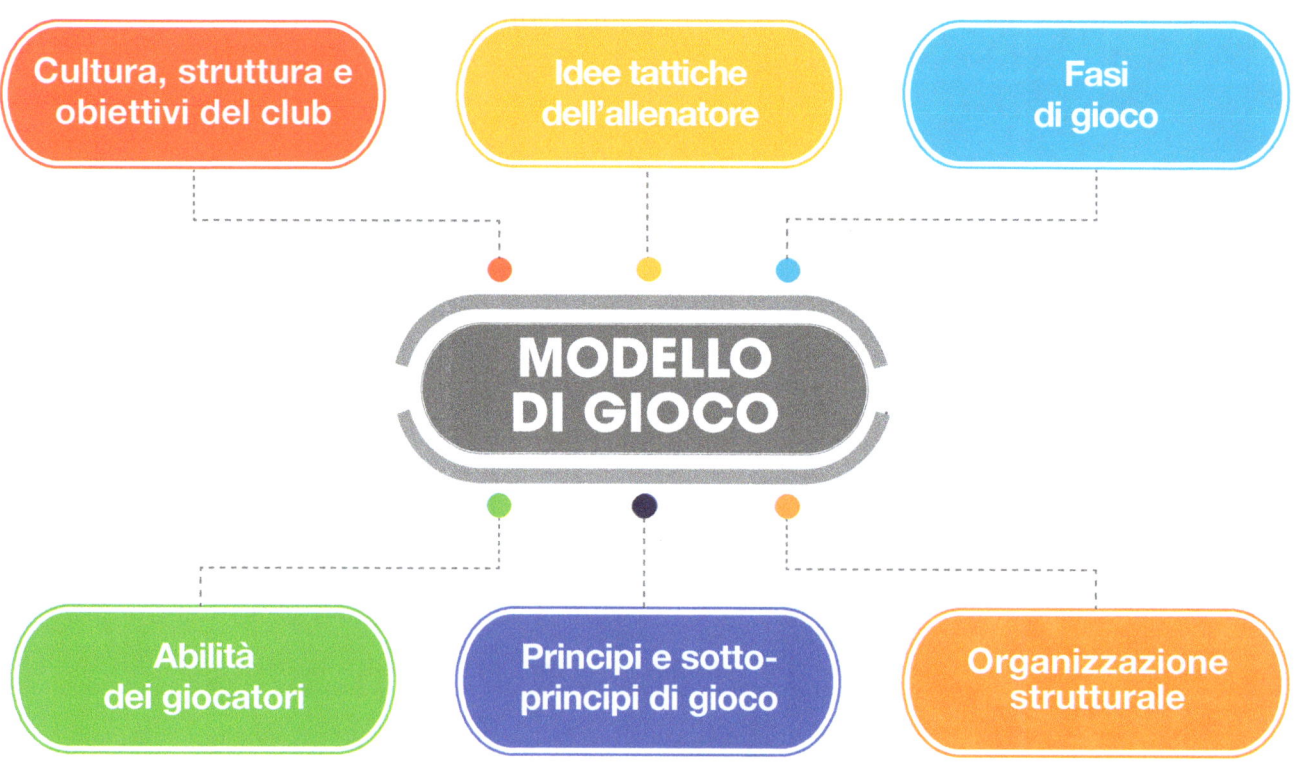

"L'aspetto più importante per le mie squadre è avere un modello di gioco definito, un insieme di principi che creano organizzazione. Pertanto, fin dal primo giorno, la nostra attenzione è diretta al raggiungimento di questo obiettivo". **(José Mourinho, J. in Gaiteiro, 2006)**

I modelli vengono ideati sulla base delle interpretazioni della realtà dei loro creatori (Le Moigne, 1990) e derivano dalla necessità di dare un senso alle complesse interazioni tra i diversi elementi di un sistema.

Nel gioco del calcio, ci sono caratteristiche specifiche, come il processo decisionale dei giocatori, le cui scelte non possono essere casuali, ma piuttosto basate su determinati principi, che faranno agire la squadra secondo una logica interna. Esprimendo questa idea, Frade (2003) afferma che il gioco si svolge in un "campo del know-how". Tuttavia, questo know-how è meglio supportato quando c'è una comprensione consapevole delle interazioni, all'interno della squadra. La consapevolezza tattica (sapere cosa fare) consente la sincronizzazione dei pensieri tra gli elementi di una squadra, che altro non è che una micro-società, con cultura, lingua, regole e identità, e che deve essere compresa e affrontata da una prospettiva complessa. Quando si costruisce un modello di gioco per una squadra, gli allenatori dovrebbero prendere in considerazione diversi fattori, che operano all'interno di determinati contesti specifici, dato che ciascuno di questi è ugualmente importante (vedere la figura sopra).

Un aspetto chiave nella costruzione di un modello è lo stile che l'allenatore desidera, nelle diverse fasi del gioco. E' fondamentale che i giocatori sappiano esattamente cosa devono fare durante ogni momento della partita, se l'allenatore vuole determinate azioni o schemi tattici durante il gioco, sia collettivamente, sia a livello inter-settoriale (difensori e centrocampisti, per esempio), settoriale (difesa, per esempio) o individuale. Il modello di gioco consiste di principi, sotto-principi e sotto-sotto-principi secondari, connessi tra loro, ed è rappresentativo delle diverse fasi (Oliveira, 2003). I diversi principi e fasi di gioco devono essere compatibili tra loro (anche se alcune azioni potrebbero essere incompatibili), per esprimere un'operatività collettiva dinamica, che crea una specifica identità di gioco, definita come organizzazione funzionale.

Capitolo 4: Il Modello Di Gioco

LE QUATTRO FASI DEL GIOCO

Le idee dell'allenatore devono essere rappresentate in ogni fase di gioco (fase difensiva, la fase offensiva, transizione negativa e transizione positiva), così come nelle relazioni tra loro, dovendo essere intese nel loro complesso, data la loro reciproca interdipendenza. Percepire il gioco come quattro fasi connesse e complementari riduce la complessità e aiuta l'organizzazione delle dinamiche desiderate.

Fase offensiva

- ▶ Atteggiamenti della squadra in fase di possesso della palla.
- ▶ Costruzione di gioco attraverso combinazioni e movimenti.
- ▶ Preparazione e creazione di opportunità di finalizzazione e conclusione.

Transizione negativa

- ▶ Il momento in cui una squadra perde la palla, e passa dalla fase offensiva a quella difensiva.
- ▶ Caratterizzato dalle azioni collettive, subito dopo aver perso il possesso, passando da un atteggiamento offensivo a difensivo.

Fase difensiva

- ▶ Atteggiamenti della squadra in fase di non possesso.
- ▶ La squadra dev'essere ben organizzata, scaglionata in posizioni corette, per evitare che l'avversario crei opportunità di conclusione.

Transizione positiva

- ▶ Il momento in cui una squadra conquista palla, e passa dalla fase offensiva a quella difensiva.
- ▶ Azioni offensive che dovrebbero essere svolte subito dopo la conquista del possesso.

COMBINARE LE QUATTRO FASI DI GIOCO E DOMINARE LE PARTITE CON IL "CALCIO TOTALE"

L'interpretazione delle dinamiche di gioco come quattro fasi integrate è stata fortemente influenzata da **Rinus Michels** e dal suo approccio al "calcio totale" (movimento della palla attraverso il campo e verso la porta avversaria), così come dai suoi seguaci, **Johan Cruyff** e **Van Gaal** (Sousa, 2009). Secondo Michels (2001), l'approccio del "calcio totale" cerca di aprire la struttura difensiva avversaria attraverso una costante mobilità dei giocatori, che cambiano frequentemente le loro posizioni, per essere sempre disponibili a ricevere smarcati.

Raggiungere la porta avversaria è una conseguenza naturale dell'obiettivo del gioco, quindi possiamo dedurre che **questo approccio alle quattro fasi deriva da una filosofia costruita attorno alla fase offensiva**; in altre parole, il modo in cui questa fase viene affrontata influenza la dinamica di tutte le altre. Sulla base di questa idea e dello stile offensivo, la pressione alta nella metà campo avversaria (la zona in cui la squadra, probabilmente, perderà palla più spesso) è il risultato del desiderio dell'immediata riconquista del possesso dopo averlo perso (transizione negativa).

Quando non è possibile il recupero immediato della palla, la squadra si organizza in difesa (fase difensiva). Non appena il possesso viene recuperato, il primo obiettivo è sfruttare la disorganizzazione dell'avversario, giocando in profondità (transizione positiva). Diventa quindi urgente interpretare le transizioni e la dinamicità del gioco, valorizzando la "dimensione spaziale" e metterle in relazione con l'organizzazione, o la disorganizzazione, delle squadre.

Quando si propone una "filosofia offensiva" simile, è importante capirne i concetti chiave. Ad esempio, la circolazione della palla sarà chiaramente diversa quando la squadra si avvicina alla porta avversaria, perché gli attaccanti tenderanno ad incontrare maggiore resistenza e una difesa più aggressiva. Il movimento della sfera è quindi influenzato e limitato dagli spazi in cui una squadra gioca; dalla comprensione della situazione, si possono controllare gli spazi per muoverla, ostacolando lo sfruttamento della stessa zona all'avversario. Il controllo del gioco sembra quindi essere associato alla capacità di una squadra di agire, con e senza la palla, negli spazi desiderati.

Combinare dominio e controllo del gioco può assumere forme diverse; una squadra può controllare una partita, senza dominarla e può dominare una partita, senza controllarla. A volte, non può né controllare né dominare il gioco, ma altre volte può controllare e allo stesso tempo dominare. La nostra filosofia preferisce l'opzione finale, perché ricerca il controllo del gioco attraverso il possesso; se c'è possesso palla, l'avversario non può giocare, e la squadra è quindi più vicina alla porta da attaccare. Tuttavia, solo perché si controlla il gioco, attraverso il possesso, non significa che non ci sia attenzione alle altre fasi. Pensiamo che sia effettivamente più facile controllare il gioco attraverso l'organizzazione offensiva, piuttosto che attraverso un'organizzazione difensiva, pur dovendo essere in grado di gestire anche le altre fasi. Per esempio, l'equilibrio difensivo deve essere mantenuto, in fase di possesso, così come si deve reagire correttamente, in caso di perdita della palla, sia collettivamente, che individualmente. Pertanto, il controllo del gioco implica padroneggiare tutti i suoi aspetti, tutte le sue dinamiche, in tutte le aree del campo.

La complessità può essere molto marcata e rendere difficile, di conseguenza, il mantenimento dello schieramento, all'altezza del campo desiderata. Ci può essere la necessità di giocare a centrocampo o anche di difendere più in profondità (cioè nel primo terzo), in alcune partite; quindi i diversi scaglionamenti richiedono diversi tipi di azioni collettive, che devono essere allenate.

A causa della maggiore organizzazione difensiva delle squadre, nel calcio moderno, le fasi di transizione sono diventate vitali. Ad esempio, in transizione positiva, c'è uno schema di gioco in cui, dopo aver conquistato palla, la prima intenzione è individuare rapidamente i punti deboli delle linee difensive avversarie; dal momento che non tutte le squadre sono disorganizzate, in caso di perdita del possesso, e dato che non tutte si riorganizzano lentamente, non è possibile stabilire relazioni di causa-effetto, perché comprometterebbe l'intera dinamica del gioco. In questo senso, è necessario identificare i principi fondamentali, anche senza palla, capire le aree in cui la squadra deve conquistare il possesso e stabilire i conseguenti principi di equilibrio. Questo è il modo in cui le fasi offensive si fondono con quelle difensive, e viceversa.

Come accennato in precedenza, l'aspetto chiave della gestione dello spazio, in fase possesso, è correlato allo scaglionamento della squadra. Una "filosofia offensiva" richiede un'alta percentuale di possesso, nella metà campo avversaria, ma è anche la riconquista della palla il più spesso e il più rapidamente possibile.

Un fattore chiave, che collega le fasi offensive e difensive è il principio dell'equilibrio. Conquistando palla, l'azione successiva deve essere "organizzata", pensando anche all'eventuale perdita del possesso; è fondamentale mantenere superiorità numerica lungo la linea difensiva e marcare gli attaccanti avversari, per limitare le opzioni di contrattacco.

ORGANIZZAZIONE STRUTTURALE (SISTEMA DI GIOCO)

Organizzazione strutturale: concetto che corrisponde al cosiddetto "schieramento del sistema di gioco", quindi si riferisce al posizionamento iniziale dei giocatori sul campo. L'organizzazione strutturale è solo una formazione fissa e teorica (per esempio 1-4-3-3, 1-4-4-2, 1-3-4-3, 1-3-5-2).

Sebbene la struttura sia solo una forma spaziale fissa, può svolgere un ruolo importante nell'incoraggiare o nel limitare le azioni ricercate; se è necessario un buon livello di possesso e di circolazione della palla per consentire ai giocatori di creare costantemente angoli e diagonali, triangoli e "rombi" tra loro, allora alcune organizzazioni strutturali possono aiutare questi aspetti più di altre (ad esempio, uno schieramento con un numero maggiore di linee, sia trasversalmente che longitudinalmente). Pertanto, quando si sceglie una formazione, è importante rendersi conto che queste strutture possono avere un impatto positivo, o negativo, sull'organizzazione funzionale.

Scegliere uno schieramento

Nel decidere la formazione da adottare, **è importante considerare vari fattori, come i principi di gioco, l'organizzazione funzionale, le capacità e le caratteristiche dei giocatori** (Guilherme Oliveira, 2003). E' necessario stabilire quale sia la migliore formazione, secondo le caratteristiche della squadra. Lo stesso autore conclude che una squadra può essere allenata per potersi schierare con varie formazioni, perché queste strutture non influenzano le interazioni esistenti tra l'organizzazione funzionale e le capacità dei giocatori. In questo senso, Garganta (1997) aggiunge che il concetto di organizzazione trascende in gran parte la dimensione strutturale (concetto statico), perché si riferisce principalmente alla dimensione funzionale (concetto dinamico), in cui i giocatori si muovono costantemente, in risposta alle interazioni tra compagni di squadra e avversari.

Come già detto, esiste una stretta relazione tra la struttura e i principi di gioco. José Mourinho (2003) ci da un esempio: "Il Milan gioca con tre linee e una formazione piatta 4-4-2, cercando di portare pressione sull'avversario in ampiezza. La nostra squadra schiera una formazione 2-2-1-2-1-2, e preferiamo portare pressione, sui nostri avversari, in profondità".

Pertanto, il modo in cui si vuole difendere o attaccare, secondo i principi di gioco, dovrebbe essere collegato alla struttura utilizzata che, sebbene sia un'organizzazione statica, come detto prima, può essere importante per migliorare o limitare le dinamiche ricercate.

L'interazione tra la struttura e i principi di gioco

Per quanto riguarda l'interazione tra la struttura e i principi di gioco (se si ricerca, ad esempio, un'alta percentuale di possesso palla), la posizione dei giocatori sul campo merita una considerazione fondamentale. Supponendo che essere ben posizionati, in fase di possesso palla, significhi avere il maggior numero possibile di opzioni di passaggio, alcuni schieramenti miglioreranno queste dinamiche più di altri.

Le strutture di squadra con un numero maggiore di linee permettono ai giocatori di occupare l'intera ampiezza del campo e creano molte linee diagonali tra loro, se si difende in alto il campo. Questi tipi di schieramento sono più efficaci di altri, perché consentono ai giocatori di avere sempre copertura, senza creare spazi tra i settori, che potrebbero essere facilmente sfruttati dall'avversario.

Per quanto riguarda il rapporto tra le strutture, le caratteristiche e il posizionamento dei giocatori, i problemi sorgono ad un altro livello. Ad esempio, un allenatore guida una squadra, in cui i migliori giocatori sono il centravanti e i due esterni alti, ma ricerca un'impostazione con uno schieramento 4-4-2 a rombo. Questa formazione non prevede esterni alti, quindi i giocatori devono adattarsi a nuove posizioni e ruoli; l'efficacia è quindi limitata. In questo caso particolare, l'allenatore potrebbe ottenere il massimo delle prestazioni, da questi giocatori, schierando una formazione 4-3-3, che possa migliorare la posizione degli esterni alti e dell'attaccante centrale, così come le interazioni tra loro.

Capitolo 4: Il Modello Di Gioco

LE LINEE DI PASSAGGIO OFFENSIVE NEI DIFFERENTI SISTEMI DI GIOCO (adattamento da Oliveira, G., 2007)

Creare angoli di passaggio e massimizzare lo spazio a vantaggio della propria filosofia offensiva

Un concetto chiave, per una filosofia di gioco offensiva, è la formazione costante di triangoli e rombi, indipendentemente dallo schieramento scelto, che consentono una copertura ottimale dello spazio e un numero maggiore di linee di trasmissione palla, sia in profondità che in ampiezza.

L'obiettivo è garantire un modello con il movimento costante della palla, creato nel sistema, poiché la struttura è semplicemente statica; quindi la dinamicità e i principi, all'interno della struttura, sono più importanti della struttura stessa.

Questi tre schieramenti, mostrati nelle figure (4-3-3, 4-4-2 a rombo e 3-4-3), favoriscono scaglionamenti (rombi e triangoli) e dinamiche che aiutano la riconoscibilità dei principi fondamentali di gioco del proprio modello, in tutte e quattro le fasi, formando diverse linee trasversali (orizzontali) e longitudinali (verticali):

Fase offensiva

Possesso e circolazione della palla, ad alti ritmi, sono favoriti dal gioco posizionale e dalla creazione di più linee di passaggio.

Transizione negativa

Vengono facilitati i movimenti per portare pressione sul portatore di palla avversario e negli spazi circostanti.

Fase difensiva

La possibilità di conquistare palla viene favorita, forzando la direzione di gioco e portando pressione sugli avversari, inducendoli all'errore, attraverso un'efficace difesa in zona palla, coprendo, chiudendo le linee di passaggio, e portando pressione sul portatore.

Transizione positiva

E' possibile approfittare della disorganizzazione difensiva dell'avversario, spostando rapidamente la palla "fuori dalla zona di pressione" e attaccando rapidamente per concludere.

Situazioni offensive: formazione e linee di passaggio nel "4-3-3", "4-4-2 a rombo" e "3-4-3"

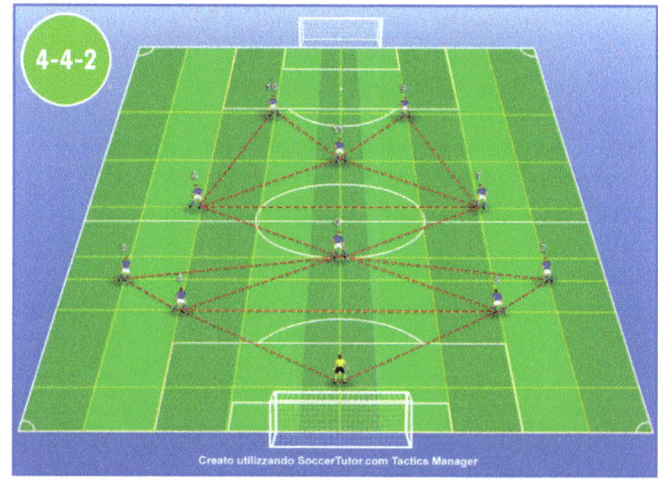

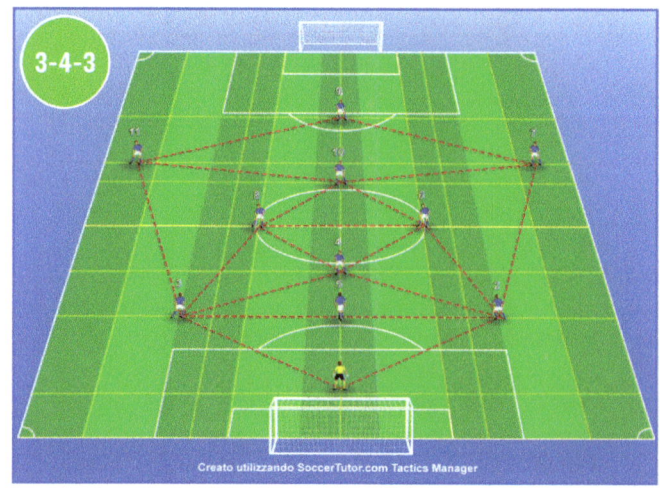

Capitolo 4: Il Modello Di Gioco

I LIVELLI DELL'ORGANIZZAZIONE STRUTTURALE
(adattamento da Oliveira, G., 2007)

Se si intende il gioco come un sistema complesso e seguendo le idee di Guilherme Oliveira (2003), è possibile distinguere quattro livelli di complessità:

1. **Individuale** (analizzato nella figura qui sotto)

2. **Settoriale e di gruppo** (azioni che coinvolgono giocatori lungo una stessa linea, oppure piccoli gruppi di 2 o 3 su linee differenti)

3. **Inter-settoriale** (relazione tra i reparti della squadra)

4. **Collettivo** (intera squadra). Quando il numero di interazioni diventa indicatore di complessità, la stessa aumenta dal livello individuale al livello collettivo dell'organizzazione.

Questi livelli di organizzazione sono correlati alle relazioni e alle interazioni, migliorate o limitate dalla formazione scelta. Diversi schieramenti significano diversi livelli di organizzazione, con implicazioni sulle azioni individuali e, di conseguenza, sulla qualità del gioco collettivo. Come visto in precedenza, la struttura del gioco posizionale va oltre il posizionamento dei giocatori sul campo, perché dipende dalla sua funzione all'interno della dinamica collettiva.

D'altra parte, è già stato sottolineato che la struttura è qualcosa che appare "sulla carta", perché è il riferimento principale per posizionare i giocatori in base al loro ruolo, e che il modo di giocare dipende dalle dinamiche tra loro. Pertanto, i principi sono esaltati dalla struttura e dalle sue dinamiche.

Questa sistematicità aiuta ad organizzare e strutturare le diverse interazioni tra i giocatori. Dopo aver definito correttamente le fasi del gioco, è fondamentale che gli interpreti sappiano esattamente cosa fare durante ogni fase e in transizione. In questo senso, altri aspetti chiave, nella costruzione di un modello di gioco, sono i principi e i sotto-principi.

Livello I: individuale

- Sotto-sotto-principi di gioco.

- Ruoli e responsabilità per ogni posizione, in ogni fase del gioco.

- **Esempio offensivo:** Posizione del corpo per creare un "vantaggio posizionale".

- **Esempio di transizione negativa:** cambio di atteggiamento dall'attacco alla difesa.

- **Esempio difensivo:** portare pressione, in velocità, nella giusta direzione.

- **Esempio di transizione positiva:** primo passaggio sicuro; "giocare semplice"

Capitolo 4: Il Modello Di Gioco

Livello 2: settoriale e di gruppo

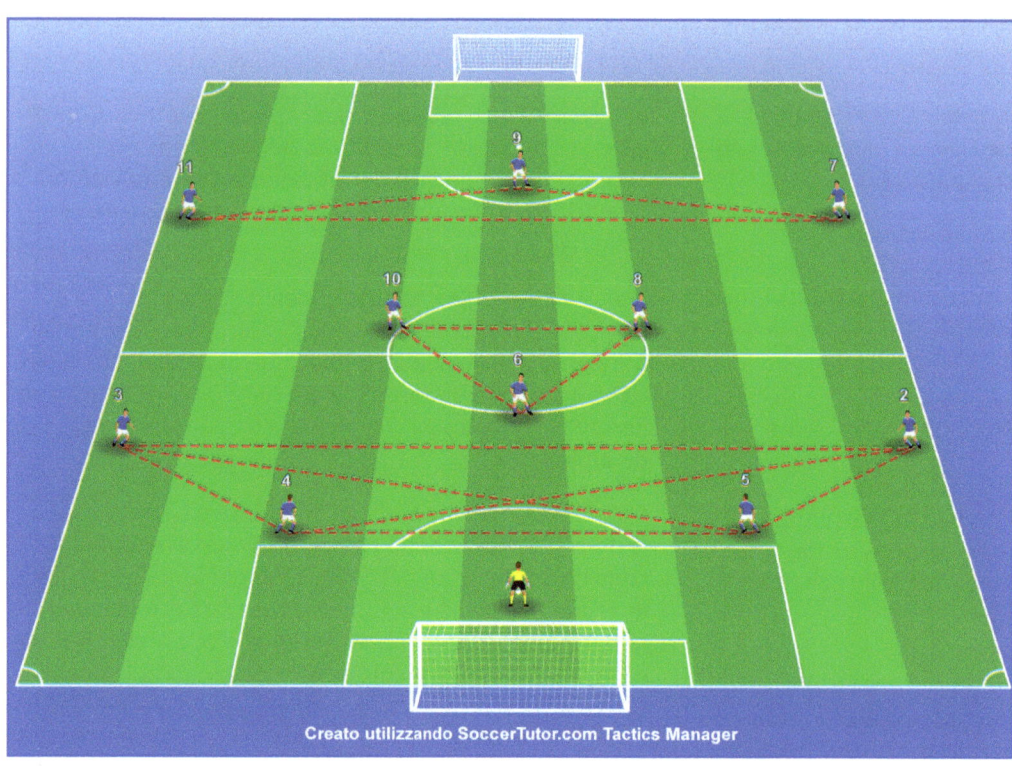

- Sotto-sotto-principi e sotto-principi di gioco.
- Ruoli e responsabilità per ogni linea, in ogni fase di gioco.
- **Esempio offensivo**: sovrapposizioni (esterne/interne).
- **Esempio di transizione negativa**: comunicazione per portare pressione in modo unitario e dare copertura.
- **Esempio difensivo**: copertura.
- **Esempio di transizione positiva**: aprire linee di passaggio in ampiezza e profondità.

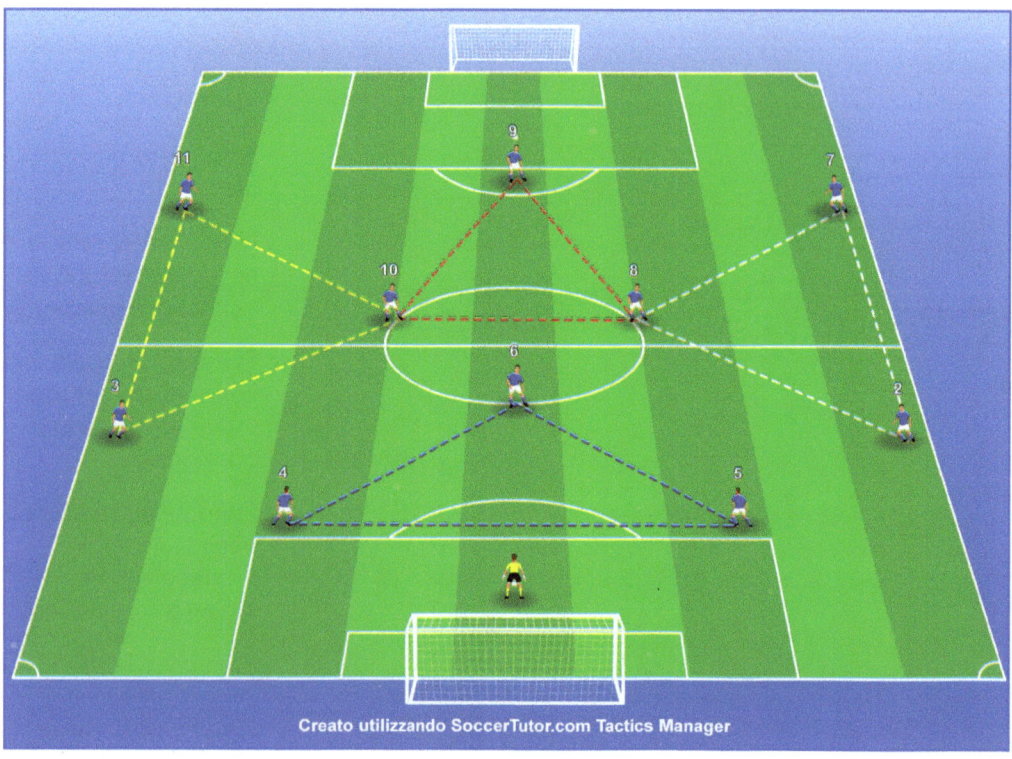

- Questa seconda figura mostra una suddivisione differente della squadra in settori o gruppi.
- Ruoli e responsabilità per piccoli gruppi di 2 o 3 giocatori.

Capitolo 4: Il Modello Di Gioco

Livello 3: inter-settoriale

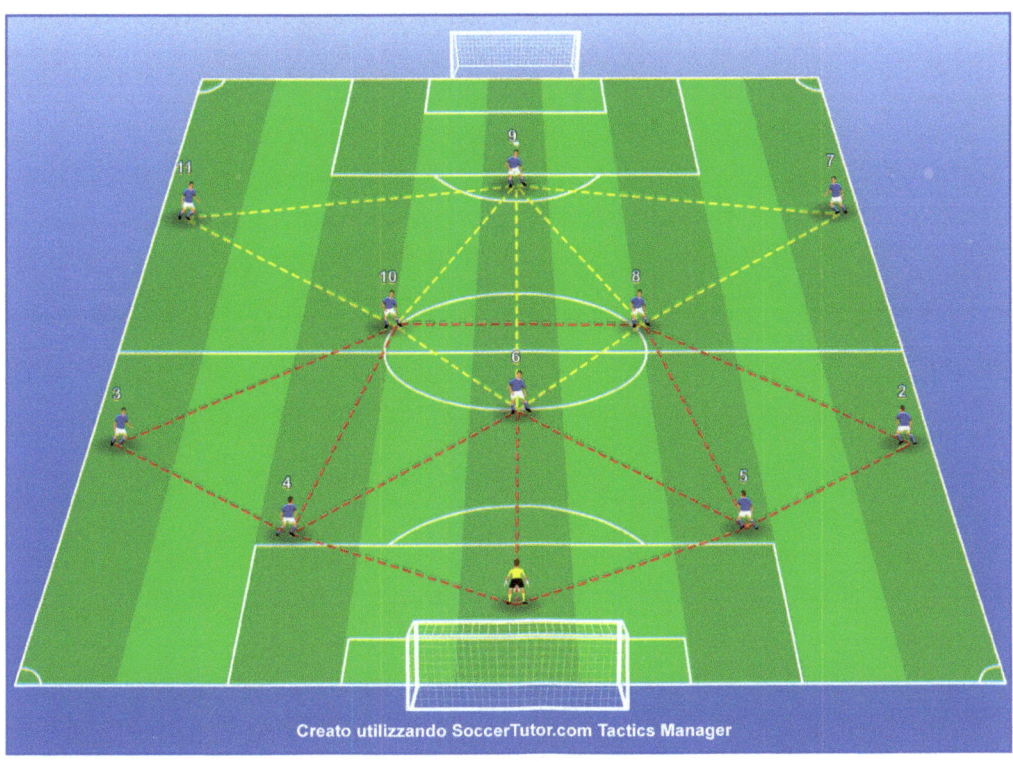

- Sotto-principi e principi di gioco fondamentali.
- Ruoli e responsabilità di 2 o più linee, in ogni fase del gioco.
- **Esempio offensivo**: giocare in avanti (verso una linea avanzata).
- **Esempio di transizione negativa**: contrastare l'uscita dalla "zona di pressione" dell'avversario.
- **Esempio difensivo**: compattezza.
- **Esempio di transizione positiva**: giocare in avanti, senza rischi, se possibile.

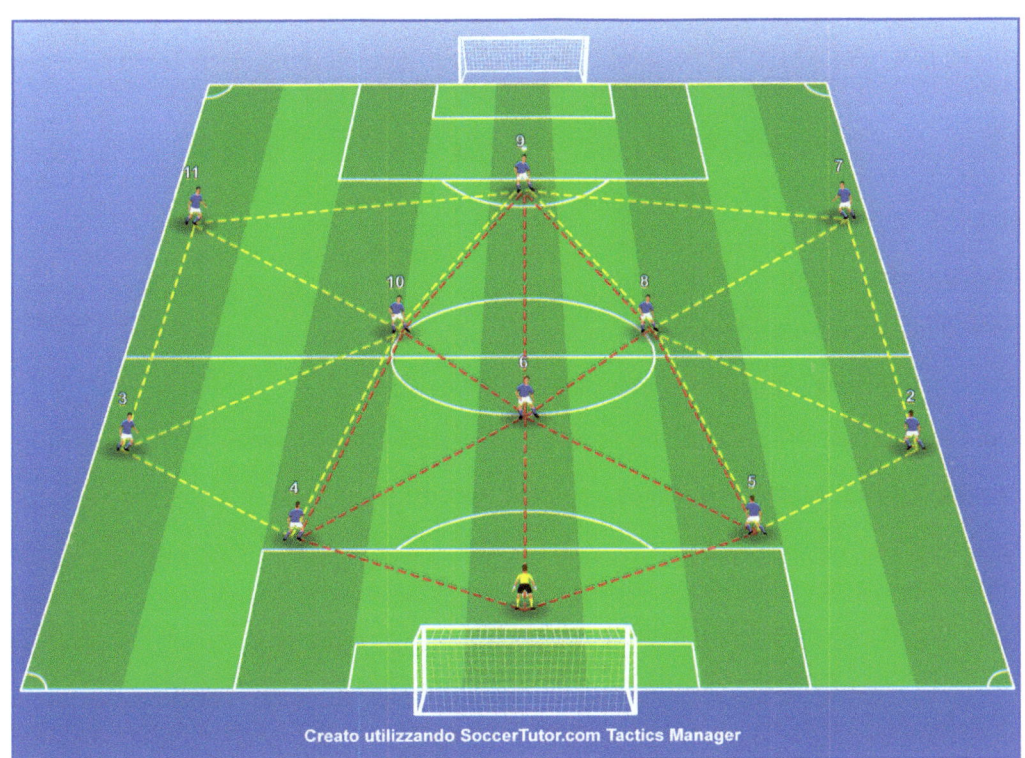

- Questa seconda immagine mostra connessioni differenti tra i vari settori di una squadra.

Capitolo 4: Il Modello Di Gioco

Livello 4: collettivo

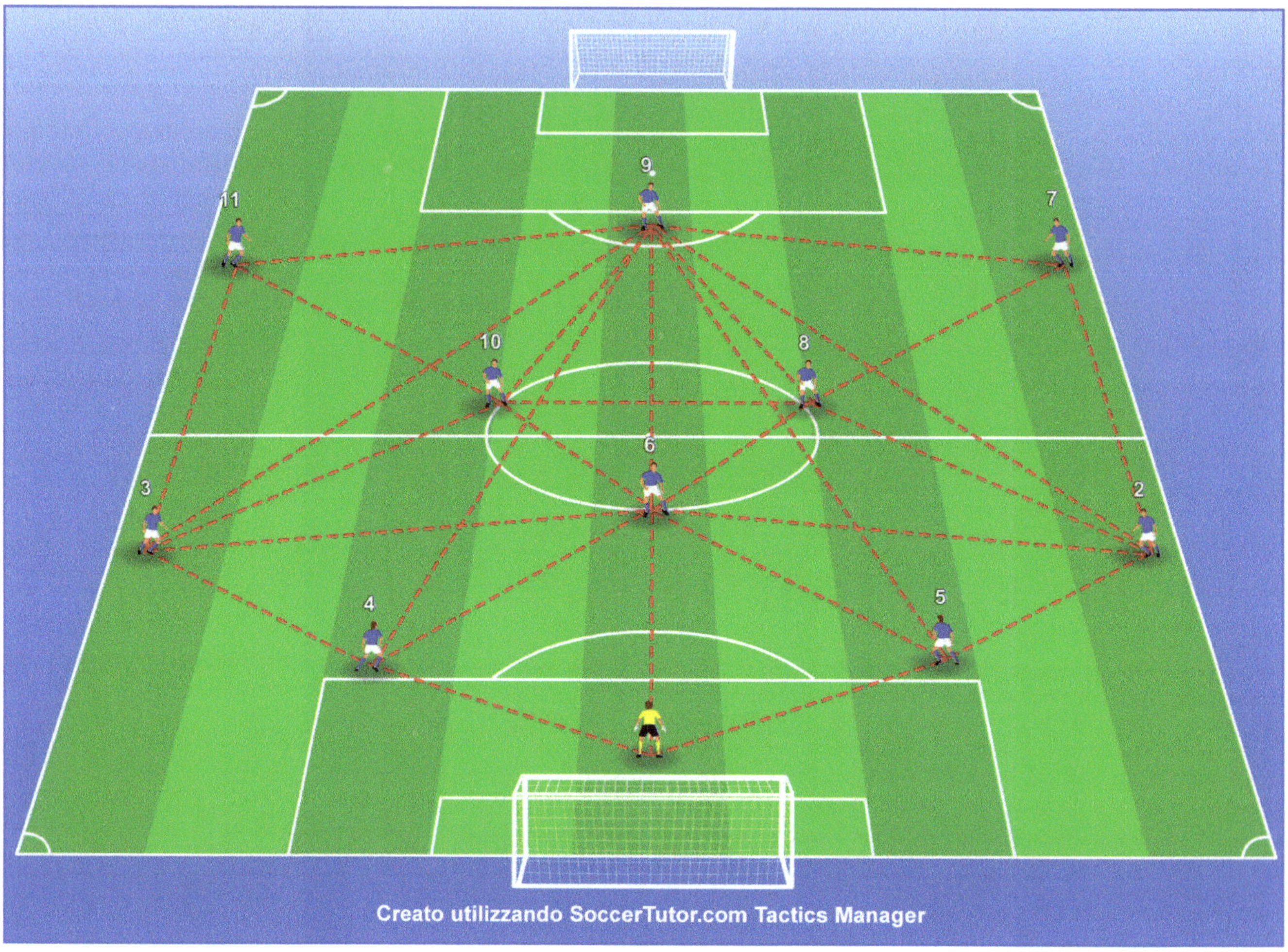

- Principi di gioco fondamentali.
- Ruoli e responsabilità di tutta la squadra, in ogni fase del gioco.
- **Esempio offensivo**: possesso e circolazione palla ad alti ritmi.
- **Esempio di transizione negativa**: contrastare il gioco fra le linee dell'avversario.
- **Esempio difensivo**: rendere prevedibile il possesso avversario, forzare il gioco sugli esterni o verso l'interno.
- **Esempio di transizione positiva**: circolazione palla fra le 3 linee (cambio di gioco).

Livello 4: collettivo

Capitolo 4: Il Modello Di Gioco

ORGANIZZAZIONE FUNZIONALE

Sebbene consideriamo importante la scelta dell'organizzazione strutturale di una squadra (formazione), l'aspetto più cruciale è la sua dinamicità, che è possibile creare attraverso il processo di allenamento.

In base alla fluidità con cui si susseguono le fasi, è essenziale garantire equilibrio nello scaglionamento sul campo, in ogni momento, secondo una struttura di riferimento, che darà forma alle dinamiche di gioco. Questa struttura definisce le posizioni iniziali per i giocatori e i ruoli di base, sia in fase offensiva, sia in fase difensiva (Michels 2001, Van Gaal, 2006 citato da Sousa, 2009).

Le azioni e gli schemi di gioco richiesti alla squadra, quando applicati, danno una forma dinamica al collettivo, che rappresenta l'identità, chiamata **Organizzazione Funzionale**.

Seguendo questa idea, Guilherme Oliveira (2003) afferma che dal punto di vista della Periodizzazione Tattica, "le azioni del giocatore e della squadra, e anche gli schemi, sono le conseguenze di un ordine e di un'organizzazione, che però non deve mai creare limiti alla creatività individuale".

È essenziale, per i giocatori, creare nuove soluzioni all'interno del quadro proposto dall'allenatore. In altre parole, l'allenatore imposta le dinamiche di gioco per quello che crede potrebbe potenzialmente accadere, ma senza sapere quali siano i dettagli esatti.

Capitolo 4: Il Modello Di Gioco

I PRINCIPI DI GIOCO E IL MODELLO DI GIOCO

Alleniamo il modello, i principi e i sotto-principi di gioco. I giocatori devono adattare le loro idee per un obiettivo comune, al fine di stabilire le stesse dinamiche per tutta la squadra. Lavoriamo esclusivamente su situazioni legate al nostro modo di giocare. La pianificazione settimanale viene ideata per creare abitudini, al fine di mantenere alti livelli di prestazioni, che spesso si traducono in ciò che intendiamo come "giocare bene" (Mourinho, 2005).

Secondo **Carlos Queiroz** (1983), i principi fondamentali "sono le regole che aiutano i giocatori a gestire e coordinare le loro attività (individualmente e collettivamente) durante le diverse fasi del gioco". Pertanto, sono regole che supportano gli obiettivi di base del calcio. Secondo Queiroz, questi principi fondamentali si presentano in due tipologie; in primo luogo quelli **generali**, requisiti d'azione, e in secondo luogo quelli **specifici**, collegati alle fasi offensiva e difensiva. Sia i principi generali che specifici sono inerenti al gioco, indipendentemente dallo stile.

Principi di gioco specifici

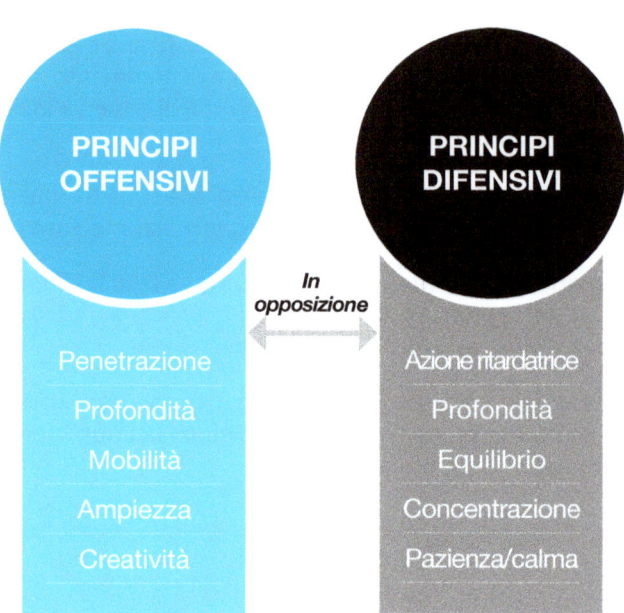

I **principi offensivi** possono essere brevemente definiti come:

- **Penetrazione:** muovere palla in avanti, oltre i giocatori avversari, calciando, conducendo, correndo senza palla, trasmettendo o sfruttando situazioni 2 c 1.

- **Profondità:** supportare i compagni di squadra, leggendo il gioco, comunicando in modo deciso, creando opzioni sicure, opportunità di avanzamento e superiorità numerica in certe aree del campo.

- **Mobilità:** creare opportunità offensive attraverso cambiamenti di posizione, movimenti senza palla e superiorità numerica in certe aree del campo.

- **Ampiezza:** attaccare su un ampio fronte per aprire la difesa avversaria e creare spazio, isolando i difensori in duelli 1 c 1 e ricercando opportunità per concludere.

- **Creatività:** giocate individuali sotto forma di iniziative del singolo, sovrapposizioni, movimenti in diagonale e inserimenti.

I **principi difensivi** possono essere brevemente definiti come:

- **Azione ritardatrice:** rallentare l'attacco avversario, accorciando e chiudendo gli spazi, permettendo alla difesa di riorganizzarsi.

- **Profondità:** aiutare la difesa attraverso una comunicazione decisa, leggendo la situazione e creando superiorità numerica.

- **Equilibrio:** leggere l'azione offensiva avversaria, creando parità o superiorità numerica per i difensori rispetto agli attaccanti, coprendo, allo stesso momento, lo spazio davanti alla porta.

- **Concentrazione:** concentrare o chiudere l'attacco avversario all'interno di un'area definita, rendendolo più prevedibile e quindi più facile da difendere.

- **Pazienza/Calma:** agire con pazienza per ritardare l'azione avversaria, attendere il supporto dei compagni, prestando attenzione alla marcatura sul lato palla o sul lato porta, per evitare occasioni da goal.

Capitolo 4: Il Modello Di Gioco

PRINCIPI DI GIOCO GENERALI E SPECIFICI

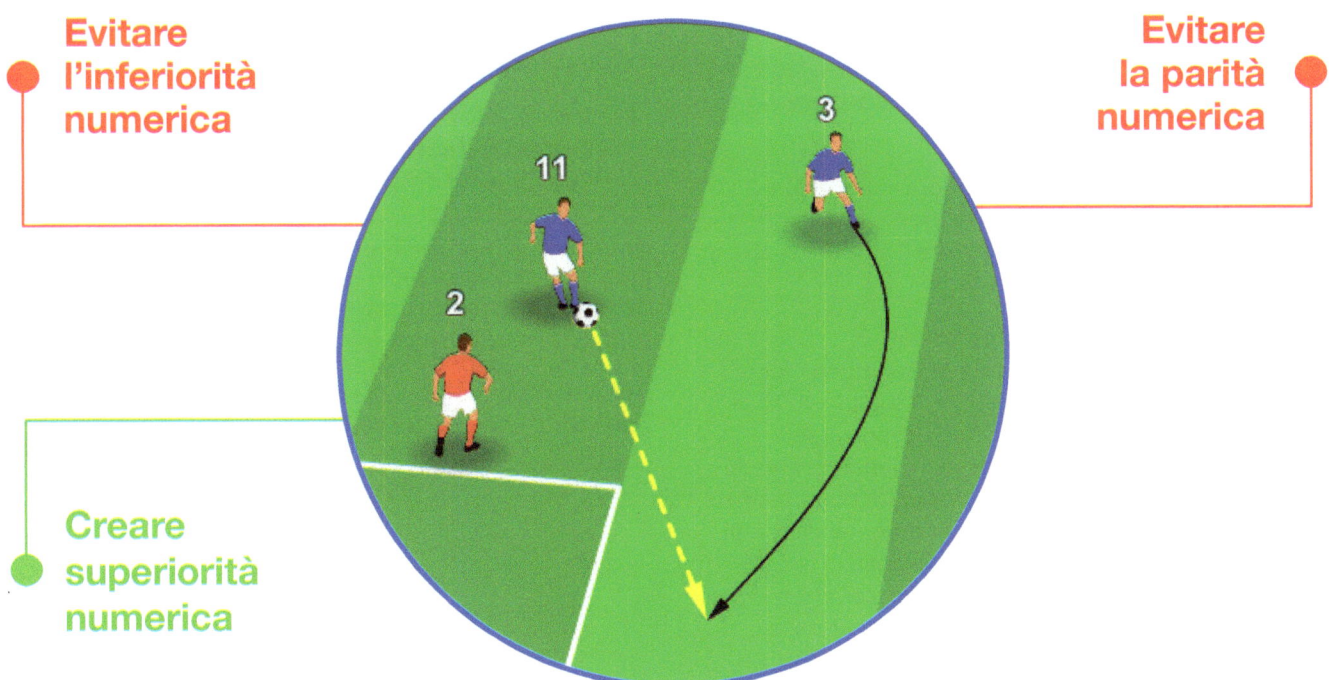

- **Evitare l'inferiorità numerica**
- **Evitare la parità numerica**
- **Creare superiorità numerica**

I **principi generali** includono l'impedire situazioni di inferiorità o parità numerica, creando invece **superiorità numerica**. Tuttavia, ci sono molti modi diversi per mettere in pratica un dato principio generale o specifico; così Guillerme Oliveira (2003) afferma che possiamo aggiungere un terzo tipo di principi di gioco:

I principi specifici del modello di gioco

Questi principi consentono alla squadra di eseguire determinate azioni e schemi motori su scala individuale, settoriale, inter-settoriale e collettiva. Sono specificatamente progettati in base allo stile di gioco e all'identità di squadra. Ovviamente, dovrebbero essere sempre coerenti con i principi fondamentali di gioco.

I principi specifici del modello di gioco hanno diversi livelli di complessità. Nella terminologia della Periodizzazione Tattica, si possono distinguere in:

- **Principi di gioco "fondamentali"** relativi alle dinamiche collettive.
- **Sotto-principi di gioco** relativi alle dinamiche inter-settoriali e settoriali.
- **Sotto-sotto-principi di gioco** relativi alle dinamiche individuali.

Pertanto, il modello è costituito da principi, sotto-principi e sotto-sotto-principi secondari, che, insieme, rappresentano le diverse fasi di gioco e che si connettono tra loro, per esprimere una propria organizzazione funzionale, rivelando l'identità di squadra (Guilherme Oliveira, 2003).

In questo senso, è essenziale che l'allenatore sappia cosa vuole in ciascuna fase del gioco e, per questo, deve prima definire un insieme di azioni e il loro coordinamento, per consentire alla squadra di mostrare la propria unicità.

Una volta definiti, questi principi, sotto-principi e sotto-sotto-principi secondari devono essere presentati chiaramente ai giocatori, in modo che tutti comprendano come agire. Far capire loro la stessa cosa e farli giocare con lo stesso scopo e con gli stessi tempi, non è un compito semplice e richiede tempo. Pertanto, è essenziale che i giocatori abbiano la volontà di imparare, e l'allenatore deve convincerli a lavorare per un progetto comune e a stabilire un linguaggio ugualmente comune.

A questo punto, vale la pena ricordare che i principi sono "regole aperte", quindi guidano semplicemente i giocatori ad agire in modo coordinato, rispettando sempre la loro creatività e la loro libertà nel prendere decisioni.

LA COMPATIBILITÀ TRA I PRINCIPI E LE FASI DI GIOCO

L'Importanza della compatibilità

La compatibilità dei principi durante le diverse fasi del gioco è un fattore estremamente importante da considerare, nell'ideare il modello.

Le azioni, nelle diverse fasi, possono, a volte, essere potenzialmente incompatibili. Per esempio, durante la fase offensiva, la squadra vuole avere il possesso palla, a lungo, per aprire la difesa avversaria.

Ora, una chiave, un principio fondamentale per raggiungere questo obiettivo, è avere un buon gioco posizionale. In altre parole, affinché la squadra muova palla con qualità e ritmo, i giocatori devono essere sempre ben posizionati. Tuttavia, se l'allenatore chiede ai giocatori di difendere a uomo, in fase di non possesso, spesso abbandoneranno le zone di competenza e, una volta conquistata palla, saranno posizionati in modo improprio e quindi incapaci di muoverla correttamente. Queste azioni incoerenti diventano chiaramente di ostacolo alla qualità del gioco di squadra.

Come accennato nei precedenti capitoli, anche la scomposizione e la priorità dei principi sono importanti nello sviluppo di un modello di gioco. Quando una squadra deve avere padronanza di un determinato schema (il principio fondamentale), quest'ultimo deve essere scomposto in parti ridotte (sotto-principi e sotto-sotto-principi).

Questi sotto-principi e sotto-sotto-principi secondari interagiranno gerarchicamente, ordinati per importanza, con il modello principale originale.

Esempio di compatibilità

Ad esempio, in fase di transizione positiva, il primo obiettivo è evitare che l'avversario rientri in possesso.

Pertanto, muovere palla fuori dalla zona di pressione potrebbe essere considerato un sotto-principio. Successivamente ci sono due opzioni:

1. La prima è giocare uno o due passaggi sicuri (lateralmente o indietro) per dare tempo alla squadra di scaglionarsi (in ampiezza e in profondità), per l'inizio della fase offensiva.

2. L'altra opzione è giocare in profondità (direttamente e nello spazio, alle spalle della difesa avversaria), per prendere vantaggio della momentanea disorganizzazione e cercare di contrattaccare velocemente.

Di conseguenza sono presenti:

- **Un principio fondamentale** (muovere palla fuori dalla zona di pressione)

- **Due possibili sotto-principi** (assicurarsi il mantenimento del possesso palla o contrattaccare)

A seconda dell'opzione (sotto-principio) a cui diamo la priorità, la dinamica delle transizioni sarà completamente diversa e, di conseguenza, il modello di gioco avrà una configurazione peculiare.

Pertanto, è possibile capire come la scomposizione dei principi di gioco e la loro organizzazione gerarchica siano cruciali nella creazione del modello ricercato.

IL RUOLO DEI GIOCATORI ALL'INTERNO DEL MODELLO

Un aspetto vitale nella costruzione di un modello è la conoscenza del gioco. In altre parole, l'allenatore deve capire rapidamente i diversi livelli di comprensione che i suoi giocatori possiedono, nonché le loro capacità e caratteristiche specifiche, dato che sono i principali attori e responsabili dell'interpretazione delle azioni, che portano la squadra a giocare in un certo modo.

L'allenatore deve essere consapevole del contesto e del livello dei giocatori. Ad esempio, allenare gli adulti non è la stessa cosa che allenare i giovani, proprio come allenare giocatori a livello internazionale non è la stessa cosa che gestire i dilettanti. Allo stesso modo, allenare i giocatori la cui cultura di gioco e le esperienze coincidono con le idee dell'allenatore non è lo stesso che lavorare con chi ha una diversa comprensione del gioco. Il mister dovrà quindi adottare approcci e strategie diversi per sviluppare le proprie idee, al fine di gestire la progettazione e l'implementazione del modello di gioco, nel miglior modo possibile.

Il modello di gioco deve evidenziare e migliorare caratteristiche e capacità dei giocatori. Pertanto, l'allenatore deve utilizzare strategie che consentano loro di riconoscere l'importanza di determinate azioni, poiché anche le loro convinzioni sono vitali, nello sviluppo del modello. Di conseguenza, **la costruzione del modello di gioco nasce attraverso un processo che coinvolge l'allenatore, i giocatori e la squadra stessa.** La costante consapevolezza di ciò che si vuole dai giocatori, sia in termini collettivi che individuali, e cosa sta realmente accadendo nelle varie situazioni, dovrebbero guidare il processo di formazione.

Le caratteristiche dei singoli, devono interagire correttamente con i principi del gioco e la struttura utilizzata. Di seguito, un esempio a questo riguardo di **José Mourinho** (2003), durante il periodo all'FC Porto: "Le caratteristiche individuali dei giocatori sono un fattore molto importante: ci possono essere giocatori che trovano più facile portare pressione alta rispetto ad altri, perché parte della loro natura. Ad esempio, nella mia squadra, con Maniche e Derlei, non potevamo pressare l'avversario nel modo in cui, di solito, vogliamo". In relazione ai principi del gioco, Mourinho (in Faria, 1999) afferma: "Spiego ai giocatori cosa vorrei che facessero, io do loro delle scelte per farli sentire più coinvolti, permettendo anche di creare nuove soluzioni ai problemi che derivano dal gioco."

Una critica che può sorgere, analizzando l'approccio della Periodizzazione Tattica e i suoi principi metodologici, è, in realtà, un'idea sbagliata sullo sviluppo individuale. **È importante capire che la definizione e la creazione di un modello di gioco chiaro non deve essere inteso pensando ai giocatori come robot che seguono un piano predefinito. Al contrario, lo scopo principale di un modello di gioco chiaro è quello di ridurre l'incertezza dei giocatori, perché questo darà loro più tempo per esprimere la loro creatività.**

Secondo Frade (Campos, 2007), "Non esistono allenamenti con più effetti individuali, di quelli proposti dalla Periodizzazione Tattica, perché l'attenzione principale è posta sulla selezione di principi di gioco, che considerino le caratteristiche dei giocatori. Soprattutto sono adottati e modificati dai giocatori stessi, quando agiscono in determinate posizioni e con determinate funzioni; quindi, se posizioni e funzioni sono diverse e complementari, ciò che stiamo facendo è individualizzare lo stimolo allenante". Confermando quanto detto sopra, Frade (2003) sottolinea che il gioco "deve nascere prima nella mente dei giocatori".

Per l'allenatore è fondamentale utilizzare strategie che consentano ai giocatori di riconoscere l'importanza di una determinata azione, perché questo è l'unico modo per sviluppare le loro potenziali qualità (Guillherme Oliveira, 2006). I giocatori fungono da elementi guida per l'intero processo e sviluppano il modello di gioco attraverso le loro convinzioni e azioni.

José Mourinho (in Oliveira et al., 2006) sostiene che tutti i giocatori dovrebbero sapere che in una data situazione di gioco, i loro compagni di squadra stanno cercando di muoversi per creare una specifica configurazione geometrica sul campo. Questa conoscenza consente loro di anticipare l'azione e di pensare in modo più rapido ed efficace, sia individualmente che collettivamente. Con questa comprensione comune, i giocatori possono concentrare le loro attenzioni sugli avversari, invece di spendere risorse cognitive (mentali) per capire cosa stiano pensando e facendo i compagni di squadra.

Perché ciò avvenga, il gioco posizionale deve essere padroneggiato e basato su una serie di principi e di relativi allenamenti, in modo che ogni giocatore abbia una mappa mentale di ciò che il resto della squadra sta facendo, in ogni fase del gioco.

LA STRUTTURA DEL CLUB E GLI OBIETTIVI

La struttura e le aspettative del club o della federazione sono importanti nella creazione di un modello di gioco. La gestione di una squadra, che può allenarsi solo due o tre volte alla settimana, è ovviamente diversa da quella di una squadra che può allenarsi cinque giorni alla settimana. Anche le possibilità di miglioramento, sia collettivo che individuale, sono diverse. Allo stesso modo, allenarsi su un campo intero, oppure solo metà, influisce direttamente sul potenziale sviluppo della squadra. Anche la rosa di giocatori è un aspetto con importanti implicazioni; ventidue o trenta giocatori creano situazioni completamente diverse.

La composizione dello staff tecnico può avere effetti determinanti sullo sviluppo e sull'evoluzione del modello di gioco; ventidue giocatori e un allenatore, ad esempio, portano, come situazione, ad una minore attenzione di quando ci sono due o tre allenatori, o assistenti in campo; nella seconda situazione, l'attenzione può essere a potenzialmente data ad ogni giocatore e le esercitazioni hanno effetti considerevolmente maggiori, qualitativamente, collettivamente nonché individualmente. Un numero consistente di collaboratori offre anche la possibilità di dividere il gruppo e, probabilmente, di creare più spesso le azioni desiderate.

Altri aspetti importanti sono gli obiettivi del club; obiettivi diversi richiedono differenti modi di guardare alla competizione, influenzando direttamente sia il processo di allenamento che il modo di giocare.

Una squadra che vuole essere campione sa che deve sempre giocare per vincere, indipendentemente dall'avversario. D'altra parte, una squadra che gioca solo per evitare la retrocessione non vede tutte le partite allo stesso modo; non è solo questione di diversi obiettivi, ma di qualità e quantità dei giocatori. Ciò significa che il modello di gioco di una squadra è fortemente influenzato dagli obiettivi.

LA CULTURA CALCISTICA DELLA NAZIONE E DEL CLUB

Le culture del paese e del club possono essere considerate fondamentali per la creazione di un modello di gioco di successo. Ad esempio, un paese come il Brasile vede il gioco del calcio in modo molto diverso dagli inglesi. Culture diverse influenzano il modo in cui il calcio viene giocato e, di conseguenza, la costruzione di un modello. Allenare in Brasile, e proporre un calcio "diretto" potrebbe portare all'insuccesso, perché va contro tutto ciò che il gioco rappresenta in quel paese. Allo stesso modo, proporre ritmi lenti, senza aggressività o competitività ad una squadra inglese, è contro la carica emotiva che pervade il modo di intendere il calcio britannico.

Queste caratteristiche culturali devono essere considerate quando si imposta un modello di gioco; ciò non significa che alcuni elementi non possano essere mischiati. I migliori esempi sono i grandi club inglesi come Manchester United, Arsenal, Chelsea e Liverpool, che mantengono sempre l'essenza del calcio d'oltre Manica (competitività, aggressività e onestà).

Le culture dei club si sono formate nel corso di decenni e generazioni e sono la chiave della loro identità; quindi quando un allenatore arriva, deve imparare la cultura che circonda il club. Ad esempio, lavorare in Italia o in Spagna, sono attività completamente diverse, dato che le culture di questi paesi hanno implicazioni dirette su diversi livelli:

- Capacità di intendere il calcio da parte del giocatore
- Coinvolgimento dei giocatori
- Impatto dei Media

Il modello di gioco deve includere e incorporare tutti questi elementi, ed anche altro.

IL MODELLO DI GIOCO DOVREBBE SEMPRE EVOLVERSI

Il modello di gioco non "finisce" mai; deve sempre essere implementato per fornire feedback e indicatori, che l'allenatore deve decodificare, per sviluppare un modello più evoluto (Frade, 2003).

Secondo Frade, il modo specifico di giocare che creiamo e rendiamo operativo è sempre un "work in progress"; tuttavia, le idee e i principi fondamentali dovrebbero rimanere costanti e qualsiasi nuova dinamica dovrebbe adattarsi alle idee fondamentali. In questo senso, Guilherme Oliveira (2006) afferma:

Gli allenatori trasmettono alcune idee ai giocatori che le ricevono, interpretano e ricostruiscono in soluzioni. Per chiarire la questione, è possibile portare un esempio: immaginando che il mister chieda alla squadra un'alta percentuale di possesso palla e la circolazione in ampiezza, attraverso trasmissioni brevi e movimenti a supporto, per creare spazi, disorganizzando la linea difensiva avversaria. Lavorando su questi principi, l'allenatore capisce di avere un giocatore con grandi abilità nei lanci lunghi, da cui trarre vantaggio per velocizzare il gioco. Questo principio deve quindi essere compreso, in fase offensiva, data la possibilità di alternare passaggi brevi e lunghi.

In questo esempio, è chiaro come l'allenatore possa cambiare un aspetto del modello di gioco senza sacrificare l'identità, lavorando su un dettaglio, per stimolare maggiori qualità ed efficacia. La modifica del modello non è necessariamente limitata al modo di giocare inizialmente concepito, ma è, anzi, un concetto fondamentale. Frade (1985) aggiunge che il modello di gioco è un riferimento, qualcosa che si vuole raggiungere, che deve essere sempre rivisto, in quanto processo in divenire.

CONSIDERAZIONI FINALI

La costruzione di un modello di gioco nasce da un processo di interazione tra allenatore, giocatori e la squadra nel suo complesso.

Ai giocatori viene fornito un insieme di dettami e dinamiche da svolgere durante le partite, ma la differenza tra ciò che l'allenatore crede e ciò che effettivamente accade durante il gioco, sia individualmente che collettivamente, dovrebbe essere la guida dell'intero processo di allenamento. In altre parole, la fusione delle dinamiche desiderate e quelle reali dovrebbe essere sempre perseguita, sia in allenamento che in partita, e fungere da guida per la costruzione di un modello di gioco; e non dovrebbe mai concludersi, per permettere alla creatività e all'emozione, sia individuale che collettiva, di portarlo a livelli completamente nuovi. Pertanto, il modello ha un ruolo chiave, sia nella costruzione di uno stile di gioco (incluso lo sviluppo delle capacità individuali dei giocatori), sia come punto di riferimento per valutare le prestazioni di giocatori e squadra.

Come accennato in precedenza, l'ideazione di un modello è fortemente influenzata dalle idee dell'allenatore (Guilherme Oliveira 2004); tuttavia, è altrettanto importante la sua capacità di implementare questi concetti, mantenendo la compatibilità tra tutti i fattori che influenzano questa creazione.

CAPITOLO 5
L'ORGANIZZAZIONE TATTICA NELLE 4 FASI DEL GIOCO

FASE OFFENSIVA

FASE OFFENSIVA

La nostra filosofia: dominare il gioco

Il modello di gioco qui proposto è costruito attorno all'idea di un'alta percentuale di possesso palla, per dominare l'avversario attraverso la fase offensiva; questa è la base del modello.

L'obiettivo principale è creare idee offensive per disgregare e squilibrare l'avversario, quando è organizzato difensivamente, attraverso dinamiche che abbiano le seguenti caratteristiche:

- Apertura degli spazi e gioco posizionale.
- Evitare, all'avversario, la creazione di "zone di pressione".
- Variazione costante delle linee di passaggio.
- Variazione della circolazione palla in ampiezza e profondità.
- Mobilità posizionale (interscambio di posizioni).
- Variazione di ritmo nella circolazione della palla, attraverso intensità e diversi tipi di trasmissioni.

Queste caratteristiche sono collegate agli schemi generali del gioco posizionale, in cui la squadra deve:

- Aprire spazi in ampiezza e profondità.
- Occupare gli spazi in ampiezza e profondità, con un'importante varietà di posizioni dei giocatori.
- Scaglionarsi su molteplici linee di passaggio (in ampiezza e profondità), formando diagonali e triangoli.

In fase di possesso, l'obiettivo è trovare spazi in ampiezza e profondità, per creare condizioni favorevoli allo squilibrio degli avversari, attraverso **"l'apertura dello spazio di gioco"**. Lo schieramento di giocatori con buona tecnica di trasmissione e ricezione, su tutte le linee, deriva da quest'idea. I difensori centrali e il portiere devono sentirsi a proprio agio con la palla, poiché responsabili dell'avvio dell'azione e guide per il principio di circolazione.

Gioco posizionale

In accordo con **José Mourinho** (2003), **uno dei fattori più importanti per il movimento della palla è proporre "un buon gioco posizionale"**; tuttavia, è anche importante capire che va oltre la semplice disposizione dei giocatori sul campo (scaglionamento), e che si riferisce principalmente alle loro funzioni specifiche e alla capacità di posizionamento e orientamento del corpo.

Linee di passaggio diagonali (triangoli)

L'orientamento diagonale tra i giocatori, che crea un maggior numero di linee di passaggio, è condizionato dall'organizzazione strutturale (sistema di gioco) e dai movimenti dei giocatori (diagonali dinamiche). La costante formazione di linee diagonali posizionali, in ampiezza e profondità, migliora la circolazione della palla, ma dipende anche dalle dinamiche che i giocatori saranno in grado di creare.

L'interazione dinamica attraverso triangoli posizionali migliora alcune caratteristiche dello stile di gioco, non solo a livello collettivo, ma anche settoriale e inter-settoriale. Se è possibile fornire al portatore di palla tre linee di passaggio, creando continuamente triangoli, il suo processo decisionale sarà più semplice e migliore rispetto ad una situazione con una o due opzioni.

Qui appare il concetto di creatività, perché questi triangoli dinamici consentono al giocatore sulla palla di avere sempre diverse opzioni disponibili e il tempo per creare nuove soluzioni.

I sotto-principi della circolazione palla

Il nostro modello di gioco sottolinea l'importanza dei sotto-principi relativi al possesso palla, come la variazione delle linee, per trovare regolarmente nuovi spazi.

L'obiettivo è trovare lacune e creare vulnerabilità nella struttura difensiva avversaria e trarre vantaggio, in diverse situazioni (1 c 1, 2 c 1 e 3 c 1), impedendo all'avversario di formare zone di pressione.

E' importante capire come variare lo spazio attraverso il quale circola la palla (frequenza); grande velocità, trasmissioni palla con intensità e corretto processo decisionale sono fondamentali. Solo facendo circolare la palla in questo modo, è possibile sbilanciare l'avversario e creare gli spazi necessari a concludere e segnare una rete.

Tuttavia, quest'intensità, in fase di possesso, non deve essere sempre costante, perché, ad esempio, la variazione di ritmo, è ugualmente importante (variazioni di intensità, tipo e qualità dei passaggi). Queste variazioni sono legate alla qualità tecnica dei giocatori e all'organizzazione tattica collettiva, e richiedono intelligenza nel prendere decisioni corrette.

Velocità di gioco

La dimensione temporale (velocità di gioco) influenza la dimensione spaziale. Più lento è il gioco, prima l'avversario raggiunge le zone vicine alla palla, riducendo lo spazio. Pertanto, la rapidità è utile per creare squilibri nell'organizzazione difensiva avversaria, mettendo pressione sia fisica che emotiva.

L'avversario è ovviamente in superiorità numerica nell'ultimo terzo di campo, quindi gli spazi saranno più stretti; le linee di passaggio dovranno essere più chiare e sfruttate grazie ad una maggiore precisione tecnica. Parlando di capacità tecnica, ci si riferisce a due tipologie:

1. **Con la palla:** trasmissione, ricezione, duelli 1 c 1, ecc.
2. **Senza palla:** movimenti, sostegno, ecc.

Giocare a sostegno

Un adeguato lavoro di sostegno del centrocampo è essenziale per creare linee di passaggio; più opzioni di trasmissione si creano, più facili saranno le giocate. Come accennato prima, la creatività individuale è parte integrante dell'organizzazione collettiva.

Per creare questi spazi "interni" alla struttura avversaria, i giocatori devono essere ben posizionati, sia in ampiezza che in profondità, insieme a compagni che supportano le linee interne. In questo modo una configurazione geometrica di base, descritta come triangoli dinamici, prende forma.

Fase offensiva nell'ultimo terzo di campo

Il momento in cui la palla viene giocata nell'ultimo terzo di campo, in avvicinamento alla porta avversaria, è cruciale e si devono correre rischi, non solo individualmente, per concludere; i movimenti per creare squilibri e spazi aperti, nella struttura difensiva avversaria, sono ugualmente decisivi. In questa situazione, le giocate in ampiezza sono meno rischiose in caso di perdita del possesso, dato che è possibile proteggere ed equilibrare gli spazi centrali.

Un fattore chiave, quando si tenta di penetrare nelle zone di rifinitura, è arrivare "in forze", preservando però l'equilibrio difensivo. Il possesso palla dovrebbe essere sempre bilanciato, lontano dalla propria porta, perché permette di controllare, dominare e vincere la partita.

Il "sotto-principio" necessario, relativo alle fase di finalizzazione, è il posizionamento in tre zone, all'interno dell'area, con un giocatore al di fuori, in caso di seconda palla, o passaggio sbagliato. I giocatori all'interno dell'area occuperanno queste tre diverse posizioni:

3. **Primo palo**
4. **Dischetto del rigore**
5. **Secondo palo**

La posizione del palo lontano viene presa dal giocatore che ha più tempo per leggere la traiettoria della palla e, di conseguenza, più tempo per attaccarla.

Capitolo 5: L'organizzazione Tattica Nelle 4 Fasi Del Gioco

I PRINCIPI PER LA FASE OFFENSIVA

Principio fondamentale: Mantenimento del possesso e circolazione veloce della palla

Sotto-principi:

1. Costruzione dal portiere e ampiezza	2. Creare spazio	3. Avvantaggiarsi della creazione di spazio	4. Concludere
Scaglionamento (ampiezza/profondità) su tutto il campo	Aprire e sbilanciare l'avversario per creare spazi all'interno dello schieramento difensivo	Capire il "momento di disorganizzazione" (tempo di gioco nello spazio trovato)	Creare spazio per concludere
Creare gioco con i 4 difensori, trasmettendo palla a centrocampo (movimenti per creare vantaggio posizionale)	Creare superiorità numerica (2 c 1) al centro e lungo le corsie laterali	Trasmettere palla, con i tempi giusti, nello spazio creato	Movimenti intelligenti negli spazi ("posizioni per concludere")
Creare gioco con i 4 difensori, trasmettendo palla agli attaccanti (attacco diretto)	Circolazione palla e cambio di gioco (da un lato all'altro in ampiezza e profondità)	Giocare in avanti appena possibile (verso la linea avanzata: centrocampo -> attacco)	Tempo corretto per finalizzare ed efficacia nel concludere velocemente

Sotto-sotto principi:

Gioco posizionale (formare triangoli, in diverse zone, per creare angoli di passaggio)	Mobilità (scambio di posizioni per invitare i difensori fuori posizione e creare spazio)	Velocità di gioco invece di condurre palla (contrastare la creazione di zone di pressione all'avversario)	Sovrapposizioni (esterne o interne)
Buona coordinazione e corretti tempi di movimento	Combinare diversi tipi di trasmissioni (lunghe e corte)	Usare il "terzo uomo" per giocare palla indietro e di nuovo avanti	Posizione del corpo aperta per creare un "vantaggio posizionale"

PERIODIZZAZIONE TATTICA

Capitolo 5: L'organizzazione Tattica Nelle 4 Fasi Del Gioco

UN ESEMPIO DI FASE OFFENSIVA DI JOSÈ MOURINHO: CAMBIARE GIOCO VERSO IL LATO DEBOLE

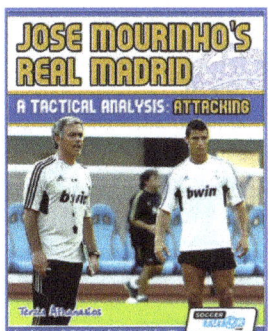

Analisi tratta da 'José Mourinho's Real Madrid: A Tactical Analysis - Attacking in the 4-2-3-1' (Athanasios Terzis 2012)

Disponibile per l'acquisto su SoccerTutor.com (libro cartaceo oppure eBook)

Questa analisi si basa su ricorrenti situazioni di gioco. Una volta che la stessa fase di gioco si è verificata un certo numero di volte (almeno 10), le letture tattiche vengono considerate come modello. Vengono presentate azioni, giocate, movimenti individuali con o senza la palla e la posizione di ciascun giocatore sul campo, incluso il posizionamento del corpo.

Questa analisi viene quindi utilizzata per presentare un esempio pratico della situazione tattica collettiva.

ESEMPIO 1: Il Num.10 cambia gioco

La squadra avversaria scivola verso sinistra dopo il passaggio di Marcelo (12), mantenendo una formazione e blocco difensivo compatti.

Questo limita lo spazio disponibile per il Real Madrid, vicino alla zona della palla.

No.10 Özil si muove incontro per ricevere e anche Benzema (9) viene incontro, verso la fascia sinistra.

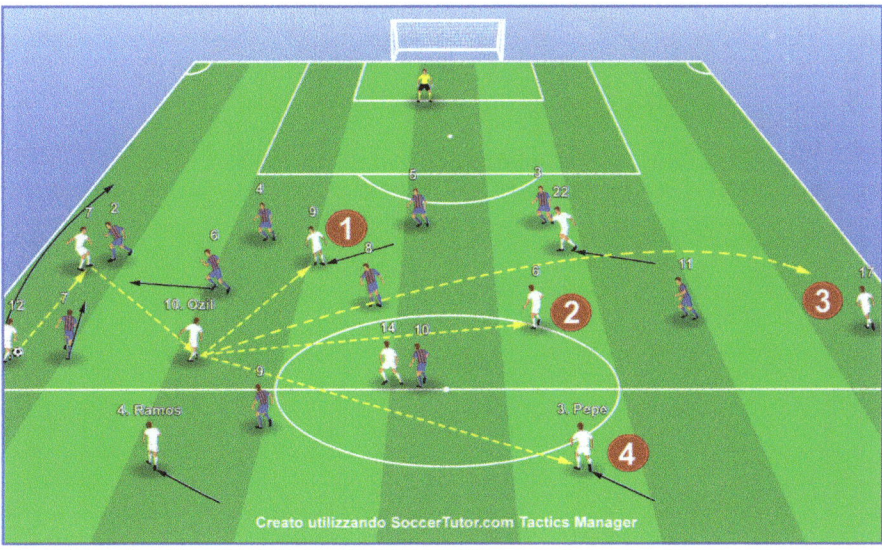

Quando la palla viene giocata sull'esterno alto, Ronaldo (7), l'avversario triplica la marcatura.

Özil, di conseguenza, fornisce supporto e un angolo di passaggio al compagno.

Quando riceve, Özil ha 4 opzioni di trasmissione, come mostrato. Il passaggio a Benzema, in avanti, (9) può portare alla conclusione, ma è l'opzione più rischiosa.

Le opzioni 2 e 3 sono le migliori per cambiare gioco verso il lato debole.

Capitolo 5: L'organizzazione Tattica Nelle 4 Fasi Del Gioco

ESEMPIO 2: Il centrocampista difensivo cambia gioco

L'avversario mantiene lo schieramento compatto, muovendosi collettivamente verso la posizione della palla.

Il centrocampista difensivo Xabi Alonso reagisce rapidamente, muovendosi per dare supporto e ricevere un potenziale passaggio al centro.

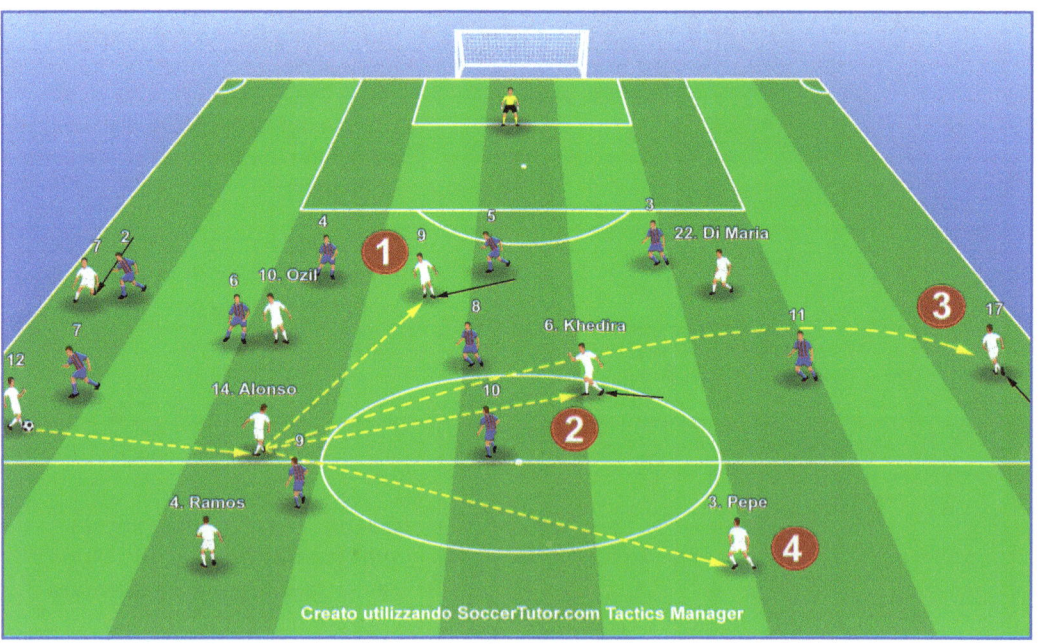

Dopo aver ricevuto palla, Xabi Alonso ha 4 opzioni di passaggio.

Il passaggio a Benzema (9), in avanti, può portare alla conclusione, ma è l'opzione più rischiosa.

Per assicurarsi che la squadra mantenga il possesso e cambi gioco verso il lato debole, il giocatore in possesso può sfruttare le opzioni 2 o 3.

PERIODIZZAZIONE TATTICA

TRANSIZIONE NEGATIVA

TRANSIZIONE NEGATIVA

In qualsiasi partita di calcio, le squadre si troveranno con e senza possesso; la fase più pericolosa, in campo aperto, è quella di transizione negativa. Quando una squadra si trova in fase di costruzione, i giocatori sono solitamente scaglionati in profondità e in ampiezza, con difensori e centrocampisti in atteggiamento offensivo; la squadra è vulnerabile, in caso di perdita del possesso.

È vero il contrario per la squadra in fase difensiva, in quanto scaglionamento e organizzazione sono probabilmente compatti, con i giocatori che si muovono verso la palla dai lati, avanti e indietro. Una buona squadra, dal punto di vista difensivo, si muove come blocco, per creare densità in zona palla.

Fermare i contrattacchi

Dato che il contrattacco è una tattica offensiva efficace, è necessario lavorare sulla fase di transizione negativa, in modo da rallentare o fermare un rapido avanzamento dell'avversario, portando pressione immediata sulla palla, per forzare trasmissioni laterali o indietro, mantenendo il centrocampo e le linee difensive equilibrati, sia a livello posizionale, che numerico.

È importante sottolineare che questa organizzazione difensiva si crea durante le fasi di costruzione e offensiva; difendere solo dopo la fase di transizione comporta molti più rischi di contrattacchi.

In fase di transizione, i giocatori in posizione offensiva sono spesso dalla parte sbagliata dei loro avversari più vicini, e non sono in grado di dare copertura ai propri compagni di squadra; ecco perché la fase di pressione immediata sulla palla può essere così cruciale. Tuttavia, la posizione del campo in cui si verifica il cambio di possesso e il rischio, alto o basso, di un contrattacco, in parte, determina la reazione di una squadra.

Adattare la tattica alla situazione di gioco

Oltre a fattori come tempo, forma fisica, condizioni del campo e qualità tecnica, l'importanza della situazione di partita (tempo rimanente e punteggio), ha un forte impatto sulla zona in cui le squadre iniziano a difendere.

Situazioni di contrattacco a parte, se ad esempio una squadra sta perdendo, o ha bisogno di un ulteriore goal, deve aumentare il ritmo della fase difensiva e cercare la conquista della palla più vicino alla porta dell'avversario.

Pressing

Quando una squadra in fase difensiva gioca con i giusti spunti tattici, portare pressione può essere molto efficace, ma comporta dei rischi, perché tutto il blocco difensivo deve spostarsi in avanti e verso la palla. Se questo movimento non avviene nel momento giusto, con i giocatori che reagiscono collettivamente, si creano spazi attaccabili all'interno, alle spalle o sui lati dello scaglionamento di squadra.

Con i giocatori difensivi impegnati in avanti senza essere organizzati, una fase di costruzione rapida può produrre pericolose opportunità offensive per l'avversario.

Tattica del fuorigioco

Anche l'applicazione del fuorigioco diventa importante, dal momento che le squadre in pressione non possono proteggere efficacemente lo spazio alle spalle della linea difensiva. Questa è una delle ragioni per cui i portieri devono agire fuori dalla porta (posizione avanzata in copertura), nelle situazioni più difficili.

Principi fondamentali della transizione negativa

I principi fondamentali, che guidano le dinamiche in fase di transizione, sono tre:

1. Portare pressione sulla palla (secondo la situazione) per riconquistarla, attaccare o contrattaccare.

2. Se l'avversario impedisce la riconquista del possesso, l'obiettivo diventa ritardare la fase di attacco e guadagnare tempo per riorganizzarsi difensivamente.

3. Avendo abbastanza tempo per riorganizzarsi, si può, infine, agire in fase difensiva.

Al fine di sviluppare questi principi in modo coerente, devono essere definite le posizioni da cui iniziare a difendere, le **posizioni del blocco difensivo**, come descritto nelle pagine seguenti.

LA RIORGANIZZAZIONE E IL POSIZIONAMENTO IN BLOCCHI DIFENSIVI

In caso di perdita del possesso, la squadra deve avere precedentemente stabilito una porzione di campo in cui sia più semplice difendersi. Se non è possibile recuperare palla nei primi secondi, dopo aver perso palla, l'obiettivo deve essere quello di organizzarsi difensivamente nelle posizioni iniziali (posizione principale).

Se l'avversario in possesso costringe la squadra a cambiare le disposizioni principali, in questo caso, ogni giocatore deve conoscere la propria posizione secondaria da occupare.

Nell'organizzazione difensiva, queste posizioni vengono indicate come segue:

1. **Blocco difensivo nell'ultimo terzo di campo** (posizione principale)

2. **Blocco difensivo a centrocampo** (posizione principale)

3. **Blocco difensivo nel primo terzo di campo** (posizione secondaria)

Capitolo 5: L'organizzazione Tattica Nelle 4 Fasi Del Gioco

I. La riorganizzazione in blocchi difensivi nell'ultimo terzo di campo

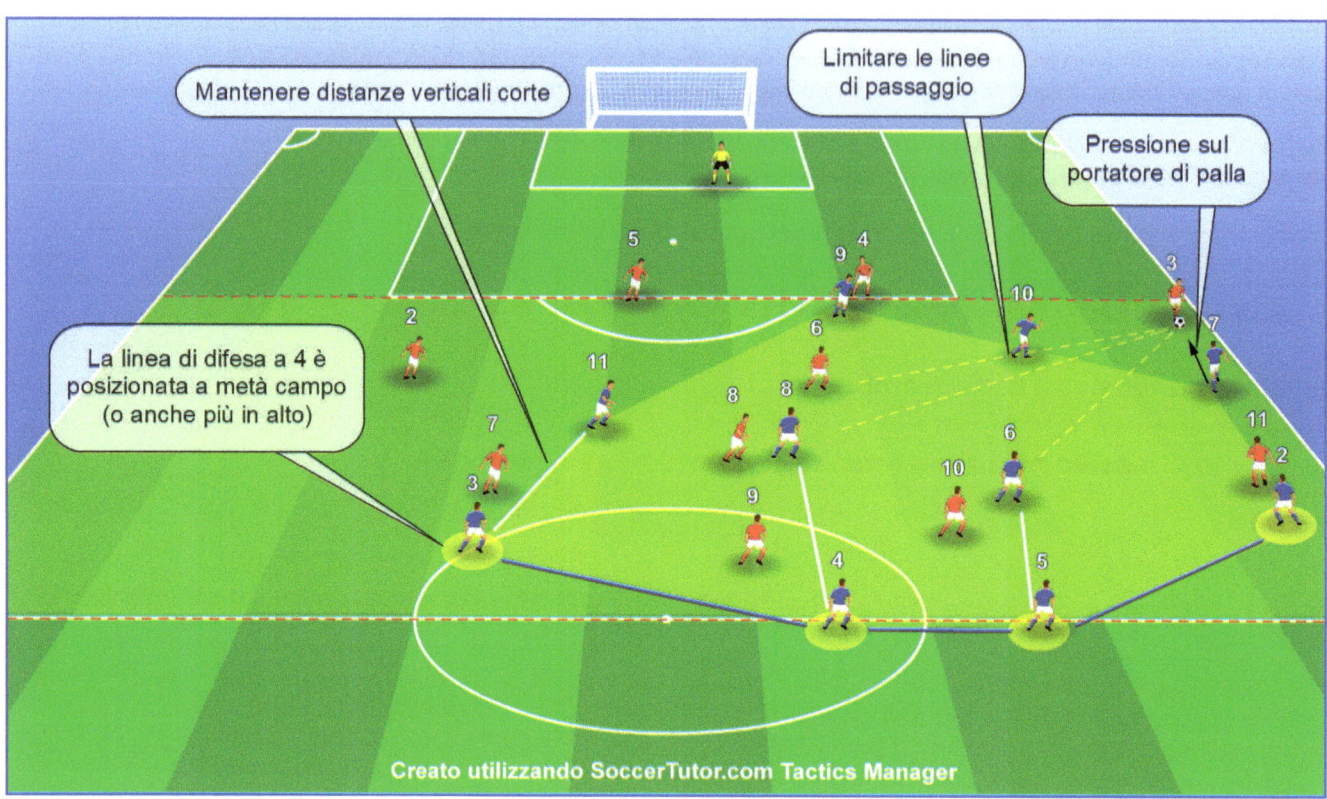

Quando il blocco difensivo è posizionato nell'ultimo terzo di campo, la squadra si scagliona nella metà avversaria, cercando il recupero della palla, all'inizio della fase offensiva. L'atteggiamento deve essere attivo, aggressivo e coordinato da parte di tutti i giocatori, per portare pressione sul portatore di palla (e sui potenziali riceventi), non appena l'avversario conquista il possesso.

In questa situazione, la difesa a 4 è posizionata lungo la linea di centrocampo, o talvolta anche più in alto, e le linee restanti dello schieramento devono mantenere distanze verticali corte, come mostrato.

Il portatore di palla deve essere pressato, le linee di passaggio disponibili devono essere limitate e il tempo disponibile per compiere una scelta, ridotto.

Vantaggi di un blocco difensivo nell'ultimo terzo di campo

- Dominare il gioco per tutta la durata della partita.
- Forzare l'avversario a giocare nella propria metà campo.
- Tenere l'avversario lontano dalla porta.
- Complicare la fase di costruzione e di possesso.
- Forzare giocate senza un preciso obiettivo, invitando all'errore.

Svantaggi di un blocco difensivo nell'ultimo terzo di campo

- Il più grande svantaggio di una linea alta è lo spazio libero lasciato alle spalle della linea difensiva.
- L'inefficacia nel recupero della palla può portare ad un maggiore dispendio fisico.
- Potenziali pericoli da un qualsiasi rilancio o passaggio lungo.
- Necessità di recupero palla nel più breve tempo possibile.
- Necessità di una difesa a 4 attenta, che sappia mantenere la linea, quando mettere in fuorigioco l'avversario e quando coprire la profondità.

Capitolo 5: L'organizzazione Tattica Nelle 4 Fasi Del Gioco

2. La riorganizzazione in blocchi difensivi a centrocampo

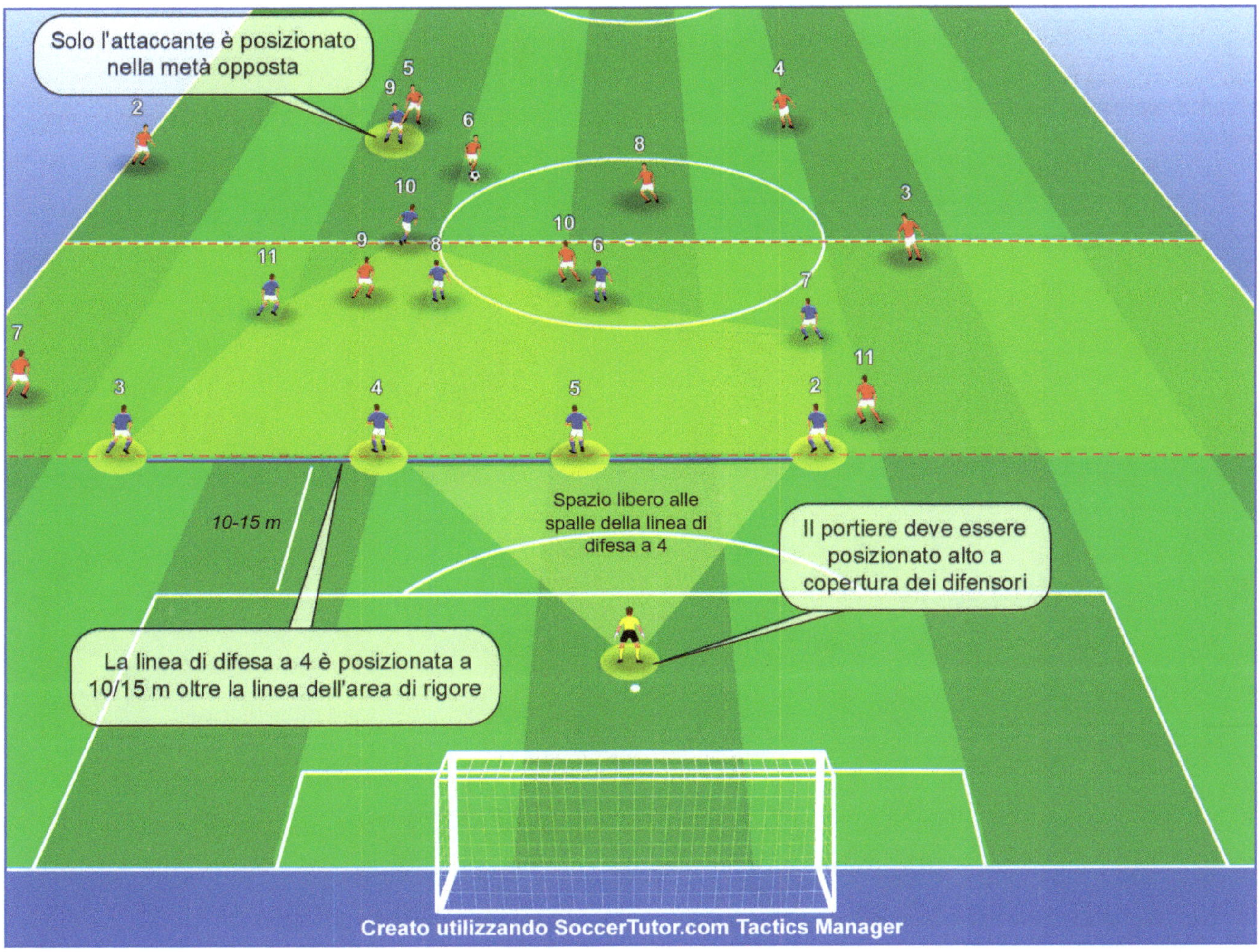

Con un blocco difensivo a centrocampo, i giocatori difendono all'interno della propria metà campo (solo l'attaccante o gli attaccanti si trovano nella metà offensiva). La linea difensiva a 4 è posizionata a 10-15 m dall'area di rigore, con il resto delle linee scaglionate in base a distanze prestabilite, che di solito sono di circa 10-15 metri (secondo la situazione di gioco).

Poiché viene lasciato uno spazio libero considerevole, il portiere deve giocare alto per proteggere i difensori e dominare la zona.

Vantaggi di un blocco difensivo a centrocampo

- Blocco difensivo compatto tra la palla e la porta.
- I contrattacchi possono essere sviluppati in modo efficace.
- La fase difensiva si scagliona in uno spazio relativamente piccolo e gestibile.
- La breve distanza tra tutti i giocatori consente il mantenimento di un'adeguata intensità difensiva.
- Costringe la fase di costruzione avversaria lontano dalla propria porta.
- Le posizioni e gli spazi favorevoli per concludere sono limitati.
- Ci sono buone possibilità di applicare il fuorigioco.

Svantaggi di un blocco difensivo a centrocampo

- Lascia l'iniziativa all'avversario, in fase di costruzione dal basso.
- Il posizionamento avanzato del portiere può essere pericoloso contro le conclusioni dalla distanza.
- Possibilità, per l'avversario, di sfruttare lo spazio alle spalle della linea difensiva.

Capitolo 5: L'organizzazione Tattica Nelle 4 Fasi Del Gioco

3. La riorganizzazione in blocchi difensivi nel primo terzo di campo

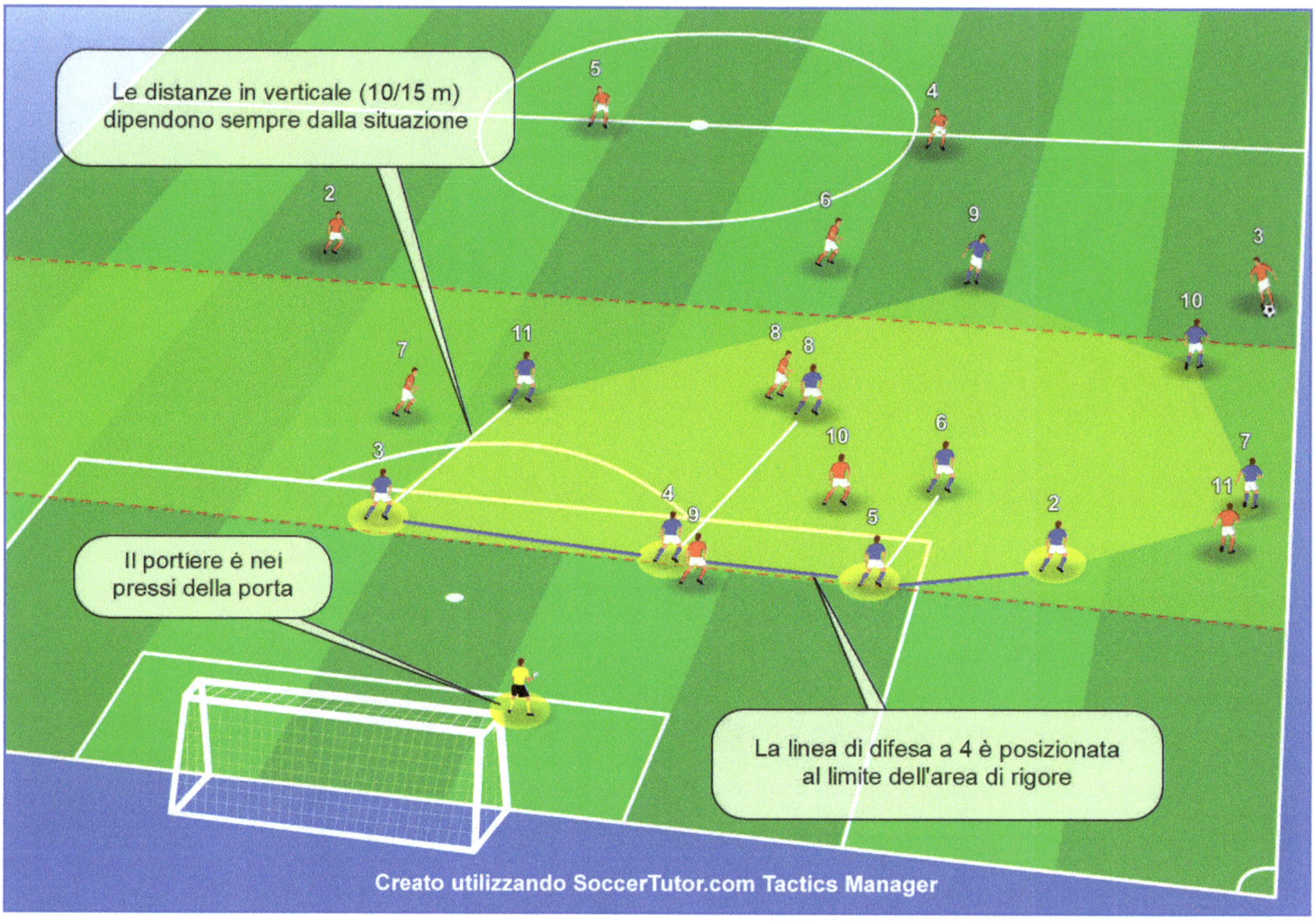

Le distanze in verticale (10/15 m) dipendono sempre dalla situazione

Il portiere è nei pressi della porta

La linea di difesa a 4 è posizionata al limite dell'area di rigore

Creato utilizzando SoccerTutor.com Tactics Manager

Un blocco difensivo nel primo terzo di campo assicura più protezione alla porta. La linea difensiva è posizionata all'interno e attorno all'area di rigore, mentre le altre linee sono scaglionate in base a distanze verticali precedentemente stabilite (10-15 m), sempre in base alla situazione di gioco. In questo scenario, il portiere agisce vicino alla porta.

Il blocco difensivo in profondità è considerato una posizione secondaria, perché non rappresenta la posizione in cui la squadra deve sviluppare la fase di non possesso; deve essere solo un'ultima soluzione, nel caso in cui l'avversario avanzi in fase offensiva e costringa ad arretrare.

Vantaggi di un blocco difensivo nel primo terzo di campo

- C'è sempre un blocco compatto tra la palla e la porta.
- Protegge fortemente la porta.
- La fase difensiva si svolge in uno spazio relativamente piccolo (densità e intensità difensive alte).
- C'è sempre supporto difensivo.
- Le posizioni favorevoli per concludere sono chiuse, e l'avversario è sempre costretto a finalizzare sotto pressione.
- Costringe l'avversario a modificare gli schemi offensivi (gioco più diretto e affrettato).

Svantaggi di un blocco difensivo nel primo terzo di campo

- L'iniziativa è lasciata interamente all'avversario.
- Difesa molto vicina alla porta.
- Data la densità di giocatori vicino alla porta, qualsiasi seconda palla può essere molto pericolosa.
- In caso di conquista del possesso, è probabile che i potenziali contrattacchi siano inefficaci, data la distanza tra la zona di recupero e la porta avversaria.

Capitolo 5: L'organizzazione Tattica Nelle 4 Fasi Del Gioco

I PRINCIPI PER LA FASE DI TRANSIZIONE NEGATIVA

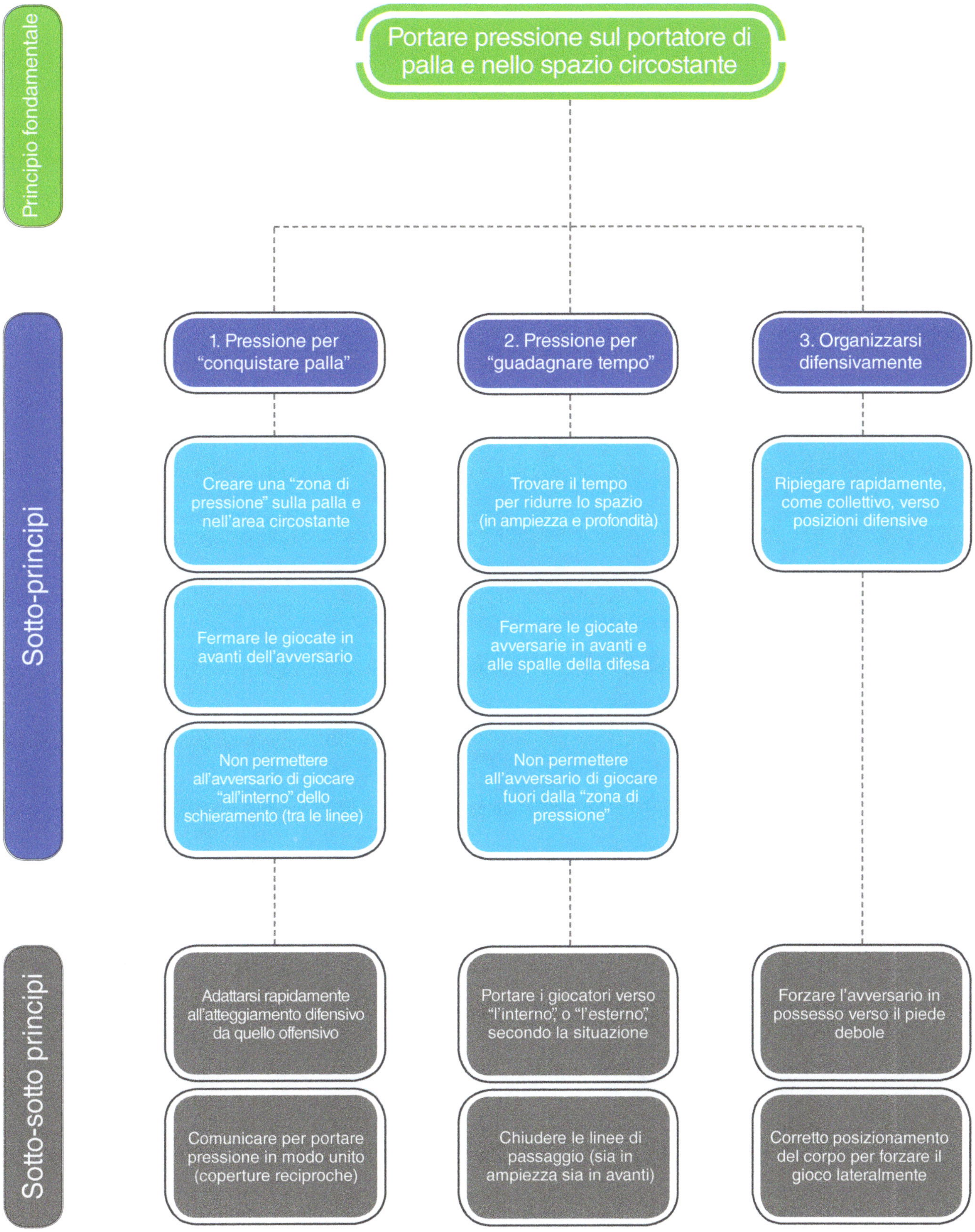

Principio fondamentale

Portare pressione sul portatore di palla e nello spazio circostante

Sotto-principi

1. Pressione per "conquistare palla"
   - Creare una "zona di pressione" sulla palla e nell'area circostante
   - Fermare le giocate in avanti dell'avversario
   - Non permettere all'avversario di giocare "all'interno" dello schieramento (tra le linee)

2. Pressione per "guadagnare tempo"
   - Trovare il tempo per ridurre lo spazio (in ampiezza e profondità)
   - Fermare le giocate avversarie in avanti e alle spalle della difesa
   - Non permettere all'avversario di giocare fuori dalla "zona di pressione"

3. Organizzarsi difensivamente
   - Ripiegare rapidamente, come collettivo, verso posizioni difensive

Sotto-sotto principi

1. - Adattarsi rapidamente all'atteggiamento difensivo da quello offensivo
   - Comunicare per portare pressione in modo unito (coperture reciproche)

2. - Portare i giocatori verso "l'interno", o "l'esterno", secondo la situazione
   - Chiudere le linee di passaggio (sia in ampiezza sia in avanti)

3. - Forzare l'avversario in possesso verso il piede debole
   - Corretto posizionamento del corpo per forzare il gioco lateralmente

PERIODIZZAZIONE TATTICA

Capitolo 5: L'organizzazione Tattica Nelle 4 Fasi Del Gioco

UN ESEMPIO DI TRANSIZIONE NEGATIVA DI JOSÈ MOURINHO: PRESSIONE IMMEDIATA DOPO LA PERDITA DEL POSSESSO

Analisi tratta da 'José Mourinho's Real Madrid: A Tactical Analysis - Attacking in the 4-2-3-1' (Athanasios Terzis 2012)

Disponibile per l'acquisto su SoccerTutor.com (libro cartaceo oppure eBook)

Questa analisi si basa su ricorrenti situazioni di gioco. Una volta che la stessa fase di gioco si è verificata un certo numero di volte (almeno 10), le letture tattiche vengono considerate come modello. Vengono presentate azioni, giocate, movimenti individuali con o senza la palla e la posizione di ciascun giocatore sul campo, incluso il posizionamento del corpo.

L'analisi viene quindi utilizzata per presentare un esempio pratico della situazione tattica collettiva.

Densità nello spazio in caso di perdita del possesso al centro

Nella fase di transizione negativa del Real Madrid, i laterali bassi giocavano un ruolo chiave. In caso di perdita del possesso, si posizionavano, difensivamente, in modo sempre efficace, contro gli esterni alti avversari.

In caso di conquista della palla, avanzavano per ricevere un possibile passaggio, liberi da marcatura.

Questo esempio inizia con il centrocampista centrale Khedira (6) che perde palla al centro.

I due laterali bassi (Marcelo e Arbeloa) si portano verso il centro per proteggere il lato porta, contro gli esterni alti avversari (7 e 11).

Il centrocampista difensivo Xabi Alonso (14) e il centrocampista centrale Khedira (6) sono i giocatori di equilibrio, che si spostano per chiudere le linee di passaggio al Num.6 e per provare a conquistare palla.

Il Real Madrid è quindi in grado di limitare tempo e spazio disponibili per l'avversario, e di riconquistare il possesso.

FASE DIFENSIVA

Capitolo 5: L'organizzazione Tattica Nelle 4 Fasi Del Gioco

FASE DIFENSIVA: DIFESA A ZONA

La fase difensiva è, in definitiva, una questione di "intelligenza", nel ridurre lo spazio disponibile per limitare le azioni avversarie (Frade, 2002).

Una volta che la squadra ha perso il possesso (fine della fase offensiva), è necessario organizzarsi in difesa, attraverso una fase di transizione negativa rapida ed efficace, in modo da trovare il posizionamento difensivo auspicato. A questo punto, è possibile sviluppare la fase di non possesso che, come accennato prima, è strettamente collegata alle altre fasi di gioco.

Una difesa a zona ben organizzata consente la formazione di un blocco compatto e continuo tra la palla e la porta, contrastando efficacemente le azioni offensive avversarie e impedendo la creazione di occasioni da gol. Questo blocco compatto è formato dal posizionamento razionale dei settori della squadra, all'interno delle zone di gioco.

Ad ogni giocatore, in ogni partita, viene assegnata una zona di responsabilità difensiva, da proteggere contro un giocatore avversario, sia in possesso palla che non, per contrastare la sua azione offensiva, fino a quando egli agisce all'interno di quest'area. Il difendente può lasciare il proprio avversario solo quando questi si muove fuori dall'area assegnata, o in caso di recupero del possesso. La posizione all'interno di queste zone è sempre condizionata da quella della palla.

Con la difesa a zona:

- E' possibile creare superiorità numerica sulla palla e nelle aree più vicine.

- E' possibile mantenere intensità difensiva, agendo come collettivo e blocco compatto.

- Movimenti e sforzi diventano più efficaci, dato che le aree da difendere si riducono a spazi più piccoli, sia orizzontalmente che verticalmente. Le distanze tra i compagni di squadra (settoriali e inter-settoriali) sono ridotte, ma non eccessivamente; i giocatori devono trovare le distanze difensive ottimali.

- Ogni giocatore agisce sempre in una zona molto specifica e in una posizione predeterminata; conseguentemente migliora il livello della sua prestazione.

I 12 vantaggi della difesa a zona

1. La solidarietà di gruppo è il valore fondamentale per creare una responsabilità difensiva collettiva.

2. I movimenti dei giocatori (sforzo fisico e rendimento) sono più efficienti.

3. Aiuta la costanza delle dinamiche di supporto e copertura.

4. I giocatori non devono muoversi al di fuori della propria posizione, per chiudere e marcare i loro diretti avversari.

5. È il modo migliore per difendersi, in caso di inferiorità numerica.

6. Aiuta a creare superiorità numerica vicino alla palla (compattezza difensiva).

7. Limita lo spazio per l'azione offensiva avversaria.

8. Costringe l'avversario a giocare in ampiezza (trasmissioni orizzontali a centrocampo).

9. Riduce la possibilità di concludere da posizioni favorevoli.

10. I giocatori sono supportati dai compagni di squadra, aumentando l'efficacia nell'anticipo e nel recupero della palla.

11. Gli errori individuali possono essere immediatamente rimediati da un altro giocatore, della stessa o differente linea difensiva.

12. I giocatori conoscono sempre la loro posizione difensiva, e sanno dove e come attaccare, se la squadra recupera palla.

Capitolo 5: L'organizzazione Tattica Nelle 4 Fasi Del Gioco

I PRINCIPI DIFENSIVI FONDAMENTALI

- **Difesa a zona**
- **Forzare l'avversario verso una zona di campo predefinita**
- **Pressione collettiva**

Schemi difensivi collettivi

Quando ci si approccia alla fase difensiva, l'obiettivo principale è creare alcuni modelli o schemi collettivi.

Se la palla è il riferimento principale, diventa fondamentale creare superiorità numerica intorno a quella zona (dimensione speciale).

Va considerato che nonostante un'eventuale inferiorità numerica, c'è comunque la possibilità di trarre vantaggio dal gioco posizionale, che consente l'anticipo delle azioni avversarie.

I principi tattici fondamentali su cui costruire la fase difensiva sono due:

- **Forzare il gioco avversario verso direzioni preordinate difensivamente** (interno o esterno)
- **Pressione collettiva** (su portatore di palla e potenziali riceventi)

PERIODIZZAZIONE TATTICA

Capitolo 5: L'organizzazione Tattica Nelle 4 Fasi Del Gioco

FORZARE IL GIOCO AVVERSARIO VERSO DIREZIONI PREORDINATE DIFENSIVAMENTE (INTERNO O ESTERNO)

La difesa a zona deve essere un mezzo per portare pressione e forzare l'avversario a giocare in porzioni di campo più facili da difendere; si cerca la riconquista della palla il prima possibile, forzando l'avversario a commettere errori, "attaccando" anche i giocatori senza possesso, portando pressione in zona palla, con coperture reciproche costanti, ecc. I sotto-principi secondari del gioco devono permettere lo sviluppo di questa filosofia difensiva.

Come già detto, forzare la direzione di gioco dell'avversario è un principio molto importante nell'organizzazione difensiva, perché diventa un riferimento di zona, in cui rinconquistare palla, che influenza la successiva fase offensiva, da sviluppare lungo corsie centrali o laterali.

Forzare l'avversario verso la zona centrale non significa necessariamente permettergli di agire "all'interno" dello schieramento; questo, in fin dei conti è uno dei principi che definisce lo schema difensivo, in fase di non possesso. È quindi importante differenziare entrambi i concetti.

Da una parte, la squadra senza palla può indirizzare l'avversario a giocare negli spazi centrali, senza consentire azioni "all'interno" dello schieramento. Una volta che l'avversario è al centro, può essere forzato verso l'esterno, impedendo la circolazione della palla tra il centrocampo e le linee difensive.

Un'altra opzione, sebbene sia insolita, è lasciare intenzionalmente il gioco tra le linee all'avversario, per riconquistare palla all'interno di questo spazio, con alta densità di giocatori. Le tre seguenti figure (due nella pagina successiva) mostrano come il principio di forzare la direzione di gioco avversario sia legato agli spazi in cui riconquistare palla.

Forzare l'avversario verso l'esterno del blocco difensivo e in ampiezza

In questo esempio, il blocco difensivo chiude le opzioni di giocata "interna" all'avversario. Il portatore di palla (Num.2 rosso) viene forzato a giocare all'esterno del blocco difensivo e in ampiezza.

La scelta ha successo, data la compattezza al centro e la marcatura sui potenziali riceventi (5, 6, 8 e 9 rossi).

Capitolo 5: L'organizzazione Tattica Nelle 4 Fasi Del Gioco

Forzare l'avversario verso zone centrali ma esterne al blocco difensivo

In questo esempio, l'avversario viene forzato a giocare in zona centrale.

Tuttavia, il blocco difensivo chiude le opzioni di giocata "interna" allo schieramento. Come mostrato, i giocatori rossi 6, 8 e 9 sono marcati.

Il portatore di palla (2) torna verso il centro, trasmettendo palla indietro al Num.5, posizionato all'interno, ma esternamente al blocco difensivo.

Forzare l'avversario verso zone centrali e all'interno del blocco difensivo

In questo esempio, l'avversario viene forzato verso la zona centrale e all'interno del blocco difensivo.

Questo può sembrare fuori dall'ordinario, ma è proprio il blocco difensivo a permettere giocate "interne", in modo strategico.

Molti giocatori possono portare pressione, contemporaneamente, sul nuovo portatore di palla, per riconquistare il possesso. In figura, 4 giocatori blu si muovono per chiudere il centrocampista difensivo rosso Num.6.

©SoccerTutor.com

PERIODIZZAZIONE TATTICA

Capitolo 5: L'organizzazione Tattica Nelle 4 Fasi Del Gioco

PRESSIONE COLLETTIVA

Giocando con una difesa a zona e portando sempre pressione sull'avversario, diventa fondamentale identificare, tatticamente, il momento corretto in cui agire e in cui conquistare palla, assicurandosi che tutti i giocatori della squadra siano sintonizzati sugli stessi indicatori specifici. La pressione è un'azione collettiva in cui tutta la squadra interagisce, anche se ci sono giocatori che, a causa della loro posizione, possono avere un ruolo guida dei tempi d'azione. Ad esempio, un giocatore che si trova vicino ad un avversario che riceve palla e nota un controllo sbagliato, oppure che non ha compagni in arrivo a supporto, egli diventa responsabile dei tempi e dell'impostazione della fase di pressione; gli altri compagni devono seguire i principi collettivi di questa fase, come, per esempio, coprire lo spazio vicino e lontano dalla palla.

Questo principio tattico difensivo determinerà quanto sarà efficace l'azione di riconquista della palla. Pertanto, la fase di pressione deve essere applicata da tutti i giocatori.

Iniziare l'azione di pressione collettiva sul portatore di palla

Ridurre lo spazio in verticale e in orizzontale

Buona organizzazione difensiva a protezione degli spazi centrali

Marcare stretto gli avversari nei presso della palla (limitare le opzioni di passaggio per il portatore di palla)

Pressare in modo compatto (ma sempre scaglionato)

Riorganizzazione: ripiegare e organizzarsi, nelle giuste posizioni, per ricominciare a pressare collettivamente

Capitolo 5: L'organizzazione Tattica Nelle 4 Fasi Del Gioco

I SOTTO-PRINCIPI DELLA PRESSIONE COLLETTIVA

Per forzare e portare pressione sull'avversario in modo efficiente, è necessaria l'applicazione dei seguenti sotto-principi:

1. **Compattezza**
2. **Muoversi collettivamente verso la posizione della palla**
3. **Zone di difesa attiva e passiva**
4. **Coperture difensive**

1. Compattezza

Una volta che la squadra ha agito gradualmente in transizione negativa e si è posizionata difensivamente, deve scaglionarsi per formare un blocco compatto vicino alla palla, con un gruppo di giocatori posizionati tra palla e porta. E' necessario, quindi, stabilire due tipi di distanze:

- **Distanze settoriali laterali**, tra i giocatori sulla stessa linea (settore di difesa, centrocampo e attacco). Queste distanze, di solito sono di circa 8-10 m e possono essere modificate secondo situazioni e circostanze di gioco.

- **Distanze verticali inter-settoriali**, tra i giocatori su diverse linee (difesa, centrocampo e attacco). Queste distanze sono, in genere, di 10-15 m, ma vengono aumentate o ridotte, seguendo la situazione di gioco.

Per mantenere il blocco difensivo compatto, come unità funzionale, è necessario che la squadra si muova velocemente in relazione alla palla.

La figura nella pagina seguente mostra come, partendo da un'azione contro il portatore di palla, il resto della squadra si organizzi per formare un blocco compatto, mantenendo le distanze laterali e verticali, indipendentemente dalla posizione della palla, attraverso la mobilità collettiva.

Capitolo 5: L'organizzazione Tattica Nelle 4 Fasi Del Gioco

2. Muoversi collettivamente verso la posizione della palla

Muoversi attraverso il campo, in avanti o indietro, come collettivo è l'unico modo per mantenere il blocco difensivo compatto e vicino alla palla. Tutti i giocatori devono coordinare i movimenti rapidamente, evitando così che la fase offensiva avversaria possa avanzare.

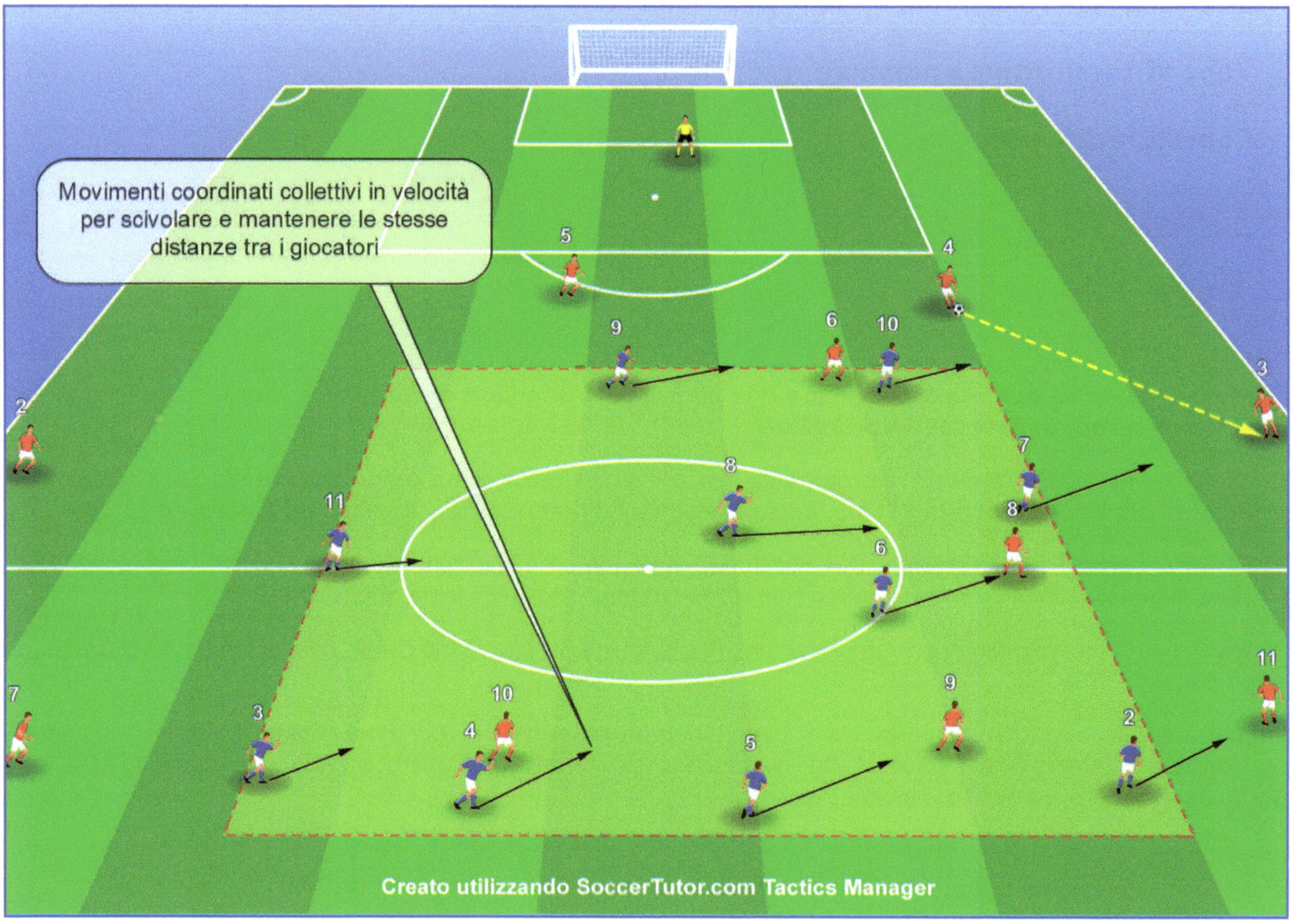

La figura mostra come muoversi, a livello di blocco difensivo compatto, seguendo la posizione della palla e come scaglionarsi nuovamente, in relazione al movimento della sfera.

I movimenti collettivi possono essere classificati in due modi:

- **Orizzontali:** movimenti effettuati dai giocatori in direzione laterale, dipendenti dalla circolazione e dalla posizione della palla.

  Come mostrato nell'esempio, il centrale difensivo rosso (4) trasmette palla in ampiezza verso il laterale basso sinistro (3), vicino alla linea laterale. Tutti i giocatori blu si spostano collettivamente verso quel lato, mantenendo le stesse distanze reciproche. La squadra rimane organizzata e compatta come blocco difensivo.

- **Verticali:** movimenti effettuati dai giocatori in avanti o indietro, secondo la posizione della palla. Ad esempio, se un giocatore avversario ha tempo e spazio, e potrebbe potenzialmente trasmettere alle spalle della linea difensiva, quest'ultima ripiega. Allo stesso tempo, tutti gli altri giocatori ripiegano per mantenere uno schieramento compatto.

Capitolo 5: L'organizzazione Tattica Nelle 4 Fasi Del Gioco

Fattori chiave per i movimenti e pressione collettivi, in relazione alla palla

- Al di là della posizione della palla, chiudere spazi verticali e orizzontali
- Incoraggiare la successiva pressione collettiva
- Prevenire lo sviluppo della fase offensiva avversaria (riduzione di spazio e tempo) 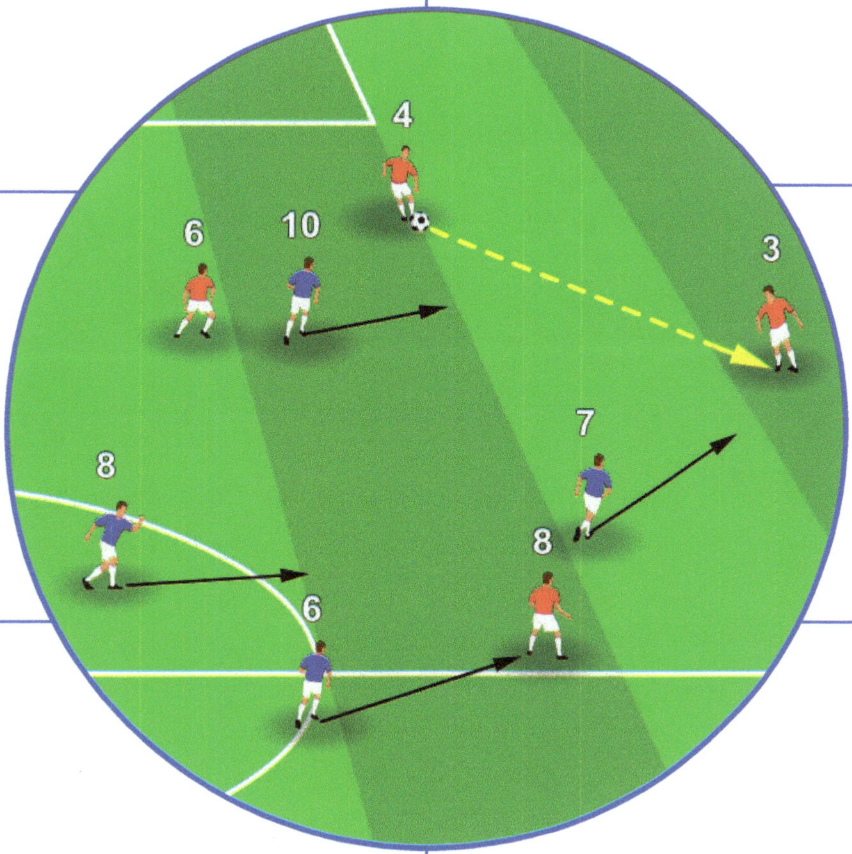
- Impedire all'avversario giocate in zone avanzate
- Creare situazioni di superiorità numerica difensiva
- Forzare l'avversario a giocare palla indietro o in orizzontale, e concentrarsi sull'intercetto della palla

PERIODIZZAZIONE TATTICA

Capitolo 5: L'organizzazione Tattica Nelle 4 Fasi Del Gioco

3. Zone di difesa attiva e passiva

Il movimento collettivo porta alla riduzione degli spazi orizzontali e verticali, creando due diversi tipi di zone:

- **Aree difensive attive:** più vicine alla palla.

- **Aree difensive non attive:** le aree lasciate libere, per facilitare il raggruppamento del blocco difensivo intorno alla palla. I giocatori più vicini a queste aree passive devono prestare attenzione agli avversari (Num.2 e Num.7 rossi in figura).

La figura di seguito mostra come il blocco difensivo riduca lo spazio in cui giocare per gli avversari, formando un'area difensiva attiva (bianca) e una non attiva (gialla).

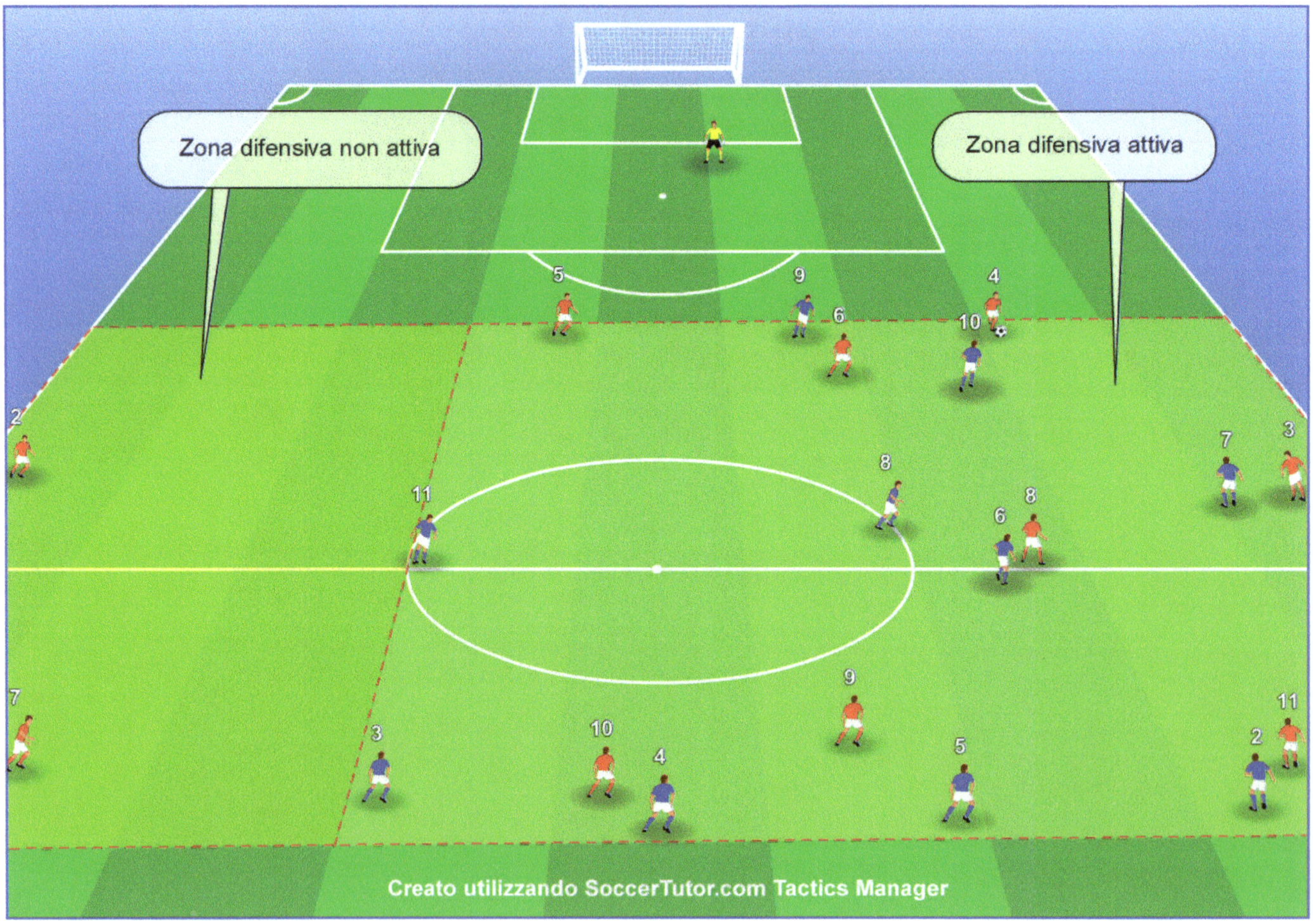

Capitolo 5: L'organizzazione Tattica Nelle 4 Fasi Del Gioco

4. Coperture difensive

Questo tipo di organizzazione strutturale (con molte linee sia in ampiezza che in profondità) può aiutare nella creazione di un supporto difensivo permanente (copertura) vicino alla palla.

Queste coperture sono scaglionate intorno al giocatore che si muove per portare pressione sul portatore di palla (il Num.10, nella figura di seguito).

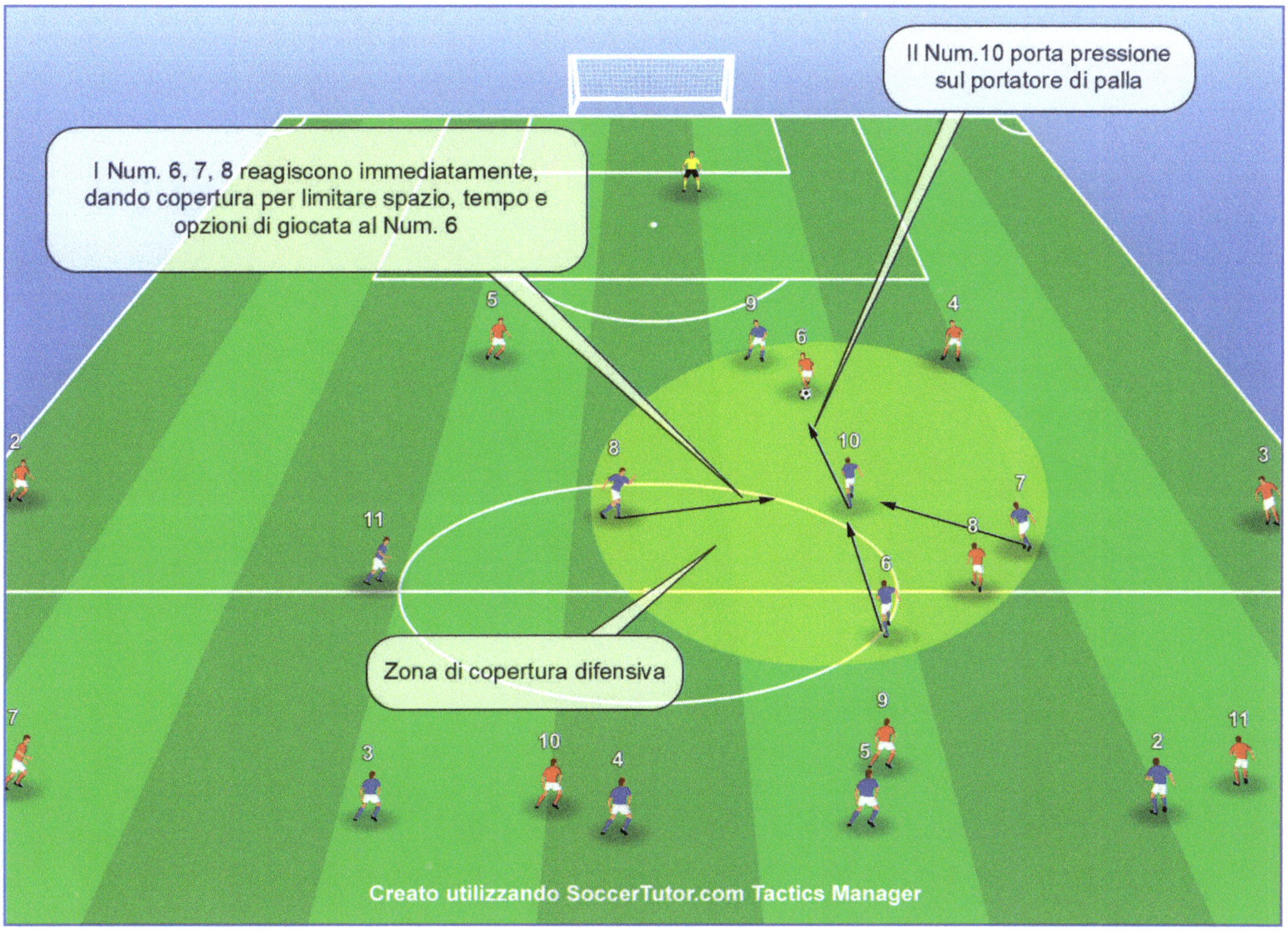

Come mostrato in figura, il giocatore che porta pressione sul portatore di palla (Num. 10) viene coperto da 3 compagni (6, 7 e 8), attenti alla situazione.

Questo limita tempo e spazio al portatore di palla (Num. 6 rosso), e quindi le possibilità di far progredire la fase offensiva della propria squadra.

Riassumendo, è possibile dire che la principale differenza tra il concetto tradizionale di difesa a zona e la filosofia difensiva che prevede la pressione sull'avversario, consista nel livello di aggressività e di pressione sia sulla palla che negli spazi intorno ad essa, al fine di limitare le azioni degli avversari.

Capitolo 5: L'organizzazione Tattica Nelle 4 Fasi Del Gioco

I PRINCIPI PER LA FASE DIFENSIVA

Principio fondamentale: Difesa a zona / Pressione

Sotto-principi:

1. Pressione per sbilanciare la difesa	2. Forzare la direzione di gioco avversaria	3. Pressione per conquista palla (induzione all'errore)	4. Conquista della palla
Pressione sull'avversario per velocizzare e determinare le giocate	Rendere prevedibile il gioco: forzare l'avversario "all'interno o all'esterno"	Pressione "collettiva" per forzare l'avversario all'errore e a perdere il possesso	Muoversi collettivamente attraverso il campo
Pressione per restare compatti (in ampiezza e profondità)	Coprire i compagni	Creare aree "attive e non attive" (aree non presidiate per restare compatti)	Riconquista del possesso attraverso intercetto o contrasto

Sotto-sotto-principi:

Movimenti per blocchi	Copertura "interna" o "esterna"	Pressione in velocità con il corretto angolo e posizionamento del corpo	Chiusura delle linee di passaggio (in ampiezza e in profondità)
Comunicazione (cambio di marcatura)	Marcare da vicino i potenziali riceventi	Posizionamento corretto per complicare la scelta di giocata all'avversario	Mettere l'avversario sotto pressione, dopo un controllo, un passaggio o un rinvio sbagliati
Trovare gli "spunti tattici per portare pressione"	Chiudere gli spazi quando la palla è all'interno dello schieramento (tra difesa e centrocampo)	In caso di rimessa in gioco, in profondità, nella metà campo avversaria, ma senza una battuta lunga	Densità nell'ultimo terzo di campo, quando la palla viene giocata direttamente
Chiusura delle linee di passaggio (in ampiezza e in profondità)	Ripiegare, se necessario, per chiudere le potenziali linee di passaggio	Nel caso in cui la palla sia in aria o rimbalzi nella metà campo avversaria	Quando la palla viene giocata verso un portiere con scarse abilità tecniche, o verso il suo lato più debole

Capitolo 5: L'organizzazione Tattica Nelle 4 Fasi Del Gioco

UN ESEMPIO DI FASE DIFENSIVA DI JOSÉ MOURINHO:
PRESSIONE COLLETTIVA E DIREZIONAMENTO DEGLI AVVERSARI

Analisi tratta da 'José Mourinho's Real Madrid: A Tactical Analysis - Defending in the 4-2-3-1' (Athanasios Terzis 2012)

Disponibile per l'acquisto su SoccerTutor.com (libro cartaceo oppure eBook)

Questa analisi si basa su ricorrenti situazioni di gioco. Una volta che la stessa fase di gioco si è verificata un certo numero di volte (almeno 10), le letture tattiche vengono considerate come modello. Vengono presentate azioni, giocate, movimenti individuali con o senza la palla e la posizione di ciascun giocatore sul campo, incluso il posizionamento del corpo.

L'analisi viene quindi utilizzata per presentare un esempio pratico della situazione tattica collettiva.

Portare pressione in alto sul campo e forzare il gioco "all'esterno"

Il Num.10 Özil è lontano dalla zona della palla. L'esterno alto sinistro, Ronaldo, è posizionato verso la porta rispetto al laterale basso avversario. Il centrocampista difensivo Xabi Alonso può marcare il centrocampista Num.6 avversario, se necessario.

Mentre il centrale difensivo avversario (4) riceve dal portiere, il Num.6 è posizionato in uno spazio utile per entrare in possesso, a causa del posizionamento di Özil; la figura seguente mostra i movimenti collettivi del Real Madrid.

Ronaldo mantiene la sua posizione verso la porta.

Il centrocampista difensivo Xabi Alonso analizza la situazione e avanza per ridurre lo spazio tra lui e il Num.6.

Il Num.10 Özil si muove verso il lato forte e Khedira si sposta verso il centro per dare equilibrio.

Il difensore centrale Ramos e il laterale basso sinistro Marcelo rafforzano la marcatura sui diretti avversari.

Capitolo 5: L'organizzazione Tattica Nelle 4 Fasi Del Gioco

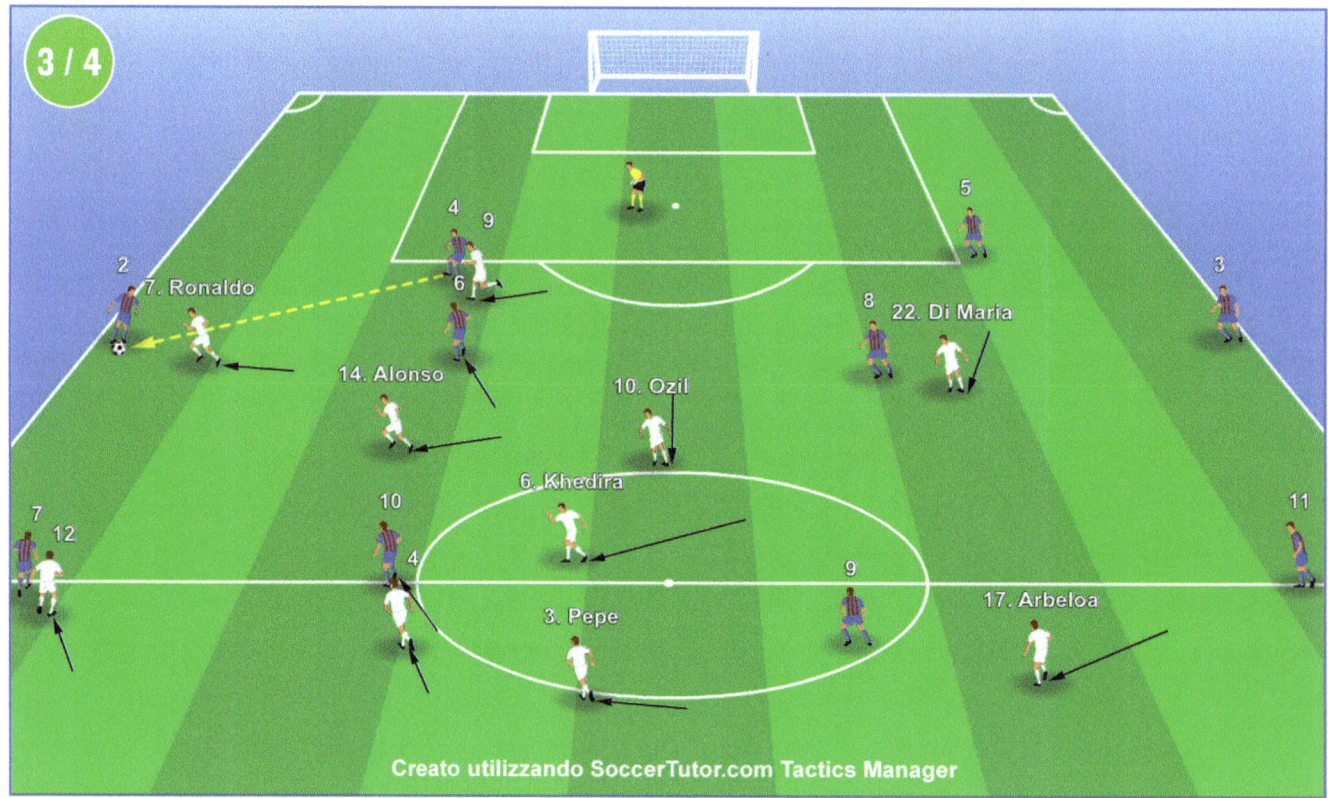

Il difensore centrale (4) trasmette in ampiezza verso il laterale basso destro (2), e Ronaldo porta pressione sul nuovo portatore di palla. Il centrocampista difensivo Xabi Alonso è in grado di lasciare il suo avversario diretto, poiché la posizione del corpo di Ronaldo rende improbabile un passaggio verso il Num.6. Inoltre, Alonso sarebbe troppo lontano dal Num.7, se la palla venisse giocata lungo la fascia.

Khedira effettua un ampio movimento verso sinistra per dare equilibrio, in quanto Alonso si trova in posizione avanzata. Il laterale basso sinistro Marcelo (12) segue il diretto avversario e lo marca da vicino, così come il difensore centrale Ramos (4) segue il Num. 10. Tuttavia, dopo che Khedira ha completato il movimento, Ramos (4) è comunque pronto a marcare il Num.10, in modo che il compagno possa aiutare il laterale basso sinistro Marcelo (12) nella copertura.

Quando viene trasmessa palla dal Num. 2 verso l'esterno alto sinistro Num.7, il laterale basso del Real, Marcelo (12), mette sotto pressione il portatore e Ronaldo ripiega indietro, per aiutare nel raddoppio della marcatura.

Khedira marca il Num.10 e Ramos (4) ripiega in copertura.

Il Num.10 Özil mantiene l' equilibrio a centrocampo, arretrando.

TRANSIZIONE POSITIVA

TRANSIZIONE POSITIVA

La fase di transizione positiva è un "punto di svolta", in cui la squadra si trova di fronte a due possibilità:

1. **Consolidare il possesso palla**
2. **Contrattaccare**

Questa scelta dipende principalmente dallo spazio disponibile, per quanto riguarda il recupero della palla, dal posizionamento del blocco difensivo, dalle situazioni di equilibrio e organizzazione dell'avversario che, nel caso in cui conceda spazio e tempo, in quanto sbilanciato, può permettere la ricerca della profondità, come prima possibilità.

Se, per esempio, la fase di transizione positiva coincide con l'obiettivo della ricerca della profondità, alle spalle della difesa avversaria, due opzioni sono possibili:

1. Posizionare il blocco difensivo a centrocampo per creare spazi liberi alle spalle delle linee avversarie, già in fase di non possesso.
2. In alternativa, portare pressione alta per riconquistare il possesso vicino alla porta avversaria, e provare a penetrare velocemente la linea di difesa.

La scelta di consolidare il possesso, in fase di transizione positiva, deriva da una situazione di gioco in cui l'avversario è organizzato, anche in caso di perdita della palla, oppure in cui è riuscito a riorganizzarsi rapidamente. Il mantenimento del possesso è anche associato alla filosofia di gioco, che prevede il controllo della partita attraverso questo principio.

Tuttavia, è comunque importante notare che il possesso è sempre in relazione all'obiettivo di creare squilibrio nell'organizzazione avversaria. Pertanto, giocare palla fuori dalla zona di pressione è un'idea logica, perché più velocemente questa dinamica riesce, più è difficile che l'avversario tenga la linea difensiva organizzata. La scelta del mantenimento del possesso è anche direttamente collegata a situazioni in cui la squadra recupera palla in alto, nell'ultimo terzo di campo, costringendo l'avversario a difendere in profondità.

Giocando con un blocco collettivo alto, normalmente il possesso palla viene perso nella metà campo avversaria; di conseguenza il recupero deve avvenire il prima possibile, in quanto risposta naturale alla situazione, perché vicini alla porta da attaccare e lontani da quella da difendere. Allo stesso tempo, è una scelta di protezione e di chiusura degli spazi alle spalle della linea difensiva.

Qualunque approccio venga utilizzato in fase di transizione positiva, è importante capire che **il fondamentale principio di questa fase è quello di far uscire la palla dalla zona di pressione, e che le relative dinamiche, dipendono sempre dall'organizzazione o dallo sbilanciamento dell'avversario.**

Come accennato prima, ci deve essere una connessione tra tutti i principi e sotto-principi, all'interno delle quattro fasi del gioco; è importante che la squadra sia scaglionata con un corretto posizionamento di determinati giocatori, che fungono da riferimento per la fase di transizione.

Ad esempio, se la palla si trova sulla fascia laterale, l'esterno alto, avrà l'obiettivo di impedire all'avversario di cambiare gioco, prendendo parte alla fase difensiva, ma sarà anche in grado di contrattaccare in caso di riconquista.

Pertanto, la fase di transizione positiva è direttamente correlata allo scaglionamento del blocco difensivo. Ogni posizione crea una dinamica di gioco diversa, in caso di riconquista della palla.

Capitolo 5: L'organizzazione Tattica Nelle 4 Fasi Del Gioco

TRANSIZIONE POSITIVA NEL PRIMO TERZO DI CAMPO (BLOCCHI DIFENSIVI IN PROFONDITÀ)

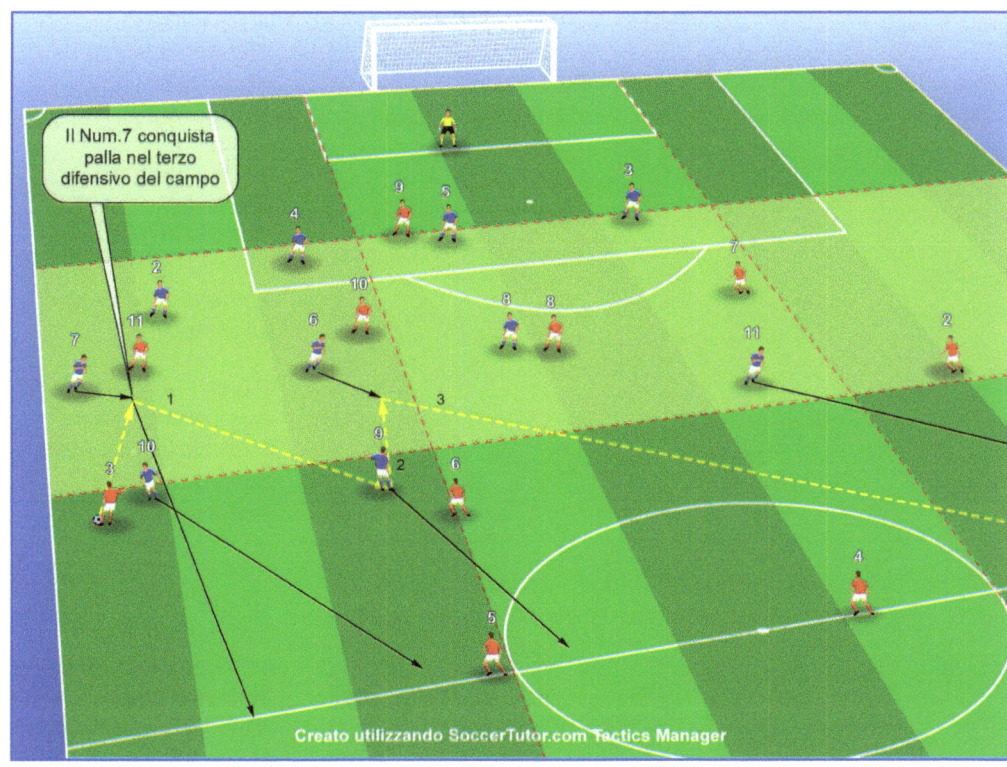

- La squadra sta difendendo in profondità.

- Non è una situazione auspicabile, secondo il modello di gioco, che prevede invece un blocco difensivo al centro o in alto sul campo.

- In questo esempio, il laterale basso sinistro, l'avversario rosso (3), prova a trasmettere palla verso l'esterno alto (11), ma il passaggio viene intercettato dal Num.7 blu.

- Inizia quindi la fase di contrattacco: il Num.7 trasmette al Num.9, che scarica palla indietro per il Num.6, per cambiare gioco verso il Num.11.

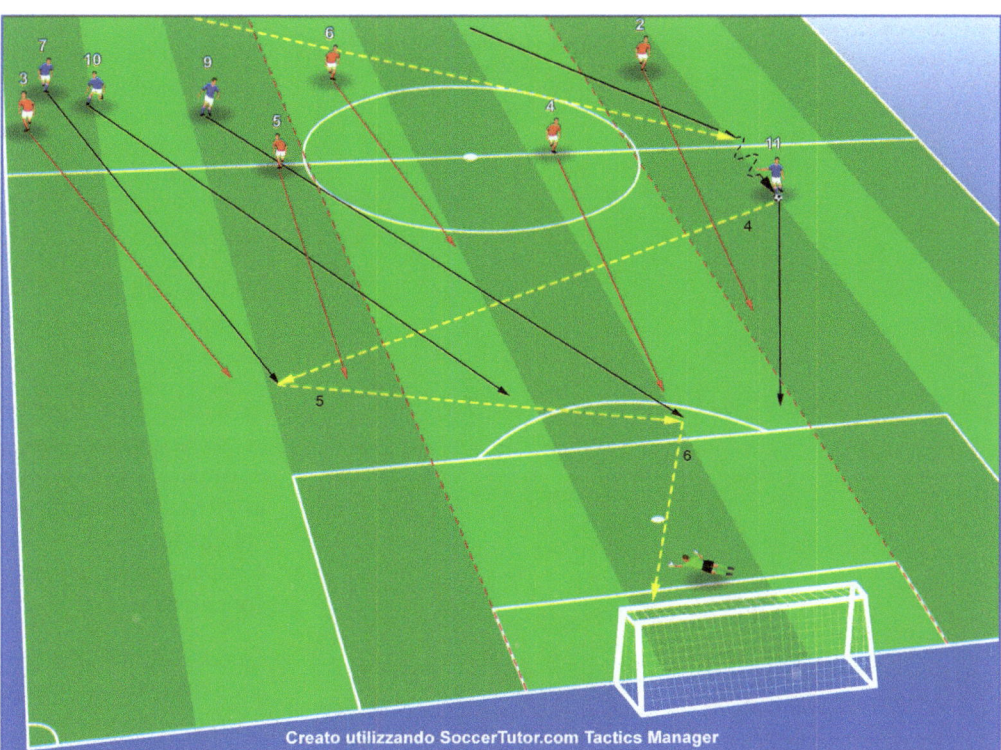

- La fase di transizione positiva è lenta, in quanto la squadra si assicura di il possesso palla come primo obiettivo.

- Giocate in ampiezza e cambio di lato, per spostare palla al di fuori della zona di pressione.

- 3-5 giocatori sono coinvolti nella fase di contrattacco.

- C'è la necessità di aprire il blocco difensivo avversario attraverso spazi centrali e laterali.

- Possibile dinamica: 3° e 4° passaggio per uscita della zona di pressione, 5° passaggio di rifinitura alle spalle e conclusione.

PERIODIZZAZIONE TATTICA

Capitolo 5: L'organizzazione Tattica Nelle 4 Fasi Del Gioco

TRANSIZIONE POSITIVA A CENTROCAMPO (BLOCCHI DIFENSIVI AL CENTRO)

- La squadra sta difendendo con un blocco difensivo a centrocampo.

- E' una situazione auspicabile, secondo il modello di gioco, che prevede un blocco difensivo simile o in alto sul campo.

- In questo esempio, il centrocampista difensivo (6) conquista palla contro il centravanti rosso (9).

- Inizia un contrattacco: il Num.6 trasmette al Num.9, che cambia gioco verso l'esterno alto destro (7), che si muove in avanti rapidamente. Il Num.7 è in grado di tagliare la palla e giocare al Num.10, che conclude.

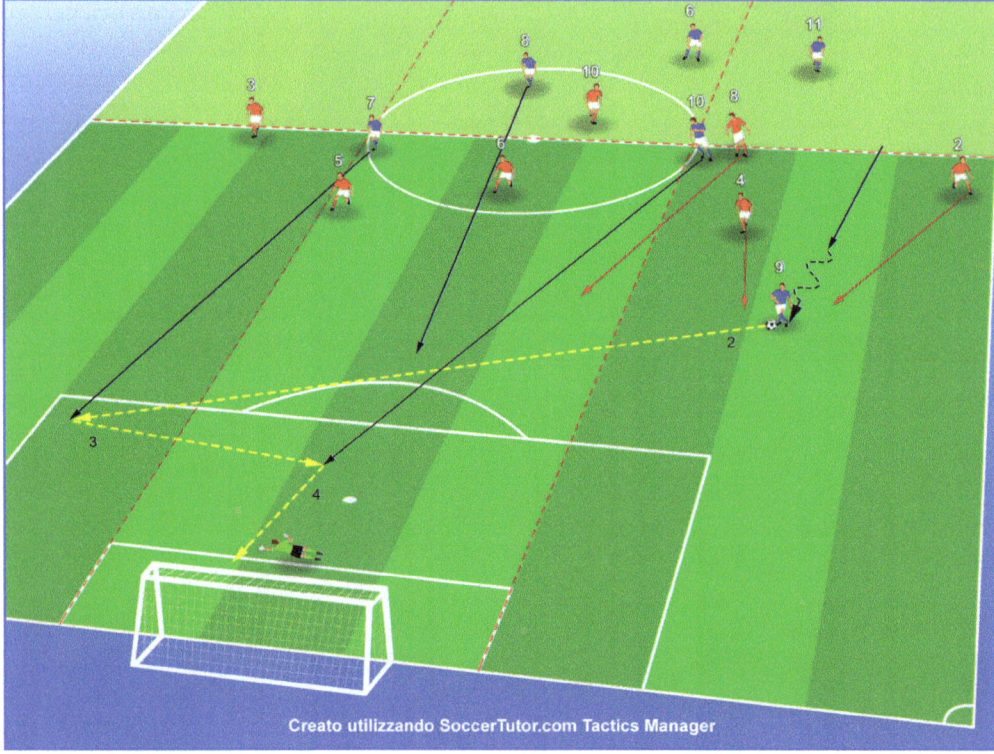

- C'è un rapida transizione, con palla veloce in avanti e alle spalle della difesa.

- 3-4 giocatori sono coinvolti nel contrattacco.

- E' necessario aprire il blocco difensivo avversario attraverso spazi centrali e laterali.

- Possibile dinamica con 3 passaggi: trasmissione in uscita, 2° passaggio anticipato e 3° passaggio anticipato per concludere.

- Cercare di penetrare la linea difensiva avversaria a 4, giocando sopra o lateralmente.

PERIODIZZAZIONE TATTICA

Capitolo 5: L'organizzazione Tattica Nelle 4 Fasi Del Gioco

TRANSIZIONE POSITIVA NELL'ULTIMO TERZO DI CAMPO (BLOCCHI DIFENSIVI AVANZATI)

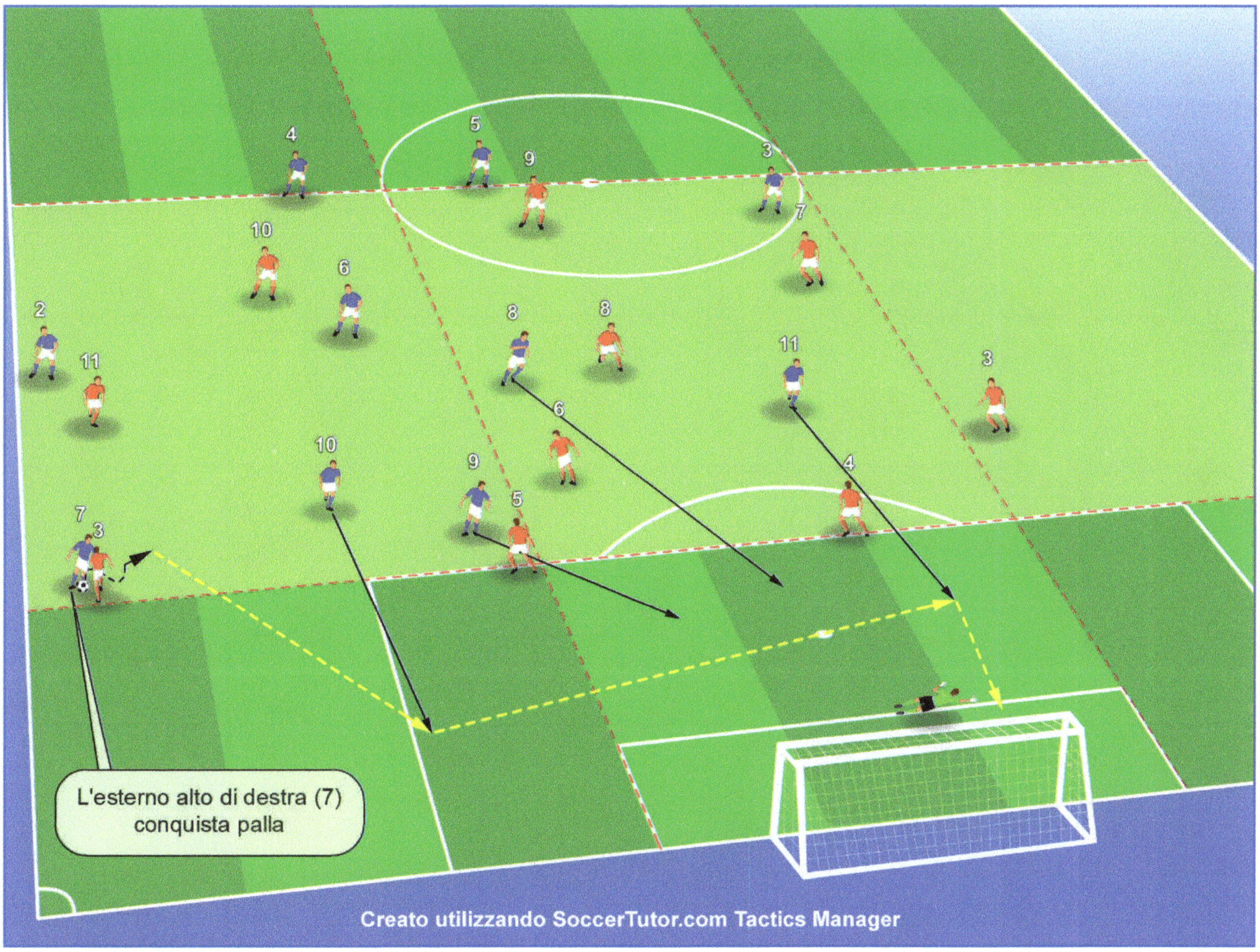

L'esterno alto di destra (7) conquista palla

- Il blocco difensivo è posizionato alto sul campo.

- E' una situazione auspicabile, secondo il modello di gioco, che prevede un blocco difensivo a centrocampo o avanzato.

- In questo esempio, l'esterno alto di destra blu (7) conquista palla contro il laterale basso sinistro rosso (3), nell'ultimo terzo di campo.

- A questo punto, la palla viene giocata immediatamente alle spalle della difesa per cercare la conclusione il più rapidamente possibile.

- Il Num.7 trasmette palla alle spalle della difesa, verso il Num.10, che si muove e riceve dentro l'area di rigore, con 3 opzioni di giocata, per arrivare alla conclusione: verso il centrocampista centrale (8), all'attaccante (9) e all'esterno alto di sinistra (11).

- C'è una rapida transizione, giocando velocemente in avanti e alle spalle della difesa.

- 2-3 giocatori sono coinvolti nel contrattacco.

- Non è necessario aprire il blocco difensivo degli avversari.

- Dinamica possibile con 1 o 2 passaggi: trasmissione di uscita (alle spalle), 2° passaggio anticipato e conclusione.

- Ricerca della conclusione rapida (giocando palla attraverso la linea difensiva o lateralmente).

Capitolo 5: L'organizzazione Tattica Nelle 4 Fasi Del Gioco

I PRINCIPI PER LA FASE DI TRANSIZIONE POSITIVA

Principio fondamentale

> Muovere palla fuori dalla "zona di pressione" mentre l'avversario è sbilanciato

Sotto-principi

1. Trasmettere palla fuori dalla "zona di pressione"
   - Cambiare velocemente atteggiamento da difensivo a offensivo
   - Allargarsi, aprendo il campo, per creare linee di passaggio

2. Trarre vantaggio dallo sbilanciamento
   - Giocare in avanti e, se possibile, alle spalle, senza correre rischi
   - Circolazione palla attraverso i tre spazi verticali del campo (cambiare gioco)

3. Mantenere il possesso
   - Giocare in sicurezza, iniziando la fase offensiva, assicurandosi il possesso palla

Sotto-sotto-principi

- Giocare a supporto (di fronte e dietro alla palla)
- Giocare un primo passaggio sicuro ("giocare semplice")
- Inserimenti corretti per evitare il fuorigioco
- In caso di ricezione alle spalle della difesa: concludere o mantenere il possesso attraverso il supporto dei compagni

PERIODIZZAZIONE TATTICA

Capitolo 5: L'organizzazione Tattica Nelle 4 Fasi Del Gioco

UN ESEMPIO DI TRANSIZIONE POSITIVA DI JOSÉ MOURINHO: CONTRATTACCO

Analisi tratta da 'José Mourinho's Real Madrid: A Tactical Analysis - Attacking in the 4-2-3-1' (Athanasios Terzis 2012)

Disponibile per l'acquisto su SoccerTutor.com (libro cartaceo oppure eBook)

Questa analisi si basa su ricorrenti situazioni di gioco. Una volta che la stessa fase di gioco si è verificata un certo numero di volte (almeno 10), le letture tattiche vengono considerate come modello. Vengono presentate azioni, giocate, movimenti individuali con o senza la palla e la posizione di ciascun giocatore sul campo, incluso il posizionamento del corpo.

L'analisi viene quindi utilizzata per presentare un esempio pratico della situazione tattica collettiva.

Creare superiorità numerica 4 c 3 durante un contrattacco

In questo esempio, il Num.10 del Real Madrid, Özil, conquista palla a centrocampo.

Özil conduce in avanti e l'esterno alto di sinistra, Ronaldo (7), si muove in ampiezza, per ricevere il passaggio sulla corsa.

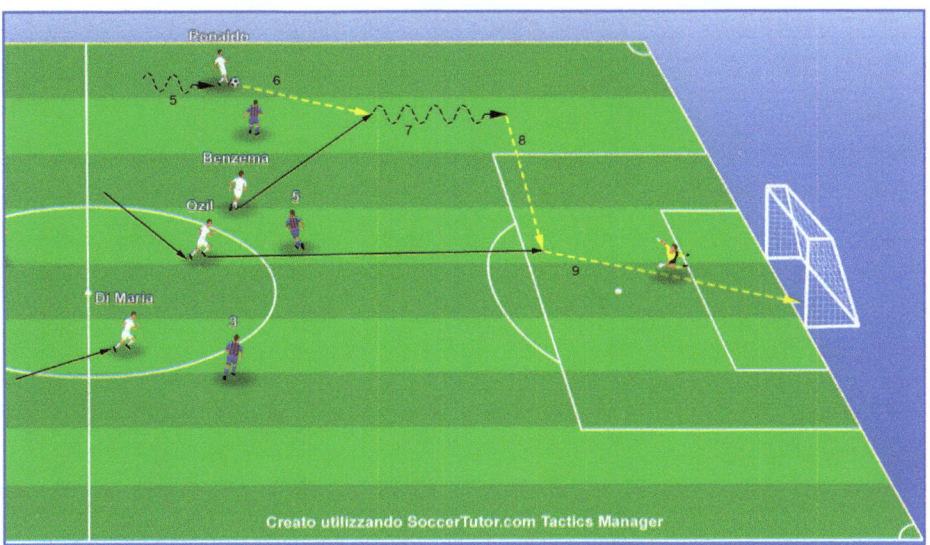

Ronaldo invita uno dei difensori centrali fuori posizione, quindi Benzema si può smarcare alle spalle e ricevere palla.

L'altro difensore centrale (n. 5) segue Benzema e i giocatori della linea avversaria si trovano a grandi distanze tra loro.

Özil si inserisce al centro, in avanti. Benzema crossa palla e Özil conclude nell'angolo opposto.

CAPITOLO 6
ANALIZZARE LA PRESTAZIONE NELLA PARTITA PRECEDENTE E L'AVVERSARIO SUCCESSIVO

Capitolo 6: Analizzare La Prestazione Nella Partita Precedente E L'avversario Successivo

ANALIZZARE LA PRESTAZIONE NELLA PARTITA PRECEDENTE E L'AVVERSARIO SUCCESSIVO

Come accennato in precedenza, la preparazione e la pianificazione degli allenamenti settimanali si basano su continue interazioni tra il modello di gioco, le prestazioni della squadra nella partita precedente (sia positive che negative) e le caratteristiche dell'avversario successivo.

Gli obiettivi devono quindi essere tarati sui problemi mostrati dalla squadra nella partita precedente e quelli che probabilmente dovranno essere affrontati in quella successiva.

Fattori da considerare quando vengono stabiliti gli obiettivi settimanali (adattamento da Gomes, M. 2006)

Modello di gioco

Analizzare la prestazione nella partita precedente

Analizzare il prossimo avversario

ANALIZZARE LA PRESTAZIONE NELLA PARTITA PRECEDENTE

ANALIZZARE LA PRESTAZIONE NELLA PARTITA PRECEDENTE: FASE OFFENSIVA

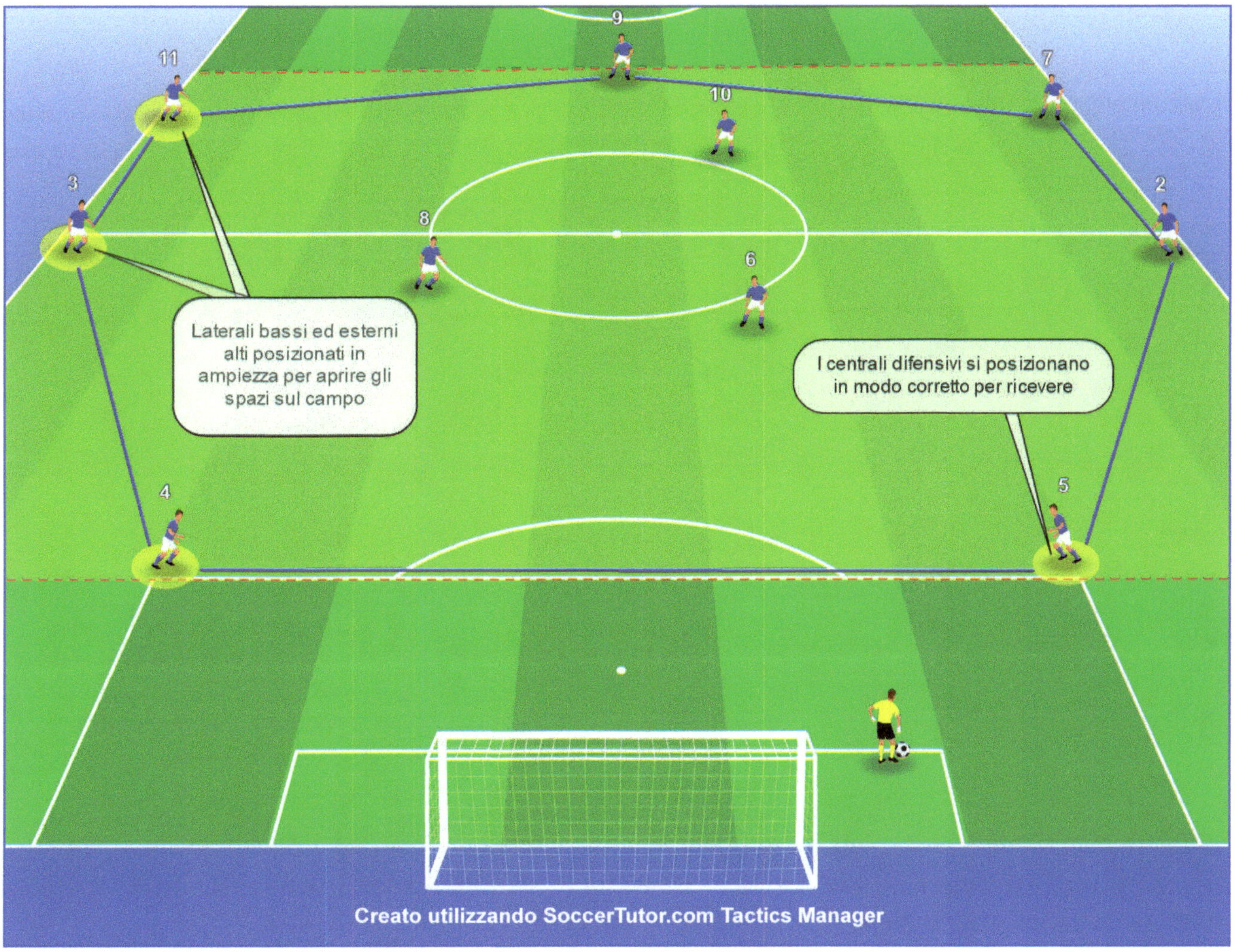

Laterali bassi ed esterni alti posizionati in ampiezza per aprire gli spazi sul campo

I centrali difensivi si posizionano in modo corretto per ricevere

La figura mostra il corretto scaglionamento richiesto per questa fase di gioco. I difensori centrali (4 e 5) sono nelle giuste posizioni per ricevere dal portiere, i laterali bassi (2 e 3) e gli esterni alti (7 e 11) sono in posizionati in ampiezza, per aprire il più possibile gli spazi in campo.

Tuttavia, secondo l'analisi della fase offensiva della partita precedente, questa situazione non è stata risolta correttamente. In fase di possesso, sono stati trovati i seguenti errori di posizionamento:

- La difesa non si è posizionata nel modo corretto per costruire dal basso.

- Le posizioni iniziali degli esterni alti erano, nella maggior parte dei casi, troppo interne, riducendo l'ampiezza.

ANALIZZARE LA PRESTAZIONE NELLA PARTITA PRECEDENTE: TRANSIZIONE NEGATIVA

Troppo spazio tra le linee (la linea di difesa avrebbe dovuto scalare in avanti)

Questo è un esempio tratto dall'analisi della fase di transizione negativa nella partita precedente. In caso di perdita del possesso, sono stati trovati i seguenti errori di posizionamento:

- Nel momento della perdita del possesso, la linea difensiva non si è portata in avanti correttamente.

- Pertanto, lo spazio tra la difesa e il centrocampo ha permesso il gioco fra le linee all'avversario.

La figura mostra come il centrale difensivo avversario (5) sia stato in grado di trasmettere facilmente palla in avanti, nello spazio, tra le linee, creando una potenziale situazione offensiva 4 c 4.

Se la linea difensiva si fosse mossa in avanti, come nei piani, questo spazio non sarebbe stato creato.

ANALIZZARE LA PRESTAZIONE NELLA PARTITA PRECEDENTE: FASE DIFENSIVA

La linea difensiva più alta riduce lo spazio tra le linee; e scala in avanti ulteriormente, appena il Num.3 scarica palla indietro

Questo esempio è tratto dall'analisi della fase difensiva nella partita precedente. In fase di non possesso, sono stati trovati i seguenti errori di posizionamento:

- La squadra non ha chiuso bene gli spazi, secondo i dettami sulle fasi di transizione negativa e difensiva.

- Nonostante la chiusura degli spazi in ampiezza, in fase di non possesso palla, la linea difensiva si è trovata generalmente troppo lontano dalla linea di centrocampo, creando spazio tra i due settori.

- Lo spazio tra centrocampo e difesa è stato sfruttato dai giocatori avversari, che hanno potuto ricevere tra le linee e girarsi. L'avversario si è quindi trovato in parità o superiorità numerica in fase offensiva.

La figura mostra come la squadra avrebbe dovuto posizionarsi nell'ultima partita; più compatta nel suo insieme e con la linea difensiva molto più alta.

La fase di pressione collettiva, con le giuste distanze tra giocatori e linee (settori), costringe il laterale sinistro avversario a trasmettere palla indietro, verso il difensore centrale. Da questo momento, ogni giocatore della squadra avanza e si sposta per portare pressione collettiva e ridurre lo spazio.

Capitolo 6: Analizzare La Prestazione Nella Partita Precedente E L'avversario Successivo

ANALIZZARE LA PRESTAZIONE NELLA PARTITA PRECEDENTE: TRANSIZIONE POSITIVA

In questa situazione, il Num.11 sfrutta la possibilità di contrattacco con successo

Il Num.11 conquista palla contro il giocatore rosso Num.2

Opportunità offensiva mancata a causa di una trasmissione palla indietro verso il centrocampista difensivo

Questa figura mostra un esempio di analisi di una fase di transizione positiva nella partita precedente. Nel momento della conquista del possesso, sono stati trovati i seguenti errori:

- Poche giocate alle spalle della linea difensiva avversaria.
- La squadra ha sempre deciso di giocare in modo sicuro, perdendo molte opportunità per contrattaccare.

L'esterno alto di sinistra (Num.11 blu) conquista palla contro il suo avversario diretto e si trova libero di trasmettere, ma gioca in sicurezza, tornando verso il centrocampista centrale (8). La squadra mantiene il possesso, ma non riesce a sfruttare il posizionamento potenzialmente vantaggioso (frecce blu).

I giocatori avrebbero potuto agire diversamente, in questa situazione, data la temporanea disorganizzazione dell'avversario e lo spazio da sfruttare alle spalle della linea difensiva.

Le frecce gialle mostrano le possibilità di passaggio verso l'area di rigore, per il Num.11, non appena conquistato il possesso.

Il Num.11 avrebbe potuto scegliere tra due opzioni per creare un'opportunità di segnare una rete:

1. Trasmettere tra i due difensori centrali rossi (4 e 5), sull'inserimento dell'attaccante blu (9), che può ricevere, giocando 1 contro 1 con il portiere avversario e segnare.

2. Trasmettere in avanti, sulla stessa linea e verso la direzione di corsa del Num.10, che, quando riceve, può condurre all'interno dell'area di rigore, oppure, in alternativa, crossare verso il Num.9, che conclude.

ANALIZZARE L'AVVERSARIO SUCCESSIVO

"L'analisi dell'avversario è molto importante per me, perché preparo gli allenamenti in base alla prossima partita."
(José Mourinho)

ANALIZZARE L'AVVERSARIO SUCCESSIVO: FASE OFFENSIVA

> L'avversario mostra dinamiche costanti di gioco diretto
>
> Necessità di pressione sul portatore di palla per limitare tempo e spazio

ANALISI: per delineare gli obiettivi del piano settimanale, vengono presi in considerazione le prestazioni delle partite precedenti e le caratteristiche del prossimo avversario. Studiando e comprendendo le possibili dinamiche della partita successiva, in ogni fase del gioco, si possono definire alcuni obiettivi strategici, per annullare i punti di forza e sfruttare le debolezze dell'avversario.

Ad esempio, la squadra da affrontare gioca con una classica linea di centrocampo del 4-4-2, con 3 linee in profondità e con le seguenti caratteristiche in fase offensiva:

- Fase di costruzione senza passaggi corti verso il centrocampo, e gioco costantemente diretto.

- Gli attaccanti rimangono in posizioni alti contro i difensori centrali e vengono trasmessi passaggi diagonali lunghi, per sfruttare lo spazio alle spalle della linea difensiva.

- In fase di possesso, vengono giocati passaggi diagonali lunghi sui movimenti degli attaccanti; spesso sono i difensori a calciare.

SOLUZIONE TATTICA: in fase di non possesso, i difensori devono essere costantemente attenti a questi lanci lunghi, assicurandosi di coprire la profondità, quando necessario, e di seguire i movimenti degli attaccanti.

Anche centrocampisti e attaccanti devono essere attenti nel portare pressione contro il portatore di palla e a negare tempo e spazio per alzare la testa e giocare un passaggio lungo in modo preciso.

Capitolo 6: Analizzare La Prestazione Nella Partita Precedente E L'avversario Successivo

ANALIZZARE L'AVVERSARIO SUCCESSIVO: TRANSIZIONE NEGATIVA

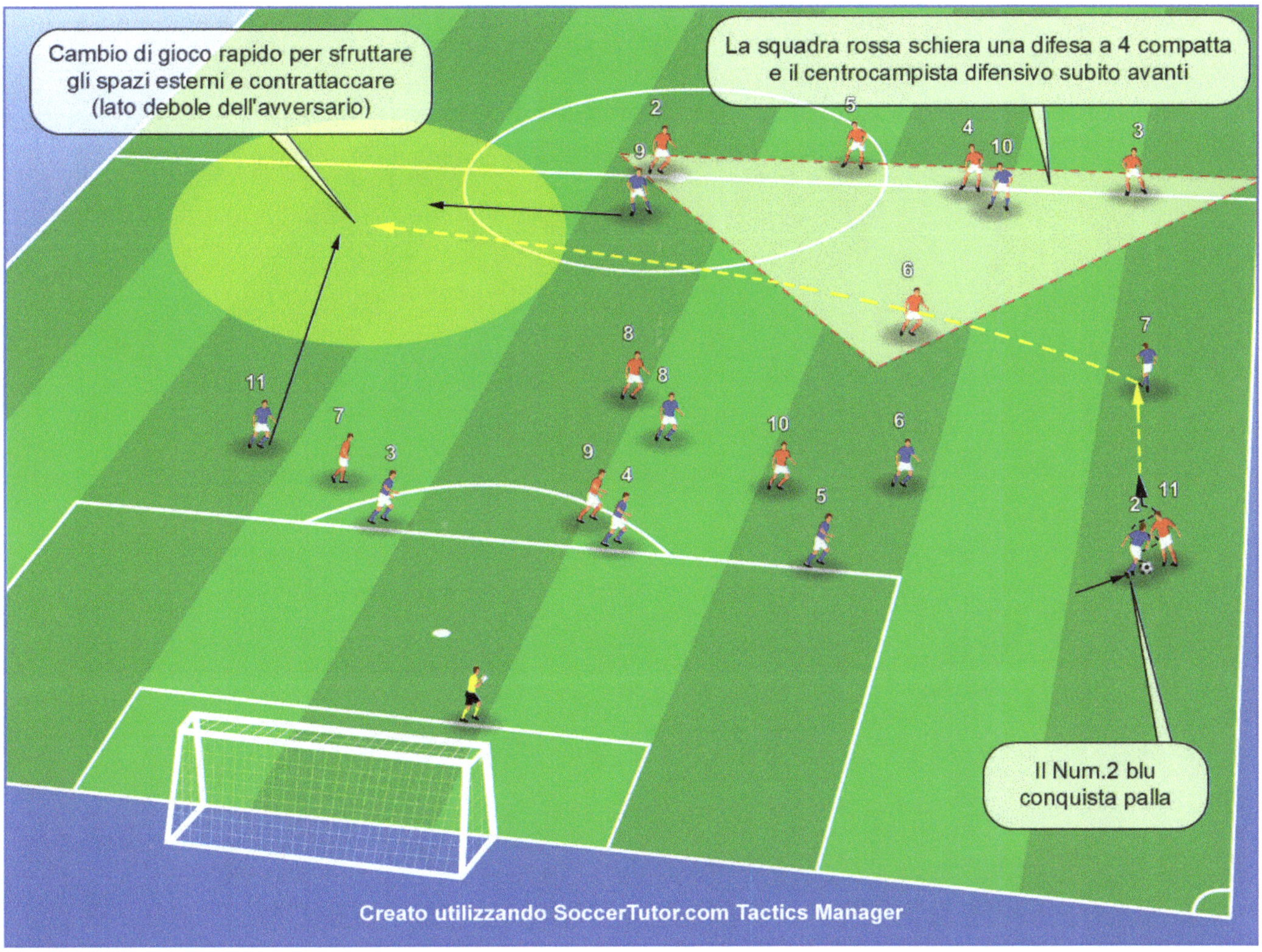

ANALISI: In questo esempio, viene analizzato il prossimo avversario, in fase di transizione negativa.

Come mostrato in figura, l'esterno alto sinistro (11) perde palla contro il laterale basso blu (2).

In caso di perdita del possesso, i comportamenti tattici dell'avversario sono i seguenti:

- Non c'è molta aggressività e nemmeno molti giocatori in zona palla, per cercarne la riconquista veloce.

- L'attenzione invece è posta sul mantenimento delle posizioni dietro la linea della palla, con difesa a 4 compatta e organizzata, un centrocampista difensivo e il Num. 6 che crea superiorità numerica, come evidenziato in figura.

SOLUZIONE TATTICA: in fase di transizione positiva, diventa difficile sfruttare il possesso nelle zone centrali dopo la conquista della palla, a causa della superiorità numerica e della compattezza della difesa, che può portare pressione e coprire gli spazi.

E' invece necessario concentrarsi sulle zone deboli, dato che esterni alti e un centrocampista centrale sono spesso in posizione avanzate, nel momento della perdita del possesso, lasciando spazi non adeguatamente coperti.

Se c'è la possibilità di cambiare gioco velocemente, sfruttando gli spazi, allora diventa più semplice contrattaccare.

Capitolo 6: Analizzare La Prestazione Nella Partita Precedente E L'avversario Successivo

ANALIZZARE L'AVVERSARIO SUCCESSIVO: FASE DIFENSIVA

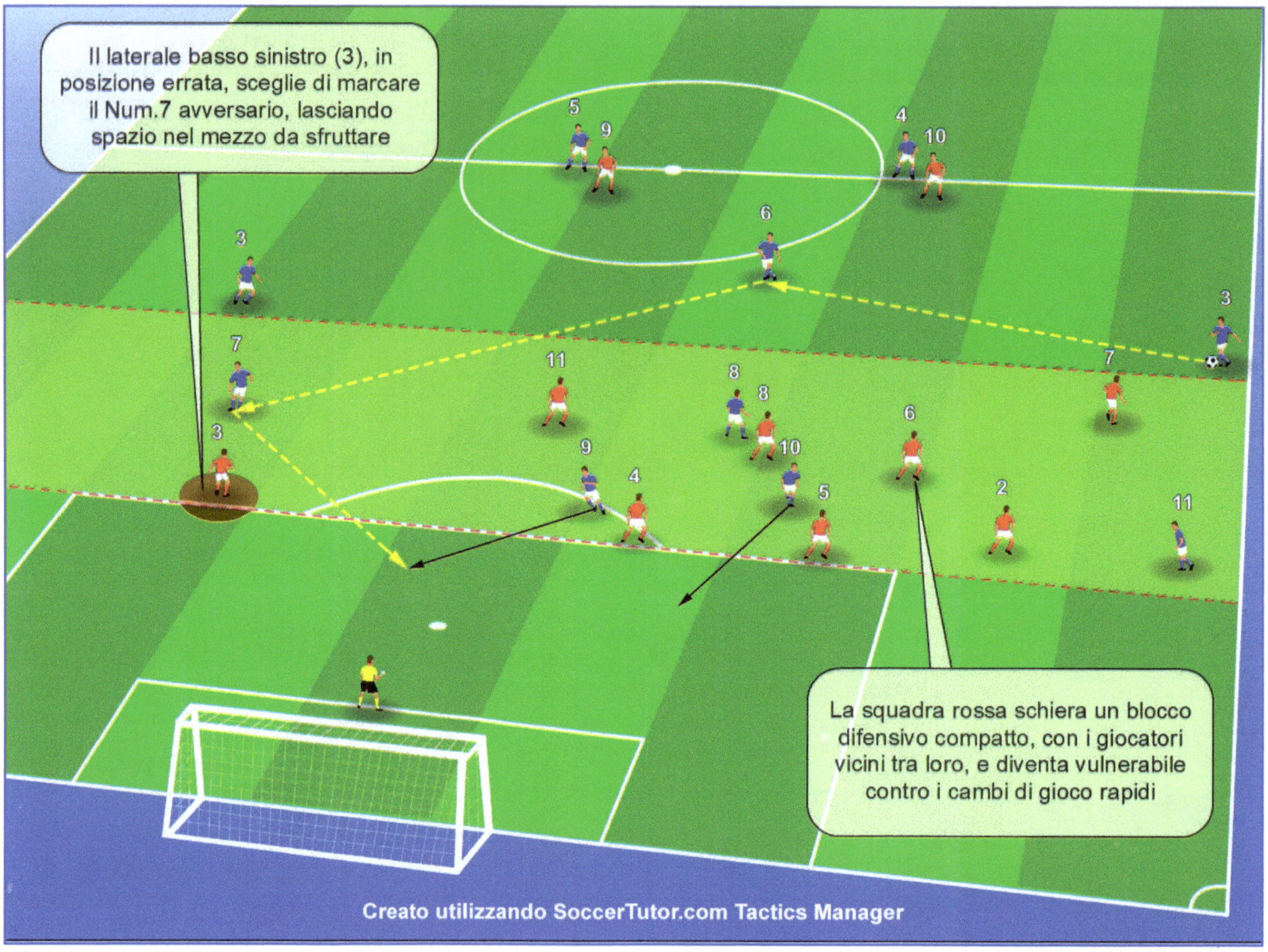

Il laterale basso sinistro (3), in posizione errata, sceglie di marcare il Num.7 avversario, lasciando spazio nel mezzo da sfruttare

La squadra rossa schiera un blocco difensivo compatto, con i giocatori vicini tra loro, e diventa vulnerabile contro i cambi di gioco rapidi

Creato utilizzando SoccerTutor.com Tactics Manager

ANALISI: i prossimi avversari difendono in modo compatto, con uno schieramento 4-4 e lasciano i due attaccanti in posizioni avanzate. Gli aspetti chiave della fase difensiva sono:

- In fase di non possesso, difendono in blocco la profondità, con due linee da 4. I giocatori agiscono a distanze ravvicinate tra loro.

- Hanno problemi nel difendere contro la circolazione rapida della palla e i cambi di gioco.

- C'è una un ulteriore problema riguardo il posizionamento del laterale basso sinistro. Quando la squadra si muove verso un lato del campo, con i giocatori vicini e compatti, il laterale basso sinistro (3) resta spesso nella propria posizione, per marcare l'avversario diretto (l'esterno alto blu Num.7, in figura).

- Se è possibile cambiare gioco rapidamente, come riescono i giocatori blu, in figura, si crea uno spazio tra il centrale difensivo (4) e il laterale basso (3); gli attaccanti possono quindi inserirsi, con i tempi giusti, per ricevere palla in area di rigore, con buone possibilità di concludere.

SOLUZIONE TATTICA: in fase offensiva, il blocco avversario è compatto e di conseguenza le combinazioni devono essere veloci, così come i cambi di gioco.

Cambiando lato da sinistra a destra, è possibile approfittare dell'errato posizionamento del laterale basso sinistro, per giocare palla negli spazi centrali e all'interno dell'area di rigore.

Capitolo 6: Analizzare La Prestazione Nella Partita Precedente E L'avversario Successivo

ANALIZZARE L'AVVERSARIO SUCCESSIVO: TRANSIZIONE POSITIVA

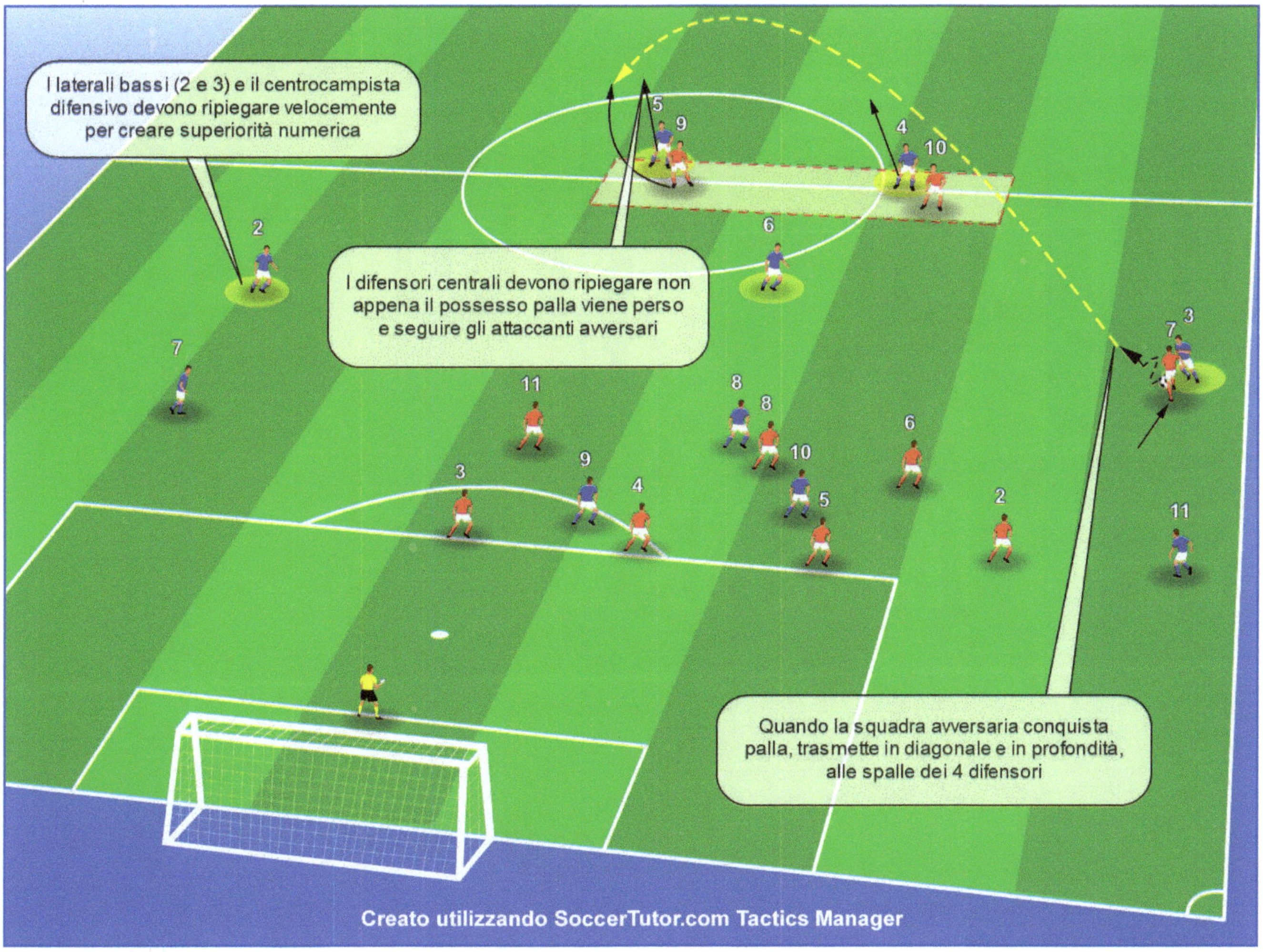

ANALISI: In questo esempio, viene analizzato il prossimo avversario, in fase di transizione positiva:

- In primo luogo, la squadra in maglia rossa, in fase difensiva, lascia i suoi due attaccanti pronti per potenziali contrattacchi.

- Quando conquista palla, cerca giocate diagonali in profondità, alle spalle della difesa avversaria, cercando di penetrare rapidamente attraverso i movimenti degli attaccanti.

- Quindi, questa squadra non gioca passaggi corti o a media distanza, e non conduce palla fuori dalla "zona di pressione", per poi contrattaccare attraverso inserimenti a supporto. Invece, gioca in modo più rischioso, con trasmissioni palla lunghe e contrattacchi diretti.

SOLUZIONE TATTICA: In fase di transizione negativa, i difensori centrali devono coprire la profondità, non appena il possesso viene perso e seguire gli inserimenti degli attaccanti.

Anche il centrocampista difensivo (6) e i laterali bassi (2 e 3) devono ripiegare rapidamente, per creare superiorità numerica in difesa.

Inoltre, il portiere deve trovarsi in posizione avanzata, per poter essere in grado di rinviare, se necessario.

CAPITOLO 7
GLI OBIETTIVI DEGLI ALLENAMENTI SETTIMANALI

Capitolo 7: Gli Obiettivi Degli Allenamenti Settimanali

GLI OBIETTIVI DEGLI ALLENAMENTI SETTIMANALI: FASE OFFENSIVA

Dopo aver preso in considerazione l'analisi delle prestazioni nelle partite precedenti e il prossimo avversario (nel precedente capitolo), lo schema che segue delinea gli obiettivi settimanali di allenamento, in fase offensiva:

MODELLO DI GIOCO:
gioco posizionale: possesso e circolazione veloce della palla

OBIETTIVI SETTIMANALI:
costruzione dal basso: trasmettere palla a centrocampo (inter-settoriale e collettiva)

PRESTAZIONE ULTIMA PARTITA:
- Scaglionamento errato
- Difensori non posizionati correttamente per costruire dal basso
- Esterni alti con posizioni di partenza troppo interne (non in ampiezza)

PROSSIMO AVVERSARIO:
- Blocco difensivo in profondità
- Difficoltà in caso di circolazione palla veloce e cambio di gioco
- Distanza tra esterno e centrale sulla sinistra

Capitolo 7: Gli Obiettivi Degli Allenamenti Settimanali

GLI OBIETTIVI DEGLI ALLENAMENTI SETTIMANALI: TRANSIZIONE NEGATIVA

Dopo aver preso in considerazione l'analisi delle prestazioni nelle partite precedenti e il prossimo avversario (nel precedente capitolo), lo schema che segue delinea gli obiettivi settimanali di allenamento, in fase di transizione negativa:

MODELLO DI GIOCO:
pressione sul portatore di palla e nello spazio circostante

OBIETTIVI SETTIMANALI:
creare una "zona di pressione": chiudere gli spazi e contrastare giocate in avanti o alle spalle dell'avversario

PRESTAZIONE ULTIMA PARTITA:
- Linea difensiva (settore) posizionata troppo in profondità e senza i giusti movimenti in avanti, quando necessario, lasciando spazi "tra le linee"

PROSSIMO AVVERSARIO:
- Gli attaccanti sono vicini al centrale difensivo sinistro avversario pronti per contrattaccare velocemente

GLI OBIETTIVI DEGLI ALLENAMENTI SETTIMANALI: FASE DIFENSIVA

Dopo aver preso in considerazione l'analisi delle prestazioni nelle partite precedenti e il prossimo avversario (nel precedente capitolo), lo schema che segue delinea gli obiettivi settimanali di allenamento, in fase difensiva:

MODELLO DI GIOCO:
difesa a zona e pressione per forzare l'avversario all'errore e conquistare palla

OBIETTIVI SETTIMANALI:
ripiegare indietro, chiudere le linee di passaggio interne; compattezza per chiudere gli spazi (ampiezza e profondità)

PRESTAZIONE ULTIMA PARTITA:
- Nonostante le chiusure in ampiezza, troppo spazio da sfruttare tra il centrocampo e la linea difensiva

PROSSIMO AVVERSARIO:
- Combinazioni di gioco dirette
- Passaggi lunghi, in diagonale, per sfruttare lo spazio alle spalle della linea difensiva

Capitolo 7: Gli Obiettivi Degli Allenamenti Settimanali

GLI OBIETTIVI DEGLI ALLENAMENTI SETTIMANALI: TRANSIZIONE POSITIVA

Dopo aver preso in considerazione l'analisi delle prestazioni nelle partite precedenti e il prossimo avversario (nel precedente capitolo), lo schema che segue delinea gli obiettivi settimanali di allenamento, in fase di transizione positiva:

MODELLO DI GIOCO:
muovere palla fuori dalla "zona di pressione" per avvantaggiarsi dello sbilanciamento difensivo dell'avversario

OBIETTIVI SETTIMANALI:
trasmettere palla in profondità, cercando di giocare alle spalle dell'avversario, senza correre rischi

PRESTAZIONE ULTIMA PARTITA:
- Sprecate troppe occasioni per contrattaccare, avendo giocato solo in sicurezza (mantenimento del possesso), dopo la conquista della palla

PROSSIMO AVVERSARIO:
- Non è aggressivo
- Molti giocatori dietro la linea della palla
- Esterni alti e un centrocampista centrale, che lasciano spesso spazio

Capitolo 7: Gli Obiettivi Degli Allenamenti Settimanali

LA CONNESSIONE TRA IL MODELLO DI GIOCO E GLI OBIETTIVI DEGLI ALLENAMENTI SETTIMANALI

Fase offensiva

▶ Costruire gioco dal basso con l'obiettivo di trasmettere verso la linea di centrocampo (inter-settoriale e collettivo).

▶ Cambiare gioco, da un lato all'altro, verso un compagno smarcato in ampiezza.

Transizione negativa

▶ Creare una "zona di pressione" sull portatore di palla e nello spazio circostante.

▶ Marcare i potenziali riceventi e impedire all'avversario di giocare avanti e alle spalle della linea difensiva.

▶ Ridurre rapidamente lo spazio disponibile in ampiezza e profondità.

Fase difensiva

▶ Ripiegare per impedire all'avversario di giocare alle spalle della linea difensiva.

▶ Compattezza per ridurre lo spazio in ampiezza e profondità.

Transizione positiva

▶ Giocare rapidamente alle spalle della linea difensiva, per approfittare del momentaneo sbilanciamento dell'avversario

▶ Anche se i giocatori non devono agire solo in sicurezza, non dovrebbero essere corsi rischi inutili.

CAPITOLO 8
LO SCHEMA STANDARD DEGLI ALLENAMENTI SETTIMANALI

Capitolo 8: Lo Schema Standard Degli Allenamenti Settimanali

LO SCHEMA STANDARD DEGLI ALLENAMENTI SETTIMANALI (1 PARTITA) (Adattamento da Oliveira, G. 2007)

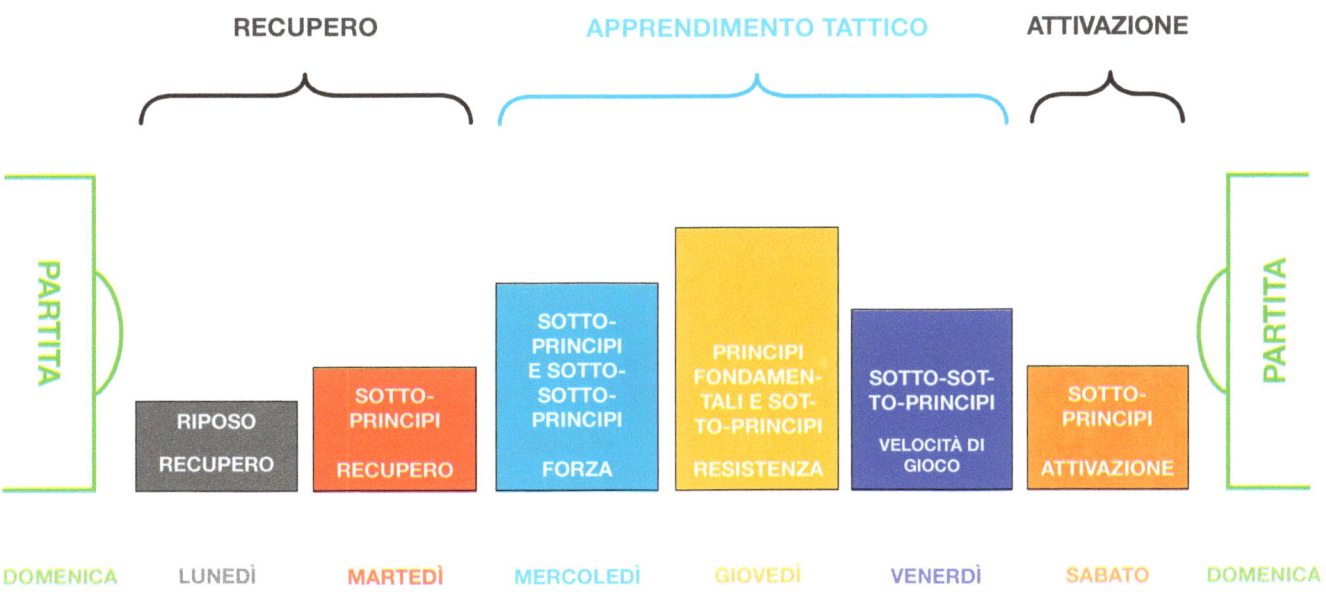

Per la Periodizzazione Tattica, lo schema settimanale è l'unità di pianificazione e la struttura che guidano l'organizzazione di tutti i contenuti dell'allenamento.

I fattori principali che influenzano queste decisioni sono il **modello** e i **principi di gioco**, l'ultima prestazione in una partita e le previsioni per la prossima.

I principi metodologici più rilevanti che influenzano l'ideazione dello schema settimanale sono:

- **Principio dell'alternanza orizzontale nella specificità** (pagine 98-99)
- **Principio delle esercitazioni condizionate** (pagine 65 e 186)
- **Principio della progressività complessa** (pagine 83-87)

Allo stesso modo, è molto importante considerare anche il **principio della fatica tattica (pag. 189)**, così come la relazione tra la complessità dei principi e le conseguenti necessità di preparazione fisica, dato che sono elementi che influenzano l'allenamento quotidiano.

La **complessità** progredisce durante la settimana, tenendo conto della vicinanza delle partite precedenti e future, in modo che la squadra possa sempre allenarsi alla massima intensità di concentrazione relativa. Più lontana da una partita competitiva è la squadra, più complessa sarà la sessione di allenamento, tatticamente parlando.

Questo di seguito è il programma di allenamento settimanale, con 1 partita (spiegato dettagliatamente nelle pagine seguenti):

- **DOMENICA:** giorno della partita
- **LUNEDÌ:** recupero passivo/riposo
- **MARTEDÌ:** recupero attivo (allenamento tattico/strategico)
- **MERCOLEDÌ:** focus cognitivo medio sul modello di gioco (forza)
- **GIOVEDÌ:** focus cognitivo alto e principale sul modello di gioco (resistenza)
- **VENERDÌ:** focus cognitivo basso sul modello di gioco (velocità di gioco)
- **SABATO:** attivazione pre-partita (allenamento tattico/strategico)

* Per ulteriori informazioni sulla frattalità, tornare alle pagine 53-55

Capitolo 8: Lo Schema Standard Degli Allenamenti Settimanali

DOMENICA: GIORNO DELLA PARTITA

"Con i calendari così competitivi, il recupero inizia in partita. Giocando più di sessanta incontri a stagione, è un fattore da prendere in considerazione nel modello di gioco. Voglio che la mia squadra sia in grado di riposare con la palla, attraverso il corretto gioco posizionale, l'occupazione razionale degli spazi e la capacità di mantenere il possesso, anche senza avanzare. Pertanto, l'obiettivo è mantenere il possesso palla per riposare; ma per raggiungere quel livello di controllo della partita, l'allenamento è necessario". **José Mourinho** (Amieiro et al., 2006).

La competizione è una fase fondamentale del processo di allenamento. Nell'approccio della Periodizzazione Tattica, le sessioni non sono separate dalla competizione, perché consente l'analisi di ciò che è stato realizzato riguardo il modello di gioco previsto. Pertanto, allenamento e competizione fanno parte dello stesso obiettivo, lo sviluppo di uno specifico stile di gioco.

La competizione può creare grandi "richieste", dovendo gestire i problemi che l'avversario provoca e raggiungere gli obiettivi prefissati, ma non è sempre il momento più impegnativo. Alcune partite possono essere relativamente facili, perché è possibile giocare nel modo preferito; pertanto, i requisiti si incontrano con gli schemi a cui giocatori e squadra sono già adattati (adattamenti specifici).

Immaginando una squadra, la cui caratteristica principale sia prendere l'iniziativa in fase offensiva, con alte percentuali di possesso, gioco rapido con combinazioni brevi e movimenti a supporto con una notevole mobilità (interscambio di posizioni), in una data partita può essere possibile imporre il proprio stile di gioco e passare la maggior parte dei novanta minuti all'interno di queste dinamiche.

Tuttavia, se in una partita successiva, affrontando un avversario che prende anch'egli iniziativa con la palla, lo svolgimento della gara con lo stesso stile di gioco viene impedito, a causa della forzata fase difensiva, che impone un modo di agire diverso rispetto al solito, con requisiti fisici e carichi completamente diversi. Altri fattori, come le condizioni meteorologiche, le dimensioni del campo, il terreno di gioco, il risultato e il tipo di competizione (ad esempio campionato o coppa) possono influenzare lo stile di gioco e creare diverse richieste durante la partita.

I requisiti di una partita possono essere massimali o sub-massimali, quindi nell'approccio della Periodizzazione Tattica, le partite sono sempre correlate al concetto di specificità.

LUNEDÌ: RECUPERO PASSIVO / RIPOSO

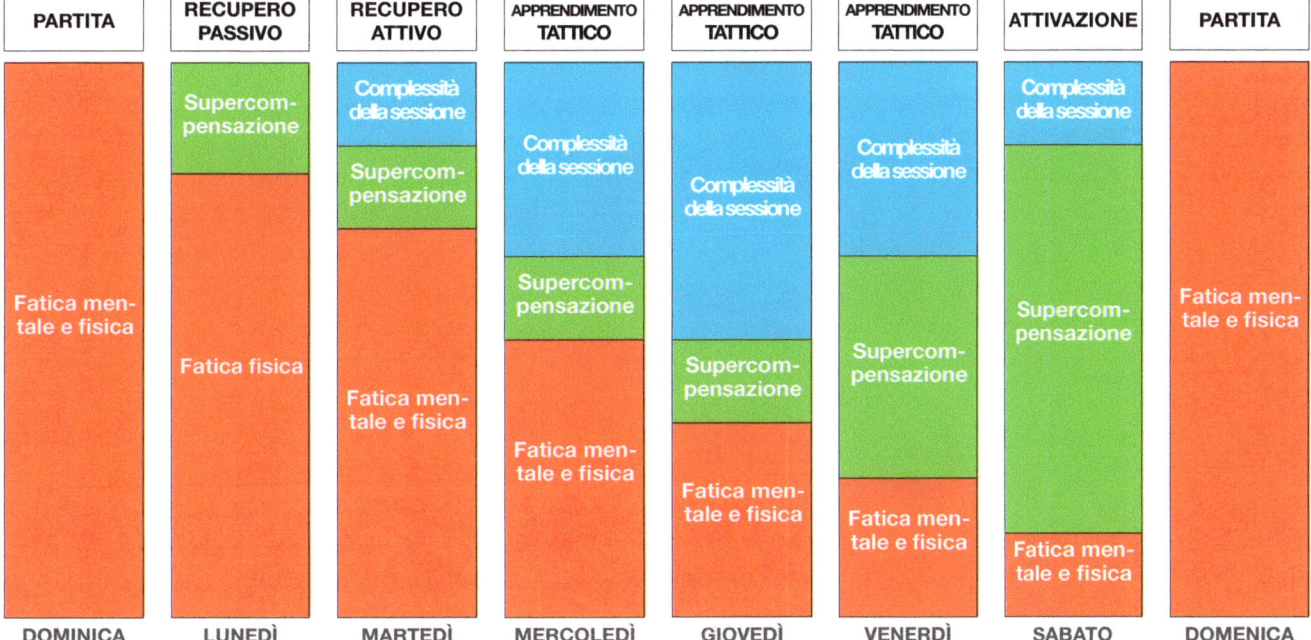

Lo schema della settimana qui sopra mostra quanto segue:

- **Fatica mentale e fisica** quotidiana.

- Livello di concentrazione mentale richiesto in ogni giorno di allenamento (**complessità dell'allenamento**); basso durante il recupero e l'attivazione, alto a metà settimana.

- **Supercompensazione:** periodo post-allenamento in cui la funzione/parametro dei giocatori ha una capacità di prestazione superiore a quella precedente il periodo di allenamento.

"Concediamo ai giocatori un riposo completo di Lunedì dopo la partita della Domenica; nessuna complessità di allenamento o fatica mentale aggiuntiva. La fatica centrale (mentale) è la più rilevante nel calcio, risultato dell'essere costantemente concentrati, sia individualmente che collettivamente, per, ad esempio, reagire e coordinare i movimenti in caso di perdita del possesso (**José Mourinho** in Amieiro et al., 2006).

Il recupero è fondamentale sia durante la settimana che in ogni sessione di allenamento, e anche necessario per comprendere pienamente i principi di gioco. Prima di iniziare ogni esercitazione o ripetizione, i giocatori devono essere pronti a massimizzare il loro apprendimento. Per questo la Periodizzazione Tattica suddivide ogni proposta in serie più o meno discontinue; ad esempio 4 serie x 6', anziché 1 serie x 24'.

Secondo **José Mourinho** (in Amieiro et al., 2006), se la squadra gioca una sola partita settimanale, il Lunedì è il giorno libero, anche se da un punto di vista fisiologico, sarebbe probabilmente meglio svolgere una sessione di recupero. Ma da un punto di vista psicologico, è meglio lasciare che i giocatori si rilassino, passino il tempo con la famiglia e gli amici, e generalmente "si spengano" per un giorno.

Martedì è il giorno della prima sessione di allenamento, dopo l'ultima partita della Domenica.

Dal Mercoledì fino alla partita successiva, si inizia a lavorare sugli aspetti tecnico-tattici, passando dai principi più generali a quelli più specifici, relativi al prossimo avversario.

Pertanto, si lavora sugli aspetti fondamentali del modello di gioco, che vengono allenati ogni settimana, che, invece, viene conclusa con dettagli tattici e posizionali.

Sabato, è il giorno del lato strategico, da un punto di vista teorico, con esercitazioni a basso o nullo livello di pressione avversaria.

Nel caso di due partite settimanali, nella sessione che precede la partita vengono allenati i "principi fondamentali", molto brevemente e attraverso lezioni teoriche e presentazioni video.

Capitolo 8: Lo Schema Standard Degli Allenamenti Settimanali

MARTEDÌ: RECUPERO ATTIVO (ALLENAMENTO TATTICO / STRATEGICO)

*L'obiettivo è l'allenamento dei **SOTTO-PRINCIPI DI GIOCO** del modello (settoriale e inter-settoriale).*

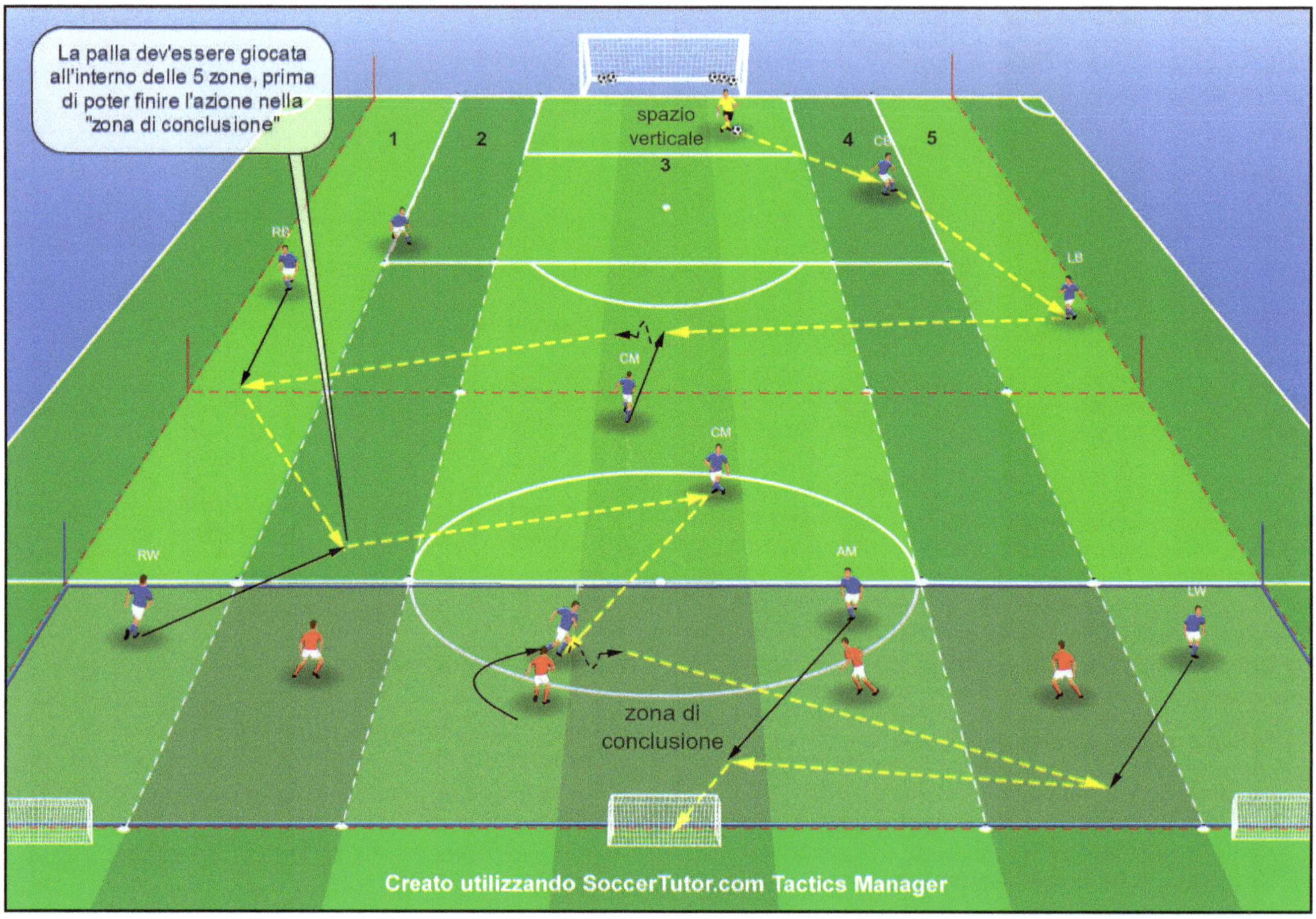

La palla dev'essere giocata all'interno delle 5 zone, prima di poter finire l'azione nella "zona di conclusione"

Questa esercitazione è un esempio di "**recupero attivo**", con l'obiettivo di lavorare sulla costruzione di gioco dal basso e sul gioco posizionale. Per la descrizione completa, **vedere pagina 192**.

"Se lo scopo della sessione è il recupero, questo non significa che non lavori su aspetti tattici del modello di gioco. Invece di proporre corse a bassa intensità, alleno lo stesso principio ma da una prospettiva tecnico-tattica; propongo giochi di posizione in cui solo i giocatori in difesa, normalmente chi non ha giocato nella partita precedente, si allenano con uno sforzo significativo. I giocatori in possesso compiono solo brevi movimenti a supporto, per recuperare in modo specifico" (**José Mourinho** in Amieiro et al., 2006).

Martedì, due giorni dopo la partita, la preoccupazione si sposta verso una ripresa attiva; di conseguenza, le richieste fisiche sono molto basse rispetto a quelle di una partita.

Inoltre, anche il carico emotivo è considerevolmente ridotto (carico massimo relativo). In linea con questa idea, **José Mourinho** (in Amieiro et al., 2006) afferma che, a suo parere, "è più importante gestire correttamente la stanchezza centrale (mentale), piuttosto che la stanchezza fisica", perché crede che "quando c'è stanchezza centrale, i giocatori non riescono a concentrarsi abbastanza, quindi la qualità delle loro decisioni diminuisce".

Ci avviciniamo alla sessione di allenamento che ha l'obiettivo di lavorare su ciò che è successo nella partita precedente o in previsione della prossima. Per chiarire questa idea, Guilherme Oliveira (2006) fornisce un esempio concreto: "So che nella prossima partita, gli attaccanti avversari lasciano che i difensori costruiscano dal basso, attraverso i terzini, chiudendo lo spazio al centro. Preparerò la mia squadra con diverse soluzioni per risolvere i problemi che potrebbero potenzialmente presentarsi, allenando la costruzione di gioco attraverso lo sfruttamento dell'ampiezza".

Pertanto, nell'approccio della Periodizzazione Tattica, la preparazione per l'impegno successivo inizia dal primo giorno di allenamento (visione strategica). Tuttavia, "il lato strategico deve essere collegato al modo in cui giochiamo, senza creare interferenze con i nostri principi di gioco". (Oliveira G., 2006)

In questo approccio, l'allenatore cerca di analizzare ciò che è mancato nell'ultima partita e di anticipare determinate dinamiche costanti del prossimo avversario, in modo da preparare la squadra e i giocatori alla competizione; e comunque, la priorità, è sempre lo stile di gioco.

Le proposte di allenamento, in questa giornata, sono molto discontinue, con pause frequenti, per consentire ai giocatori di recuperare in modo specifico. Guilherme Oliveira (2006) spiega: "Proponiamo dinamiche specifiche secondo il nostro stile di gioco, ma a velocità, forza e durata ridotte. Sviluppiamo anche i nostri sotto-principi di gioco, ma in regime di recupero."

Come già accennato, il recupero non è limitato ai fattori fisici, ma è relativo anche alla riduzione della concentrazione. Pertanto proponiamo quanto segue:

- Situazioni collettive, in cui chi ha giocato per più di 45' si allena insieme.

- L'area di gioco è grande (ad esempio 2/3 o 3/4 del campo) e le proposte possono essere senza avversari o con differenza numerica, ma con un basso grado di difficoltà.

- Viene coinvolto un numero elevato di giocatori (ad esempio, 6 c 0, 11 c 0, 7 c 3, 11 c 4), mantenendo il recupero attivo specifico come principale obiettivo fisico.

- La durata di ciascuna ripetizione è breve (da 30" a 3'), con interruzioni costanti, tra situazioni intermittenti e discontinue (arresti-ripartenze).

In linea con questo, Carvalhal (2001) conclude che il modo migliore per recuperare è "stimolare le stesse strutture che supportano il nostro modello di gioco, ma ridurre lo spazio di gioco, il tempo e la concentrazione richiesta".

Pertanto, ogni sessione di allenamento, anche quando l'obiettivo è il recupero, deve essere correlata allo stile di gioco.

Capitolo 8: Lo Schema Standard Degli Allenamenti Settimanali

MERCOLEDÌ: FOCUS COGNITIVO MEDIO SUL MODELLO DI GIOCO ("FORZA TECNICA")

*Nella sessione del Mercoledì, la preoccupazione principale è che il recupero dei giocatori e della squadra non sia completo. Tatticamente parlando, alleniamo soprattutto **SOTTO-PRINCIPI E SOTTO-SOTTO-PRINCIPI DI GIOCO**, e focalizziamo l'attenzione sui giocatori in termini di relazioni settoriali e inter-settoriali.*

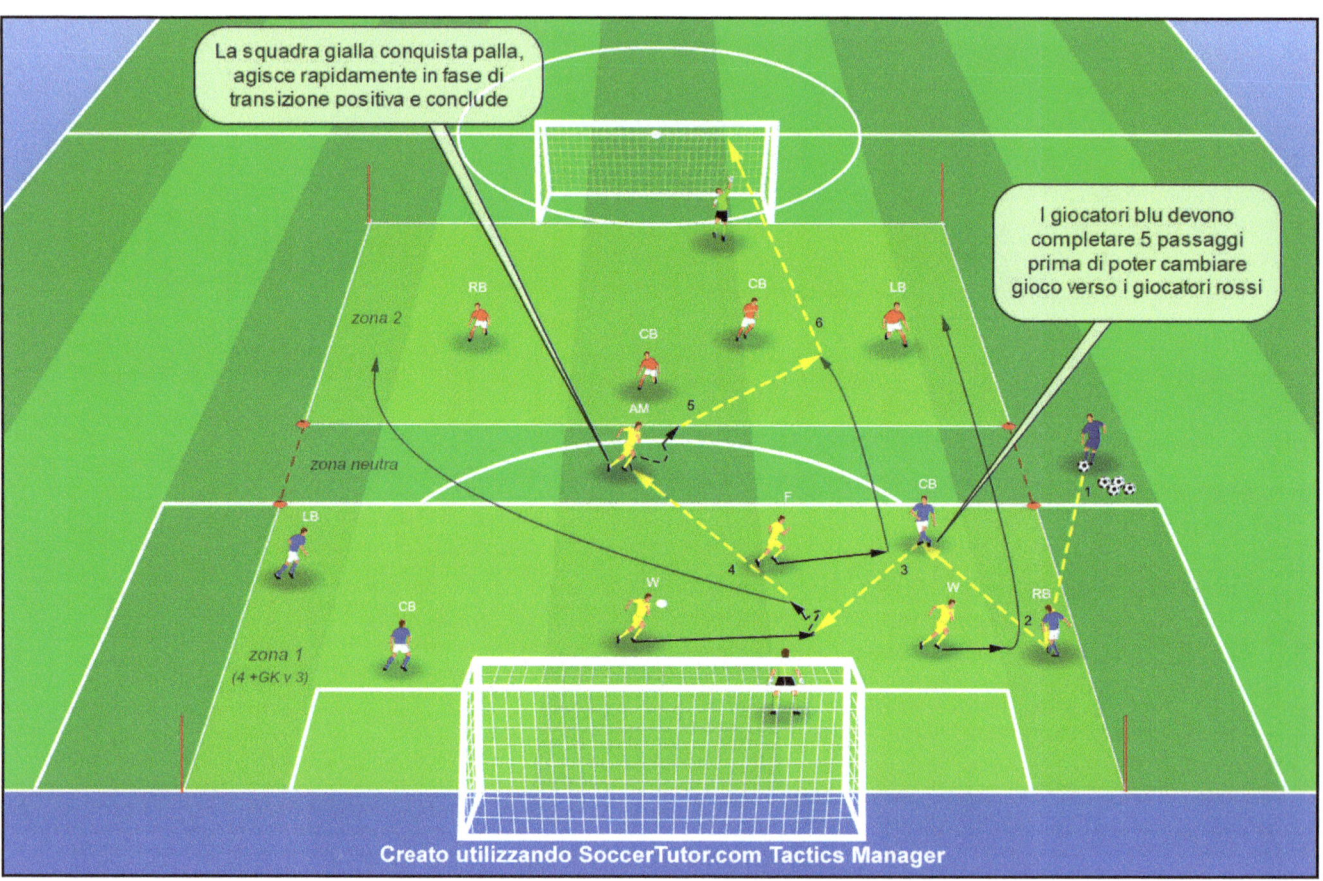

Questa esercitazione di "**forza tecnica**" lavora sulla riduzione del tempo e dello spazio disponibili per gli avversari in fase di transizione negativa. Per la descrizione completa, **vedere pag. 198**.

Per esperienza, riconosco che nei tre giorni dopo la partita, i giocatori non sono ancora completamente recuperati, soprattutto emotivamente. Se la partita è stata giocata Domenica, nella sessione del Mercoledì alleniamo quella che chiamo "forza tecnica" (**José Mourinho** in Amieiro et al., 2006). Pertanto, suddividiamo la complessità collettiva in situazioni ridotte, con un numero minimo di giocatori e situazioni, con duelli continui (1 c 1, 2 c 2, 3 c 3, 4 c 4 e 5 c 5), all'interno di piccole aree di gioco e serie di breve durata (da 30" a 3'). La capacità fisica più sollecitata è la forza specifica, lavorando su quanto segue:

- **Velocità di esecuzione**
- **Accelerazione**
- **Decelerazione**
- **Cambi di direzione**
- **Contrasti**
- **Tiri in porta**

Ci sono inoltre pause frequenti, per favorire l'esecuzione con qualità e il processo decisionale; le situazioni di gioco sono sempre molto discontinue (arresti-ripartenze). Dobbiamo anche considerare che il giorno successivo (Giovedì) si lavora sui principi chiave del modello di gioco e il recupero mentale completo dei nostri giocatori è essenziale, per migliorare le prestazioni, in questo giorno di "apprendimento principale". Di conseguenza, i giocatori non si devono sentire troppo stanchi il Mercoledì, e per raggiungere questo obiettivo, abbiamo scomposto lo stile di gioco in situazioni minori, in cui i requisiti cognitivi sono meno pesanti che nelle partite.

Capitolo 8: Lo Schema Standard Degli Allenamenti Settimanali

GIOVEDÌ: FOCUS COGNITIVO MASSIMO O PRINCIPALE SUL MODELLO DI GIOCO (RESISTENZA)

*Giovedì è il giorno più lontano, dalla partita precedente e da quella successiva, quindi è possibile focalizzare l'attenzione sulle situazioni più complesse come **PRINCIPI DI GIOCO FONDAMENTALI** ed alcuni relativi **SOTTO-PRINCIPI**. Le richieste sono simili a quelle di una partita e il lavoro ha l'obiettivo di migliorare collettivamente la squadra.*

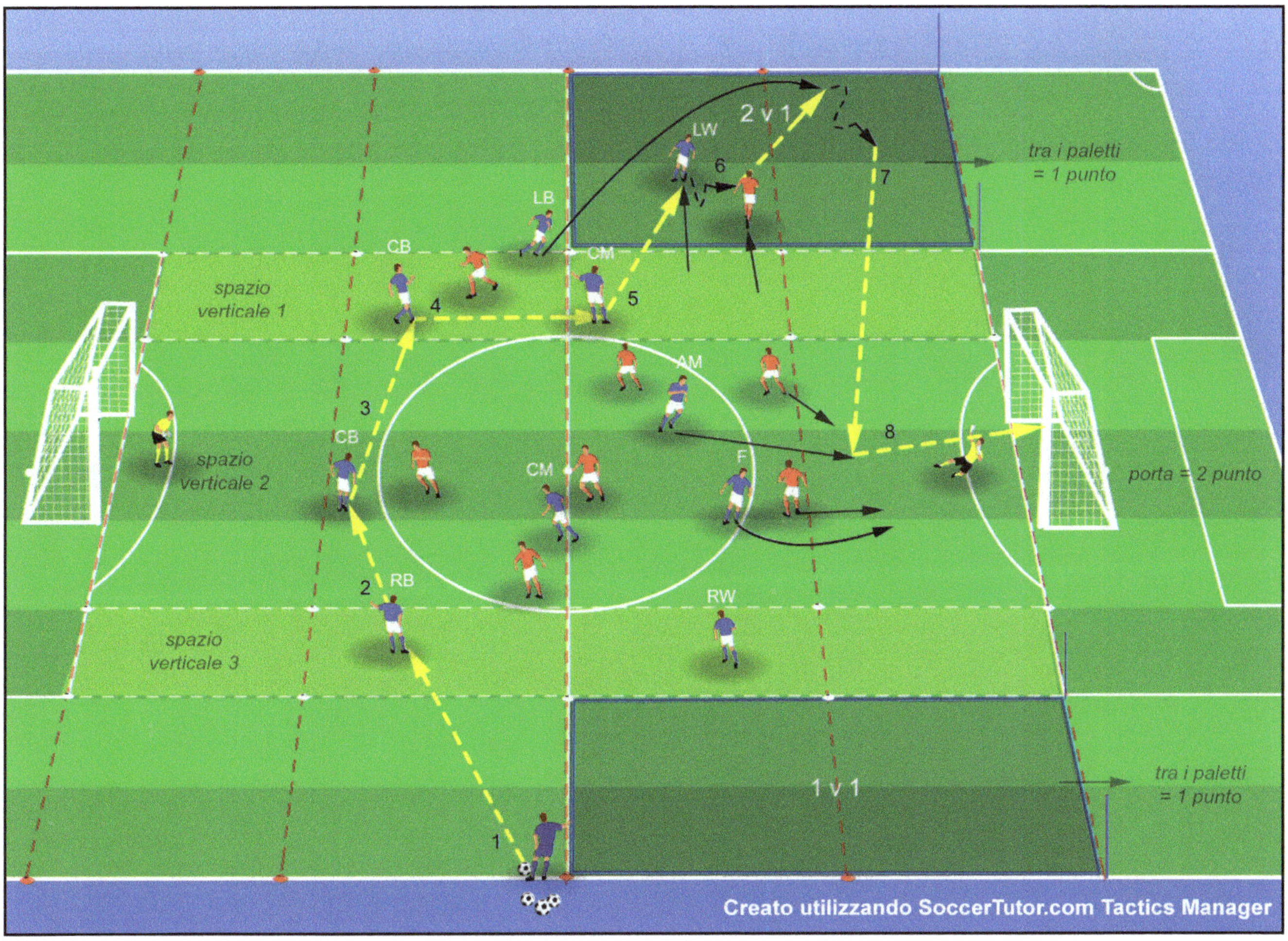

Questa esercitazione "**totalmente competitiva**" lavora sulla costruzione di gioco dal basso e sulla creazione di superiorità numerica. Per la descrizione completa, **vedere pag. 204.**

In questo giorno, all'interno dello schema settimanale standard, ci si concentra sull'allenamento in grandi spazi, senza però utilizzare l'intero campo, per ricreare il maggior numero di situazioni, azioni e comportamenti tattici desiderati dai giocatori (**José Mourinho** in Amieiro et al., 2006). È essenziale creare situazioni che abbiano come obiettivi il coordinamento, la sincronizzazione e l'armonia tra tutti i settori della squadra (difensori, centrocampisti e attaccanti). Pertanto, le esercitazioni del Giovedì richiedono gli sforzi più vicini a quelli di una partita (resistenza specifica), rispetto a tutti gli altri giorni di allenamento, attraverso un'alta densità di movimenti collettivi, come pressione, cambi di gioco, ripiegamenti e situazioni con avversari che abbiano le seguenti condizioni:

- Numerosi giocatori impiegati (7 c 7, 8 c 8, 9 c 9, 11 c 7, 11 c 11 ecc.)
- Ampia area di gioco (3/4 di un campo regolare)
- Lunghe ripetizioni da 3' a 6', dato che questo è il giorno di allenamento con meno intervalli e minore necessità di recupero.

Come risultato di tutti questi fattori (tattici e fisici), quella del Giovedì diventa la sessione di allenamento con più carico fisico e maggiore fatica emotiva. I giocatori hanno bisogno di alti livelli di concentrazione e intensità per tutta la durata della seduta.

Capitolo 8: Lo Schema Standard Degli Allenamenti Settimanali

VENERDÌ: FOCUS COGNITIVO BASSO SUL MODELLO DI GIOCO (VELOCITÀ DI GIOCO)

*Il Venerdì, vengono allenati i **SOTTO-SOTTO-PRINCIPI DI GIOCO**. Lo 'stile di gioco' viene scomposto, si lavora su dinamiche settoriali e inter-settoriali, per migliorare il coordinamento di ogni reparto della squadra, separatamente, con la velocità di gioco (processo decisionale), come principale obiettivo tecnico-tattico.*

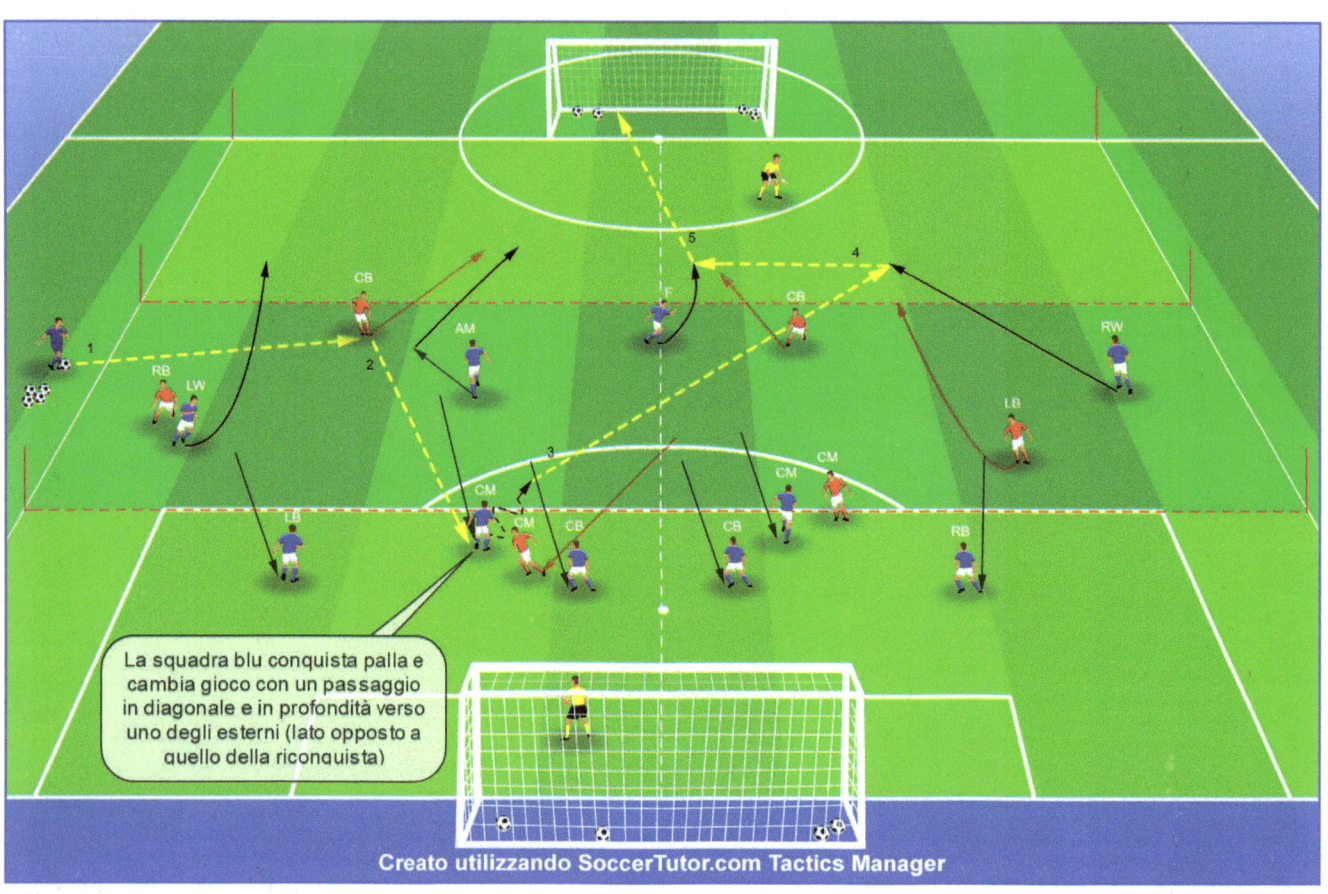

La squadra blu conquista palla e cambia gioco con un passaggio in diagonale e in profondità verso uno degli esterni (lato opposto a quello della riconquista)

Per la descrizione completa di questa esercitazione, **vedere pag. 208**.

"Considero la velocità, coma la capacità di analizzare situazioni di gioco, elaborare correttamente queste informazioni ed eseguire un'azione. È una velocità specifica del contesto, quella che il nostro modo di giocare richiede". (**José Mourinho** in Amieiro et al., 2006)

Secondo Valdano (2002), ci sono due tipi di velocità nel calcio: "velocità di gioco" e "velocità di corsa". Secondo lo stesso autore, la velocità di gioco si riferisce all'intelligenza e alla capacità di anticipare le azioni imminenti, ed afferma: *"Nel calcio, a volte per essere il primo in una determinata situazione, è necessario rallentare o addirittura fermarsi"*. In questo senso, si riferisce alla velocità mentale, che consente l'interpretazione del gioco e l'anticipazione delle intenzioni dell'avversario.

Allo stesso modo, Valdano chiarisce che nel calcio la "velocità di corsa" deve essere appropriata ed ottimale, cioè sempre correlata ai processi decisionali.

Le esercitazioni coinvolgono un numero medio di giocatori, con superiorità numerica per la squadra attaccante (2 c 1, 4 c 2, 5 c 2, 7 c 3, 8 c 4 e 10 c 6), ed esercitazioni senza avversari (4 c 0, 5 c 0, ecc.), in spazi ampi o medi.

Tuttavia, è possibile creare situazioni 8 c 8 o 10 c 10 in spazi ristretti, per costringere i giocatori a decidere e muoversi molto rapidamente. A livello di durata delle proposte, negli allenamenti della velocità di gioco, le ripetizioni sono molto brevi (5"-30") o brevi (2'-3'). Le sessioni sono intermittenti e discontinue (con frequenti pause), quindi la resistenza viene sollecitata molto poco. In generale ci meno richieste della precedente sessione di allenamento, in modo che i giocatori possano recuperare per la prossima partita (due giorni dopo). La capacità fisica più sollecitata è la velocità specifica, ricercando esecuzioni e processi decisionali (pensiero) rapidi, oltre alla forza specifica.

Capitolo 8: Lo Schema Standard Degli Allenamenti Settimanali

SABATO: ATTIVAZIONE PRE-PARTITA (ALLENAMENTO TATTICO / STRATEGICO)

*L'obiettivo del Sabato è essenzialmente quello di attivare i giocatori per la partita del giorno successivo e recuperare dalle sessioni di allenamento precedenti, lavorando su alcuni **SEMPLICI SOTTO-PRINCIPI** (Guillerme Oliveira, 2006).*

Questa "**attivazione pre-partita**" lavora sulla circolazione e sulla mobilità della palla ad alta velocità. Per la descrizione completa, **vedere pag. 211**.

Il Sabato, giorno prima della competizione, vengono ripassati i principali obiettivi tattici sviluppati durante la settimana e si lavora su alcuni sotto-principi di gioco, per preparare la prossima partita. In questo senso, vengono allenate alcune dinamiche collettive (azioni strategiche), che non richiedono molta concentrazione.

L'apprendimento tattico non è l'obiettivo principale di questo giorno, ma l'importante è preparare bene squadra e giocatori per la partita successiva; la sessione di allenamento sarà la più intermittente e discontinua (con soste frequenti) della settimana, per evitare l'affaticamento sia mentale che fisico.

Alla luce di quanto detto, Guilherme Oliveira (2006) afferma: "Raggiungiamo questo recupero attraverso situazioni che richiedono forza e velocità specifiche, con una densità molto più bassa e con durate estremamente brevi, rispetto alle altre sessioni di allenamento della settimana".

Queste sono le condizioni da rispettare:

- Esercitazioni senza avversari, superiorità numeriche importanti e con richieste molto semplici (sia fisiche che mentali).
- Numero elevato di giocatori (8 c 4, 8 c 6, 11 c 7, 11 c 8 ecc.)
- Aree medie e grandi (metà campo e oltre).
- Ripetizioni di breve durata (da 30" a 3').

Capitolo 8: Lo Schema Standard Degli Allenamenti Settimanali

LA SETTIMANA TIPO DI JOSÉ MOURINHO
(Adattamento da Amieiro, N. et al. 2007)

Principio fondamentale della specificità:
L'allenamento deve essere il più specifico possibile, per migliorare le prestazioni della squadra, e del giocatore, durante le partite.

- **Principio della scomposizione e dell'organizzazione gerarchica dei principi di gioco:**

È necessario scomporre i principi fondamentali di gioco, ridurne la complessità per renderli più comprensibili, e fare in modo che i giocatori si adattino più rapidamente e li mettano in pratica nel modo migliore. Questo processo di scomposizione deve essere fatto con molta attenzione, rispettando lo stile e il modello di gioco. L'obiettivo è separare i principi fondamentali nei loro sotto-principi e quindi integrarli di nuovo; da questo momento è possibile collegare i principi tra loro e organizzarli gerarchicamente per importanza.

È necessaria una corretta gerarchia dei principi del gioco in quanto diverse squadre avranno principi differenti; ad esempio, una squadra che non può schierare difensori o centrocampisti tecnici, ma dispone di attaccanti veloci, deve organizzare i principi di gioco focalizzandoli su giocate lunghe sopra le linee. Tutto diverso, invece, per una squadra con giocatori tecnici, che cercano di costruire sempre gioco dal basso, con trasmissioni corte.

- **Principio della fatica e della concentrazione tattiche:**

L'affaticamento tattico è la capacità dei giocatori di concentrarsi sulle azioni che caratterizzano lo stile di gioco della squadra. Il gioco è composto da situazioni complesse, che richiedono alti livelli di concentrazione e da azioni con alta intensità; non ha quindi senso allenarsi a basse intensità; anzi, gli allenamenti devono svolgersi alla massima intensità, ma comunque relativa al livello di fatica dei giocatori in un dato giorno.

- **Principio dell'alternanza orizzontale nella specificità:**

Questo principio sostiene la necessità di un'alternanza orizzontale (nel corso dei giorni della settimana) per i tipi di contrazione muscolari dominanti, in base alle differenze di forza, durata e velocità, ma senza mai dimenticare lo stile di gioco specifico della squadra.

- **Principio della progressività complessa:**

Per la Periodizzazione Tattica, il concetto di progressività è costruito attorno all'apprendimento di un certo modo di giocare. Si basa sulla necessità di dare la priorità ai principi più importanti per il modello di gioco, di sviluppare una strategia per costruire questi principi basati sui loro sotto-principi, per evitare qualsiasi interferenza tra loro.

Questa progressione appare a tre diversi livelli di complessità: durante la stagione (il modello di gioco previsto), durante la settimana (prendendo in considerazione le partite precedenti e successive) e, infine, durante ciascuna sessione di allenamento (nelle esercitazioni). Diventa quindi una progressione complessa, in cui ogni livello è correlato agli altri.

- **Principio delle esercitazioni condizionate:**

L'ideazione di esercitazioni (in termini di spazio, giocatori, regole ecc.) deve essere sviluppata in modo da consentire la frequente comparsa di determinate azioni; questo è ciò che Carvalhal (2001) chiama "esercitazioni condizionate". Ad esempio, creando un'esercitazione in cui una squadra si trova in inferiorità numerica, in fase di non possesso, e costantemente in difesa, le dinamiche relative all'organizzazione difensiva emergono in modo progressivo, dando la possibilità di "lavorare" su queste azioni.

- **Principio del consolidamento della performance:**

Il consolidamento della performance si ottiene distribuendo i contenuti selezionati durante la settimana, all'interno di uno schema, che andrebbe collegato al principio della progressività complessa; si tratta quindi di una progressione relativa alla gerarchia dei principi, con mutevoli livelli di impegno nel corso della settimana (Oliveira et al., 2006).

La pianificazione e la periodizzazione nel calcio devono dare un'importanza vitale al concetto di "consolidamento delle prestazioni", per soddisfare le esigenze del lungo periodo di competizioni.

La stabilizzazione, a livello di prestazioni ottimali, viene ottenuta mantenendo e implementando il piano settimanale standard.

* Consultare lo schema "**la settimana tipo di José Mourinho**" nella prossima pagina (adattamento da Amieiro, N. et al., 2007).

Capitolo 8: Lo Schema Standard Degli Allenamenti Settimanali

	LUNEDÌ	MARTEDÌ	MERCOLEDÌ	GIOVEDÌ	VENERDÌ	SABATO	DOMENICA
	RIPOSO (RECUPERO)	Sotto-principi di gioco	Sotto-principi e sotto-sotto principi di gioco	Principi fondamentali e sotto-principi di gioco	Sotto-sotto principi di gioco	Sotto-principi di gioco semplici	PARTITA
		Molti arresti e ripartenze (allenamento discontinuo)	Molti arresti e ripartenze (allenamento discontinuo)	Meno arresti e ripartenze (allenamento più continuo)	Livello medio di discontinuità d'allenamento	Molti arresti e ripartenze (allenamento discontinuo)	
		RECUPERO	"Forza tecnica"	RESISTENZA	VELOCITÀ DI GIOCO	ATTIVAZIONE	
		Area di gioco ampia	Area di gioco ristretta	Area di gioco ampia	Area di gioco media	Area di gioco media o ampia	
		Situazioni settoriali e inter-settoriali	Situazioni settoriali e inter-settoriali	Situazioni collettive tipo partita	Situazioni settoriali e inter-settoriali	Situazioni collettive semplici	
		Ampio numero di giocatori	Giocatori a piccoli gruppi	Ampio numero di giocatori	Numero medio di giocatori	Ampio numero di giocatori	
		Breve durata delle ripetizioni (30"-3')	Breve durata delle ripetizioni (30"-3')	Durata media delle ripetizioni (3'-6')	Durata molto breve delle ripetizioni (5"-30")	Breve durata delle ripetizioni (30"-3')	
		Intensità massima relativa della concentrazione (vedere pag. 93)	Intensità massima relativa della concentrazione (vedere pag. 93)	Intensità massima relativa della concentrazione (vedere pag. 93)	Intensità massima relativa della concentrazione (vedere pag. 93)	Intensità massima relativa della concentrazione (vedere pag. 93)	
	RECUPERO		APPRENDIMENTO TATTICO			RECUPERO	

CAPITOLO 9
LE SESSIONI DI ALLENAMENTO (1 PARTITA SETTIMANALE)

Capitolo 9: Le Sessioni Di Allenamento (1 Partita Settimanale)

UN ESEMPIO DI OBIETTIVI TATTICI (1 PARTITA SETTIMANALE)

Iniziamo sempre ogni sessione di allenamento con un breve video (7'-10') che mostri i principi di gioco su cui lavoreremo, oltre all'animazione delle esercitazioni. L'obiettivo principale è spiegare i fattori allenanti, il collegamento tra esercitazioni e principi di gioco da migliorare, in relazione al modello e allo stile del prossimo avversario.

LUNEDÌ — RECUPERO (RIPOSO)

MARTEDÌ — MODELLO DI GIOCO (MIGLIORAMENTI DALL'ULTIMA PARTITA)
- **Costruire il gioco dal basso**
- Gioco posizionale (inter-settoriale e collettivo)
- Compattezza (riduzione dello spazio in ampiezza e profondità)

MERCOLEDÌ — MODELLO DI GIOCO (TRANSIZIONI)
- Lavoro sulla ripetizione sistematica dei sotto-principi e dei sotto-sotto-principi di gioco del modello
- In caso di perdita del possesso, creare una "zona di pressione" sul portatore di palla, impedendogli di trasmettere in avanti
- Ridurre spazio e tempo, per gli avversari, intorno alla zona della palla, in fase di transizione negativa
- In fase di transizione positiva, trasmettere rapidamente palla in avanti verso gli esterni alti, nello spazio, senza rischiare

GIOVEDÌ — FASE OFFENSIVA E DIFENSIVA
- **Circolazione veloce della palla e cambi di gioco per creare superiorità numerica**
- Difesa a zona e pressione; conquistare palla forzando la direzione e portando pressione sull'avversario per indurlo in errore

VENERDÌ — MODELLO DI GIOCO (TRANSIZIONI)
- **Ripiegare e seguire gli avversari per contrastare chi riceve palla, alle spalle della linea difensiva**
- Giocare palla rapidamente verso gli esterni alti e nello spazio, ma senza correre rischi

SABATO — DIMENSIONE STRATEGICA (REVISIONE DELLA SETTIMANA)
- Revisione dei sotto-principi e sotto-sotto-principi di gioco allenati durante la settimana
- Circolazione rapida della palla e cambi di gioco, per creare superiorità numerica
- Calci piazzati (offensivi e difensivi)

DOMENICA — GIORNO DELLA PARTITA

Capitolo 9: Le Sessioni Di Allenamento (1 Partita Settimanale)

INDICAZIONI UTILI

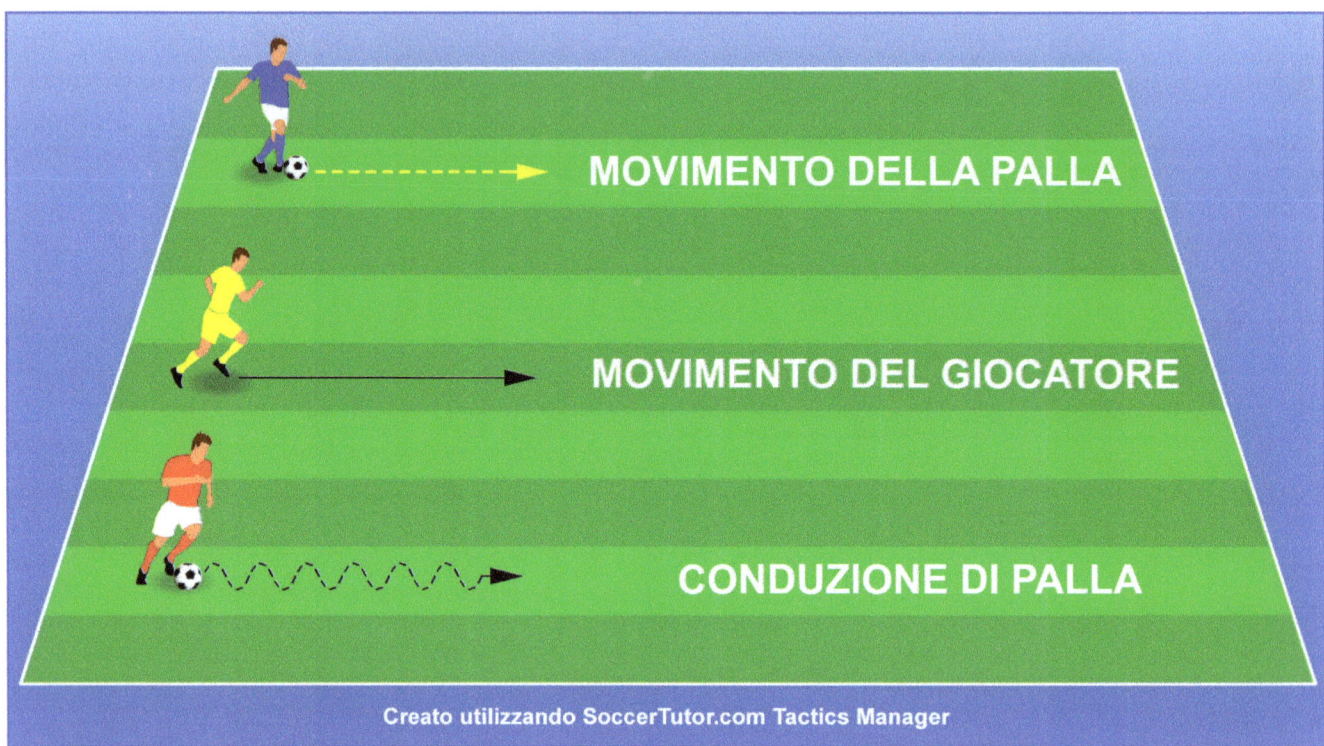

ORGANIZZAZIONE DELLE ESERCITAZIONI

Ogni proposta include una figura con il supporto di note esplicative come le seguenti:

- Titolo / Obiettivo dell'esercitazione
- Principi di gioco / Elementi allenanti
- Organizzazione delle esercitazioni
- Descrizione delle esercitazioni

MARTEDÌ

RECUPERO ATTIVO (ALLENAMENTO TATTICO / STRATEGICO)

OBIETTIVI DELLA SESSIONE (FASE OFFENSIVA):

▶ Costruzione di gioco dal basso e gioco posizionale (inter-settoriale e collettivo)

▶ La squadra difendente deve restare compatta (riducendo gli spazi in ampiezza e profondità)

LINEE GUIDA SPECIFICHE DELLA SESSIONE:

- Sotto-principi di gioco (recupero)
- Arresti-ripartenze (allenamento a intervalli)
- Allenamento per il recupero specifico
- Area di gioco grande
- Ampio numero di giocatori
- Situazioni settoriali e inter-settoriali
- *Breve durata delle ripetizioni (30" - 3')*
- Intensità massima relativa della concentrazione (vedere pag. 93)

MARTEDÌ - recupero attivo (allenamento tattico / strategico)

Esercitazione 1 (settoriale): 11 c 4 per costruzione dal basso attraverso flussi di trasmissioni palla e movimenti

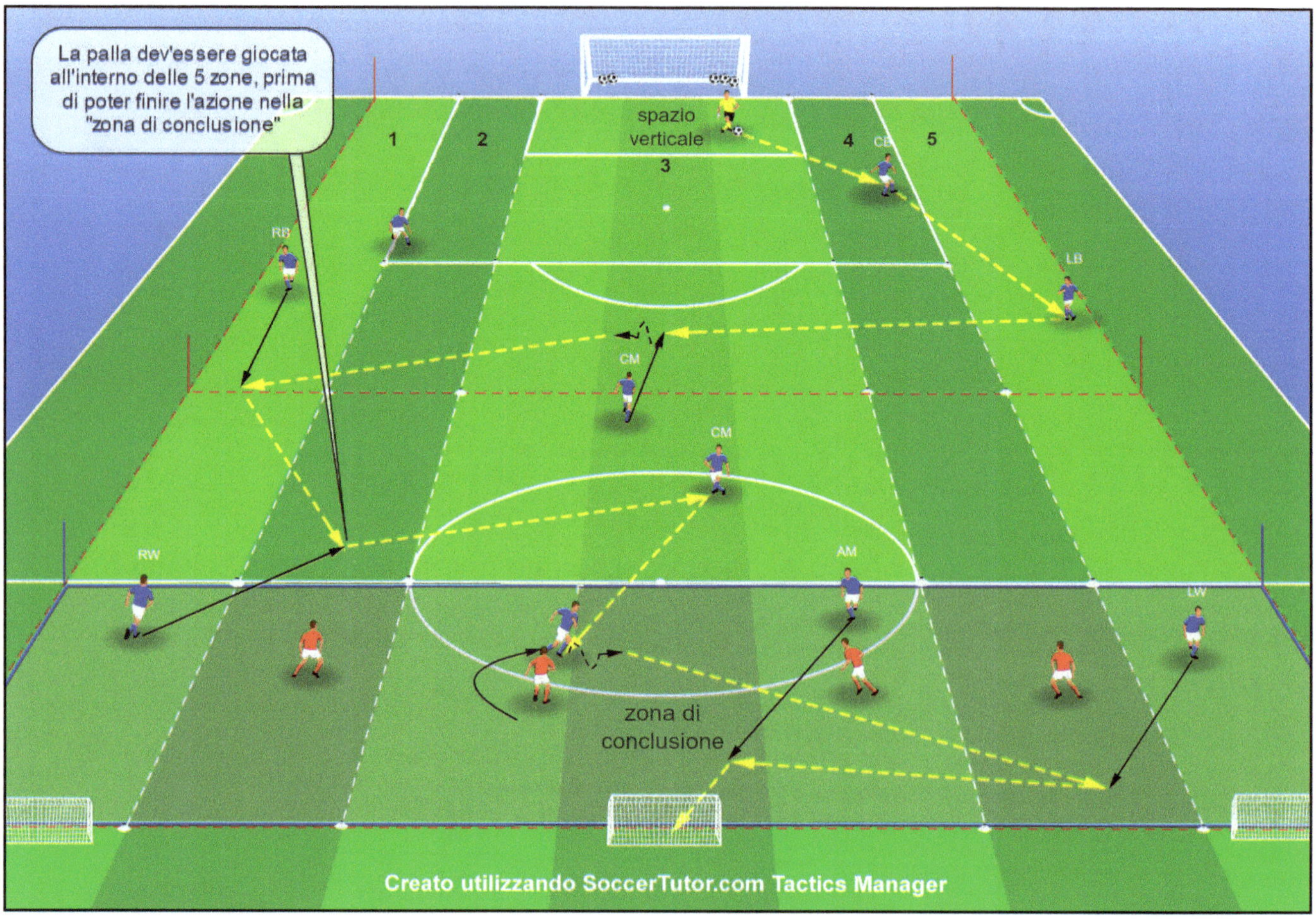

La palla dev'essere giocata all'interno delle 5 zone, prima di poter finire l'azione nella "zona di conclusione"

Sotto-principi di gioco

- Costruire gioco dal basso.
- Circolazione della palla e cambio di gioco (creazione di superiorità numerica).
- Inserimenti per ricevere alle spalle della linea difensiva.
- Compattezza (riduzione degli spazi in ampiezza e profondità).

Sotto-sotto-principi di gioco

- Combinazione di diversi tipi di trasmissioni palla.
- Posizione del corpo corretta per giocare a supporto e ricevere.
- Gioco posizionale (triangoli per creare linee di passaggio).

Organizzazione dell'esercitazione

- Durata: 5 serie x 3' (cambiando le combinazioni ad ogni serie, con l'opzione libera per quella finale).
- Interventi: frequenti.

Descrizione dell'esercitazione

- L'esercitazione inizia sempre dal portiere, che decide il ricevente del primo passaggio. I blu si schierano con il 4-2-3-1 o 4-3-3 e svolgono specifiche combinazioni di passaggi e movimenti, richiesti dall'allenatore e dal modello, per costruire gioco.
- La palla deve essere trasmessa in tutti i 5 spazi verticali prima che la squadra blu possa agire nella "zona di conclusione", con un massimo di 2 passaggi consentiti in ogni spazio.
- Una volta all'interno della zona di conclusione, è possibile segnare in una delle 3 porte (1 punto), dopo aver ricevuto palla alle spalle della linea a 4 dei giocatori rossi. Tutti i giocatori sono liberi di muoversi in questa zona.
- La linea di difesa si deve mantenere compatta (muovendosi insieme e con brevi distanze), per ridurre lo spazio e il tempo a disposizione della squadra blu.
- I giocatori rossi sono liberi di uscire dalla "zona di conclusione", in qualsiasi momento, durante lo svolgimento.
- Se la squadra rossa conquista palla, viene giocato un passaggio lungo verso il portiere (1 punto) e l'esercitazione ricomincia.

MARTEDÌ - recupero attivo (allenamento tattico / strategico)

Esercitazione 2 (inter-settoriale): 11 c 8 per costruzione dal basso attraverso flussi di trasmissioni palla e movimenti

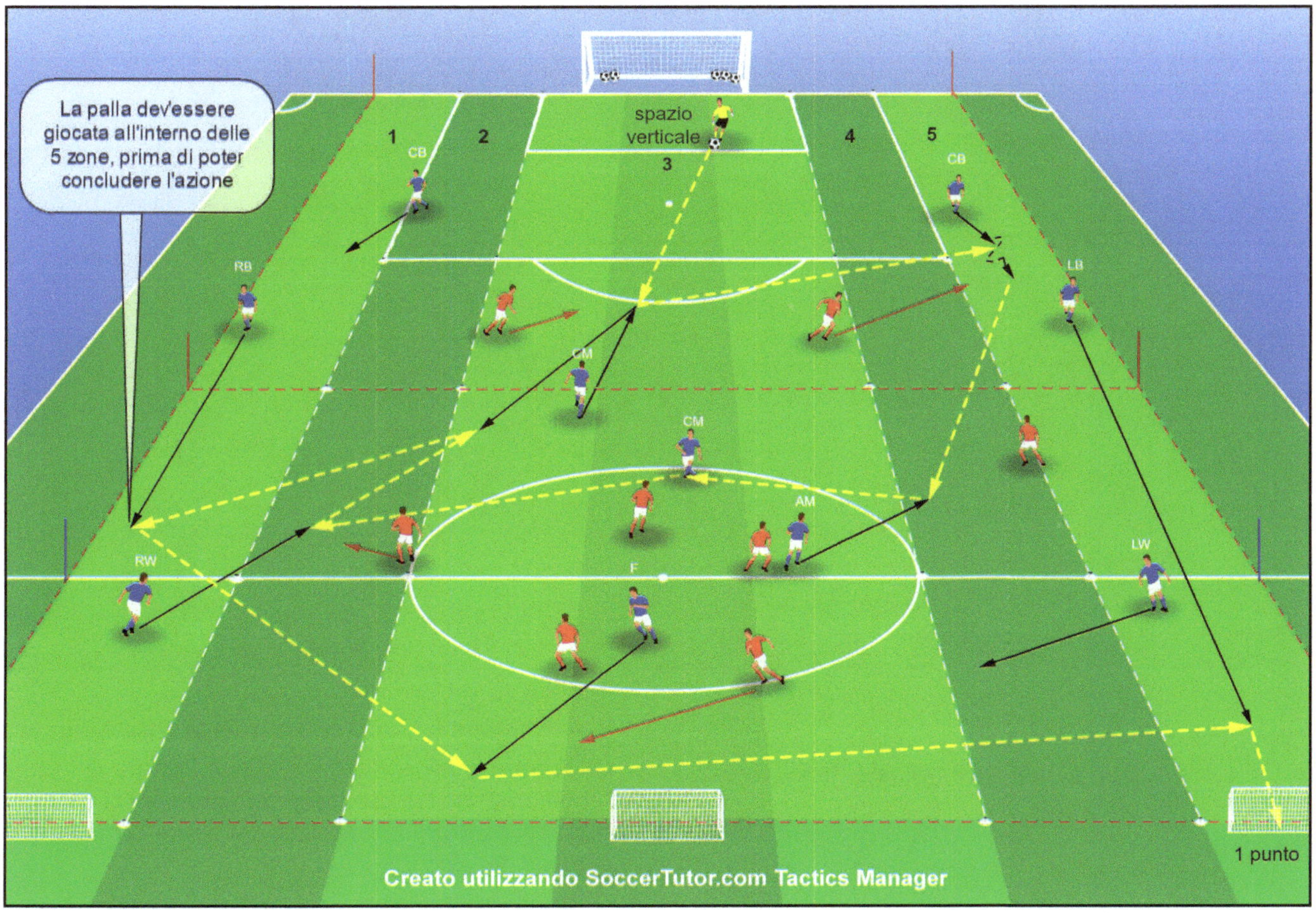

La palla dev'essere giocata all'interno delle 5 zone, prima di poter concludere l'azione

Sotto-principi di gioco

- Costruire gioco dal basso.
- Circolazione della palla e cambio di gioco (creazione di superiorità numerica).
- Inserimenti per ricevere alle spalle della linea difensiva.
- Compattezza (riduzione degli spazi in ampiezza e profondità).

Sotto-sotto-principi di gioco

- Combinazione di diversi tipi di trasmissioni palla.
- Posizione del corpo corretta per giocare a supporto e ricevere.
- Gioco posizionale (triangoli per creare linee di passaggio).

Organizzazione dell'esercitazione

- Area: 60 x 65 m / 65 x 70 m.
- Durata: 5 serie x 3' (cambiando le combinazioni ad ogni serie, con l'opzione libera per quella finale).
- Interventi: frequenti.

Descrizione dell'esercitazione

- **Obiettivo:** giocare alle spalle della linea difensiva.
- In questa progressione della precedente esercitazione, la squadra blu gioca contro una formazione 2-4-2 della squadra rossa, in pressione alta.
- Per contrastare, 1 centrocampista centrale blu ripiega creando una linea a 3, come mostrato in figura.
- La squadra blu gioca di nuovo specifiche combinazioni di passaggi e movimenti per costruire e concludere.

Gli scopi e le regole sono simili alla precedente esercitazione con le seguenti modifiche:

- La "zona di conclusione" è rimossa e viene applicata la regola del fuorigioco.
- La squadra blu gioca palla in tutte le 5 zone verticali prima di poter concludere (anziché prima di entrare in "zona di conclusione").
- La giocata "alle spalle della linea difensiva" dev'essere effettuata da un spazio all'altro, in verticale, così come tutti i "passaggi precedenti la conclusione".

MARTEDÌ - recupero attivo (allenamento tattico / strategico)

Esercitazione 3 (inter-settoriale): gioco a 3 zone per costruzione, sviluppo posizionale e compattezza difensiva

Sotto-principi di gioco

- Circolazione della palla e cambi di gioco (creazione di superiorità numerica).
- Compattezza collettiva per ridurre lo spazio (in ampiezza e profondità).
- Muoversi per fornire copertura.
- Aree attive e non attive *(vedere pagina 146)*.

Sotto-sotto-principi di gioco

- Combinazione di diversi tipi di trasmissioni palla.
- Gioco posizionale (triangoli per creare linee di passaggio).
- Individuazione di "spunti tattici per portare pressione".
- Muoversi in copertura interna ed esterna.
- Pressione con velocità e direzione corrette.
- Chiudere le linee di passaggio (in orizzontale e verticale).

Organizzazione dell'esercitazione

- Durata: 4 serie x 3'.
- Interventi: frequenti.

Descrizione dell'esercitazione

- Per questa esercitazione, l'area di gioco è divisa in 3 zone orizzontali uguali (seguire le linee rosse). Le linee verticali bianche fungono da guida posizionale per i giocatori.
- Blu schierati con il 4-2-3-1 (o 4-3-3); i rossi con il 2-4-1.

L'esercitazione inizia dal portiere della squadra blu.

- I blu costruiscono gioco dal basso per cercare di segnare, attraverso specifiche combinazioni di passaggi e movimenti, richiesti dall'allenatore e dal modello del gioco.
- Lo scopo della squadra blu è trasmettere palla alle spalle della linea difensiva della squadra rossa e concludere.
- La squadra rossa deve restare compatta, difendere la porta, cercare la conquista della palla e poi concludere.
- In ogni momento, tutti i giocatori di entrambe le squadre devono trovarsi all'interno di 2 zone per restare compatti. All'inizio, entrambe le squadre si trovano nelle zone 1 e 2; non appena la palla esce dalla zona 1, tutti i giocatori devono trovarsi solo nelle zone 2 e 3.
- Se la palla esce dal gioco, si riparte dal portiere della squadra blu.

Regole

- La squadra blu deve giocare a 2 tocchi nella zona 1 (difesa) e nella zona 2 (centrocampo).
- La squadra blu ha tocchi illimitati nella zona 3 (attacco).
- La regola del fuorigioco si applica solo in zona 3.
- Tutti i giocatori rossi hanno tocchi illimitati.

MERCOLEDÌ

FOCUS COGNITIVO MEDIO SUL MODELLO DI GIOCO ("FORZA TECNICA")

OBIETTIVI DELLA SESSIONE (FASI DI TRANSIZIONE):

▶ Riduzione di tempo e spazio all'avversario (pressione collettiva in ampiezza e profondità)

▶ Transizione positiva: giocare in avanti, verso gli esterni alti in ampiezza (senza rischiare)

LINEE GUIDA SPECIFICHE DELLA SESSIONE:

- Sotto-principi e sotto-sotto-principi di gioco
- Arresti-ripartenze (allenamento a intervalli)
- Allenamento della "forza tecnica specifica"
- Area di gioco ridotta
- Pochi giocatori
- Situazioni settoriali e inter-settoriali
- *Breve durata delle ripetizioni (30" - 3')*
- Intensità massima relativa della concentrazione (vedere pag. 93)

MERCOLEDÌ - focus cognitivo medio sul modello di gioco ("forza tecnica")

Esercitazione 1 (settoriale): transizioni per creazione di zone di pressione e chiusura delle linee di passaggio in avanti

Sotto-principi di gioco

- Creare "zone di pressione" sulla palla e nell'area intorno.
- Impedire all'avversario di giocare in avanti e alle spalle della linea difensiva.

Sotto-sotto-principi di gioco

- Comunicazione per pressare come blocco unico (e dare copertura).
- Forzare gli avversari "all'interno" o "all'esterno", secondo la situazione.
- Costringere il portatore di palla a giocare con il piede debole.
- Passaggio da situazione difensiva a offensiva e viceversa.

Organizzazione dell'esercitazione

- Area: 2 zone di 25 x 25 m + zona neutra di 7 m.
- Durata: 5 serie x 2,5'.
- Giocatori: 10-16 di movimento.
- Interventi: solo tra le ripetizioni (recupero).

Descrizione dell'esercitazione

- 4 squadre formate da 4 giocatori ciascuna. I blu e i rossi iniziano posizionati all'interno dei 2 diversi quadrati.
- 3 giocatori bianchi sono posizionati ai lati del quadrato 1 e il quarto si trova al di fuori del quadrato 2.
- 3 giocatori gialli agiscono all'interno del quadrato 1 e il quarto giocatore giallo agisce nella zona neutrale (tra i 2 quadrati).
- I rossi mantengono il possesso con l'aiuto dei bianchi in una situazione 4 (+3) c 3.
- L'obiettivo della squadra rossa è completare 4 passaggi e cambiare gioco verso i giocatori blu nell'altro quadrato.
- A questo punto, 2 giocatori bianchi esterni cambiano quadrato, così come 3 giocatori gialli; l'esercitazione continua con la squadra blu in possesso e i gialli ancora in fase difensiva.
- Se i gialli conquistano palla contro i rossi, cambiano gioco verso i giocatori blu e quella rossa diventa la squadra difendente (vedere la figura 2/2 nella pagina successiva).
- L'esercitazione continua, cambiando spesso i ruoli delle squadre e dei giocatori esterni.

MERCOLEDÌ - focus cognitivo medio sul modello di gioco ("forza tecnica")

Seconda parte della descrizione...

- Questa seconda figura mostra la situazione in cui la squadra in difesa (gialla) riesce a conquistare palla prima che quella rossa completi i 4 passaggi e cambi gioco.

- Se i giocatori gialli conquistano palla, cercano di cambiare gioco verso quelli blu, il più rapidamente possibile. Quella rossa diventa la squadra difendente; 3 dei giocatori rossi si spostano per difendere nel quadrato 2 e il quarto si sposta nella zona neutrale.

- 2 giocatori esterni bianchi si muovono verso il quadrato 2. L'esercitazione continua con la squadra blu in possesso e quella rossa in difesa.

- I giocatori blu devono completare 4 passaggi, con l'aiuto dei giocatori esterni bianchi, e quindi cambiare gioco verso la squadra gialla nel quadrato 1.

MERCOLEDÌ - focus cognitivo medio sul modello di gioco ("forza tecnica")

Esercitazione 2 (settoriale): gioco di transizioni a 3 squadre per pressione collettiva e contrattacco

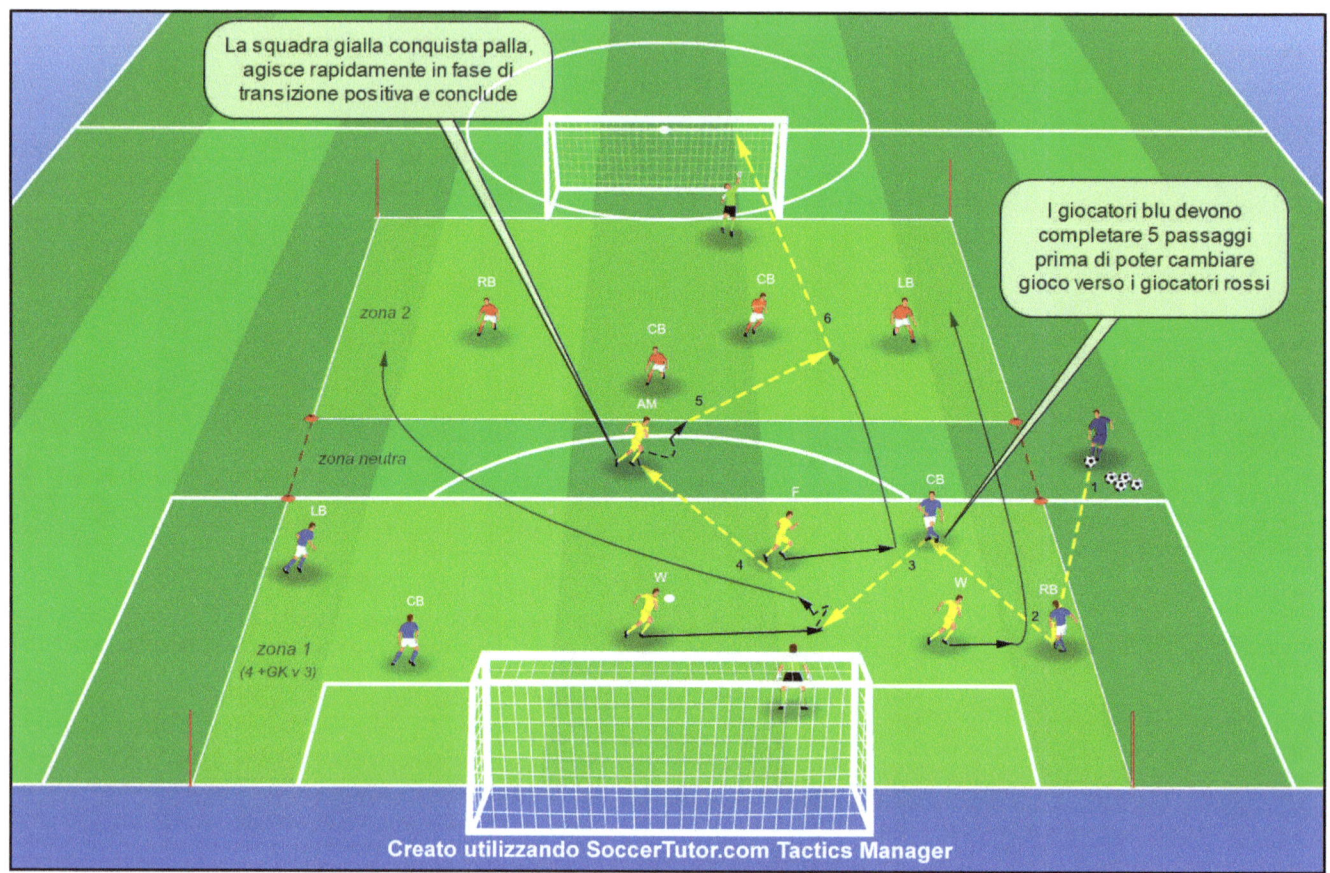

Sotto-principi di gioco

- Creare "zone di pressione" sulla palla e nell'area intorno.
- Impedire all'avversario di giocare in avanti e alle spalle della linea difensiva.

Sotto-sotto-principi di gioco

- Comunicazione per pressare come blocco unico (e dare copertura).
- Forzare gli avversari "all'interno" o "all'esterno", secondo la situazione.
- Costringere il portatore di palla a giocare con il piede debole.
- Chiudere le linee di passaggio (orizzontali e verticali).
- Passaggio da situazione difensiva a offensiva e viceversa.

Organizzazione dell'esercitazione

- Area: 30 x 50 m / 35 x 55 m (zona neutrale inclusa).
- Durata: 6 serie x 2'.
- Giocatori: 12-15 di movimento + 2 portieri.
- Interventi: solo tra le ripetizioni (recupero).

Descrizione dell'esercitazione

- L'esercitazione inizia con l'allenatore che gioca palla in zona 1 (duello 4 + portiere c 3). Il portiere della squadra blu e 4 giocatori cercano di mantenere il possesso contro 3 giocatori gialli, all'interno della zona 1.
- L'obiettivo per i blu è completare 5 passaggi e cambiare gioco verso la squadra rossa in zona 2.
- C'è anche un giocatore giallo aggiuntivo (AM), in zona neutrale, che tenta di intercettare il passaggio.
- Se i blu riescono a giocare palla verso la squadra rossa, la squadra gialla si muove per difendere nella zona 2; i giocatori rossi devono completare 5 passaggi e cambiare nuovamente il gioco verso la squadra blu.
- Se i gialli conquistano palla, prima del cambio di gioco, come mostrato nell'esempio in figura, possono cercare di segnare, il più rapidamente possibile, nella porta della squadra rossa.
- Quando la squadra gialla conquista palla, tutti i giocatori sono liberi di muoversi, ma i rossi e i blu devono rimanere all'interno delle loro zone.
- Cambiare i ruoli delle squadre ogni 2'.

MERCOLEDÌ - focus cognitivo medio sul modello di gioco ("forza tecnica")

Esercitazione 3 (inter-settoriale): conquistare e giocare palla in ampiezza, verso gli esterni alti, per contrattaccare 4 c 2

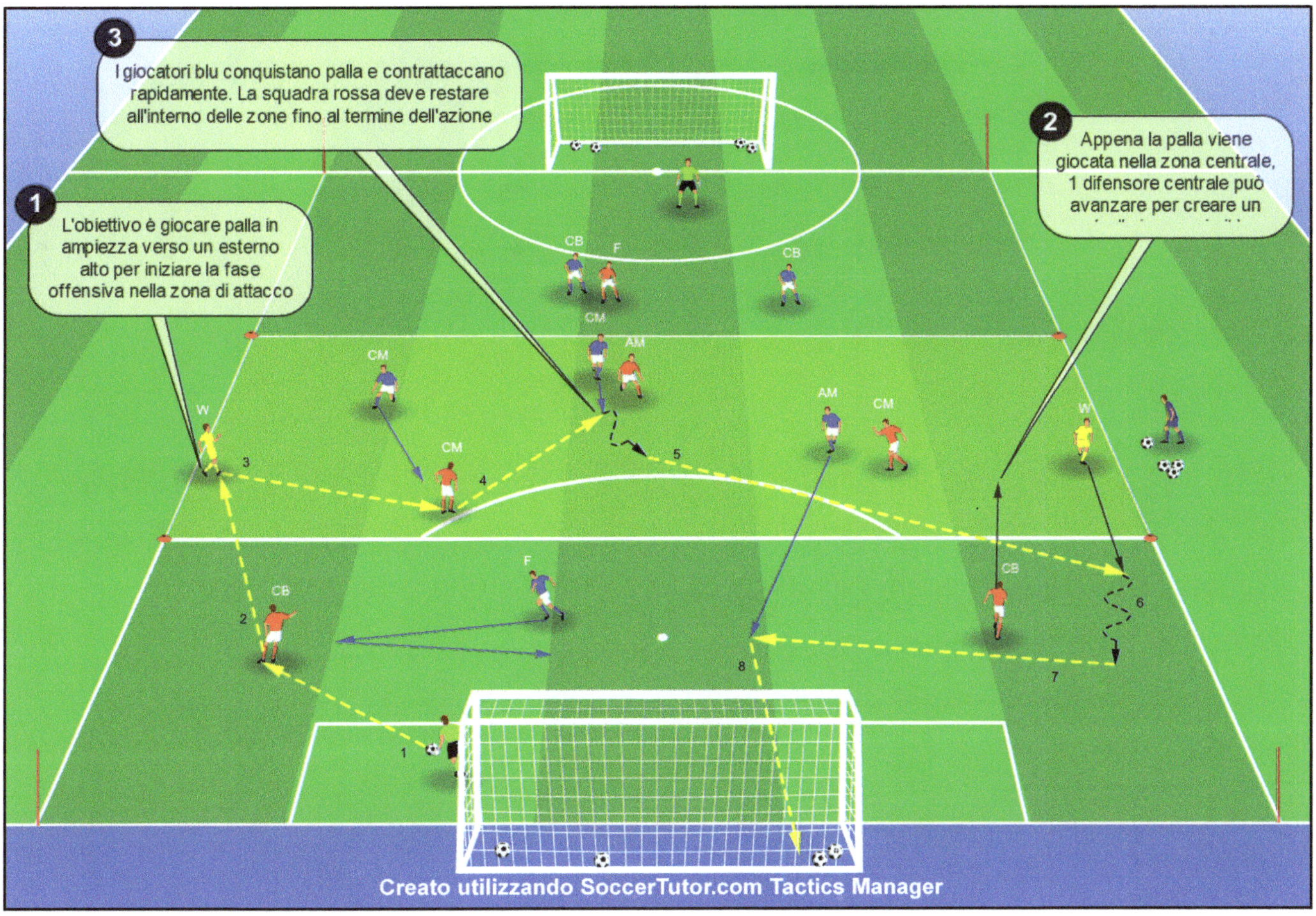

(3) I giocatori blu conquistano palla e contrattaccano rapidamente. La squadra rossa deve restare all'interno delle zone fino al termine dell'azione

(1) L'obiettivo è giocare palla in ampiezza verso un esterno alto per iniziare la fase offensiva nella zona di attacco

(2) Appena la palla viene giocata nella zona centrale, 1 difensore centrale può avanzare per creare un ...

Sotto-principi di gioco
- Conquistare il possesso, giocare rapidamente in ampiezza e creare superiorità numeriche (4 c 2).
- Creare "zone di pressione" sulla palla e nell'area intorno.
- Impedire all'avversario di giocare in avanti e alle spalle della linea difensiva.

Sotto-sotto-principi di gioco
- Passaggio da situazione difensiva a offensiva e viceversa.

Organizzazione dell'esercitazione
- Durata: 6 serie x 2,5'.
- Interventi: solo tra le ripetizioni (recupero).

Descrizione dell'esercitazione
- I giocatori sono inizialmente limitati a giocare nelle loro zone: 2 c 1 nelle zone di conclusione e 3 c 3 (+2) nel mezzo.
- L'esercitazione inizia con un portiere, della squadra rossa, in figura, che si trova in superiorità numerica 2 c 1 nel primo terzo; l'obiettivo è giocare verso la zona centrale. Uno dei difensori centrali può quindi muoversi in avanti nella zona centrale per creare superiorità numerica. Una volta all'interno, si crea una situazione di superiorità 6 c 3 (4 c 3 + 2), con 2 esterni alti gialli a supporto della squadra in possesso.
- L'obiettivo è quindi creare una situazione offensiva 4 c 2, nell'ultimo terzo (entrambi gli esterni gialli e 1 centrocampista rosso avanzano nella zona di conclusione). Se la squadra blu, in fase difensiva, conquista palla, contrattacca 4 c 2. Entrambi gli esterni e 1 centrocampista rosso avanzano nella zona di conclusione.
- L'obiettivo, dopo aver conquistato palla, è giocare velocemente in ampiezza. Nell'esempio in figura, il centrocampista centrale blu (CM) conquista palla e trasmette verso l'esterno alto, in zona di conclusione, e il centrocampista avanzato (AM) si muove in avanti per concludere.
- Alla fine di una fase difensiva oppure nel caso in cui la palla esca dal campo, l'esercitazione ricomincia sempre da uno dei portieri.

FOCUS COGNITIVO MASSIMO O PRINCIPALE SUL MODELLO DI GIOCO (RESISTENZA)

GIOVEDÌ

OBIETTIVI DELLA SESSIONE (FASE OFFENSIVA E DIFENSIVA):

▶ Circolazione palla e cambio di gioco (creazione di superiorità numerica)
▶ Difesa a zona / pressione
▶ Riconquista del possesso direzionando e pressando gli avversari per forzare errori

LINEE GUIDA SPECIFICHE DELLA SESSIONE:

- Principi fondamentali e sotto-principi di gioco
- Pochi arresti e ripartenze (allenamento continuo)
- Allenamento della resistenza specifica
- Area di gioco grande
- Ampio numero di giocatori
- Situazioni di partita collettive
- *Durata media delle ripetizioni (3' - 6')*
- Intensità massima relativa della concentrazione (vedere pag. 93)

GIOVEDÌ - focus cognitivo massimo o principale sul modello di gioco (resistenza)

Esercitazione I: possesso 3 c 3 (+3) per circolazione della palla e cambio di gioco

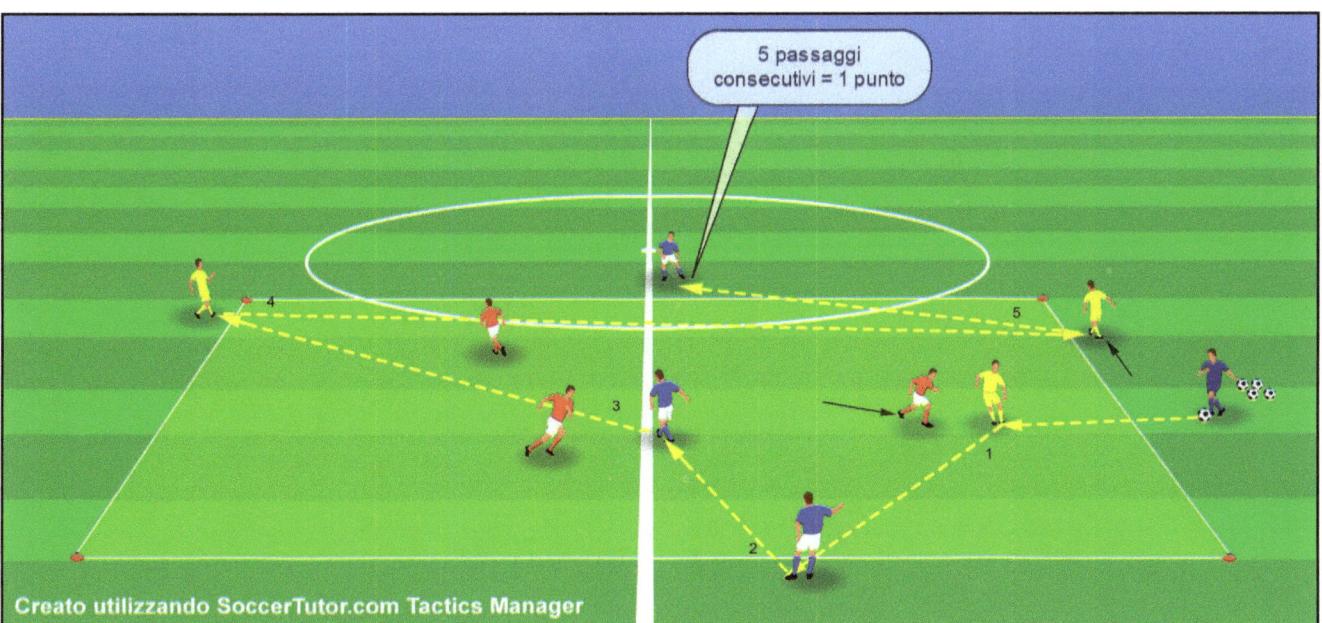

Principi di gioco fondamentali

- Mantenimento del possesso e circolazione della palla ad alta velocità.
- Gioco posizionale e movimenti: ripiegamento, scalate in avanti, muoversi internamente o in ampiezza.
- Creazione di linee di passaggio (triangoli).
- Giocare alle spalle degli avversari.

Sotto-principi di gioco

- Creazione di spazio: circolazione della palla e cambi di gioco (muovere palla da un lato all'altro in ampiezza e profondità).
- Approfittare degli spazi: giocare in profondità, verso il prossimo settore, appena possibile.

Sotto-sotto-principi di gioco

- Utilizzare il "terzo uomo" per rimettere in gioco la palla.
- Posizionamento corretto del corpo e visione periferica del gioco in avanti.
- Attaccare la palla.

Organizzazione dell'esercitazione

- Area: 20 x 25 m / 22 x 27 m.
- Durata: 3 serie x 4'.
- Giocatori: 9-12 di movimento.
- Interventi: solo tra le ripetizioni (recupero).

Descrizione dell'esercitazione

- Sono coinvolte 3 squadre di 3 giocatori ma è possibile svolgere l'esercitazione con squadre da 4.
- Una squadra, quella rossa, inizia all'interno come difendente. Le altre due squadre, blu e gialla, giocano insieme: 2 giocatori sono posizionati all'esterno e 1 giocatore all'interno (per ogni squadra).
- L'allenatore inizia l'esercitazione; blu e gialli devono mantenere il possesso.
- 5 passaggi consecutivi per conquistare 1 punto.
- I giocatori non possono trasmettere direttamente al compagno da cui hanno ricevuto, ma devono passare palla sempre verso un "terzo uomo".
- Tutti e 4 i lati della zona devono essere occupati in ogni momento; i giocatori esterni possono e devono scambiare le posizioni.
- Se i gialli conquistano palla, la squadra che ha perso il possesso diventa difendente.
- L'esercitazione è continua in ogni serie da 4'.
- I giocatori all'esterno sono limitati a 1 tocco, mentre quelli interni possono utilizzare 2 tocchi.

GIOVEDÌ - focus cognitivo massimo o principale sul modello di gioco (resistenza)

Esercitazione 2 (collettiva): possesso a 2 gruppi paralleli per circolazione della palla e cambio di gioco

Principi di gioco fondamentali

- Mantenimento del possesso e circolazione palla ad alta velocità.
- Gioco posizionale.

Sotto-principi di gioco

- Creazione di spazio: circolazione della palla e cambi di gioco (muovere palla da un lato all'altro in ampiezza e profondità).
- Approfittare degli spazi: giocare in profondità, verso il prossimo settore.

Sotto-sotto-principi di gioco

- Utilizzare un "terzo uomo" per rimettere in gioco la palla.
- Gioco posizionale per creare angoli di passaggio (triangoli).
- Mobilità (interscambio di posizioni).
- Cambiare gioco (da un lato all'altro in ampiezza e profondità).
- Posizionamento corretto del corpo per ricevere aperti e con controllo orientato, possibilmente in avanti e nello spazio.

Organizzazione dell'esercitazione

- Area: 20 x 50 m / 22 x 55 m (compresa la zona neutra).
- Durata: 3 serie x 5'.
- Interventi: solo tra le ripetizioni (recupero).

Descrizione dell'esercitazione

- Sono coinvolte 3 squadre da 6 giocatori; la squadra rossa schiera 3 giocatori difendenti in ciascuna zona. 2 giocatori gialli sono posizionati all'interno e 1 all'esterno di ogni zona, come in figura.
- Tutti i giocatori blu sono posizionati esternamente in posizioni specifiche: 2 difensori centrali su un lato, 2 laterali bassi alle estremità opposte e 2 centrocampisti centrali nella zona neutrale.
- L'allenatore inizia l'esercitazione e l'obiettivo per le squadre blu e gialla è cambiare gioco da un laterale basso all'altro (1 punto), attraverso i centrocampisti centrali in zona neutra.
- I giocatori non possono trasmettere palla direttamente al compagno da cui hanno ricevuto, ma sempre verso un "terzo uomo".
- Se i giocatori rossi conquistano palla, i ruoli cambiano e la squadra che ha perso il possesso diventa quella difendente.
- L'esercitazione è continua in ogni serie da 5'.
- I giocatori all'esterno sono limitati a 1 tocco, mentre quelli interni possono utilizzare 2 tocchi.

GIOVEDÌ - focus cognitivo massimo o principale sul modello di gioco (resistenza)

Esercitazione 3 (collettiva): costruire gioco dal basso e creare superiorità contro uno schieramento 4-4 compatto

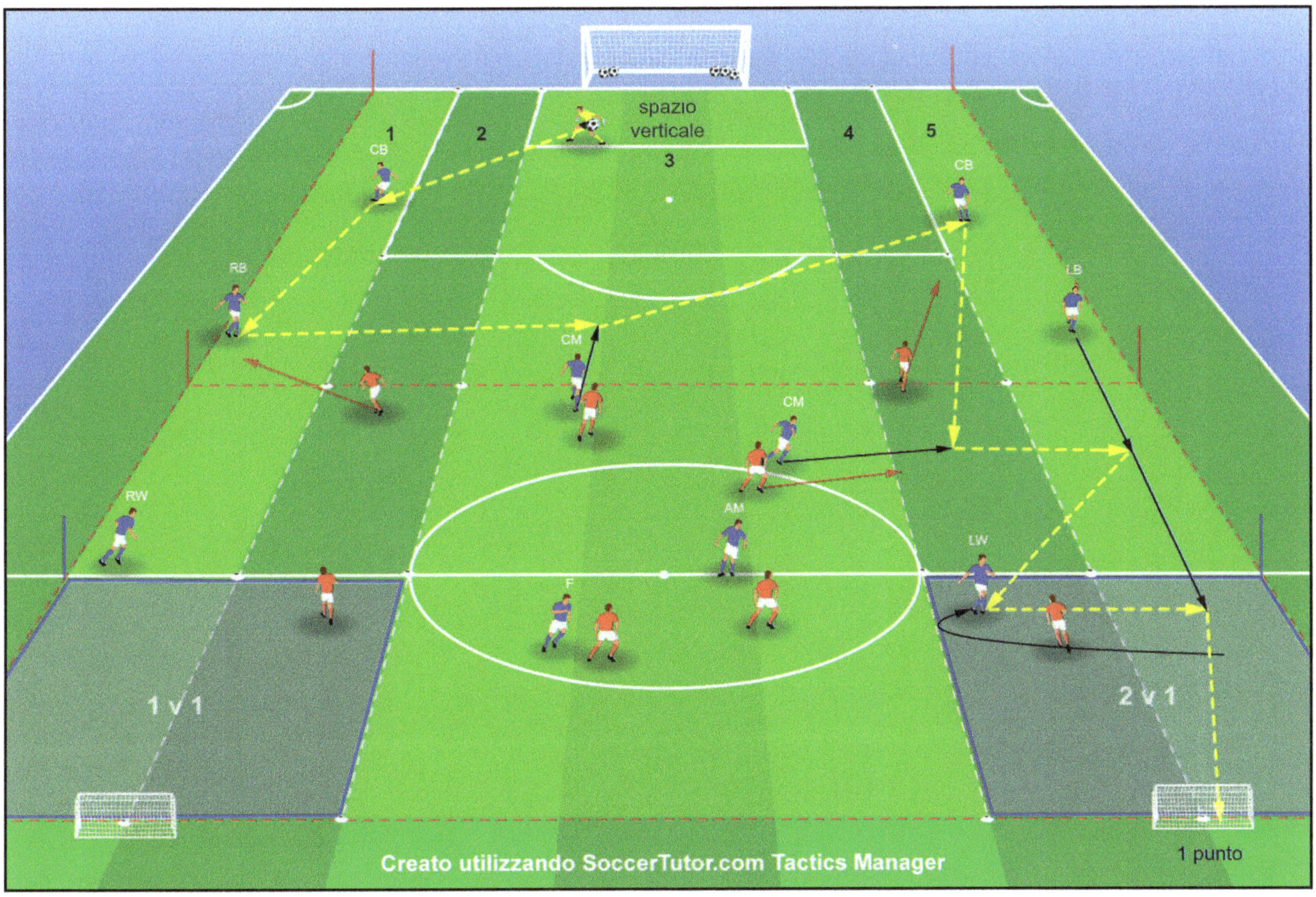

Principi di gioco fondamentali
- Circolazione della palla e cambio di gioco (creazione di superiorità numerica).
- Difesa a zona e pressione.
- Riconquistare palla direzionando e portando pressione sull'avversario, forzandolo a commettere errori.

Sotto-principi di gioco
- Compattezza e movimenti collettivi.
- Aree attive e non attive *(vedere pagina 146)*.
- Dare copertura ai compagni di squadra.

Sotto-sotto-principi di gioco
- Chiudere le opzioni di passaggio.

Organizzazione dell'esercitazione
- Durata: 5 serie x 3' (cambiando combinazioni di gioco ad ogni serie, con l'opzione libera in quella finale).
- Interventi: frequenti.

Descrizione dell'esercitazione
- **Obiettivo**: attaccare i laterali bassi, creare situazioni 2 c 1 contro il laterale basso destro e 1 c 1 contro il laterale basso sinistro.

- L'esercitazione inizia sempre dal portiere. La squadra blu si schiera con una formazione 4-2-3-1 o 4-3-3 e lavora su specifiche combinazioni e sui movimenti per costruire gioco. La squadra rossa si schiera con una formazione 4-4 scaglionata come blocco difensivo centrale.

- La palla deve essere giocata in tutte le 5 zone prima di poter trasmettere in una delle aree laterali, in cui si svolgono i duelli 2 c 1 o 1 c 1. Solo il laterale basso rosso, sullo stesso lato, può difendere nelle zone 1 c 1 o 2 c 1.

- Solo 1 giocatore blu può entrare nella zona dell'1 c 1, e 2 giocatori possono entrare nella zona del 2 c 1. L'obiettivo principale è spostare palla verso la zona del 2 c 1 contro il laterale basso sinistro rosso e segnare una rete (1 punto).

- Se i rossi conquistano palla, cercano di trasmettere al portiere (1 punto) e l'esercitazione ricomincia. I blu devono restare compatti e ridurre lo spazio disponibile, dopo aver perso il possesso, cercando di forzare errori e conquistare velocemente palla.

- Se la palla esce dal gioco, l'esercitazione ricomincia dal portiere.

GIOVEDÌ - focus cognitivo massimo o principale sul modello di gioco (resistenza)

Esercitazione 4 (collettiva): costruire gioco dal basso e creare superiorità numerica contro uno schieramento 3-4-1

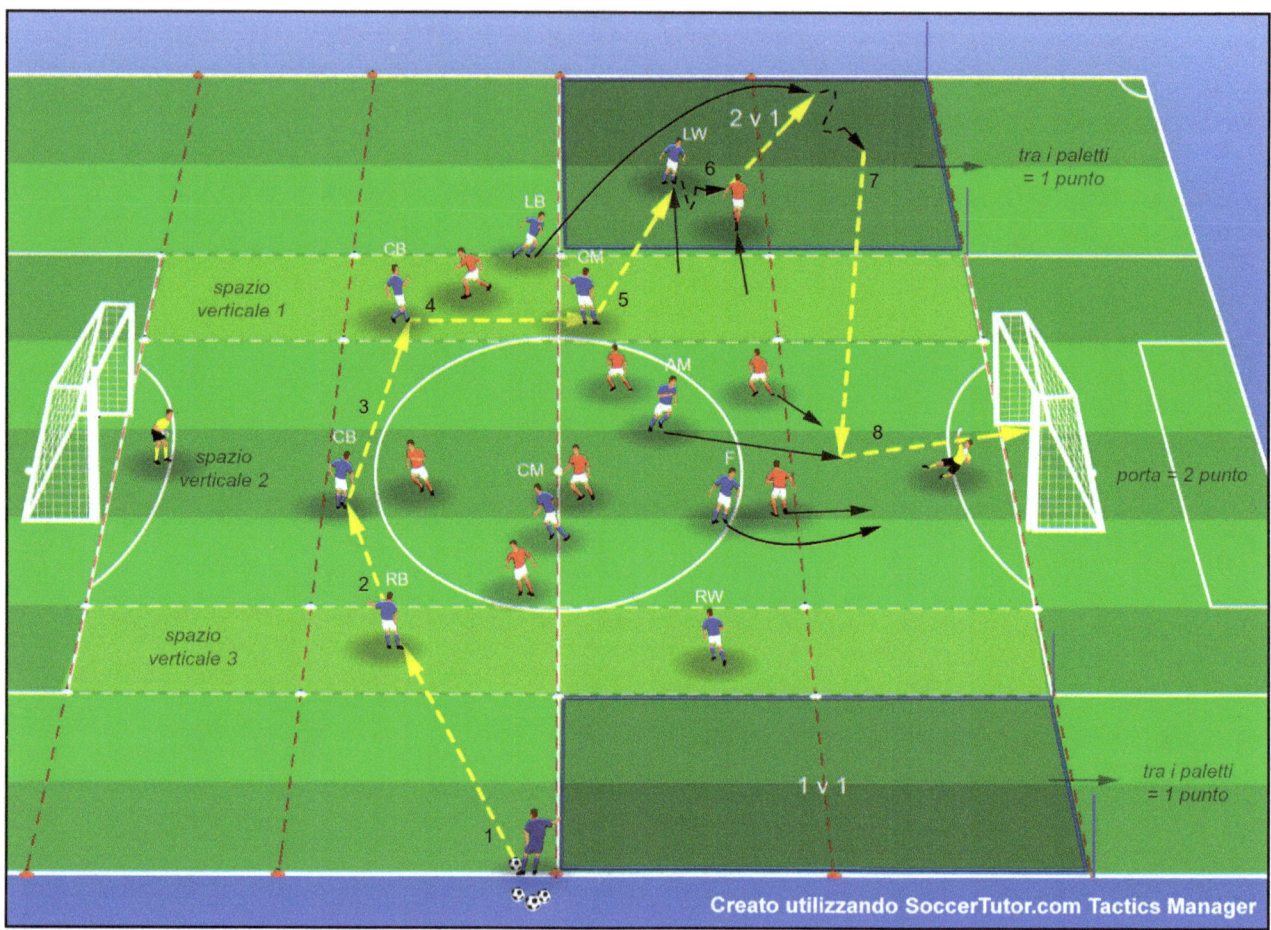

Principi di gioco fondamentali
- Mantenimento del possesso e circolazione palla ad alta velocità.

Sotto-principi di gioco
- Costruire gioco dal basso collettivamente.
- Circolazione della palla e cambi di gioco (creazione di superiorità numerica).
- Tempi degli inserimenti alle spalle della linea difensiva.
- Compattezza (riduzione degli spazi in ampiezza e profondità).

Sotto-sotto-principi di gioco
- Combinazioni di diversi tipi di trasmissioni palla.
- Posizionamento corretto del corpo per ricevere palla, vedendo compagni di squadra e avversari.
- Gioco posizionale per creare linee di passaggio (triangoli).

Organizzazione dell'esercitazione
- Durata: 5 serie x 6'.
- Interventi: solo tra le ripetizioni (recupero).

Descrizione dell'esercitazione
- **Obiettivo 1:** attaccare il laterale basso destro, creando un duello 2 c 1 / **Obiettivo 2:** attaccare il laterale basso sinistro sfruttando lo spazio tra il centrale di sinistra e il laterale basso avversari.

- 4 zone sono delimitate dalle linee orizzontali rosse e tutti i giocatori di movimento, di entrambe le squadre, devono agire, compatti, sempre all'interno delle 2 zone centrali orizzontali. Vengono delimitate anche 3 zone verticali e l'esercitazione inizia dall'allenatore; la squadra blu deve giocare palla attraverso queste 3 aree, prima che sia possibile concludere.

- Punteggio: goal nella porta regolare = 2 punti, trasmissione o conduzione attraverso i paletti nelle zone laterali, dopo duelli 2 c 1 o 1 c 1 = 1 punto. La regola del fuorigioco viene applicata nella zona di conclusione. Tutti i giocatori devono agire all'interno delle 2 zone orizzontali centrali; la squadra rossa difendente deve muoversi, inoltre, all'interno di 2 aree verticali per volta (zona attiva).

- Se la squadra rossa conquista palla, contrattacca, quella blu deve giocare in transizione difensiva rapidamente, e, in caso di riconquista del possesso nella metà campo offensiva, contrattaccare direttamente, a propria volta.

OBIETTIVI DELLA SESSIONE (TRANSIZIONE NEGATIVA):

▶ Ripiegare in difesa e impedire all'avversario di giocare alle spalle

▶ Transizione positiva: giocare in avanti e in ampiezza verso i laterali alti, senza rischi

LINEE GUIDA SPECIFICHE DELLA SESSIONE:

VENERDÌ - focus cognitivo basso sul modello di gioco (velocità di gioco)

Esercitazione 1 (settoriale): 3 (+portiere) c 5 per ripiegamento e contrasto al gioco fra le linee dell'avversario

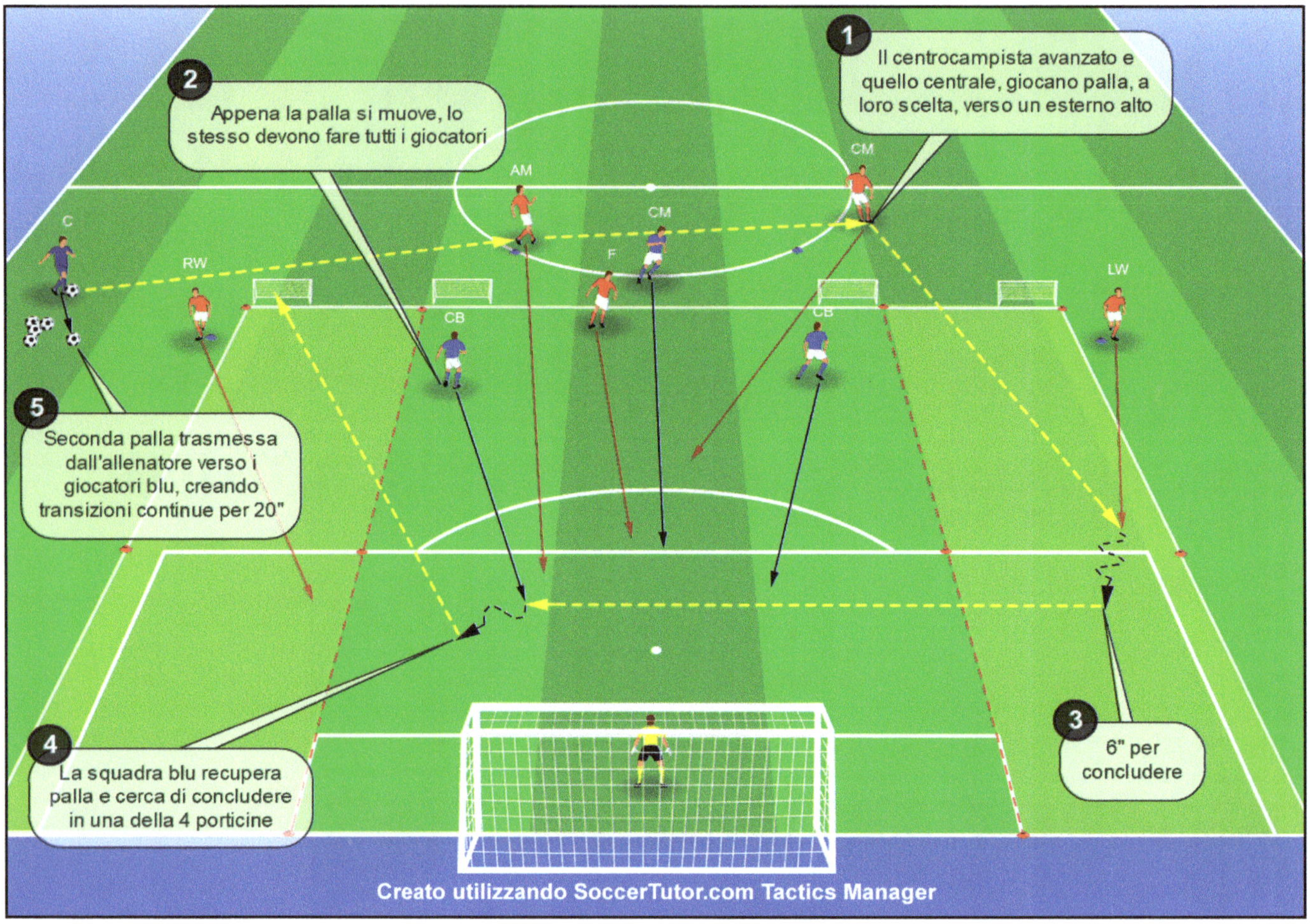

Sotto-sotto-principi di gioco

- Ripiegare per contrastare il gioco avversario alle spalle della linea difensiva.
- Correggere il posizionamento del corpo in fase difensiva: marcatura e costante attenzione agli spazi, alla posizione della palla e alla porta.
- Seguire e contrastare gli avversari.
- Scambio di posizioni (l'area centrale è prioritaria).
- Transizione positiva: posizionamento di rifinitura su linee diverse, tempi degli inserimenti, attaccando il difensore sul suo lato cieco e attenzione alla seconda palla.

Organizzazione dell'esercitazione

- Area: 45 x 35 m/ 50 x 40 m.
- Durata: 12 serie x 20".
- Interventi: solo tra le ripetizioni (recupero).

Descrizione dell'esercitazione

Viene delimitata un'area con 3 zone centrali; i giocatori iniziano l'esercitazione nelle posizioni mostrate in figura.

Le 5 fasi dell'esercitazione:

1. L'allenatore inizia la sequenza; il centrocampista centrale (CM) e quello avanzato (AM) scambiano palla fino alla decisione di trasmettere in profondità, verso uno degli esterni alti.

2. Mentre la palla è in movimento, tutti i giocatori si muovono per attaccare o difendere; i giocatori blu non possono difendere negli spazi laterali.

3. La squadra rossa deve concludere nella porta regolare entro 6", con attenzione al fuorigioco.

4. La squadra blu cerca di conquistare palla e poi di concludere in una delle porticine.

5. Quando la fase offensiva termina o la palla esce dal gioco, l'allenatore ne gioca una seconda per la squadra blu, dando inizio a fasi di transizioni continue per 20".

VENERDÌ - focus cognitivo basso sul modello di gioco (velocità di gioco)

Esercitazione 2 (settoriale): 5 (+portiere) c 5 per ripiegamento e contrasto al gioco fra le linee dell'avversario

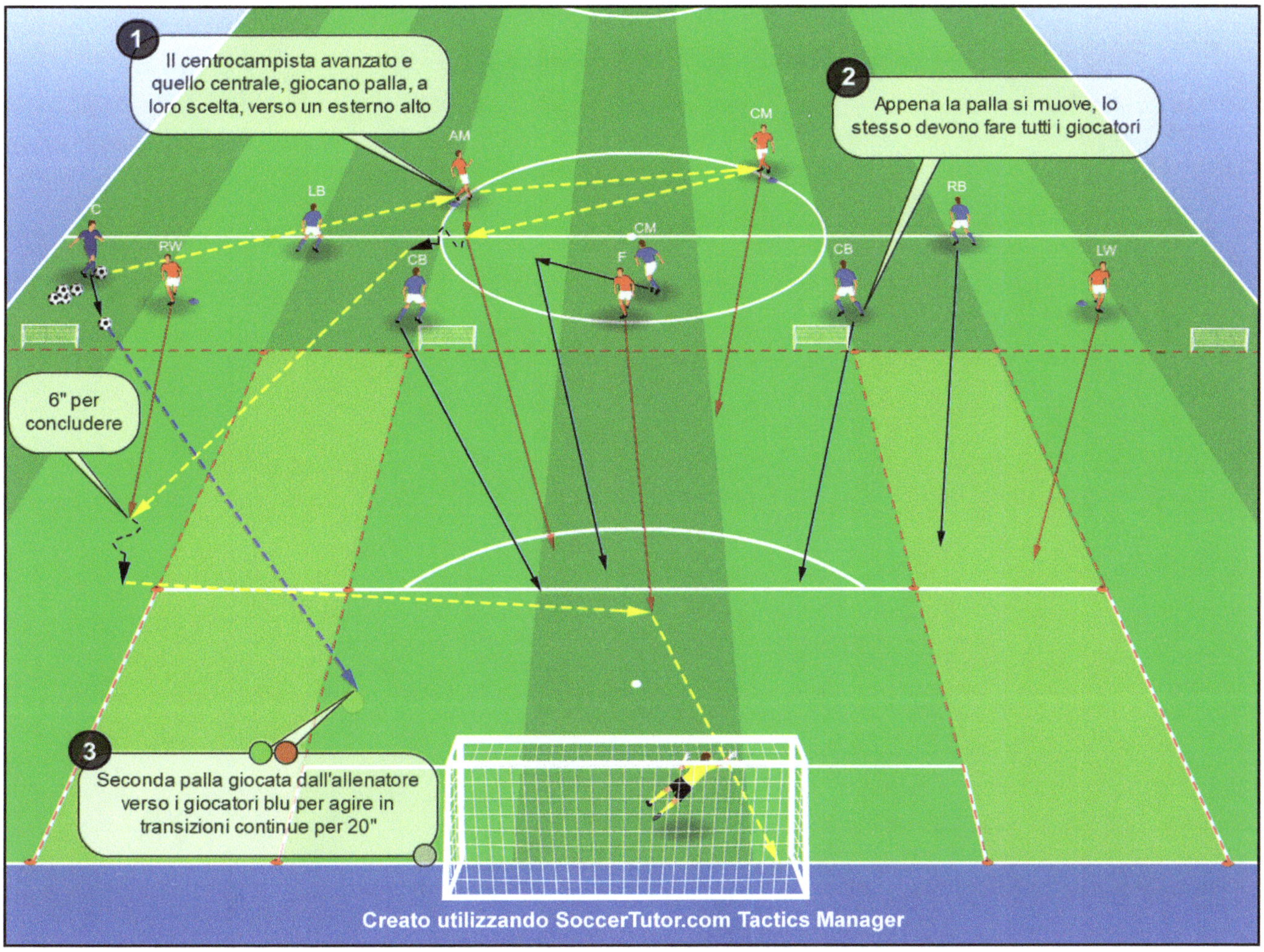

[Diagramma del campo]

1. Il centrocampista avanzato e quello centrale, giocano palla, a loro scelta, verso un esterno alto
2. Appena la palla si muove, lo stesso devono fare tutti i giocatori
3. Seconda palla giocata dall'allenatore verso i giocatori blu per agire in transizioni continue per 20"

6" per concludere

Sotto-sotto-principi di gioco

- Ripiegare per impedire all'avversario di giocare alle spalle della linea difensiva.
- Correggere il posizionamento del corpo in fase difensiva: marcatura e costante attenzione agli spazi, alla posizione della palla e alla porta.
- Seguire e contrastare gli avversari.
- Scambio di posizioni (la zona centrale è prioritaria).
- Transizione positiva: posizioni di rifinitura su diverse linee, tempi degli inserimenti alle spalle.
- Inserirsi sul lato cieco del difensore e attaccare la seconda palla.

Organizzazione dell'esercitazione

- Area: metà campo.
- Durata: 12 serie x 20".
- Giocatori: 8-10 di movimento + 1 portiere.
- Interventi: solo tra le ripetizioni (recupero).

Descrizione dell'esercitazione

Questa proposta è una progressione della precedente esercitazione. L'area di gioco per il potenziale contrattacco della squadra blu è più ampia.

2 laterali bassi blu si aggiungono al gioco, creando parità numerica (5 c 5).

L'esercitazione è comunque uguale:

1. Il centrocampista centrale (CM) e quello avanzato (AM) scambiano palla fino alla decisione di trasmettere in profondità verso uno degli esterni alti.
2. Mentre la palla è in movimento, tutti i giocatori si devono scaglionare per attaccare o difendere; i laterali bassi blu possono difendere in tutti gli spazi. La squadra rossa deve concludere entro 6".
3. Quando la fase offensiva termina o la palla esce dal gioco, l'allenatore ne gioca una seconda per la squadra blu, dando inizio a fasi di transizioni continue per 20".

VENERDÌ - focus cognitivo basso sul modello di gioco (velocità di gioco)

Esercitazione 3 (inter-settoriale): gioco di posizione per ripiegamento, compattezza e contrattacco con cambio di lato

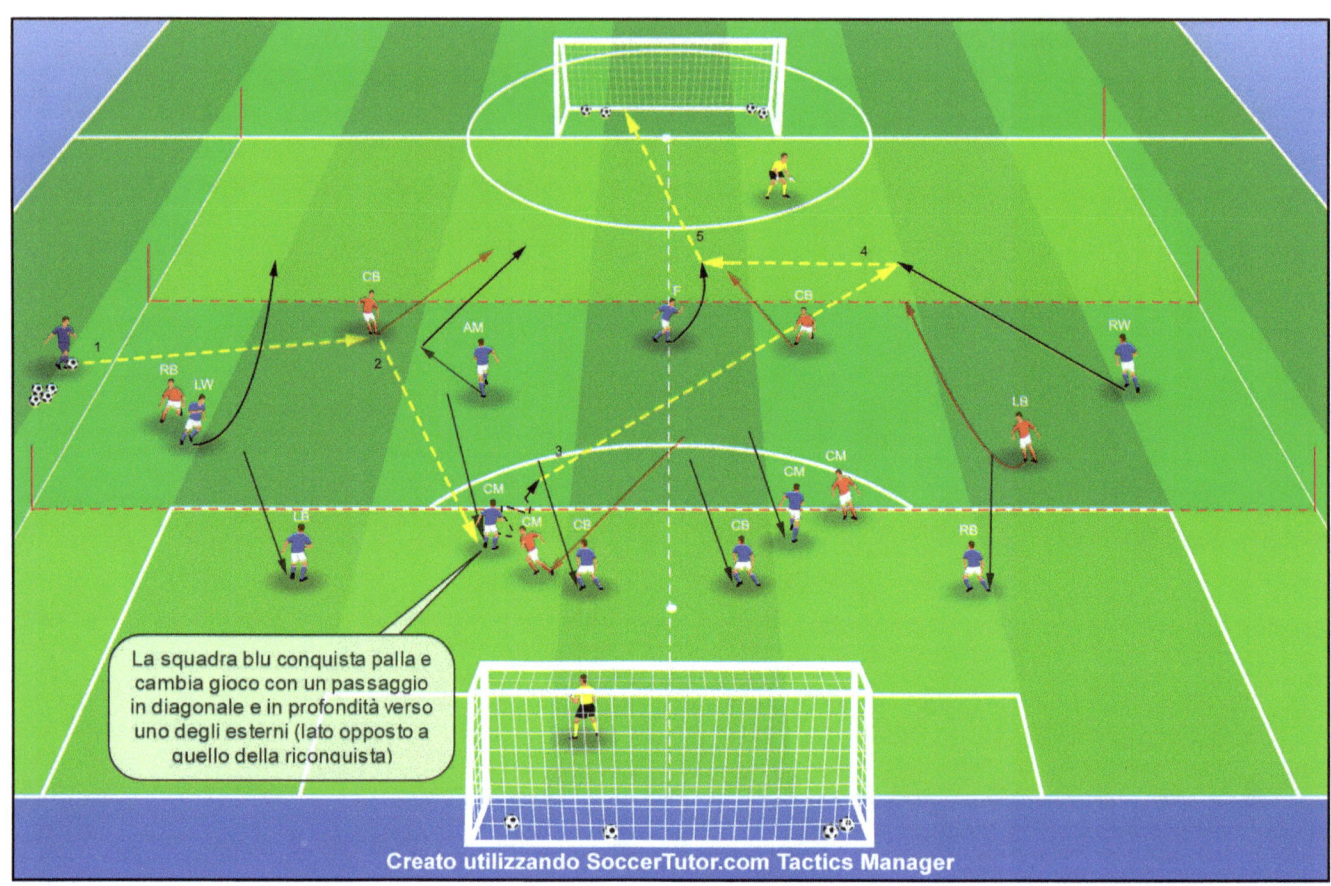

La squadra blu conquista palla e cambia gioco con un passaggio in diagonale e in profondità verso uno degli esterni (lato opposto a quello della riconquista)

Creato utilizzando SoccerTutor.com Tactics Manager

Sotto-sotto-principi di gioco
- Ripiegare per impedire all'avversario di giocare alle spalle della linea difensiva.
- Correggere il posizionamento del corpo in fase difensiva: marcatura e costante attenzione agli spazi, alla posizione della palla e alla porta.
- Seguire e contrastare gli avversari.
- Scambio di posizioni (la zona centrale è prioritaria).
- Transizione positiva: posizioni di rifinitura su diverse linee, tempi degli inserimenti alle spalle.

Organizzazione dell'esercitazione
- Area: 55 m / 60 m x metà campo in lunghezza.
- Durata: 14 serie x 30".
- Interventi: frequenti.

Descrizione dell'esercitazione
- Vengono delimitate 3 zone orizzontali uguali; tutti i giocatori, di entrambe le squadre, devono agire sempre all'interno di 2 aree. La squadra rossa si schiera con una formazione 4-2 e quella blu con il 4-2-3-1 o 4-3-3.
- L'allenatore inizia l'esercitazione trasmettendo palla verso un difensore rosso.
- I giocatori rossi sono limitati a 2 tocchi mentre cercano la conclusione.
- La linea di difesa a 4 della squadra blu ripiega, rimanendo compatta, con i centrocampisti che scalano per difendere e cercare la conquista della palla.
- Non appena i blu entrano in possesso palla, cambiano gioco con un passaggio diagonale in profondità, verso l'esterno alto, sul lato opposto (da sinistra verso l'esterno destro, in figura).
- Dal momento in cui conquistano palla, i giocatori blu hanno 5" per concludere il contrattacco e segnare.
- La regola del fuorigioco viene applicata nella zona di conclusione.
- L'esercitazione riprende sempre con l'allenatore, che gioca una nuova palla alla squadra rossa.
- Cambiare la linea difensiva a 4 della squadra blu dopo 7 ripetizioni (a metà esercitazione).

SABATO

ATTIVAZIONE PRE-PARTITA (ALLENAMENTO TATTICO / STRATEGICO)

OBIETTIVI DELLA SESSIONE (TUTTE LE FASI):

- Possesso e circolazione veloce della palla
- Cambio di gioco (creazione di superiorità numerica)
- Calci piazzati (attacco e difesa)

LINEE GUIDA SPECIFICHE DELLA SESSIONE:

- Revisione tattica della settimana (sotto-principi semplici)
- Molti arresti e ripartenze (allenamento discontinuo)
- Attivazione specifica
- Area di gioco media o grande
- Ampio numero di giocatori
- Situazioni collettive semplici
- *Breve durata delle ripetizioni (30" - 3')*
- Intensità massima relativa della concentrazione (vedere pag. 93)

SABATO - attivazione pre-partita (allenamento tattico / strategico)

Esercitazione 1 (collettiva): esercitazione a transizioni per possesso specifico 8 c 6 e smarcamento rapido nel 3 c 2

La squadra blu conquista palla e agisce rapidamente in transizione positiva per creare un duello 3 c 2 e concludere entro 5"

I giocatori rossi devono cambiare gioco da una zona all'altra per conquistare 1 punto

Creato utilizzando SoccerTutor.com Tactics Manager

Principi di gioco fondamentali
- Possesso e circolazione veloce della palla.

Sotto-sotto-principi di gioco
- Utilizzare il "terzo uomo" per la circolazione della palla.
- Gioco posizionale (creazione di triangoli).
- Mobilità (scambi di posizione).
- Cambio di gioco (da un lato all'altro, in ampiezza e profondità).

Organizzazione dell'esercitazione
- Durata: 4 serie x 2'.
- Giocatori: 14-18 di movimento.
- Interventi: solo tra le ripetizioni (recupero).

Descrizione dell'esercitazione
- Per questa esercitazione, viene delimitata un'area divisa in 2 parti uguali e con una zona di conclusione in cui si gioca un duello 3 c 2, come mostrato in figura.
- La squadra blu schiera 1 difensore centrale, 1 laterale basso, 1 centrocampista centrale in ciascuna metà e 2 esterni al di fuori delle aree.
- La squadra rossa schiera 1 centrocampista centrale avanzato (AM) in ciascuna metà, 2 attaccanti e 2 giocatori esterni, come mostrato in figura.
- Il portiere della squadra rossa inizia l'esercitazione giocando palla verso uno dei difensori centrali.
- I rossi cercano di mantenere il possesso e muovere palla da un laterale all'altro (= 1 punto).
- Non possono giocare palla al compagno da cui hanno ricevuto; devono quindi trasmettere sempre verso un "terzo uomo".
- I giocatori esterni non possono trasmettere palla tra loro.
- I giocatori interni sono limitati a 2 tocchi mentre i giocatori esterni devono giocare di prima intenzione.
- La squadra blu deve portare pressione collettivamente, conquistare palla e trasmettere rapidamente verso uno dei giocatori laterali.
- Da questo momento, si gioca in contrattacco 3 c 2, contro i difensori centrali rossi, con 1 giocatore blu che può unirsi alla fase offensiva (CM, nell'esempio in figura).
- I giocatori blu hanno 5" per concludere la fase offensiva
- L'azione riparte sempre dal portiere.

SABATO - attivazione pre-partita (allenamento tattico / strategico)

Esercitazione 2 (collettiva): gioco di posizione a zone 8 c 8 (+3) per creazione di superiorità 2 c 1 in ampiezza

Principi di gioco fondamentali
- Possesso e circolazione veloce della palla

Sotto-sotto-principi di gioco
- Gioco posizionale per creare linee di passaggio (triangoli).
- Mobilità (scambio di posizioni).
- Cambio di gioco (da un lato all'altro, in ampiezza e profondità).

Organizzazione dell'esercitazione
- Area: 40 x 60 m / 44 x 65 m.
- Durata: 5 serie x 2'.
- Interventi: solo tra le ripetizioni (recupero).

Descrizione dell'esercitazione
- **Obiettivo**: attaccare l'avversario, creando una situazione 2 c 1 con esterno alto e laterale basso.
- Si gioca una partita 8 c 8: entrambe le squadre schierano una linea difensiva a 4, 1 centrocampista centrale, 1 centrocampista offensivo e 1 attaccante. Inoltre, 3 giocatori neutrali gialli agiscono come centrocampista centrale ed esterni alti (2).
- All'interno dell'area, vengono delimitate 4 zone laterali, in cui gli esterni alti attaccano i laterali bassi avversari. Solo laterali bassi ed esterni alti possono agire in queste zone.
- Se una squadra sta attaccando il laterale basso destro avversario, il proprio laterale sinistro può muoversi in avanti per creare superiorità numerica 2 c 1.
- L'esercitazione inizia con il passaggio dell'allenatore. La squadra in possesso, blu in figura, costruisce gioco e cerca di trasmettere verso un esterno in maglia gialla, idealmente l'esterno alto di sinistra.
- Se un esterno riceve nella zona sinistra del duello 2 c 1, la squadra può sfruttare la superiorità numerica per vincere il duello contro il laterale basso avversario, e poi giocare la palla al centro per provare a concludere.
- Se la squadra rossa, in difesa, conquista palla, deve contrattaccare con le stesse regole.
- Non viene applicata la regola del fuorigioco.
- L'esercitazione riparte sempre dall'allenatore.

SABATO - attivazione pre-partita (allenamento tattico / strategico)

Esercitazione 3 (collettiva): esercitazione specifica a 2 zone per difendere contro i calci piazzati e contrattaccare

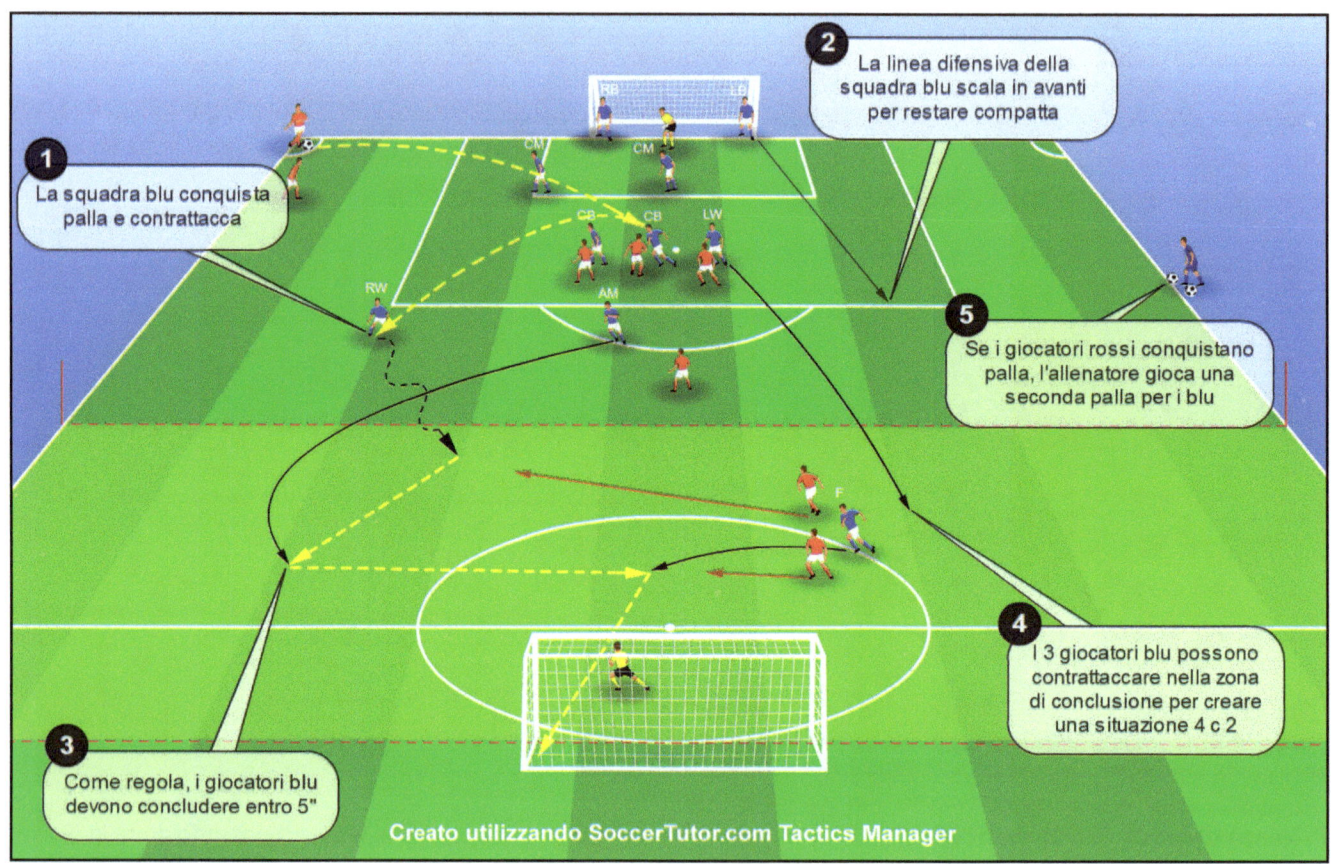

Sotto-principi di gioco
- Dopo la conquista del possesso, giocare in avanti e in profondità, se possibile, senza correre rischi.

Sotto-sotto-principi di gioco
- Giocare a supporto (sopra e sotto la linea della palla).
- Trasmettere un primo passaggio sicuro ("giocare semplice").
- Tempi corretti per gli inserimenti alle spalle della difesa avversaria, evitando il fuorigioco.

Organizzazione dell'esercitazione
- Area: metà campo + 10 m.
- Durata: 12 serie.
- Interventi: frequenti.

Descrizione dell'esercitazione
Lo spazio di gioco è diviso in 2 metà; i giocatori blu difendono un calcio d'angolo con 10 giocatori; l'attaccante è posizionato nella metà campo offensiva.

La squadra rossa schiera 6 giocatori per attaccare la porta da calcio d'angolo; 2 difensori sono schierati nella metà opposta. L'esercitazione inizia con la battuta del calcio d'angolo.

Se la squadra rossa segna una rete, guadagna un altro angolo. In caso contrario, l'esercitazione si sviluppa come segue:

1. Se i blu conquistano palla, contrattaccano.
2. La linea difensiva della squadra blu si muove in avanti per mantenersi compatta.
3. I giocatori blu devono cercare di agire rapidamente nella metà offensiva e provare a concludere il contrattacco entro 5".
4. 3 giocatori blu possono portarsi nella metà offensiva per creare una situazione 4 c 2. Nell'esempio in figura, l'esterno alto di destra conduce nella metà campo offensiva, il centrocampista avanzato si sovrappone per ricevere e l'esterno alto di sinistra gioca a supporto.
5. Se la squadra rossa conquista palla, l'allenatore ne trasmette una seconda, per attaccare nuovamente in una situazione simile 4 c 2.

Una volta che i giocatori blu hanno giocato la loro fase offensiva (oppure attaccato per due volte consecutive), tornano in posizione e l'esercitazione ricomincia con un altro calcio d'angolo della squadra rossa.

CAPITOLO 10

LE SESSIONI DI ALLENAMENTO (2 PARTITE SETTIMANALI)

UN ESEMPIO DI ANALISI DEI 2 AVVERSARI SUCCESSIVI E COME MIGLIORARE DOPO L'ULTIMA GARA

	1° AVVERSARIO (3-5-2)	2° AVVERSARIO (4-4-2)
FASE OFFENSIVA	▶ In fase di costruzione, mostra costantemente schemi di gioco diretto, con lunghi passaggi in diagonale, per sfruttare lo spazio alle spalle della linea difensiva. ▶ Quando la palla si trova nell'ultimo terzo di campo, gioca verso gli esterni per invitare il laterale basso avversario fuori posizione e creare spazio per gli attaccanti al centro e alle spalle. È necessario prestare particolare attenzione; i difensori centrali devono coprire gli inserimenti o applicare la trappola del fuorigioco. ▶ Nell'ultimo terzo di campo, attacca costantemente in ampiezza, crossando in area per gli attaccanti che sono molto forti di testa.	▶ In fase di costruzione dal basso, questa squadra tende a giocare attraverso il difensore centrale destro. ▶ Quando possibile, **il difensore centrale destro attacca lo spazio davanti e cerca di combinare con i quattro giocatori più avanzati** (esterni alti e attaccanti). ▶ Il centrale difensivo di sinistra è destrorso e ha problemi tecnici nella prima fase di costruzione del gioco. ▶ I quattro giocatori avanzati (esterni alti e attaccanti) **sono costantemente in movimento e scambiano le posizioni.**
TRANSIZIONE NEGATIVA	▶ In caso di perdita del possesso, **non reagisce in modo aggressivo, ma molti giocatori sono posizionati dietro alla linea della palla** (3 difensori e 2 centrocampisti centrali). ▶ C'è equilibrio, in questa fase, ma **gli esterni, solitamente, lasciano spazi non adeguatamente coperti.**	▶ In caso di perdita del possesso, **porta pressione con aggressività.** ▶ Gli esterni alti aiutano i laterali bassi nel **creare superiorità numerica difensiva in ampiezza.** ▶ E' necessario cambiare gioco o trasmettere in avanti molto rapidamente, per trarre vantaggio.
FASE DIFENSIVA	▶ In fase di non possesso, **si difende con un blocco centrale.** ▶ E' possibile sfruttare gli spazi alle spalle della linea di centrocampo (mancanza di compattezza). ▶ C'è una mancanza di collegamento tra il centrale e l'esterno di sinistra, in fase di pressione sul portatore di palla, negli spazi intermedi. Il centrale di sinistra non ha un compito chiaro, in fase pressione sul portatore di palla; è così possibile approfittare degli spazi tra questi due giocatori (LCB e LWB).	▶ In fase di non possesso, **si difende con un blocco centrale, in alto sul campo,** pressando i 2 attaccanti, i 2 esterni alti e 1 centrocampista centrale. ▶ La linea difensiva a 4, a volte, non si muove in avanti coprendo il giusto spazio, **lasciandone tra le linee di difesa e di centrocampo, di cui è possibile approfittare.** ▶ A centrocampo, sono compatti e tengono brevi distanze tra le linee. Ma **quando il portatore di palla non viene pressato, la linea difensiva dei 4 si ferma,** quindi è possibile sfruttare questa situazione, con movimenti in avanti e alle spalle dei centrocampisti.

Capitolo 10: Le Sessioni Di Allenamento (2 Partite Settimanali)

TRANSIZIONE POSITIVA	▶ In caso di conquista della palla, **cerca di trasmettere rapidamente verso l'esterno sul lato debole.** ▶ **Un attaccante rimane posizionato tra i difensori centrali avversari e poi si muove indietro a sostegno per ricevere tra le linee** (i difensori e i centrocampisti centrali devono essere attenti a questo tipo di movimento).	▶ In caso di conquista del possesso, cerca **di giocare velocemente e direttamente verso gli attaccanti e conquistare le seconde palle.** ▶ E' necessario prestare attenzione a questa dinamica, assicurando superiorità numerica contro i 2 attaccanti e marcando i giocatori per conquistare le seconde palle.
POSSIBILITÀ DI MIGLIORAMENTO DOPO L'ULTIMA PARTITA	▶ Forzare l'avversario in zone specifiche e portare pressione collettiva. ▶ Costringere il portatore di palla a commettere errori e a perdere il possesso. ▶ Movimenti coordinati della linea a 4 durante la fase difensiva.	▶ **Circolazione della palla e cambio di gioco verso il lato debole.** ▶ Variare e alzare il ritmo in fase di costruzione del gioco.

Capitolo 10: Le Sessioni Di Allenamento (2 Partite Settimanali)

LO SCHEMA STANDARD DEGLI ALLENAMENTI SETTIMANALI (2 PARTITE) (Adattamento da Gomes, M. 2006)

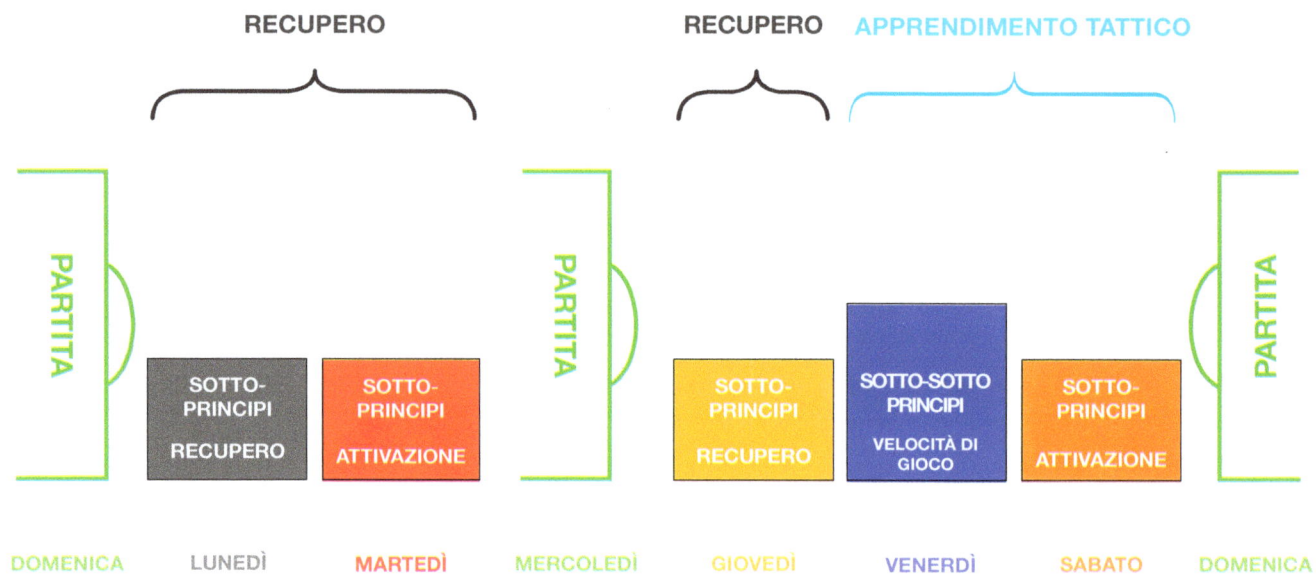

Questo di seguito è il programma di allenamento settimanale, nel caso in cui la squadra sia impegnata in 2 partite:

- **DOMENICA:** giorno della partita

- **LUNEDÌ:** recupero attivo (allenamento tattico/strategico)

- **MARTEDÌ:** attivazione pre-partita (allenamento tattico/strategico)

- **MERCOLEDÌ:** giorno della partita

- **GIOVEDÌ:** recupero attivo (allenamento tattico/strategico)

- **VENERDÌ:** focus cognitivo basso sul modello di gioco (velocità di gioco)

- **SABATO:** attivazione pre-partita (allenamento tattico/strategico)

Questo è un modello settimanale diverso, nel caso ci sia una partita aggiuntiva, nel corso della settimana. La preoccupazione principale è il recupero mentale e fisico completo dei giocatori, dati i due impegni.

I principi e i fattori metodologici più rilevanti, che influenzano l'ideazione dei contenuti degli allenamenti, sono gli stessi del modello standard che prevede una singola partita.

Il recupero e la disponibilità del giocatore per la partita è la preoccupazione principale durante una settimana standard di questo tipo; quindi il **principio della fatica tattica** è particolarmente importante (vedere la sezione *"PRINCIPIO DELLA FATICA E DELLA CONCENTRAZIONE TATTICA"* da pagina 89).

UN ESEMPIO DI OBIETTIVI TATTICI (2 PARTITE SETTIMANALI)

LUNEDÌ — MODELLO DI GIOCO ("RECUPERO")
- Lavoro sulle possibilità di miglioramento dopo l'ultima partita.
- La linea difensiva lavora su movimenti coordinati, durante la fase di non possesso. I giocatori mantengono brevi distanze tra loro, scivolando e scalando rispetto alla posizione della palla.
- Lavoro sul direzionamento dell'avversario verso zone predeterminate e pressione "collettiva".

MARTEDÌ — FASE OFFENSIVA E DIFENSIVA
- "Attivazione" per la partita del giorno successivo.
- Creazione della sessione dopo l'analisi tattica dell'avversario.
- Esempio: costruzione di gioco contro il 3-5-2 dell'avversario, con linea difensiva a centrocampo.
- Difendere sui cross.

MERCOLEDÌ — GIORNO DELLA PARTITA

GIOVEDÌ — MODELLO DI GIOCO ("RECUPERO")
- Lavoro sulle possibilità di miglioramento dall'ultima partita.
- Circolazione veloce della palla e cambio di gioco verso il lato debole.
- Esempio: costruzione di gioco contro il 4-4-2 dell'avversario, con linea difensiva alta.

VENERDÌ — FASE OFFENSIVA E DIFENSIVA
- "Velocità di gioco" (lavoro su rapidità del processo decisionale).
- Creazione della sessione dopo l'analisi tattica dell'avversario.
- Difendere e prevenire il gioco diretto verso gli attaccanti e conquistare la seconda palla.
- Cambiare gioco oppure trasmettere in avanti molto velocemente per evitare che l'avversario crei una "zona di pressione".

SABATO — DIMENSIONE STRATEGICA (REVISIONE DELLA SETTIMANA)
- "Attivazione" per la partita del giorno successivo.
- Centrocampisti a supporto della fase offensiva.
- Esempio: pressione, rendere prevedibile la fase offensiva dell'avversario, forzando le giocate tramite il laterale basso di sinistra che è destrorso e con lacune tecniche.

DOMENICA — GIORNO DELLA PARTITA

LUNEDÌ — RECUPERO ATTIVO (ALLENAMENTO TATTICO / STRATEGICO)

OBIETTIVI DELLA SESSIONE (FASE OFFENSIVA E DIFENSIVA):

▸ Movimenti coordinati dei 4 difensori durante la fase di non possesso

▸ Forzare le giocate avversarie verso zone preordinate e portare pressione collettiva

LINEE GUIDA SPECIFICHE DELLA SESSIONE:

- Miglioramenti dall'ultima partita
- Molti arresti e ripartenze (allenamento discontinuo)
- Allenamento per il recupero specifico
- Area di gioco media o grande
- Ampio numero di giocatori
- Situazioni settoriali e inter-settoriali
- *Breve durata delle ripetizioni (30" - 3')*
- Intensità massima relativa della concentrazione (vedere pag. 93)

LUNEDÌ - recupero attivo (allenamento tattico / strategico)

Esercitazione 1 (settoriale): gioco specifico a 4 zone per organizzazione difensiva contro il 3-5-2

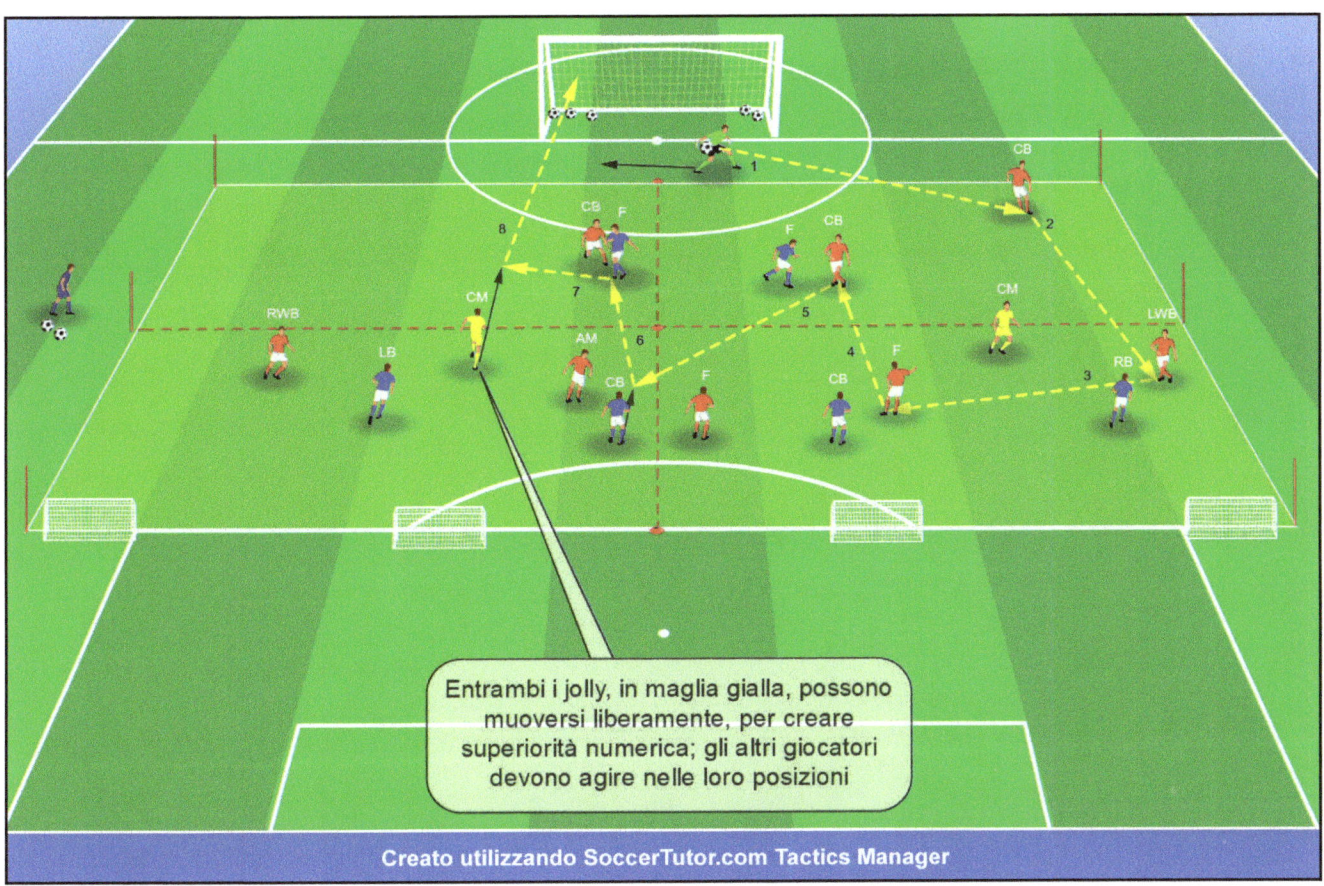

Entrambi i jolly, in maglia gialla, possono muoversi liberamente, per creare superiorità numerica; gli altri giocatori devono agire nelle loro posizioni

Sotto-principi di gioco
- Coordinamento della linea arretrata a 4, durante la fase difensiva: compattezza, copertura, movimenti collettivi.
- Aree attive e non attive *(vedere pagina 146)*.
- Circolazione della palla e cambio di gioco (creazione di superiorità numerica)

Sotto-sotto-principi di gioco
- Comunicare e cambiare la marcatura quando necessario.
- Prendere posizione per coprire lo spazio.

Organizzazione dell'esercitazione
- Durata: 5 serie x 2'.
- Interventi: solo tra le ripetizioni (recupero).

Descrizione dell'esercitazione
- I 2 jolly neutrali agiscono come centrocampisti centrali per la squadra in possesso. Entrambi, in maglia gialla, si muovono liberamente attraverso tutte le 4 zone per creare superiorità numerica.

- La squadra rossa si schiera con una formazione 3-5-2. Il difensore centrale e il centrocampista offensivo possono muoversi liberamente tra le 2 zone, nella loro metà, ma tutti gli altri giocatori devono rimanere all'interno del loro spazio.

- La squadra blu schiera una difesa a 4 e 2 attaccanti; tutti i giocatori devono rimanere all'interno delle loro zone.

- L'esercitazione inizia dal portiere della squadra rossa.

- I rossi costruiscono gioco in superiorità numerica per cercare la conclusione in una delle 4 porticine.

- La squadra blu difende le 4 porticine seguendo i sotto-principi e i sotto-sotto-principi di gioco e cercando di conquistare palla.

- Se la squadra blu conquista il possesso, i giocatori sono liberi di muoversi attraverso qualsiasi zona per contrattaccare rapidamente, aiutati dai jolly gialli, e concludere, come mostrato in figura.

- L'esercitazione riprende sempre dal portiere della squadra rossa.

LUNEDÌ - recupero attivo (allenamento tattico / strategico)

Esercitazione 2 (settoriale): gioco specifico a 4 zone per i movimenti in copertura dei centrali difensivi

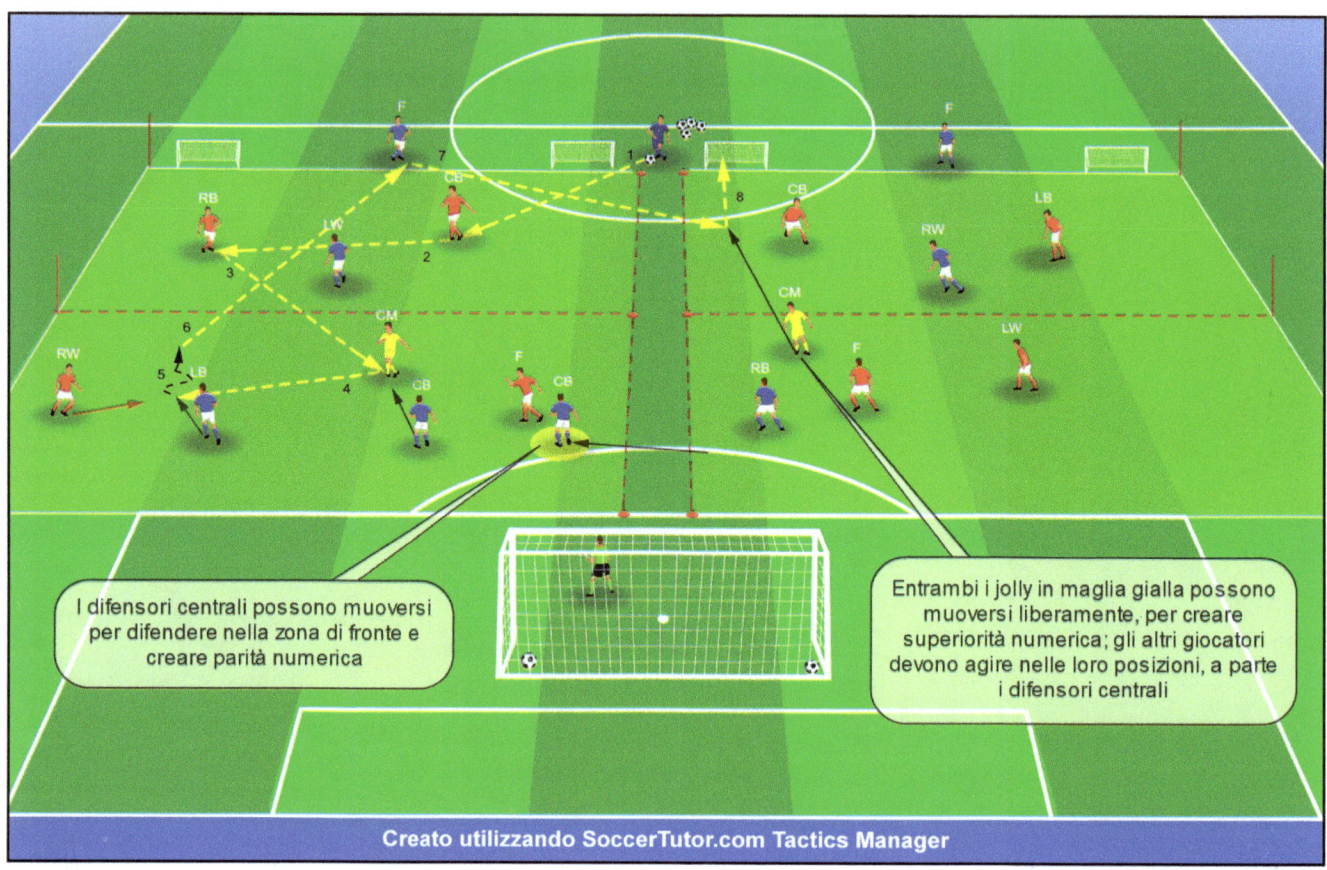

I difensori centrali possono muoversi per difendere nella zona di fronte e creare parità numerica

Entrambi i jolly in maglia gialla possono muoversi liberamente, per creare superiorità numerica; gli altri giocatori devono agire nelle loro posizioni, a parte i difensori centrali

Creato utilizzando SoccerTutor.com Tactics Manager

Sotto-principi di gioco

- Coordinamento della linea arretrata a 4, durante la fase difensiva: compattezza, copertura, movimenti collettivi.
- Aree attive e non attive *(vedere pagina 146)*.
- Circolazione della palla e cambio di gioco (creazione di superiorità numerica)

Sotto-sotto-principi di gioco

- Comunicare e cambiare marcatura quando necessario.
- Prendere posizione per coprire lo spazio.

Organizzazione dell'esercitazione

- Durata: 5 serie x 2'.
- Interventi: solo tra le ripetizioni (recupero).

Descrizione dell'esercitazione

- I 2 jolly neutrali agiscono come centrocampisti centrali per la squadra in possesso. Entrambi, in maglia gialla, si muovono liberamente attraverso tutte le 4 zone, per creare superiorità numerica.
- La squadra rossa si schiera con una formazione 4-4-2 e tutti i giocatori devono rimanere nelle loro zone.

- La squadra blu schiera la linea difensiva a 4 e 2 esterni alti posizionati all'interno delle zone, oltre a 2 attaccanti all'esterno, come mostrato in figura.
- Tutti i giocatori blu devono rimanere all'interno delle loro zone, tranne i difensori centrali che possono spostarsi per difendere nella zona successiva, creando parità numerica 3 c 3.
- L'esercitazione inizia con il passaggio dell'allenatore verso un difensore rosso. I rossi costruiscono gioco e cercano di concludere nella porta regolare, calciando all'interno delle zone.
- La squadra blu difende la porta seguendo i sotto-principi e i sotto-sotto-principi secondari di gioco e cercando di conquistare palla. Un difensore centrale si sposta per creare una situazione 3 c 3 in una delle zone.
- Se i blu conquistano palla, sono liberi di spostarsi in qualsiasi zona per contrattaccare rapidamente, con l'aiuto dei jolly gialli e degli attaccanti blu all'esterno, che possono scaricare palla indietro di prima intenzione (come mostrato in figura).
- L'esercitazione riprende sempre dall'allenatore

LUNEDÌ - recupero attivo (allenamento tattico / strategico)

Esercitazione 3 (inter-settoriale): gioco di posizione per indirizzare il possesso avversario e provocare errori

Sotto-principi di gioco
- Forzare l'avversario verso zone preordinate e rendere prevedibile la fase di possesso.
- Portare pressione "collettiva" per forzare l'avversario all'errore e alla perdita della palla.
- Recupero del possesso.

Sotto-sotto-principi di gioco
- Comunicare (posizioni iniziali) e cambiare marcatura quando necessario.
- Prendere posizione per coprire lo spazio.
- Individuare "spunti tattici per portare pressione".

Organizzazione dell'esercitazione
- Tempo: 5 serie x 2'.
- Interventi: solo tra le ripetizioni (recupero).

Descrizione dell'esercitazione
- **Obiettivo:** la squadra blu deve forzare il gioco verso il laterale basso di sinistra, poiché è un punto debole dei prossimi avversari, giocatore destrorso e incline all'errore in fase di costruzione dal basso.
- I rossi si schierano con un 3-5-2, mentre la squadra blu si schiera con il 4-2-3-1 o 4-3-3.
- Il campo è diviso in 3 zone uguali.
- **1° Terzo,** in cui agiscono il centrocampista offensivo blu e il laterale basso destro contro 3 attaccanti rossi (2 c 3).
- **Terzo centrale,** dove giocano il centrocampo della squadra blu contro 2 esterni rossi e 3 centrocampisti centrali (4 c 5).
- Nell'**ultimo terzo** agisce la linea difensiva a 4 della squadra blu contro 2 attaccanti rossi (4 c 2).
- Vengono, inoltre, delimitate aree verticali, con linee bianche, che fungono da guida per i ruoli posizionali dei giocatori.
- L'esercitazione inizia sempre dal portiere della squadra rossa, per costruire gioco attraverso le zone del campo e concludere. La squadra blu difende la porta seguendo i sotto-principi e i sotto-sotto-principi secondari di gioco e cercando di conquistare palla.
- L'obiettivo principale è forzare il gioco verso il laterale basso di sinistra rosso che è incline a commettere errori, come mostrato nell'esempio in figura, in cui sbaglia il passaggio contro l'esterno blu di destra.
- Se la squadra blu conquista palla, i giocatori sono liberi di muoversi attraverso tutti gli spazi per contrattaccare rapidamente e concludere.
- La regola del fuorigioco è applicata solo nei terzi finali del campo. L'esercitazione riprende sempre dal portiere della squadra rossa.

MARTEDÌ
ATTIVAZIONE PRE-PARTITA (ALLENAMENTO TATTICO / STRATEGICO)

OBIETTIVI DELLA SESSIONE (FASE OFFENSIVA E TRANSIZIONE NEGATIVA):

▶ Sequenze di gioco per costruire dal basso contro il 3-5-2 con blocco difensivo a centrocampo

▶ Difendere i cross

LINEE GUIDA SPECIFICHE DELLA SESSIONE:

- Preparazione tattica
- Molti arresti e ripartenze (allenamento discontinuo)
- Attivazione specifica
- Area di gioco grande
- Ampio numero di giocatori
- Situazioni collettive semplici
- *Breve durata delle ripetizioni (5" - 30")*
- Intensità massima relativa della concentrazione (vedere pag. 93)

MARTEDÌ - attivazione pre-partita (allenamento tattico / strategico)

Esercitazione 1 (collettiva): gioco di posizione specifico per costruzione e rapide transizioni negative

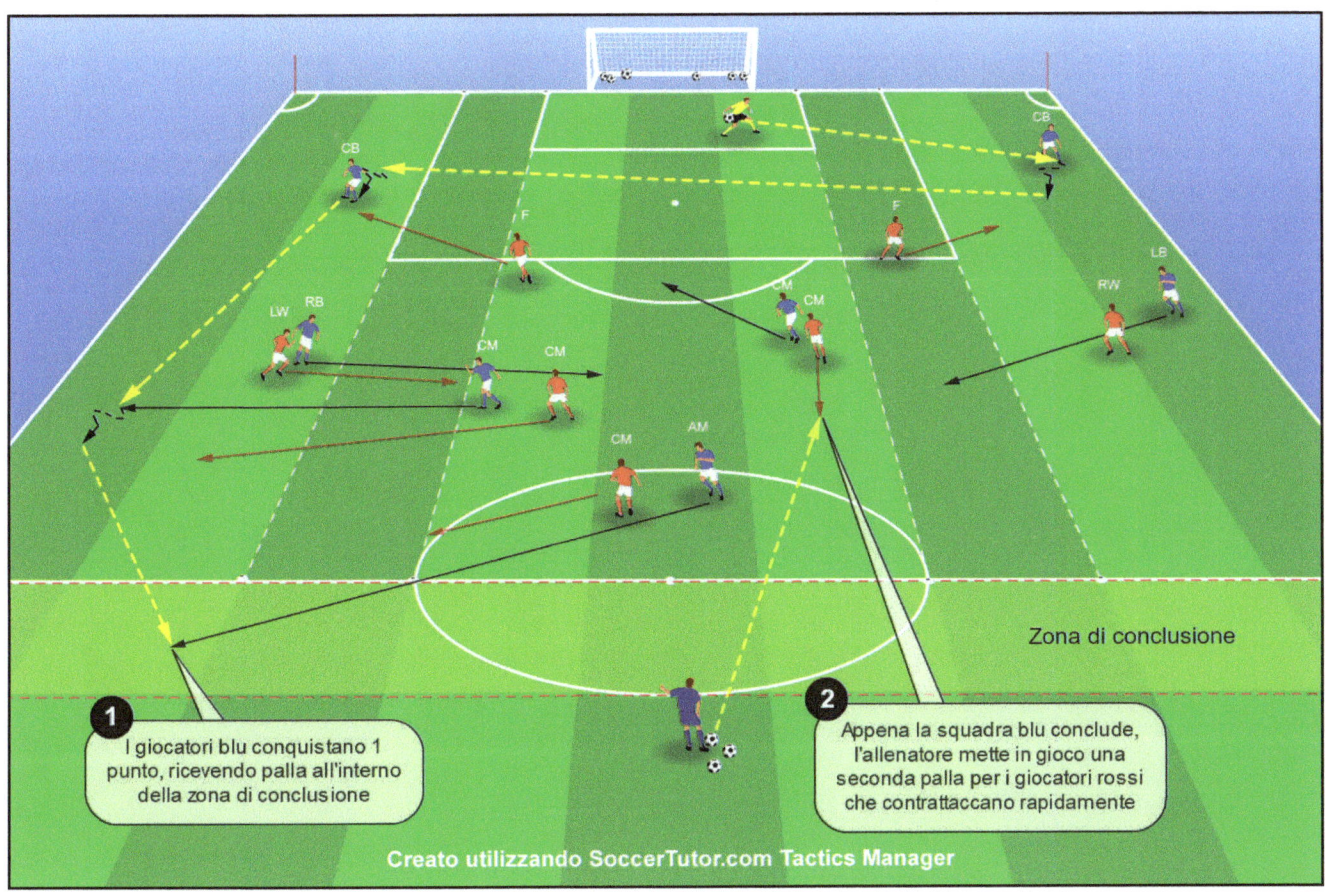

1 I giocatori blu conquistano 1 punto, ricevendo palla all'interno della zona di conclusione

2 Appena la squadra blu conclude, l'allenatore mette in gioco una seconda palla per i giocatori rossi che contrattaccano rapidamente

Sotto-principi di gioco

- Uscire dalla linea difensiva e giocare verso il centrocampo.
- Creare superiorità posizionale.
- Creazione di superiorità numerica in zona centrale e in ampiezza.
- Portare pressione per conquistare palla.

Sotto-sotto-principi di gioco

- Gioco posizionale (creazione di triangoli per creare linee di passaggio).
- Mobilità (scambio di posizioni).
- Alta velocità di gioco.
- In caso di perdita del possesso, creazione di una "zona di pressione" per impedire all'avversario di giocare in avanti.

Organizzazione dell'esercitazione

- Durata: 10 serie x 30".
- Interventi: solo tra le ripetizioni (recupero).

Descrizione dell'esercitazione

- La squadra blu si schiera con una formazione 4-3 (dal 4-3-3), mentre quella rossa con una formazione 5-2 (dal 3-5-2).
- Viene delimitata una "zona di conclusione" per la squadra blu e 5 zone, contrassegnate dalle linee bianche, che fungono da guida per i ruoli posizionali dei giocatori.
- L'esercitazione parte sempre dal portiere della squadra blu. La squadra blu costruisce gioco seguendo i sotto-principi e i sotto-sotto-principi elencati e cercando di concludere attraverso una ricezione palla all'interno della "zona di conclusione".
- I rossi portano pressione in alto sul campo e cercano di conquistare palla. Se riescono, possono contrattaccare e concludere.
- Se la squadra blu segna una rete, ricevendo all'interno della "zona di conclusione", l'allenatore trasmette una nuova palla alla squadra rossa per contrattaccare rapidamente. A questo punto, la squadra blu deve agire in transizione negativa molto rapidamente.
- La squadra blu crea una "zona di pressione" attorno all'area della palla, impedendo alla squadra rossa di giocare in avanti, per riguadagnare il possesso.

MARTEDÌ - attivazione pre-partita (allenamento tattico / strategico)

Esercitazione 2 (collettiva): costruire gioco e creare superiorità numerica contro il 3-5-2 e rapide transizioni negative

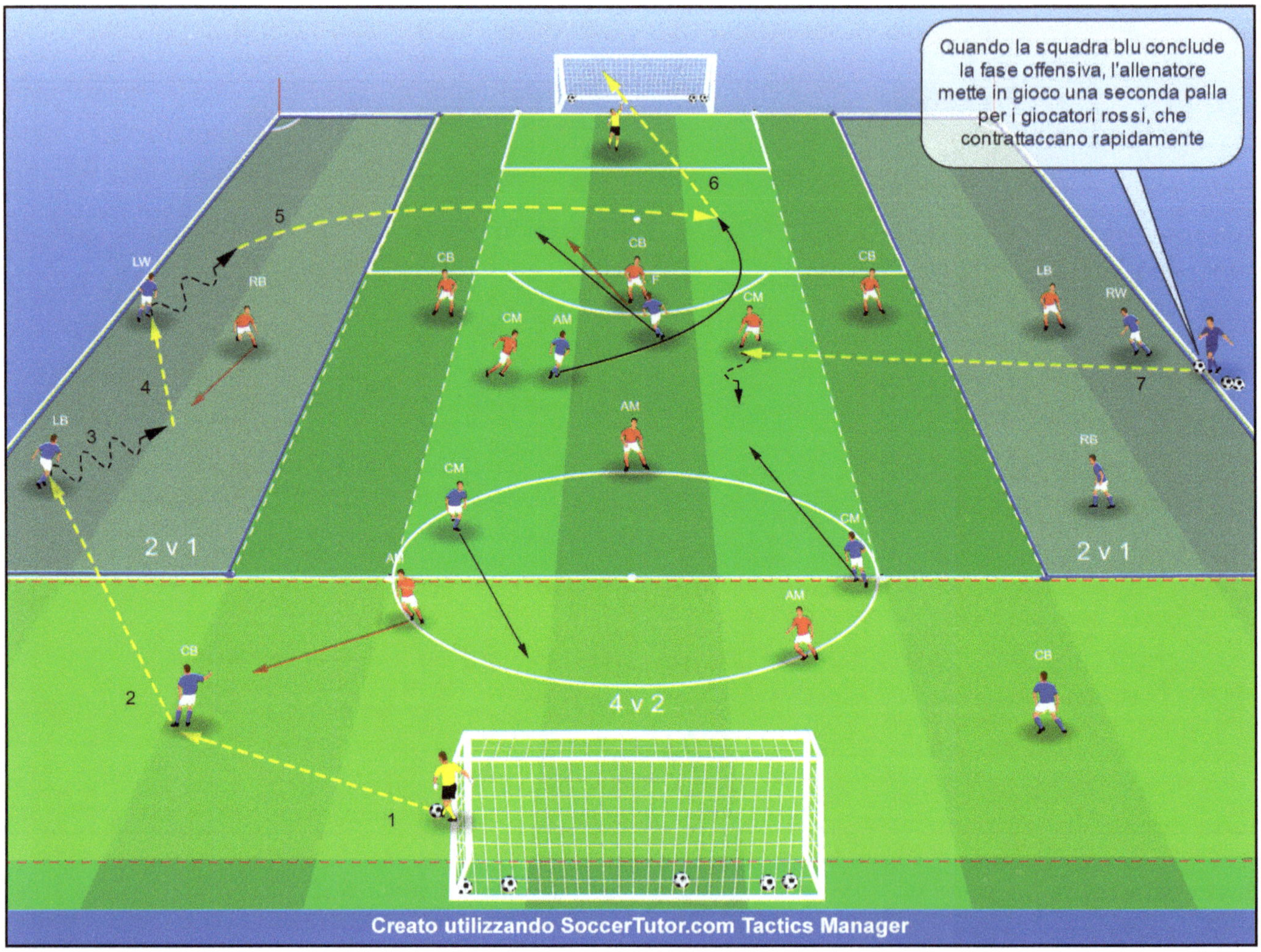

> Quando la squadra blu conclude la fase offensiva, l'allenatore mette in gioco una seconda palla per i giocatori rossi, che contrattaccano rapidamente

Sotto-principi di gioco

- Uscire dalla linea difensiva e giocare verso il centrocampo.
- Creare superiorità posizionale.
- Creazione di superiorità numerica in zona centrale e in ampiezza.
- Portare pressione per conquistare palla.

Sotto-sotto-principi di gioco

- Creare superiorità posizionale.
- Mobilità (scambio di posizioni).
- Alta velocità di gioco e rapidità di reazione in fase di transizione.
- Creare una "zona di pressione" per prevenire giocate in avanti dell'avversario.

Organizzazione dell'esercitazione

- Durata: 10 serie x 30".
- Interventi: solo tra le ripetizioni (recupero).

Descrizione dell'esercitazione

- La squadra blu si schiera con una formazione 4-2-3-1 o 4-3-3, mentre quella rossa con il 3-5-2.
- L'esercitazione inizia dal portiere della squadra blu.
- La squadra blu si trova in superiorità numerica nella prima fase (4 c 2), con i centrocampisti centrali che possono agire nella zona bassa e creare situazioni 2 c 1, spostando palla in una delle zone laterali.
- L'obiettivo dei blu è crossare palla in area di rigore e concludere. I giocatori rossi difendono la porta, cercano di conquistare palla e contrattaccare.
- Se la squadra blu segna una rete nella prima fase, l'allenatore gioca una nuova palla per i rossi che contrattaccano rapidamente.
- A questo punto, i giocatori blu devono agire rapidamente in transizione negativa, creando una "zona di pressione" intorno alla palla, impedendo ai rossi di giocare in avanti e riconquistando il possesso appena possibile.

MARTEDÌ - attivazione pre-partita (allenamento tattico / strategico)

Esercitazione 3 (collettiva): gioco a transizioni 7 c 7 (+4) per difendere i cross laterali e conquistare le seconde palle

L'allenatore crea situazioni di contrattacco rapido

Sotto-principi di gioco

- Compattezza.
- Copertura.
- Muoversi collettivamente in relazione alla palla.

Sotto-sotto-principi di gioco

- Corretto posizionamento del corpo per difendere in relazione al diretto avversario, alla palla, alla porta e agli spazi disponibili.
- Movimenti difensivi in blocco e marcatura.
- Pressione con giusta velocità ed angoli corretti.
- Chiudere le opzioni di passaggio (linee orizzontali e verticali).
- Cambiamento dell'atteggiamento (da difensivo a offensivo e di nuovo difensivo).
- Scambio di posizioni (la zona centrale ha la priorità).
- Giocare in avanti e alle spalle della difesa, se possibile.
- Posizionarsi per concludere.

Organizzazione dell'esercitazione

- Durata: 10 serie x 30".
- Interventi: solo tra le ripetizioni (recupero).

Descrizione dell'esercitazione

- 4 esterni alti neutrali, in maglia gialla, sono posizionati nelle zone laterali, come mostrato in figura. Gli altri giocatori possono spostarsi solo nelle zone laterali una volta che la palla viene giocata al loro interno. Vengono delimitate anche 5 zone, tramite linee bianche, come guida per i ruoli posizionali dei giocatori.

- L'esercitazione inizia da uno dei portieri (rosso in figura). L'obiettivo è giocare palla in una zona laterale, per un esterno che crossa in area di rigore.

- Un goal è valido solo dopo un cross di un esterno (prima o seconda palla). Le squadre possono anche giocare verso l'esterno posizionato in profondità, che crossa in diagonale e in anticipo.

- L'obiettivo principale per la squadra in difesa (blu in figura) è agire seguendo uno dei sotto-principi e sotto-sotto-principi, per contrastare i cross e conquistare tutte le seconde palle.

- Se la squadra blu conquista il possesso oppure la palla esce dal gioco, l'allenatore può trasmetterne una nuova per la squadra rossa, che contrattacca rapidamente; i blu devono reagire rapidamente e difendere la porta.

GIOVEDÌ

RECUPERO ATTIVO (ALLENAMENTO TATTICO / STRATEGICO)

OBIETTIVI DELLA SESSIONE (TUTTE LE FASI):

▸ Circolazione della palla e cambio di gioco verso il lato debole

▸ Combinazioni per la costruzione di gioco contro il blocco difensivo alto del 4-4-2

LINEE GUIDA SPECIFICHE DELLA SESSIONE:

- Sotto-principi di gioco (recupero)
- Molti arresti e ripartenze (allenamento discontinuo)
- Allenamento per recupero specifico
- Area di gioco media o grande
- Ampio numero di giocatori
- Situazioni settoriali e inter-settoriali
- *Breve durata delle ripetizioni (5" - 30")*
- Intensità massima relativa della concentrazione (vedere pag. 93)

GIOVEDÌ - recupero attivo (allenamento tattico / strategico)

Esercitazione I (settoriale): esercitazione specifica a zone per cambio di gioco sul lato debole

L'obiettivo è cambiare gioco per creare superiorità numerica sul lato debole

Sotto-principi di gioco
- Circolazione di palla e cambio gioco.

Sotto-sotto-principi di gioco
- Velocità di gioco
- Sovrapposizioni esterne.
- Comunicazione.
- Giocare in avanti e alle spalle dell'avversario appena possibile.
- Posizionarsi per concludere.
- Cambiare l'atteggiamento da offensivo a difensivo.
- Marcature strette sugli avversari.

Organizzazione dell'esercitazione
- Area: metà campo.
- Tempo: 10 serie x 30".
- Giocatori: 14-16 di movimento + 1 portiere.
- Interventi: solo tra le ripetizioni (recupero).

Descrizione dell'esercitazione
- L'esercitazione inizia in una delle zone laterali (a sinistra nell'esempio in figura) con una situazione 3 c 3.
- L'allenatore inizia la sequenza e il laterale basso rosso e 2 giocatori neutrali gialli cercano di mantenere il possesso.
- Il laterale basso sinistro blu, il centrocampista centrale e l'esterno alto di sinistra cercano la conquista della palla.
- Non appena entrano in possesso, trasmettono al centrocampista centrale nel mezzo.
- Da questo momento, l'obiettivo è cambiare rapidamente gioco e creare superiorità numerica sul lato debole, attraverso l'esterno alto.
- Nell'esempio in figura c'è una situazione 2 c 1; il laterale basso di sinistra rosso si muove per difendere, ma il laterale basso blu si sovrappone per ricevere, in alto sul campo, e crossare in area di rigore.
- I 2 attaccanti blu attaccano l'area e cercano di concludere.
- Se i difensori centrali rossi riescono a conquistare palla, possono provare a segnare in una delle 3 porticine.
- L'esercitazione riprende con una situazione 3 c 3, nella zona di destra, per cambiare gioco sulla sinistra.

GIOVEDÌ - recupero attivo (allenamento tattico / strategico)

Esercitazione 2 (inter-settoriale): esercitazione specifica per costruire gioco contro uno schieramento 4-2 (dal 4-4-2) e rapide transizioni negative

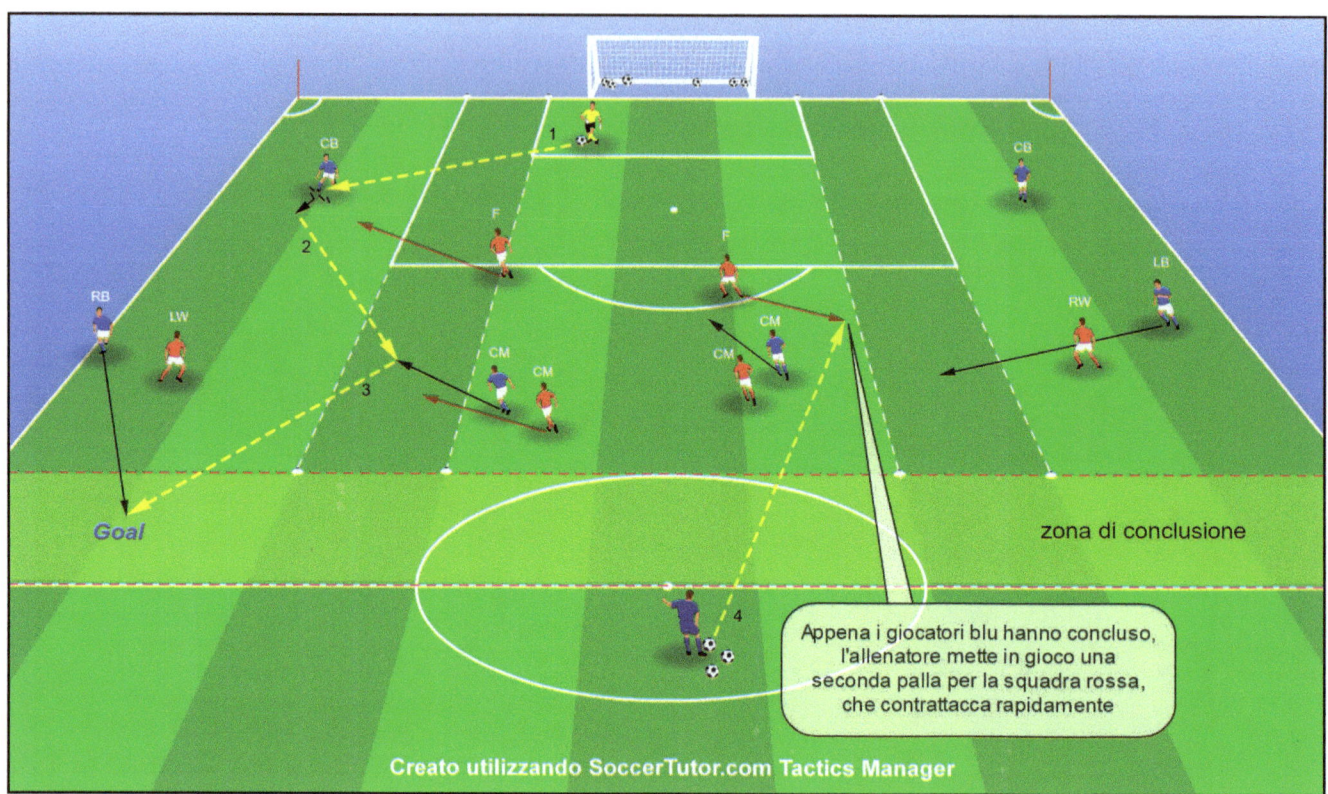

Appena i giocatori blu hanno concluso, l'allenatore mette in gioco una seconda palla per la squadra rossa, che contrattacca rapidamente

Sotto-principi di gioco

- Giocare dalla linea difensiva verso il centrocampo.
- Creare superiorità posizionale.
- Creazione di superiorità numerica nelle zone centrali e in ampiezza.
- Portare pressione per conquistare palla.

Sotto-sotto-principi di gioco

- Gioco posizionale (creazione di triangoli e linee di passaggio).
- Mobilità (scambio di posizioni).
- Velocità di gioco e reazioni rapide in fase di transizione.
- Creare "zone di pressione" e impedire all'avversario di giocare in avanti.

Organizzazione dell'esercitazione

- Durata: 10 serie x 30".
- Interventi: solo tra le ripetizioni (recupero).

Descrizione dell'esercitazione

- **Obiettivo:** costruire gioco, creando superiorità numerica contro il blocco difensivo alto del 4-4-2.
- La squadra blu schiera 1 portiere, la linea difensiva a 4 e 2 centrocampisti centrali. La squadra rossa difende in alto sul campo con il centrocampo a 4 e 2 attaccanti. Vengono delimitate 5 zone, attraverso linee bianche, come guida per i ruoli posizionali dei giocatori.
- L'esercitazione inizia sempre dal portiere della squadra blu.
- La squadra blu gioca seguendo i propri sotto-principi e i sotto-sotto-principi per la costruzione di gioco, attraverso dinamiche specifiche indicate dall'allenatore.
- L'obiettivo per la squadra blu è permettere ad un giocatore di ricevere palla all'interno della "zona di conclusione", per segnare una rete.
- Se riesce, l'allenatore gioca nuovamente palla verso i giocatori rossi per contrattaccare rapidamente.
- A questo punto, i giocatori blu devono agire rapidamente in transizione negativa, creando una "zona di pressione", in zona palla, impedendo agli avversari rossi di giocare in avanti, per riconquistare il possesso.
- Se la squadra blu non conclude, nella prima fase, e i giocatori rossi conquistano palla, possono contrattaccare.

GIOVEDÌ - recupero attivo (allenamento tattico / strategico)

Esercitazione 3 (inter-settoriale): gioco a zone specifico 9 c 9 per costruire gioco e creare superiorità

Sotto-principi di gioco

- Giocare dalla linea difensiva verso il centrocampo.
- Creare superiorità posizionale.
- Creazione di superiorità numerica nelle zone centrali e in ampiezza.
- Portare pressione per conquistare palla.

Sotto-sotto-principi di gioco

- Gioco posizionale (creazione di triangoli e linee di passaggio).
- Mobilità (scambio di posizioni).
- Velocità di gioco e reazioni rapide in fase di transizione.
- Creare "zone di pressione" e impedire all'avversario di giocare in avanti.

Organizzazione dell'esercitazione

- Area: metà campo ristretta + 10 m.
- Durata: 10 serie x 30".
- Interventi: solo tra le ripetizioni (recupero).

Descrizione dell'esercitazione

- **Obiettivo:** costruire gioco, creando superiorità numerica contro un blocco difensivo alto del 4-4-2.

- L'area di gioco è divisa in 2 zone uguali e vengono delimitate anche 3 aree verticali, attraverso linee bianche, come guida per i ruoli posizionali dei giocatori.

- L'esercitazione parte sempre dal portiere della squadra blu, in zona 1.

- La squadra blu crea gioco con l'obiettivo di trasmettere palla verso zona 2 e creare superiorità numerica per concludere.

- Nella zona 1, il centrocampista centrale ripiega per creare superiorità numerica 5 c 4. Nell'esempio in figura, egli riceve e cambia gioco verso l'esterno alto in zona 2.

- Non appena la palla si trova in zona 2, i 2 laterali bassi possono muoversi in avanti, per creare nuovamente superiorità numerica 5 c 4.

- Nell'esempio in figura, il laterale basso si sovrappone per creare superiorità numerica 2 c 1 in ampiezza; poi riceve palla e crossa verso il centrocampista offensivo, che conclude.

- Se la squadra rossa conquista palla, in qualsiasi momento, gioca rapidamente in contrattacco e non ci sono più limitazioni di movimento tra le 2 zone.

FOCUS COGNITIVO BASSO SUL MODELLO DI GIOCO (VELOCITÀ DI GIOCO)

OBIETTIVI DELLA SESSIONE (TRANSIZIONI NEGATIVE):

▶ Difendere contro il gioco diretto verso 2 attaccanti e conquistare la seconda palla.

▶ Cambiare gioco o trasmettere palla in avanti molto rapidamente per evitare la prima fase di pressione avversaria, dopo la conquista del possesso.

LINEE GUIDA SPECIFICHE DELLA SESSIONE:

VENERDÌ - focus cognitivo basso sul modello di gioco (velocità di gioco)

Esercitazione 1 (settoriale): esercitazione specifica per difendere contro il gioco diretto verso 2 attaccanti e conquistare le seconde palle

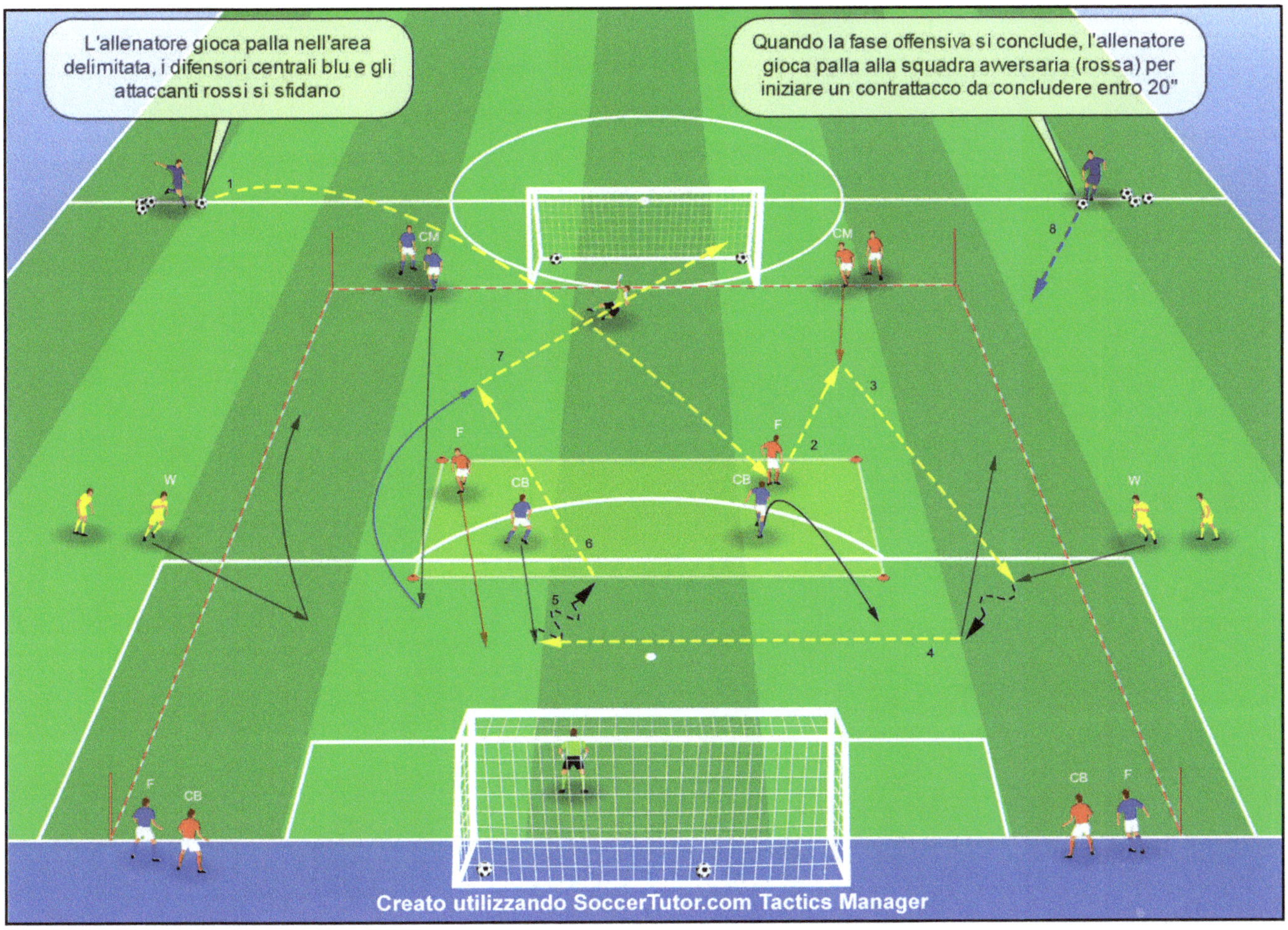

Sotto-sotto-principi di gioco

- Ripiegare e conquistare la seconda palla.
- Corretto posizionamento difensivo del corpo.
- Marcare con attenzione agli spazi, alla palla e alla porta per conquistare superiorità posizionale.
- Attenzione alle seconde palle.
- Tempi di inserimento per concludere.
- Smarcarsi sul lato cieco dei difensori.

Organizzazione dell'esercitazione

- Durata: 12 serie x 20".
- Interventi: solo tra le ripetizioni (recupero).

Descrizione dell'esercitazione

- Viene delimitata un'area al centro, come mostrato in figura, dove agiscono 2 difensori centrali blu contro 2 attaccanti rossi.
- Ogni squadra schiera 1 centrocampista centrale in attesa all'esterno; 2 esterni neutrali gialli sono posizionati ai lati.

- L'esercitazione inizia con una lunga palla in diagonale dell'allenatore verso la zona centrale: i difensori centrali blu e gli attaccanti rossi la contendono.

- Entrambi i centrocampisti centrali (rosso e blu) avanzano per cercare di conquistare la seconda palla. A prescindere dal centrocampista centrale che conquista palla (rosso o blu), la squadra in possesso attacca 5 c 3, con gli esterni neutrali a supporto, che, a questo punto, possono entrare in campo.

- Nell'esempio in figura, il centrocampista rosso centrale conquista il possesso e la squadra rossa deve concludere entro 6". I giocatori blu ripiegano e difendono la porta, cercando di riconquistare palla. Se riescono, possono contrattaccare velocemente (5 c 3) e il primo passaggio deve essere avanti o in ampiezza verso un giocatore esterno.

- Quando la prima fase si conclude, l'allenatore gioca una seconda palla per la squadra precedentemente in difesa e le 2 squadre si trovano in fasi di transizione alternate per 20". La regola del fuorigioco è applicata durante tutta l'esercitazione.

PERIODIZZAZIONE TATTICA

VENERDÌ - focus cognitivo basso sul modello di gioco (velocità di gioco)

Esercitazione 2 (settoriale): esercitazione 7 contro 7 per difendere contro il gioco diretto verso 2 attaccanti e conquistare le seconde palle

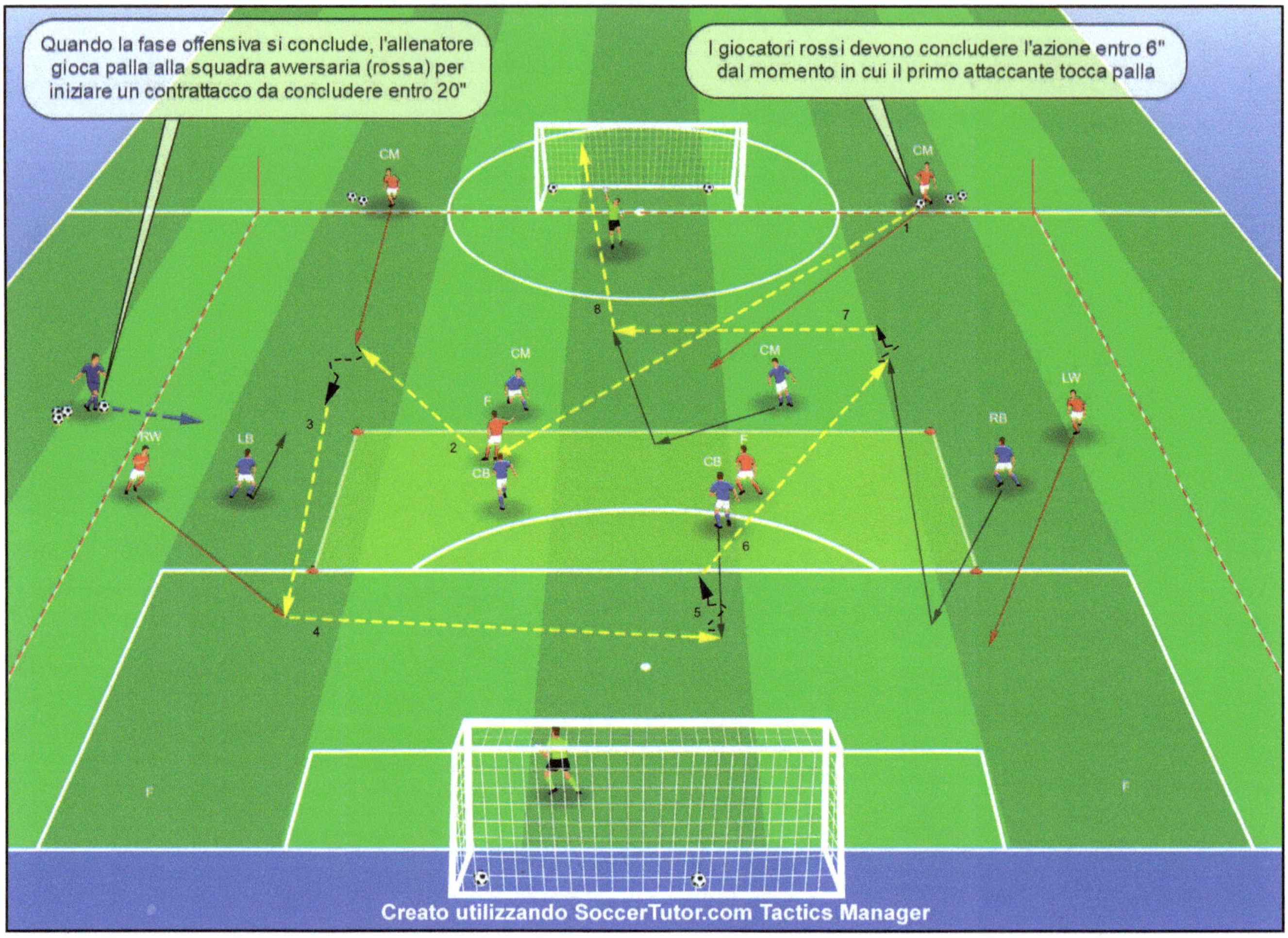

Sotto-sotto-principi di gioco

- Ripiegare e conquistare la seconda palla.
- Coordinamento difensivo della linea a 4.
- Posizionamento difensivo corretto del corpo.
- Marcare con attenzione agli spazi, alla palla e alla porta per conquistare superiorità posizionale.
- Attenzione alle seconde palle.
- Tempi di inserimento per concludere.
- Smarcarsi sul lato cieco dei difensori.

Organizzazione dell'esercitazione

- Durata: 12 serie x 20".
- Interventi: solo tra le ripetizioni (recupero).

Descrizione dell'esercitazione

- In questa progressione della precedente esercitazione, si gioca in situazione 6 c 6. L'esercitazione inizia con una lunga palla in diagonale da un centrocampista centrale rosso verso un attaccante.
- I difensori centrali blu e gli attaccanti rossi si contendono il possesso.
- Tutti i centrocampisti centrali (rossi e blu) si muovono per provare a conquistare la seconda palla. A prescindere dal centrocampista centrale che conquista palla (rosso o blu), la squadra in possesso attacca. Nell'esempio in figura, il centrocampista centrale rosso conquista il possesso e la squadra deve concludere entro 6", supportata dagli esterni alti.
- I giocatori blu ripiegano e difendono la porta, cercando di riconquistare il possesso. Se riescono, possono contrattaccare velocemente e il primo passaggio deve essere in avanti o in ampiezza, verso un giocatore esterno.
- Quando la prima fase si conclude, l'allenatore trasmette una seconda palla per la squadra precedentemente in difesa, creando fasi di transizione alternate per 20".
- La regola del fuorigioco è applicata durante tutta l'esercitazione..

VENERDÌ - focus cognitivo basso sul modello di gioco (velocità di gioco)

Esercitazione 3 (inter-settoriale): gioco in spazi ridotti 5 (+4) c 5 (+4) per fase offensiva e transizioni negative

Sotto-sotto-principi di gioco

- Cambiare atteggiamento (da difensivo a offensivo e viceversa).
- Giocare in avanti.
- Creare linee di passaggio con un giusto posizionamento e movimenti corretti.
- Impedire all'avversario di giocare in avanti.
- Forzare l'avversario in possesso verso il piede debole.
- Chiudere le linee di passaggio.

Organizzazione dell'esercitazione

- Area: 35 m / 40 m x profondità doppia dell'area di rigore.
- Tempo: 12 serie x 20".
- Giocatori: 16-18 di movimento + 2 portieri.
- Interventi: solo tra le ripetizioni (recupero).

Descrizione dell'esercitazione

- In questa esercitazione c'è una situazione 4 c 4; ogni squadra schiera altri 4 giocatori nelle posizioni esterne, come mostrato in figura.

- L'esercitazione inizia sempre da uno dei portieri.

- Il primo obiettivo è costruire gioco, attraverso gli esterni e in superiorità numerica 8 c 4, per provare a concludere.

- Tuttavia, il focus principale di questa esercitazione è sulle transizioni. La squadra in difesa (blu in figura) porta pressione collettiva per conquistare palla e, se riesce, il primo passaggio successivo **DEVE** essere in avanti.

- L'obiettivo è contrattaccare rapidamente per concludere il più velocemente possibile, come mostrato nell'esempio in figura.

- I giocatori esterni sono limitati a 2 tocchi e possono essere attaccati dai giocatori avversari interni.

Variante

- I giocatori esterni possono entrare nell'area delimitata, quando la loro squadra conquista il possesso, per contrattaccare in superiorità numerica.

SABATO

ATTIVAZIONE PRE-PARTITA (ALLENAMENTO TATTICO / STRATEGICO)

OBIETTIVI DELLA SESSIONE (TUTTE LE FASI):

▶ Movimenti in avanti dei centrocampisti dalla seconda linea offensiva

▶ Pressione: rendere prevedibile la fase di possesso avversaria, forzando il gioco verso l'esterno e verso il laterale basso sinistro, destrorso e con lacune tecniche

LINEE GUIDA SPECIFICHE DELLA SESSIONE:

- Miglioramento dall'ultima partita
- Molti arresti e ripartenze (allenamento discontinuo)
- Attivazione specifica
- Area di gioco media o grande
- Ampio numero di giocatori
- Situazioni collettive semplici
- *Breve durata delle ripetizioni (30" - 3')*
- Intensità massima relativa della concentrazione (vedere pag. 93)

SABATO - attivazione pre-partita (allenamento tattico / strategico)

Esercitazione I (collettiva): gioco di posizione a zone 11 c 7 per attaccare con il 3° uomo

Sotto-principi di gioco

- Giocare dalla linea difensiva verso il centrocampo (creando superiorità posizionale).
- I centrocampisti si muovono in avanti dalla seconda linea offensiva, per ricevere alle spalle della difesa avversaria.

Sotto-sotto-principi di gioco

- Gioco posizionale per creare linee di passaggio (triangoli).
- Mobilità (scambio di posizioni).
- Alta velocità di gioco.
- Creare una "zona di pressione", dopo aver perso palla, e impedire all'avversario di giocare in avanti.

Organizzazione dell'esercitazione

- Area: 70 x 60 m / 75 x 65 m.
- Durata: 4 serie x 3'.
- Giocatori: 14-16 di movimento + 2 portieri.
- Interventi: solo tra le ripetizioni (recupero).

Descrizione dell'esercitazione

- L'esercitazione inizia sempre dal portiere della squadra blu.
- La squadra blu costruisce gioco contro una formazione schierata 4-2 (dal 4-4-2).
- L'obiettivo è utilizzare i centrocampisti per giocare in avanti e alle spalle con il 3° uomo, ricevendo palla nella "zona di conclusione", e sfidando 1 c 1 il portiere della squadra rossa.
- Se la squadra rossa conquista palla, in qualsiasi momento, contrattacca rapidamente.
- Le 5 zone delimitate dalle linee bianche, fungono da guida per i ruoli posizionali dei giocatori.

SABATO - attivazione pre-partita (allenamento tattico / strategico)

Esercitazione 2 (collettiva): gioco specifico 10 c 9 per pressione collettiva contro il 4-4-2

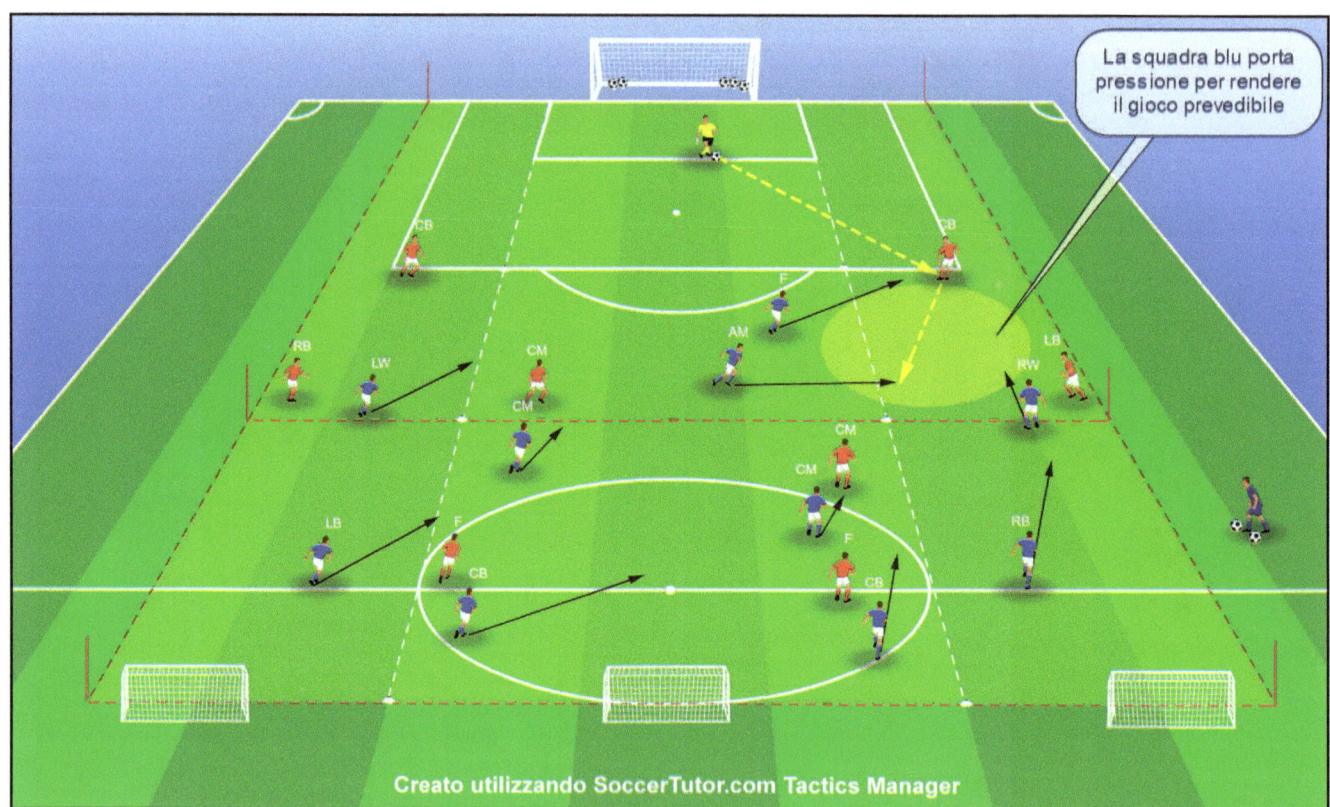

Sotto-principi di gioco

- Forzare l'avversario per renderne prevedibile la fase di possesso.
- "Portare pressione collettiva" per costringere l'avversario all'errore e a perdere il possesso.
- Recupero del possesso palla.

Sotto-sotto-principi di gioco

- Comunicazione (posizioni iniziali).
- Cambiare marcatore.
- Posizioni difensive corrette
- Individuare gli "spunti tattici per poter portare pressione".

Organizzazione dell'esercitazione

- Area: 60 x 65 m / 65 x 70 m
- Durata: 5 serie x 2'.
- Numeri: 18-20 giocatori di movimento + 1 portiere.
- Interventi: solo tra le ripetizioni (recupero).

Descrizione dell'esercitazione

- L'esercitazione inizia sempre dal portiere rosso.
- La squadra rossa si schiera con una formazione 4-2 (dal 4-4-2), mentre quella blu con una formazione 4-3-3 o 4-2-3-1.
- I giocatori rossi hanno delle limitazioni in relazione alle 2 zone: schierano 5 giocatori in ogni zona che non possono muoversi al di fuori.
- I giocatori blu sono liberi di spostarsi tra le 2 zone e creare superiorità numerica in fase difensiva.
- I rossi devono costruire gioco, cercando di trasmettere palla ai compagni di squadra in zona 2, per poi concludere.
- La squadra blu porta pressione collettiva in relazione alla posizione della palla, forzando l'avversario "verso l'esterno".
- L'obiettivo principale è portare pressione sul portatore di palla, in alto sul campo, e creare superiorità numerica in zona palla.
- Quando la squadra blu conquista palla, può contrattaccare rapidamente.

SABATO - attivazione pre-partita (allenamento tattico / strategico)

Esercitazione 3 (collettiva): gioco specifico 10 c 11 per pressione collettiva contro il 4-4-2

Sotto-principi di gioco
- Forzare l'avversario per renderne prevedibile la fase di possesso.
- "Portare pressione collettiva" per costringere l'avversario all'errore e perdere il possesso.
- Recupero del possesso palla.

Sotto-sotto-principi di gioco
- Comunicazione (posizioni iniziali).
- Cambiare marcatore.
- Posizioni difensive corrette
- Individuare gli "spunti tattici per poter portare pressione".

Organizzazione dell'esercitazione
- Area: metà campo + 10 m.
- Durata: 5 serie x 2'.
- Giocatori: 20 di movimento + 1 portiere.
- Interventi: solo tra le ripetizioni (recupero).

Descrizione dell'esercitazione
- Questa esercitazione è una progressione della precedente.
- Si gioca attraverso l'intera ampiezza del campo.
- Le regole per le zone sono le stesse.
- Vengono aggiunti 2 giocatori esterni per la squadra rossa, rendendo più difficile la fase di pressione e la conquista della palla per la squadra blu.
- Le 5 zone delimitate dalle linee bianche, fungono da guida per i ruoli posizionali dei giocatori.

PROVA GRATUITA

Specialisti di calcio dal 2001

TACTICS MANAGER
Disponibile in Italiano

 www.SoccerTutor.com/TacticsManager
info@soccertutor.com

PC   Mac   iPad   Tablet   Web

- Il libro include 160 esercitazioni da 34 situazioni tattiche
- Si è aggiudicato il premio Ghirelli, istituito dalla FIGC
- Disponibile su **Allenatore.net**

Altri 2 libri grandi disponibili anche da **Allenatore.net**

BIBLIOGRAFIA

- Amieiro, N., Oliveira, B., Resende, N. & Barreto, R. (2006). Mourinho. Porquê tantas vitórias? (2ª Edição). Lisboa: Gradiva. Pereira, 2005.
- Araújo, J. (2008). Gerir é treinar – A Alta competição no Desporto e nos Negócios (2ª Ed.). Booknomics Lda.
- Arosiev, D. (1971). Métodos de Autovaloración. Liojkaia Atletika, 16 (2), pp.20-21.
- Batista, P. (2006). Organisação defensiva: Congruência entre os princípios, sub-princípios e sub-sub-princípios de jogo definidos pelo treinador e a sua operacionalização. Um estudo de caso realizado com o Sport Clube de Espinho. Porto: P. Batista. Dissertação de Licenciatura apresentada à Faculdade de Desporto da Universidade do Porto.
- Bayer, C. (1994). O ensino dos desportos colectivos. Lisboa: Dinalivro.
- Bertrand, Y. & Guillemet, P. (1988). Organisações: Uma Abordagem Sistémica. Lisboa: Instituto Piaget.
- Bertalanffy, Ludwig Von. (1968). General System theory: Foundations, Development, Applications. New York: George Braziller, revised edition 1976.
- Bompa, T. (1983). Theory and methodology of training. Kendall/Hunt. Lowa.
- Bompa, T. (1999). Periodization: Theory and Methodology of Training (4th Edition). Champaign: Human Kinetics.
- Bompa, T. (2009). Entrenamiento de equipos deportivos. Barcelona. Paidotribo.
- Bondarchuk, A. (1988). Constructing a training system. Track Technique, (102).
- Campos, C. (2007). A Singularidade da Intervenção do Treinador como a sua «Impressão Digital» na… Justificação da Periodização Táctica como uma «fenomenotécnica». Porto: C. Campos. Dissertação de Licenciatura apresentada à Faculdade de Desporto da Universidade do Porto.
- Capra, F. (1996): A teia da vida. Uma nova compreensão científica dos sistemas vivos. Editora Cultrix, São Paulo.
- Carvalhal, C. (2000). As coisas duma «Mecânica Silenciada» (mas não silenciosa) ou… A Recuperação no Futebol de Rendimento Superior uma (des)abstracção. Porto: C. Carvalhal. Dissertação de Licenciatura apresentada à Faculdade de Ciências do desporto e de Educação Física da Universidade do Porto.
- Carvalhal, C. (2001). No treino de futebol de rendimento superior. A recuperação é muitíssimo mais que "recuperar". Liminho, Indústrias Gráficas Lda: Braga.
- Carvalhal, C. (2002). No treino de futebol de Rendimento Superior. A Recuperaçao é… muitíssimo mais que "recuperar". Braga: Liminho, Indústrias Gráficas Lda.
- Charlton, B. (1999). Review of The Feeling of What Happens: Body, Emotion and the Making of Consciousness. Antonio Damasio. Heinemann: London. [On-line]: http:www.hedweb.com/bgcharlton/damasioreview.html
- Chu, Dominique (2011). Complexity: Against Systems. Theory in Biosciences, Springer Verlag.
- Conditioning & Periodization. 11th International Coaching Course (2009). Royal Netherlands Football Association (KNVB). Zeist, The Netherlands.
- Coricelli, G., Critchley, H., Joffily, M., O'Doherty, J., Sirigu, A., and Dolan, R. (2005). Regret and its avoidance: a neuroimaging study of choice action. Nature Neuroscience, 8, pp.1255-1262. Damásio, A. (1994). O erro de Descartes, Lisboa: Publicações Europa–América.
- Corning, Peter A. (2002). The Re-Emergence of "Emergence": A Venerable Concept in Search of a Theory, Complexity, 7 (6), pp.18–30.
- Cunha e Silva, P. (1995). O Lugar do Corpo. Elementos para uma Cartografia Fractal. Tese de Doutoramento. FCDEF-UP. Porto.
- Damásio, A. R. (2000). O sentimento de si. O corpo, a emoção e a neurobiologia da consciência. Publicações Europa – América. Lisboa.
- Damásio, A. (2001). The Secret Life of the Brain [Documental]: David Grubin Production.
- Damásio, A. R. (2003). Ao encontro de Espinosa. As emoções sociais e a neurobiologia do sentir. Publicações Europa – América. Lisboa.
- Damásio, A. (2006). In B. Oliveira; N. Amieiro; N. Resende & R. Barreto (2006). Mourinho: Porquê tantas vitórias? Lisboa. Gradiva.
- Dawson B. (1996). Periodization of speed and endurance training. In: P. Reaburn e D. Jenkins, (Eds). Training for speed and endurance. Sydney: Allen & Unwin, pp.76-96.
- Damásio, A. (2008). Lembrando de quando tudo aconteceu. Scientific American Brasil: Paradoxos do Tempo. pp.34- 41.
- Damásio, A. (2009). Programa Grande Entrevista de 2 Abril de 2009. Lisboa. RTP
- Dugrand, M. (1989). Football, de la transparence à la complexité. Presses Universitaires: Paris.
- Durand, D. (1979). La Systémique. Presses Universitaires de France: Paris.
- Eysenck, M., & Keane, M. (1994). Psicologia Cognitiva. Um manual introdutório. Porto Alegre: Artes Médicas.
- Faria, R. (1999). «Periodização Táctica». Um Imperativo Conceptometodológico do Rendimento Superior em Futebol. Porto: R. Faria. Dissertação de Licenciatura apresentada à Faculdade de Ciências do Desporto e de Educação Física da Universidade do Porto.
- Faria, R. (2002). Entrevista. In Periodização Táctica. Uma concepção metodológica que é uma consequência trivial do jogo de futebol. Um estudo de caso ao microciclo padrão do escalão sénior do Futebol Clube do Porto. Dissertação de Licenciatura apresentada à Faculdade de Ciências do Desporto e de Educação Física da Universidade do Porto.
- Faria, R. (2003). Entrevista. In Fernandes, V. Implementação do modelo de jogo: da razão à adaptabilidade com emoção. Dissertação de licenciatura. FCDEF-UP. Porto.
- Faria, R. (2007). Entrevista. In A Singularidade da Intervenção do Treinador como a sua «Impressão Digital» na… Justificação da Periodização Táctica como uma «fenomenotécnica». Dissertação de Licenciatura apresentada à Faculdade de Desporto da Universidade do Porto. Fernandes, 2003.
- Ferreira, J. & Queiroz, C. (1982). Futebol – Da formação à alta competição. Futebol em revista, n.º 11, 3ª série, Setembro-Outubro, pp. 25-30.
- Frade, V. (1998). Entrevista in J. Neves (1998). Recuperação no Futebol. O despertar de uma realidade adormecida. Porto: J. Neves. Dissertação de Licenciatura apresentada à Faculdade de Desporto da Universidade do Porto.
- Frade, V. (2003). Entrevista. In A "Periodização Táctica" segundo Vítor Frade: Mais do que um conceito, uma forma de estar e de reflectir futebol. Dissertação de Licenciatura. FCDEF-UP. Porto.
- Frade, V. (2004). Apontamentos das aulas de Metodologia Aplicada II, Opção de Futebol. Porto. FCDEF UP. Não publicado.
- Frade, V. (2006). Dossier de Metodologia de Futebol I. Dossier das aulas não publicado. Faculdade de Desporto – Universidade do Porto.
- Frade, V. (2006). Entrevista in H. Fonseca, (2006). Futebol de Rua, um fenómeno em vias de extinção? Contributos e Implicações para a aprendizagem do Jogo. Porto: H. Fonseca. Dissertação de Licenciatura apresentada à Faculdade de Desporto da Universidade do Porto.
- Frade, V. (2007). Apontamentos das aulas de Metodologia de Futebol I. FCDEF-UP. Trabalho não publicado.
- Freitas, S. (2004). A especificidade que está na «Concentração Táctica» que está na Especificidade… no que deve ser uma operacionalização da «Periodização Táctica». Porto: S. Freitas. Dissertação de Licenciatura apresentada à Faculdade de Ciências do Desporto e de Educação Física da Universidade do Porto.
- Forteza de La Rosa, A. (2001). Treinamento desportivo: carga, estrutura e planejamento. Phorte Editora. São Paulo.
- Forteza de La Rosa, A. (2001). Treinamento desportivo: carga, estrutura e planejamento. Phorte Editora. São Paulo.

- Fortin, R. (2005). Compreender a Complexidade (1ª Ed.). Lisboa: Epistemologia e Sociedade, Instituto Piaget.
- Fox, 2002.
- Gaiteiro, B. (2006). A ciência oculta do sucesso – Mourinho aos olhos da ciência. Monografia de Licenciatura apresentada à Faculdade de Desporto da Universidade do Porto.
- Gambetta, V. (1990). Nueva tendência de la teoria dei entrenamiento. Escuela dei deporte, Roma.
- Garganta, J. (1996). Modelação da Dimensão Táctica do Jogo de Futebol. In J. Oliveira; Fernando Tavares (Eds.), Estratégia e Táctica nos Jogos Desportivos Colectivos (63-82). CEJD, FCDEF-UP.
- Garganta, J. (1997). Modelação táctica do jogo de Futebol. Estudo da organisação da fase ofensiva em equipas de alto rendimento. Dissertação de Doutoramento (não publicada). Porto: FCDEF-UP.
- Garganta, J. (1998). Analisar o jogo nos jogos desportivos colectivos. Horizonte, XVI (90), pp.7-14.
- Garganta, J. & Pinto, J. (1998). O ensino do futebol. In A. Graça; J. Oliveira (Eds.), O Ensino dos Jogos Desportivos (pp. 95-135). CEJD, FCDEF-UP.
- Garganta, J. & Gréhaigne, J. (1999). Abordagem sistémica do jogo de futebol: moda ou necessidade?. Revista Movimento, V (10), pp. 40-50.
- Garganta, J. (2002). O treino da táctica e da técnica nos jogos desportivos à luz do compromisso cognição – acção. In V. Barbanti, Alberto A., Jorge B. & António M. (Eds.), Esporte e atividade física: interacção entre rendimento e saúde (pp. 281 – 306). Editora Manole: São Paulo.
- Garganta, J. (2002). Competências no ensino e treino de jovens futebolistas. Lecturas Educación Física y Deportes. Revista Digital, Ano 8, 45. (http// www.efdeportes.com).
- Garganta, 2006.
- Gomes, A. (2002) Treinamento desportivo: estruturação e periodização. Ed. Artmed. Porto Alegre.
- Gorinevsky, V. (1916). Физические упражнения, соответствующие данному возрасту [Physical exer¬cises corresponding to age]. St. Petersburg, Rus¬sia: SPB.
- Graça, A. (1994). Os comos e os quandos no ensino dos jogos. A. Graça & J. Oliveira (Eds.). O ensino dos jogos desportivos. Porto: CEJD, FCDEF-UP. Pp.27-34.
- Gréhaigne, J. F. (1992). L'organisation du jeu em football. Paris. Éditions Actio. Hernandez Moreno (1994)
- Gréhaigne, J. F. & Godbout, P. (1995). Tactical knowledge in team sport from a constructivist and cognitivist perspective. Quest, 47 (4), 490-505.
- Goleman, D.; Boyatzis, R.;McKee, A. (2002). O poder da inteligência emocional; Editora Campus.
- Goleman, D.; Boyatzis, R.;McKee, A. (2002): O poder da inteligência emocional; Editora Campus.
- Goleman, D. (2006) Social Intelligence: The New Science of Social Relationships. Bantam Books.
- Gomes, M. (2006). Do Pé como Técnica ao Pensamento Técnico dos Pés Dentro da Caixa Preta da Periodização Táctica – um Estudo de Caso - . Porto: M. Gomes. Dissertação de Licenciatura apresentada à Faculdade de Desporto da Universidade do Porto.
- Goodenough, W. (1957). Cultural anthropology and linguistics. In: Garvin, Paul L. (Hg.): Report of the Seventh Annual Round table Meeting on Linguistics and Language Study. Washington, D.C.: Georgetown University, Monograph Series on Language and Linguistics, 9, pp.167–173.
- Guilherme Oliveira, J. (1991). Especificidade, O «Pós-futebol do Pré-futebol». Um factor condicionante do alto rendimento desportivo. Porto: J. Guilherme Oliveira. Dissertação de Licenciatura apresentada à Faculdade de Ciências do Desporto e de Educação Física da Universidade do Porto.
- Guilherme Oliveira, J. (2004). Conhecimento Específico em Futebol. Contributos para a definição de uma matriz dinâmica do processo de ensino-aprendizagem/treino do jogo. Dissertação deMestrado apresentada à Faculdade de Ciências do Desporto e de Educação Física da Universidade do Porto.
- Guilherme Oliveira, J. (2006). Entrevista. In Gomes, M... Do pé como Técnica ao Pensamento Técnico dos Pés Dentro da Caixa Preta da Periodização – um Estudo de Caso. Porto: M. Gomes. Dissertação de Licenciatura apresentada à Faculdade de Desporto da Universidade do Porto.
- Guilherme Oliveira, J. (2007). Entrevista. In Campos, C. A Singularidade da Intervenção do Treinador como a sua «Impressão Digital» na… Justificação da Periodização Táctica como uma «fenomenotécnica». Porto: C. Campos. Dissertação de Licenciatura apresentada à Faculdade de Desporto da Universidade do Porto.
- Guilherme Oliveira, J. (2008). Entrevista. "O desenvolvimento do Jogar segundo a Periodização Táctica". Monografia de Licenciatura apresentada à Faculdade de Desporto da Universidade do Porto.
- Honeywill, R. (2008). Lamarck's Evolution: two centuries of genius and jealousy. Pier 9
- Hotz, A. (1999). Corrigir apenas o estritamente necessário, variar o mais possível. O treino da técnica elaborado em bases metodológicas. Treino Desportivo, 6, pp.22–36.
- Hughes, C. (1994). The Football Association coaching book of soccer tactics and skills (4ª Ed.). Harpenden: British Broadcasting Corporation and Queen Anne Press.
- Humphrey, N. (1976). The social function of intellect'. In Growing Points in Ethology, ed. P. P. G. Bateson and R. A. Hinde, pp.303- 317, Cambridge University Press: Cambridge.
- Issurin,V. (2009). Generalized training effects induced by athletic preparation. A review. The Journal of Sports Medicine and Physical Fitness, 49 (4), pp.333-45.
- Issurin,V. (2010). New Horizons for the Methodology and Physiology of Training Periodization. Sports Medicine, 40 (3), pp.189-206.
- Issurin, V. and Kaverin, V. (1985). Planirovainia i postroenie godovogo cikla podgotovki grebcov.
- Jacob, P. & Lafargue, G. (2005). Les intentions inconscientes. In «Cerveau & Psycho» Nº 9, Março-Maio de 2005.
- Jenkins, D. (1995). Fitness testing and periodisation of training. In: Preparing to play rugby. Sydney: Australian Sports Commission, pp.24-34.
- Jensen, E. (2002). O cérebro, a bioquímica e as aprendizagens. Porto: Edições ASA.
- Kuhn, T.S. (1962). The Structure of Scientific Revolutions. Chicago: University of Chicago Press.
- Kotov, I.I. (1969) Rol' fizičeskoj kul'tury i sporta v povyšenii trudosposobnosti i ěkonomičeskoj effektivnosti proizvodstva. u: Fiziceskaja kul'tura i proizvodstvo, Moskva, pp.31-34.
- López, M. L; López I.; Velez, C. D. (2000). Planificación y periodización de una temporada en un equipo de fútbol profesional. Training Fútbol, (51), pp.27- 39.
- Lourenço, L. & Ilharco, F. (2007). Liderança. As lições de Mourinho. Booknomics.
- Mandelbrot, B. (1975). Les objets fractals : forme, hasard et dimension. Paris: Flammarion.
- Manno, R. (1990). Fundamentos de Entrenamiento Deportivo. Paidotribo.
- Manso, J.; Valdivieso, M. & Caballero, J. (1996). Bases Teóricas del Entrenamiento Deportivo – Principios y Aplicaciones. Gymnos Editorial. Madrid.
- Marci, C. (2006). "A Biologically Based Measure of Emotional Engagement: Context Matters". Journal of Advertising Research, 46 (4), p.381.
- Marci, C., et al. (2007). Autonomic and prefrontal cortex responses to autobiographical recall of emotions. Cognitive, Affective, & Actional Neuroscience, 7(3), pp.243-250.
- Martins, F. (2003). A "Periodização Táctica " segundo Vítor Frade: Mais do que um conceito, uma forma de estar e de reflectir o futebol. Porto: F. Martins. Dissertação de Licenciatura apresentada à Faculdade de Desporto da Universidade do Porto.
- Matvéiev, L. (1986): Fundamentos do treino desportivo. Livros Horizontes. Lisboa.
- McCrone, J. (2002). Como funciona o cérebro. Porto. Civilização.
- Mesquita, I. (1998). A instrução e a estruturação das tarefas no treino de Voleibol. Estudo experimental no escalão de iniciados femininos. I Volume. Porto: I. Mesquita. Dissertação de Doutoramento apresentada à Faculdade de Ciências do Desporto e Educação Física da Universidade do Porto.
- Morin, E. (1982). Ciência com Consciência. Mem Martins. Publicações Europa- América.
- Mourinho, J. (2001): O Segredo do Sucesso, in Jornal A Bola de 13 deNovembro.
- Mourinho, J. (2002): Quero ganhar títulos com um futebol atractivo. Revista Dragões; Ano 16, nº201.
- Mourinho, J. (2004a). Entrevista in N. Amieiro (2004). «Defesa à Zona» no Futebol: A «(Des)Frankensteinização» de um conceito. Uma necessidade face à «inteireza inquebrantável» que o «jogar» deve manifestar. Porto: N. Amieiro. Dissertação de Licenciatura apresentada à Faculdade de Desporto da Universidade do Porto.

- Mourinho, J. (2004b). Entrevista in S. Freitas, (2004). A especificidade que está na «concentração táctica» que está na ESPECIFICIDADE... no que deve ser uma operacionalização da «Periodização Táctica». Porto: S. Freitas. Dissertação de Licenciatura apresentada à Faculdade de Desporto da Universidade do Porto.
- Mourinho, J. (2005). In Jornal "A Bola", 29 de Março de 2005.
- Mourinho, J. (2005). Entrevista In Jornal "A Bola", 29 de Janeiro de 2005.
- Mourinho, J. (2007). In Jornal "A Bola", 19 de Março de 2007.
- Mujika, I., Chatard, J., Busso, T.and Geyssant, A. (1995). Effects of training on performance in competitive swimming. Canadian Journal of Applied Physiology, 20(4), pp.395-406.
- Oliveira, B.; Amieiro, N.; Resende, N.; & Barreto, R. (2006). Mourinho: Porquê tantas vitórias? Lisboa. Gradiva.
- Oliveira, G. (1991). "Especificidade, o "pós-futebol" do "pré-futebol". Um factor condicionante do alto rendimento desportivo. Monografia de Licenciatura. FCDEF – UP.
- Oliveira, G. (2003). Organisação do jogo de uma equipa de Futebol. Aspectos metodológicos na abordagem da sua organisação estrutural e funcional. In II Jornadas Técnicas de Futebol + Futsal. Vila Real: UTAD
- Oliveira, G. (2004). Conhecimento Específico em Futebol. Contributos para a definição de uma matriz dinâmica ensinoaprendizagem/ treino do jogo. Dissertação de Mestrado apresentada à Faculdade de Ciências de Desporto e de Educação Física da Universidade do Porto.
- Oliveira, G. (2006). Entrevista in M. Gomes (2006). Do Pé como Técnica ao Pensamento Técnico dos Pés Dentro da Caixa Preta da Periodização Táctica – um Estudo de Caso - . Porto: M. Gomes. Dissertação de Licenciatura apresentada à Faculdade de Desporto da Universidade do Porto.
- Oliveira, J. (2007). Entrevista. In A Singularidade da Intervenção do Treinador como a sua «Impressão Digital» na… Justificação da PeriodizaçãoTáctica como uma «fenomenotécnica». Porto: C. Campos. Dissertação de Mestrado (não publicada). Porto. FCDEF-UP.
- Ozolin, N. (1989). Sistema Contemporaneo de entrenamiento. 1ª edicion, LA Havana, Ed. Científico Técnica.
- Pinto, J. (1996). A táctica no futebol: abordagem conceptual e implicações na formação. in J. Oliveira & F. Tavares (Eds), Estratégia e Táctica nos Jogos Desportivos Colectivos. FCDEF-UP.
- Plutchik, R. "The Nature of Emotions". American Scientist, July-August 2001.
- Queiroz, C. (1986). Estrutura e organisação dos exercícios de treino em Futebol. Lisboa: Federação Portuguesa de Futebol.
- Resende, N. (2002). Periodização Táctica. Uma concepção metodológica que é uma consequência trivial (da especificidade do nosso) jogo de futebol. Porto: Faculdade de Ciências do Desporto e de Educação Física da Universidade do Porto.
- Riera, J. (1995). Análisis de la tactica desportiva. Apunts: Educacion Física y deportes. Educació Física i Esports, 40, pp.399-417.
- Rocha, F. (2000): Modelo(s) de jogo / modelo(s) de preparação. "Duas faces da mesma moeda". Dissertação de Licenciatura. Porto: FCDEF-UP.
- Rowbottom, D. G. (2003). Periodização do Exercício. In A Ciência do Exercício e dos Esportes: pp.531-542. Jr. W. E. G.; Kirkendall, D. T. e Col. Ed. Artmed.
- Rowbottom, D. G.; Keast, D.; Morton, AR. (1998). Monitoring and prevention of overreaching and overtraining in endurance athletes. In R. Kreider, A.C. Fry, M. O' Toole, (Eds). Overreaching and over-training in sport. Champaign, IL: Human Kinetics, pp.47-66.
- Seirul-lo Vargas, F. (1987). Opción de planificación en los deportes de largo período de competiciones. RED, 1 (3), pp.53-62.
- Siedentop, D. (1991). Developing Teaching Skills in Physical Education (3rd Ed.). Mountain View: Mayfield.
- Shannon, Claude E. & Weaver, Warren (1949): The Mathematical Theory of Communication. The University of Illinois Press, Urbana.
- Shtliest (1908).
- Silva, J.(1998). Os processos ofensivos no futebol: estudo comparativo entre equipas masculinas de diferente nível competitivo. Dissertação de Mestrado (não publicada). Porto. FCDEF-UP.
- Silva, L. (1998): Rendimento Superior em Futebol, "Sem Lesões", Quais as Razões? Tese de Licenciatura. FCDEF-UP.
- Silva, P. (2006). O Erro de Damásio?. [On-line]: http: www.criticanarede.com/lds_enconespinosa.html
- Silvério e Srebro (2002). Como ganhar usando a cabeça. Um guia de treino mental para o Futebol; Quarteto Editora; Colecção Ciências do Desporto nº 1; Coimbra.
- Skotar (1906).
- Smith, N.; Handford, C.; Priestley, N. (1996). Sports Analysis in Coaching. England: Manchester Metropolitan University.
- Society for Social Neuroscience (S4SN). https://s4sn.org/drupal/
- Sportiva, 31, pp.47-52.
- Stacey, R. (1995). A fronteira do caos. Biblioteca de Economia e Ciências Empresariais. Bertrand Editora, Lisboa.
- Stapff, A. (1996). The art science of performance. Sport Health, 14, pp.6-7.
- Tamarit, X. (2007). ¿Qué es la "Periodización Táctica"? Vivenciar el «juego» para condicionar el Juego. Pontevedra: MCSports.
- Tavares, J. (2003). Uma noção fundamental: a Especificidade. O como investigar a ordem das "coisas" do jogar, uma espécie de invariâncias de tipo fractal. Monografia de Licenciatura. Porto: FCDEF-UP.
- Tausmev (1902).
- Tavares, F. (1993). A capacidade de decisão táctica no jogador de basquetebol: estudo comparativo dos processos perceptivo-cognitivos em atletas seniores e cadetes. (Dissertação de Doutoramento). Porto: FCDEF-UP.
- Tavares, J. (2003). Uma noção fundamental: a ESPECIFICIDADE. O como investigar a ordem das «coisas» do jogar, uma espécie de invariâncias de tipo fractal. Porto: J. Tavares. Dissertação de Licenciatura apresentada à Faculdade de Ciências do Desporto e de Educação Física da Universidade do Porto.
- Teodorescu, L. (1984). Problemas de Teoria e Metodologia nos jogos desportivos. Lisboa: Livros Horizonte.
- Tschiene, P. (1985). Il ciclo annuale d'allenamento. Rivista di Cultura Sportiva, 4(2), pp.16-21.
- Tschiene, P. (1987). O sistema do treino. Futebol em Revista, (28). 4a Série. FPF.
- Tschiene, P. (1990). El Estado actual de la teoria dei entrenamiento. Escuela de deportes, Roma.
- Tschiene, P. (1994). Adattamento ed allenamento nei giochi sportive. Rivista di Cultura.
- Verheijen, R. (2003). Periodisation in Football: Preparing the Korean National Team for the 2002 World Cup. Insight, 2 (6), pp.30-33.
- Valdano, J. (2002). El miedo escénico y otras hierbas. Madrid: Aguilar, Spain.
- Verjoshanski, I. (1990). Entrenamento deportivo. Planification y programación. Barcelona. Martinez Roca.
- Verjoshanski, I. and Siff, M. (2000). Super entrenamiento. Ed. Paidotribo. Barcelona.
- Vieira, J. (1993). A ortodoxia das... "periodizações", uma impostura? Trabalho monográfico realizado na disciplina "seminário", opção futebol. FCDEF-UP. Porto.
- Walsh, J.A., & Saties, B.D. (2005). Quality questioning: Research-based Esercitazione to engage every learner, Thousand Oaks, CA: Sage.
- Wikipedia: http://en.wikipedia.org/wiki/Complexity
- Wikipedia: http://en.wikipedia.org/wiki/Complex_adaptive_system
- Wikipedia: http://en.wikipedia.org/wiki/Complex_system
- Wikipedia: http://en.wikipedia.org/wiki/Emergence
- Wikipedia: http://en.wikipedia.org/wiki/Fractal. Retrieved on 28th August 2012.
- Wikipedia: http://en.wikipedia.org/wiki/Paradigm
- Wikipedia: http://en.wikipedia.org/wiki/Self-organisation
- Williams, A. M. and Ward, P. (2003). Developing perceptual expertise in sport. J.L. Starkes and K.A. Ericsson (Eds.), Expert performance in sports: Advances in research on sport expertise (pp.220-249). Champaign, Illinois: Human Kinetics.
- Williams, A M, Horn, R R and Hodges, N J (2003) Skill acquisition. In T R Reilly and A M Williams (Eds), Science and soccer (pp 198-213) London: Routledge.
- Williams, A M and Hodges, N J and Scott, M (2003) (Eds.) Skill acquisition in sport: Research, theory and Esercitazione. London: Routledge.
- Woodman, L. & Pyke, F. (1991). Periodisation of Australian football training. Sports Coach, 14, pp.32-39.

www.ingramcontent.com/pod-product-compliance
Lightning Source LLC
Chambersburg PA
CBHW061550010526
44116CB00020B/2975